Auschwitz

Das Buch

»Auschwitz« steht für ein einmaliges, unfaßbares Verbrechen. Doch es steht nicht außerhalb von Raum und Zeit. Die dortige Ermordung von etwa 1,3 Millionen Menschen – überwiegend Juden – war Abschluß und Höhepunkt der nationalsozialistischen Umsiedlungs- und Vernichtungspolitik, die auf verschiedenen Entscheidungsebenen mehrere Stadien durchlief. Laurence Rees hat in 15 Jahren Recherche Zeitzeugen in ganz Europa befragen können, die hier erstmals über ihr Erleben sprechen. In seinem ausgewogenen, fundierten und erschütternden Buch gelingt es ihm, dem Leser das unfaßbare Geschehen begreifbar zu machen.

Der Autor

Laurence Rees ist einer der führenden Regisseure und Produzenten historischer Dokumentationen. Seine Serien für die BBC erreichen weltweit ein Millionenpublikum. Er ist Autor mehrerer Bücher.

Laurence Rees

Auschwitz

Geschichte eines Verbrechens

Aus dem Englischen von
Petra Post, Udo Rennert, Ilse Strasman
und Andrea von Struve

List Taschenbuch

Besuchen Sie uns im Internet:
www.ullstein.de

Bildnachweis:
Archiv Walter Frentz: 2; Auschwitz Museum: 13, 25–27;
Bildarchiv Preußischer Kulturbesitz: 3; Hans Friedrich: 4;
Helena Citrónavá: 19; Jüdisches Museum Frankfurt am
Main: 6–10; Kazimierz Piechowski: 17; Oskar Gröning: 16;
Ullstein Bild: 5; Wendy Davenport: 18;
Yad Vashem: 1, 11, 12, 15, 20–24, 28

Ungekürzte Ausgabe im List Taschenbuch
List ist ein Verlag der Ullstein Buchverlage GmbH, Berlin
1. Auflage März 2007
9. Auflage 2021
© für die deutsche Ausgabe Ullstein Buchverlage GmbH,
Berlin 2005 / Ullstein Verlag
Umschlaggestaltung: RME – Roland Eschlbeck und Kornelia Bunkofer
(nach einer Vorlage von Büro Jorge Schmidt, München)
Titelabbildung: getty images / © Brian Hagiwara
Satz: LVD GmbH, Berlin
Gesetzt aus der Sabon und Univers
Druck und Bindearbeiten: CPI books GmbH, Leck
ISBN 978-3-548-60684-2

Inhalt

Einführung

Es steht viel Verstörendes in diesem Buch; trotzdem meine ich, daß die Arbeit notwendig war. Nicht nur, weil Umfragen[1] gezeigt haben, daß im allgemeinen Bewußtsein noch Verwirrung über die Geschichte von Auschwitz herrscht, sondern auch weil ich hoffe, daß dieses Buch etwas Spezifisches beiträgt.

Es ist das Resultat von 15 Jahren der Beschäftigung mit dem Nationalsozialismus in Fernsehsendungen und Büchern, und es ist ein Versuch zu zeigen, daß man eines der schlimmsten Verbrechen in der Geschichte am besten versteht, wenn man es durch das Prisma eines Ortes betrachtet: Auschwitz. Für Auschwitz gibt es, anders als für den Antisemitismus, ein ganz bestimmtes Anfangsdatum (die ersten polnischen Gefangenen kamen am 14. Juni 1940 hierher), und ebenso gibt es, anders als für die Geschichte des Völkermords, ein genau definiertes Ende (das Lager wurde am 27. Januar 1945 befreit). Zwischen diesen zwei Daten erlebte Auschwitz eine komplexe und befremdliche Geschichte, die in vielerlei Hinsicht die Undurchschaubarkeit der Rassen- und Volkspolitik der Nationalsozialisten spiegelte. Auschwitz war nicht als ein Lager geplant, in dem Juden vernichtet werden sollten, es war ja auch nicht nur mit der »Endlösung« befaßt – obwohl die zum beherrschenden Merkmal wurde –, und es veränderte sich ständig, oft als Reaktion auf das wechselnde Kriegsglück der Deutschen anderswo. Auschwitz war mit seiner destruktiven Dynamik die Verkörperung der Grundwerte des NS-Staates.

Die Beschäftigung mit Auschwitz bietet uns noch etwas

anderes als Einsichten in den Nationalsozialismus; sie gibt uns die Möglichkeit zu verstehen, wie Menschen sich unter extremsten Bedingungen verhalten haben. Aus dieser Geschichte erfahren wir viel über uns selbst.

Dieses Buch beruht auf ungewöhnlichen Forschungen – etwa einhundert hierfür geführten Interviews mit ehemaligen NS-Tätern und mit Überlebenden des Lagers –, und stützt sich darüber hinaus auf Hunderte von weiteren Gesprächen aus meiner früheren Arbeit über das »Dritte Reich«, darunter mit vielen ehemaligen Mitgliedern der NSDAP.[2] Wenn man Überlebende und Täter persönlich trifft und mit ihnen sprechen kann, ist das von größtem Vorteil. Es bietet Möglichkeiten zu einem Niveau an Einsichten, die sich kaum aus geschriebenen Quellen allein erschließen würden. Ich bin eigentlich seit meiner Schulzeit an dieser historischen Epoche interessiert, aber den tiefsten Eindruck, den ich vom »Dritten Reich« bekam, kann ich an einem ganz bestimmten Gespräch mit einem früheren Mitglied der NSDAP im Jahr 1990 festmachen. Ich arbeitete an einem Film über Joseph Goebbels und sprach deshalb mit Wilfred von Oven, der eng mit dem berüchtigten Reichspropagandaminister zusammengearbeitet hatte. Als wir nach dem eigentlichen Interview noch bei einer Tasse Tee zusammensaßen, fragte ich diesen intelligenten und charmanten Menschen: »Wenn Sie Ihre Erfahrungen aus dem ›Dritten Reich‹ in einem einzigen Wort zusammenfassen könnten, wie würde das lauten?« Während Herr von Oven einen Augenblick über die Frage nachdachte, vermutete ich, daß sich seine Antwort auf die schrecklichen Verbrechen des Regimes beziehen würde – Verbrechen, die er offen zugegeben hatte – und auf das Elend, das der Nationalsozialismus über die Welt gebracht hatte. »Na ja«, sagte er schließlich, »wenn ich meine eigenen Erfahrungen mit dem ›Dritten Reich‹ in ein Wort fassen soll, dann ist es das Wort – paradiesisch.«

»Paradiesisch«? Das vertrug sich nicht mit dem, was ich in meinen Geschichtsbüchern gelesen hatte. Es paßte auch nicht zu diesem eleganten, gebildeten Mann, der da vor mir saß und der übrigens auch nicht so aussah und nicht so sprach, wie ich mir einen alten Nationalsozialisten vorgestellt hatte. Aber »paradiesisch«? Wie konnte er so etwas sagen? Wie konnte ein intelligenter Mensch auf diese Weise an das »Dritte Reich« und seine Greuel denken? Überhaupt, wie war es möglich, daß im 20. Jahrhundert Menschen aus Deutschland, Angehörige eines Kulturvolks im Herzen Europas, solche Verbrechen begangen hatten? Das waren die Fragen, die an diesem Nachmittag vor Jahren in meinem Kopf Gestalt annahmen und die mich noch heute beschäftigen.

Bei meiner Suche nach Antworten halfen mir zwei historische Zufälle. Zum einen machte ich mich an die Befragung ehemaliger Nationalsozialisten genau zu dem richtigen Zeitpunkt, an dem nämlich die meisten nichts mehr zu verlieren hatten, wenn sie offen sprachen. Fünfzehn Jahre zuvor hatten sie einflußreiche Stellungen bekleidet und waren Stützen der Gesellschaft gewesen und hätten deshalb nicht geredet. Heute sind die meisten von ihnen, auch der charmante Herr von Oven, tot.

Wir brauchten oft Monate, in einigen Fällen Jahre, ehe sie uns gestatteten, ein Interview aufzuzeichnen. Man weiß nie genau, was die Waagschale zu unseren Gunsten senkte und Menschen veranlaßte, sich mit dem Filmen einverstanden zu erklären, aber in vielen Fällen wollten sie offenbar, da sie dem Ende des Lebens näher rückten, ihre Erfahrungen aus dieser bedeutenden Zeit – mit allen Fehlern und Schwächen – protokollieren lassen. Außerdem glaubten sie, daß die BBC ihren Beitrag nicht verzerren würde. Ich möchte hinzufügen, daß nur die BBC uns die notwendige Unterstützung bei diesem Unternehmen bieten konnte. Die Durchführung des Projekts nahm so viel Zeit in Anspruch, daß nur eine öffentlich-rechtliche Anstalt dieses Engagement auf sich nehmen konnte.

Zum anderen hatte ich das Glück, daß mein Interesse mit dem Fall der Berliner Mauer und der Öffnung Osteuropas zusammentraf; nicht nur die Archive, auch die Menschen wurden der Forschung zugänglich. Ich hatte 1989 unter dem Kommunismus in der Sowjetunion gefilmt, und damals war es schwer gewesen, jemanden dazu zu bringen, daß er sich anders als in Propagandasprüchen über die Geschichte seines Landes äußerte. Jetzt, in den neunziger Jahren, war es plötzlich, als sei ein Damm gebrochen, und all die unterdrückten Erinnerungen und Meinungen purzelten heraus. In den baltischen Staaten erzählten mir Menschen, wie sie die Nationalsozialisten als Befreier willkommen geheißen hätten; auf den wilden Kalmückensteppen hörte ich aus erster Hand von Stalins rachsüchtigen Deportationen ganzer Volksgruppen; in Sibirien traf ich ehemalige Kriegsteilnehmer, die zweimal eingesperrt worden waren – einmal von Hitler und einmal von dem sowjetischen Diktator, und in einem Dorf bei Minsk begegnete ich einer Frau, die mitten in den scheußlichsten Partisanenkrieg der neueren Geschichte geraten war und nach einigem Nachdenken fand, daß die Partisanen der Roten Armee schlimmer gewesen wären als die Deutschen. Alle diese Überzeugungen wären mit den Menschen gestorben, wenn der Kommunismus nicht zusammengebrochen wäre.

Ich traf auf noch Erschreckenderes, als ich durch diese kurz zuvor befreiten Länder reiste, von Litauen bis zur Ukraine und von Serbien bis Weißrußland: auf bösartigen Antisemitismus. Ich hatte damit gerechnet, daß mir die Menschen erzählen würden, wie sehr sie den Kommunismus haßten; das schien nur natürlich. Aber daß sie Juden haßten? Das schien mir grotesk, zumal an den Orten, die ich aufsuchte, kaum noch Juden lebten – dafür hatten Hitler und die Nationalsozialisten gesorgt. Dennoch fand der alte Mann im Baltikum, der 1941 den Deutschen geholfen hatte, Juden zu erschießen, daß er 60 Jahre zuvor richtig gehandelt hätte. Und selbst einige von denen, die gegen die Deutschen gekämpft hatten, vertraten antisemitische Überzeugungen. Ich weiß noch, was mich ein ukrainischer ehemaliger Kämpfer beim Essen fragte. Der Mann hatte tapfer mit den ukrainischen nationalistischen Partisanen sowohl gegen die deutsche Wehrmacht als auch gegen die Rote Armee gekämpft und war dementsprechend drangsaliert worden. »Was halten Sie von der Ansicht«, fragte er mich, »daß es eine von New York ausgehende internationale Verschwörung des Finanzjudentums gibt, die alle nichtjüdischen Regierungen zu vernichten versucht?« Ich starrte ihn einen Augenblick an. Ich selbst bin kein Jude, und es ist für mich immer ein Schock, wenn ich unerwartet auf nackten Antisemitismus stoße. »Was ich davon halte?«, antwortete ich schließlich. »Ich halte das für absoluten Quatsch.« Der alten Partisan trank einen Schluck Wodka. »Tatsächlich«, sagte er, »ist das Ihre Meinung. Sehr interessant …«

Besonders erschreckend fand ich, daß diese antisemitischen Anschauungen nicht auf die ältere Generation beschränkt waren. Ich erinnere mich an eine Frau am Flugschalter der *Lithuanian Airways,* die, als sie hörte, was für einen Film wir machen wollten, sagte: »Sie interessieren sich also für die Juden, ja? Aber denken Sie daran – Marx war Jude!« Ebenfalls in Litauen zeigte mir ein Armeeoffizier von Mitte Zwanzig das ehemalige Fort bei Kaunas, wo 1941 Massaker an den Juden verübt worden waren, und sagte: »Sie haben das Wesentliche nicht erfaßt, wissen Sie? Es geht nicht um das, was wir den Juden angetan haben. Es geht um das, was die Juden uns angetan haben.« Ich würde nicht behaupten, daß alle Menschen – oder auch nur die Mehrheit – in den Ländern Osteuropas, die ich besucht habe, diese Ansichten teilen. Aber daß diese Art Vorurteil überhaupt so offen geäußert wird, ist beunruhigend.

Daran sollten die Menschen denken, die der Meinung sind, daß die Geschichte in diesem Buch heute keine Bedeutung mehr hat. Und auch diejenigen, die glauben, der ätzende Antisemitismus sei irgendwie auf die Nationalsozialisten oder gar Hitler beschränkt gewesen. Tatsächlich ist die Ansicht, die Vernichtung der Juden sei irgendwie von ein paar Verrückten einem widerstrebenden Europa aufgezwungen worden, eine der gefährlichsten überhaupt. Die deutsche Gesellschaft war auch nicht »einzigartig« in ihrer Mordlust, bevor die Nationalsozialisten an die Macht gelangten. Wie denn auch, wo doch viele Juden noch in den zwanziger Jahren vor dem Antisemitismus in Osteuropa flohen und in Deutschland Zuflucht suchten?

Trotzdem ist etwas an der Denkart der Nationalsozialisten, das nicht in Übereinstimmung mit der anderer Täter in anderen totalitären Regimen steht. Zu diesem Schluß kam ich jedenfalls, nachdem ich mich dreimal mit dem Thema Zweiter Weltkrieg befaßt hatte, jeweils mit einem Buch und einer Fernsehserie: zuerst *Nazis: A Warning from History* (»Nazis – eine Warnung der Geschichte«), dann *War of the Century* (»Jahrhundertkrieg«) über den Krieg zwischen Stalin und Hitler und schließlich *Horror in the East* (»Grauen im Osten«), ein Versuch, die japanische Psyche in den dreißiger Jahren und während des Zweiten Weltkriegs zu verstehen. Eine nicht geplante Folge war, daß ich meines Wissens der einzige Mensch bin, der eine wesentliche Zahl von Tätern aller drei großen totalitären Kriegsmächte getroffen und befragt hat: Deutschlands, Japans und der Sowjetunion. Und ich kann sagen, daß die NS-Kriegsverbrecher, denen ich begegnet bin, anders waren.

In der Sowjetunion unter Stalin war das Klima der Angst so alles beherrschend, wie es das in Deutschland unter Hitler bis zu den letzten Kriegstagen nicht gewesen ist. Die Beschreibung eines ehemaligen sowjetischen Luftwaffenoffiziers von öffentlichen Versammlungen in den dreißiger Jahren, wo jeder als »Volksfeind« denunziert werden konnte, verfolgt mich noch heute. Niemand konnte sicher sein, daß es nicht um Mitternacht bei ihm klopfte. Egal wie man sich bemühte, alles richtig zu machen, egal wie viel Schlagworte man herunterrasselte, Stalins Bösartigkeit war so groß, daß nichts, was man sagte oder tat, einen retten konnte, wenn man einmal ins Scheinwerferlicht geraten war. Im nationalsozialistischen Deutschland dagegen konntest du, wenn du nicht gerade zu einer Risikogruppe gehörtest – Juden, Kommunisten, »Zigeuner«, Homosexuelle, »Arbeitsscheue« und natürlich alle, die das Regime bekämpften –, relativ angstfrei leben. Trotz der neueren wissenschaftlichen Arbeiten, die zu Recht betonen, daß die Gestapo bei ihrer Arbeit sehr auf Denunziationen aus der Bevölkerung angewiesen war[3], bleibt doch die Tatsache bestehen, daß die Mehrheit der deutschen Bevölkerung bis zu dem Augenblick, in dem Deutschland den Krieg zu verlieren begann, sich so geborgen und glücklich fühlte, daß sie auch dann dafür gestimmt hätte, Hitler an der Macht zu halten, wenn es freie und faire Wahlen gegeben hätte. In der Sowjetunion dagegen hatten nicht einmal Stalins engste und treueste Mitarbeiter das Gefühl, sie dürften ruhig schlafen.

Diejenigen, die auf Stalins Befehl Verbrechen begingen, kannten oft die Gründe dafür nicht; die Leiden, die sie anderen zufügten, waren reine Akte der Willkür. Der ehemalige sowjetische Geheimpolizist zum Beispiel, der Kalmükken in Züge mit dem Ziel Sibirien verfrachtet hatte, wußte auch heute noch nicht genau, was hinter dieser Politik gesteckt hatte. Er hatte eine stereotype Antwort parat, wenn er gefragt wurde, weshalb er sich daran beteiligt hatte – pikanterweise die, die allgemein den Nationalsozialisten immer zugeschrieben wird. Er sagte, er habe »auf Befehl« gehandelt. Er hatte ein Verbrechen begangen, weil man es ihm befohlen hatte und weil er wußte, daß er erschossen werden würde, wenn er es nicht ausführte, und er verließ sich darauf, daß seine Vorgesetzten schon wüßten, was sie taten. Das bedeutete natürlich, daß er, als Stalin gestorben war und der Kommunismus im Niedergang war, befreit weitermachen und die Vergangenheit hinter sich lassen konnte. Es kennzeichnet Stalin auch als grausamen, tyrannischen Diktator, für den es viele Parallelen in der Geschichte gibt, nicht zuletzt in unserer Zeit Saddam Hussein.

Und dann bin ich japanischen Kriegsverbrechern begegnet, die einige der entsetzlichsten Greueltaten der neueren Geschichte begangen haben. Japanische Soldaten schlitzten in China schwangeren Frauen den Bauch auf und erstachen die Föten mit dem Bajonett, sie fesselten Bauern und benutzten sie zum Scheibenschießen; sie folterten Tausende von unschuldigen Menschen auf eine Weise, die den schlimmsten Praktiken der Gestapo gleichkommen, und sie führten lange vor Dr. Mengele und Auschwitz mörderische medizinische Experimente durch. Diese Menschen wurden für undurchschaubar gehalten. Aber bei näherer Betrachtung waren sie es nicht. Sie waren in einer höchst militaristischen Gesellschaft aufgewachsen und dann einer militärischen Ausbildung brutalster Art unterworfen worden; man hatte ihnen, seit sie Kinder waren, befohlen, ihren Kaiser (der auch ihr Oberkommandierender war) zu vergöttern, und sie lebten in einer Kultur, die den allzu menschlichen Wunsch, sich anzupassen, quasi zur Religion erhob. All das steckte in einem ehemaligen Soldaten, der mir erzählte, wie er aufgefordert worden war, an der Massenvergewaltigung einer chinesischen Frau teilzunehmen: Er hatte das weniger als Sexualakt betrachtet, denn als Zeichen, daß er endlich von der Gruppe akzeptiert worden war, deren Mitglieder ihn bis dahin zum Teil gnadenlos schikaniert hatten. Wie die sowjetischen Geheimpolizisten, die ich getroffen hatte, hatten diese Japaner versucht, ihre Taten fast ausschließlich mit Hinweisen auf von außen einwirkende Gründe zu rechtfertigen – das Regime selbst.

Im Denken vieler NS-Kriegsverbrecher zeigt sich etwas anderes, und es ist in diesem Buch verkörpert in dem Interview mit Hans Friedrich, der zugibt, daß er als Mitglied einer SS-Einheit im Osten selbst Juden erschossen hat. Noch heute, wo das NS-Regime seit langem besiegt ist, tut ihm nicht leid, was er getan hat. Es wäre leicht für ihn, sich hinter dem »Befehlsnotstand« zu verstecken oder zu sagen: »Ich stand zu sehr unter dem Einfluß der Propaganda«, aber seine innersten Überzeugungen sind so stark, daß er das nicht tut. Er hat es damals für richtig gehalten, Juden zu erschießen, und tut es allem Anschein nach auch heute noch. Es ist eine ekelhafte, verabscheuungswürdige Haltung – aber sie fasziniert mich. Und zeitgenössische Aussagen zeigen, daß er damit nicht allein ist. In den Unterlagen von Auschwitz ist zum Beispiel nicht ein einziger Fall belegt, wo ein SS-Mann belangt worden wäre, weil er sich geweigert hätte, an den Tötungen teilzunehmen. Dagegen gibt es viel Material, das zeigt, daß das eigentliche Problem mit der Disziplin im Lager – aus der Sicht der SS-Führung – Diebstahl war. Gewöhnliche SS-Männer scheinen mit der NS-Führung einig gewesen zu sein, daß es richtig war, die Juden zu töten, aber mit diesem Grundsatz Himmlers, der ihnen persönliche Bereicherung versagte, waren sie nicht einverstanden. Und die Strafen für einen SS-Mann, der beim Stehlen erwischt worden war, konnten drakonisch sein – sicherlich schlimmer als dafür, daß sich jemand weigerte, sich aktiv am Töten zu beteiligen.

So bin ich, nicht nur durch die Interviews, sondern auch durch nachfolgende Forschungen[4] in den Archiven und Gespräche mit Wissenschaftlern zu dem Schluß gekommen, daß einzelne, die innerhalb des NS-Systems Verbrechen begangen hatten, eher die persönliche Verantwortung für ihre Taten übernahmen, als es bei Kriegsverbrechern, die Stalin oder Hirohito dienten, der Fall war. Natürlich ist das eine Verallgemeinerung, und es wird in jedem Regime Menschen geben, die diesem Muster nicht entsprechen. Diesen Regimen war ja auch viel gemeinsam – nicht zuletzt die Abhängigkeit von einer intensiven ideologischen Propaganda von oben. Aber als Verallgemeinerung ist das brauchbar, was um so merkwürdiger ist, als die SS streng trainiert wurde und das Klischee vom deutschen Soldaten als Roboter weit verbreitet ist. Wie wir sehen werden, trug die Neigung einzelner Nationalsozialisten, die Verbrechen begangen haben, um persönlich Herr der Lage zu bleiben, zur Entwicklung sowohl von Auschwitz als auch der »Endlösung« bei.

Sinnvoll ist es auch, wenn man zu verstehen versucht, warum so viele der ehemaligen Nationalsozialisten, denen ich in den letzten 15 Jahren begegnet bin, lieber eine innere Rechtfertigung für ihre Verbrechen suchen (»ich fand das richtig«) als eine äußere (»es wurde mir befohlen«). Eine Erklärung ist sicher, daß die Nationalsozialisten sich bewußt auf längst bestehende Überzeugungen stützten. Antisemitismus existierte in Deutschland lange vor Adolf Hitler, und sehr viele Menschen gaben den Juden – zu Unrecht – die Schuld an Deutschlands Niederlage im Ersten Weltkrieg. Tatsächlich war das politische Programm der Nationalsozialisten Anfang der zwanziger Jahre schlicht nicht von dem zahlloser anderer nationalistischer rechter Gruppierungen zu unterscheiden. Hitler war kein originaler politischer Denker, was er mitbrachte, war die Originalität seiner Führerschaft. Als zu Beginn der dreißiger Jahre die Weltwirtschaftskrise Deutschland erfaßte, wandten sich Millionen Deutsche freiwillig den Nationalsozialisten zu, weil sie von ihnen eine Beseitigung der Mißstände erhofften. Bei den Wahlen 1932 wurde niemand gezwungen, für die Nationalsozialisten zu stimmen, trotzdem gelangten sie an die Macht und bauten diese im Rahmen der bestehenden Gesetze aus.

Ein weiterer Grund dafür, daß so viele Menschen das NS-Glaubenssystem verinnerlichten, war die Arbeit von Joseph Goebbels[5], dem erfolgreichsten Propagandisten des 20. Jahrhunderts. Im allgemeinen Bewußtsein wird er oft als plumper Polemiker abgetan, berüchtigt wegen des infamen Films *Der ewige Jude*, in dem Szenen mit Juden unterbrochen waren von Aufnahmen von Ratten. In Wirklichkeit war seine Arbeit großenteils viel raffinierter und hinterlistiger. Hitler war es, der sich für solche Haßfilme wie *Der ewige Jude* begeisterte; Goebbels mochte diese kümmerliche Methode nicht und zog den viel subtileren *Jud Süß* vor, ein Drama, in dem die schöne »arische« Jungfrau von einem Juden vergewaltigt wurde. Goebbels eigene Publikumsforschung (er war von dieser Wissenschaft besessen) zeigte, daß er recht hatte: Die Kinobesucher zogen Propagandafilme vor, in denen, wie er es ausdrückte, die Kunst nicht so sichtbar würde.

Goebbels fand es besser, vorhandene Vorurteile des Publikums zu verstärken, als zu versuchen, jemandes Meinung zu ändern. Wenn es aber nötig war, die Ansichten der Deutschen zu verändern, war seine Methode die, »im Konvoi zu fahren – immer in der Geschwindigkeit des langsamsten Schiffes«[6], und dann die Botschaft, die er dem Publikum nahebringen wollte, ständig zu wiederholen, in immer neuer Weise. Dabei versuchte er selten, die Zuschauer unter Druck zu setzen: Er zeigte Bilder und erzählte Geschichten, die gewöhnliche Deutsche zu den gewünschten Schlußfolgerungen führten; so ließ er sie in dem Glauben, sie seien von selbst darauf gekommen.

In den dreißiger Jahren versuchte Hitler nicht oft, der Bevölkerung seine Politik gegen ihren Willen aufzuzwingen, und fand damit Goebbels' Beifall. Sicher, es war ein radikales Regime, aber doch eines, das auf die Zustimmung der

Mehrheit Wert legte und bei der Dynamik, die es sich wünschte, in großem Maß auf persönliche Initiativen von unten angewiesen war. Und das hieß wiederum, daß die Nationalsozialisten bei der Verfolgung der Juden vorsichtig vorgingen. Obwohl der Judenhaß für Hitler eine zentrale Rolle spielte, stellte er ihn bei den Wahlen Anfang 1933 nicht unverhohlen in den Vordergrund. Er verbarg seinen Antisemitismus nicht, aber er und die Nationalsozialisten betonten bewußt andere Dinge, so etwa den Wunsch, das »Unrecht von Versailles« wiedergutzumachen, den Arbeitslosen Arbeit zu verschaffen und ein Gefühl von Nationalstolz wiederherzustellen. Kurz nachdem Hitler Reichskanzler geworden war, gab es den ersten Ausbruch von Gewalttätigkeit gegen die deutschen Juden, großenteils inszeniert von der SA. Dann kam der Boykott jüdischer Geschäfte (den der glühende Antisemit Goebbels unterstützte), aber der dauerte nur einen Tag. Die NS-Führung sorgte sich um die öffentliche Meinung im In- wie im Ausland; vor allem wollte sie vermeiden, daß Deutschland wegen seines Antisemitismus zum Paria wurde. 1935 wurden dann die »Nürnberger Gesetze« erlassen, mit denen den Juden die deutsche Staatsangehörigkeit entzogen wurde, und 1938 wurden in der Pogromnacht, der sogenannten Kristallnacht, Synagogen in Brand gesteckt und Tausende von Juden eingesperrt – das waren die auffallendsten weiteren Maßnahmen gegen die Juden vor dem Krieg. Aber insgesamt wurde die antisemitische Politik in vielen kleinen Schritten entwickelt, und viele Juden versuchten in den dreißiger Jahren in Hitler-Deutschland durchzuhalten. Die antijüdische Propaganda wurde (ausgenommen fanatische Randerscheinungen wie Julius Streicher mit seinem schändlichen Schmutzblatt *Der Stürmer*) mit Goebbels' Geschwindigkeit des »langsamsten Schiffes« fortgesetzt, und keiner der offen antisemitischen Filme wie *Der ewige Jude* oder *Jud Süß* erschien vor dem Krieg.

Die Vorstellung, daß die Nationalsozialisten in vielen kleinen Schritten gegen die Juden vorgingen, läuft dem verständlichen Wunsch zuwider, für die wesentliche Entscheidung für die »Endlösung« und die Gaskammern von Auschwitz einen bestimmten Zeitpunkt herauszustellen. Aber so einfach ist das nicht. Es dauerte Jahre, bis die Tötungsmaschinerie so perfektioniert war, daß Eisenbahnverbindungen jüdische Familien fast bis ans Krematorium brachten. Ein Historiker hat das Verhalten des NS-Regimes als »kumulative Radikalisierung«[7] bezeichnet, wo eine Entscheidung oft in eine Krise führte, die noch radikalere Entscheidungen verlangte. Ein Beispiel dafür, wie sich Ereignisse zu einer Katastrophe aufschaukeln können, war der Nahrungsmangel im Ghetto von Łódź im Sommer 1941. Die Lage war so, daß ein NS-Funktionär anfragte: »Es ist ernsthaft zu erwägen, ob es nicht die humanste Lösung ist, die Juden, soweit sie nicht arbeitseinsatzfähig sind, durch irgendein schnellwirkendes Mittel zu erledigen. Auf jeden Fall wäre dies angenehmer, als sie verhungern zu lassen.«[8] So wird der Gedanke der Vernichtung als Akt der Menschlichkeit vorgestellt. Wobei man natürlich nicht vergessen sollte, daß die Politik der NS-Führung diese Lebensmittelkrise im Ghetto von Łódź überhaupt erst heraufbeschworen hatte.

Das soll nicht heißen, daß Hitler nicht für das Verbrechen verantwortlich war – das war er! –, aber er war verantwortlich in viel unheilvollerer Weise als der, daß er etwa seine Untergebenen an einem bestimmten Tag zusammengerufen und ihnen seinen Beschluß aufgezwungen hätte. Alle maßgeblichen Nationalsozialisten wußten, daß ihr »Führer« eines bei der politischen Arbeit besonders schätzte: Radikalismus. Hitler hat einmal gesagt, er hätte es gern, wenn seine Generäle wie Hunde an der Leine zerrten (aber genau da enttäuschten sie ihn meist). Seine Vorliebe für die Radikalität sowie seine Methode, innerhalb der nationalsozialistischen Führung die Konkurrenz zu fördern, indem er oft zwei Leuten mehr oder weniger dieselbe Aufgabe stellte, bewirkten eine erhebliche Dynamik in Politik und Verwaltung – und eine starke innere Instabilität. Jeder wußte, wie Hitler die Juden haßte, jeder hatte 1939 seine Rede im Reichstag gehört, in der er die »Vernichtung der jüdischen Rasse in Europa« androhte für den Fall, daß es ihnen gelingen sollte, »die Völker noch einmal in einen Weltkrieg zu stürzen«. Jeder in der NS-Führung wußte, welche Art von Maßnahmen gegenüber den Juden er vorschlagen mußte – je radikaler, desto besser.

Hitler war während des Zweiten Weltkriegs sehr in Anspruch genommen von einer Aufgabe: dem Versuch, ihn zu gewinnen. Er beschäftigte sich weniger mit der »Judenfrage« als mit der komplizierten militärischen Strategie. Seine Haltung in der Judenpolitik entsprach wahrscheinlich den Instruktionen, die er den Gauleitern von Danzig, Westpreußen und dem Warthegau gab, als er sagte, er wünschte ihre Gebiete »germanisiert« zu sehen, und wenn sie diese Aufgabe erledigt hätten, würde er keine Fragen stellen, wie sie das bewerkstelligt hätten. Man kann sich leicht vorstellen, daß Hitler im Dezember 1941 zu Himmler gesagt hat, er wünschte die »Vernichtung« der Juden, und er würde hinterher nicht nachfragen, wie er das gemacht hätte. Wir wissen nicht, ob so ein Gespräch so stattgefunden hat, denn Hitler bemühte sich während des Krieges, Himmler als Puffer zwischen sich und der Durchführung der »Endlösung« zu benutzen. Hitler kannte das Ausmaß des Verbrechens, das die Nationalsozialisten vorhatten, und wollte nicht, daß irgendein Schriftstück ihn damit in Verbindung brachte. Aber seine Handschrift ist überall zu erkennen – von seinen Haßreden bis zu dem engen Zusammenhang zwischen Himmlers Treffen mit Hitler in seinem ostpreußischen Hauptquartier Wolfsschanze und der folgenden Radikalisierung der Verfolgung und Ermordung der Juden.

Es ist kaum zu vermitteln, mit welcher Begeisterung führende Nationalsozialisten einem Mann dienten, der in solchen Dimensionen zu träumen wagte. Hitler hatte davon geträumt, Frankreich innerhalb von Wochen niederzuwerfen – das Land, in dem die deutsche Armee im Ersten Weltkrieg jahrelang steckengeblieben war –, und es war ihm gelungen. Er hatte davon geträumt, die Sowjetunion zu erobern, und im Sommer und Herbst 1941 sah es fast so aus, als würde er gewinnen. Und er träumte davon, die Juden zu vernichten, was sich in gewisser Weise als die einfachste dieser Aufgaben erweisen sollte.

Hitlers Ambitionen bewegten sich in imposanten Größenordnungen – aber sie waren alle destruktiv, die »Endlösung« von der Idee her ganz besonders. Es ist von Bedeutung, daß 1940 zwei Nationalsozialisten, die in der Folge zu Führungspersönlichkeiten bei der Entwicklung und Durchführung der »Endlösung« werden sollten, jeder für sich bekannten, daß der Massenmord den »kulturellen Werten«, auf die beide Wert legten, zuwiderliefe. Heinrich Himmler schrieb, die »physische Ausrottung eines Volkes« sei »undeutsch«, und Reinhard Heydrich hielt fest, die biologische Vernichtung wäre »des deutschen Volkes als einer Kulturnation unwürdig«.[9] Aber im Lauf der folgenden 18 Monate wurde die »physische Ausrottung eines Volkes« genau die politische Linie, die sie sich zu eigen machten.

Wenn man verfolgt, wie Hitler, Himmler, Heydrich und andere Führungspersönlichkeiten die »Endlösung« und Auschwitz schufen, bietet das Gelegenheit, einen dynamischen und radikalen Entscheidungsprozeß von großer Komplexität zu sehen. Es war kein ausgearbeiteter Plan von oben für das Verbrechen durchgesetzt worden und auch keiner von unten erdacht und nur von der Spitze akzeptiert worden. Es wurden nicht einzelne Nationalsozialisten durch grobe Drohungen genötigt, selbst zu morden. Nein, dies war ein gemeinsames Unternehmen von Tausenden von Menschen, die sich entschlossen, nicht nur teilzunehmen, sondern Initiativen zur Lösung des Problems beizutragen, wie man in nie zuvor versuchtem Ausmaß Menschen töten und ihre Leichen beseitigen könnte.

Wenn wir den Weg nachvollziehen, den einerseits die Nationalsozialisten gingen und andererseits diejenigen, die sie verfolgten, gewinnen wir tiefe Einsicht in die *Conditio humana*. Und was wir da erfahren, ist meist nicht schön. In dieser Geschichte hat Leiden fast nie mit Erlösung zu tun. Obwohl es in einigen seltenen Fällen außergewöhnliche Menschen gegeben hat, die sich großartig verhalten haben, ist dies doch überwiegend eine Geschichte der Erniedrigungen. Man kann kaum umhin, sich dem Urteil von Else Baker anzuschließen, die im Alter von acht Jahren nach Auschwitz geschickt wurde: »Das Maß menschlicher Verderbtheit ist unendlich.« Wenn es aber einen Funken Hoffnung gibt, dann liegt er in der Familie als der stützenden Kraft. Heldentaten wurden von Menschen im Lager zugunsten von Vater, Mutter, Bruder, Schwester oder Kind vollbracht.

Vielleicht zeigen Auschwitz und die »Endlösung« vor allem, mit welcher Macht die Umstände das Verhalten beeinflussen, in stärkerem Maße, als wir vielleicht wahrhaben wollen. Diese Auffassung bestätigt einer der zähesten und mutigsten Überlebenden der Todeslager, Toivi Blatt, der in Sobibór zur Arbeit gezwungen wurde und dann die Flucht wagte: »Ich bin gefragt worden«, sagt er, »›Was hast du gelernt?‹, und ich denke, für mich steht nur eines fest – niemand kennt sich selbst. Der nette Mensch auf der Straße, den du fragst, ›Wo ist die Nordstraße?‹, und der einen halben Block mit dir geht und sie dir zeigt und nett und freundlich ist. Dieser selbe Mensch könnte unter anderen Umständen ein richtiger Sadist sein. Niemand kennt sich selbst. Wir können alle gut oder schlecht sein in unterschiedlichen Situationen. Manchmal denke ich, wenn jemand richtig nett zu mir ist, ›Wie ist der in Sobibór?‹.«[10]

Diese Überlebenden (und wenn ich ehrlich sein soll, die Täter ebenso) haben mich gelehrt, daß menschliches Verhalten brüchig und unberechenbar ist und oft von den Umständen abhängt. Natürlich hat jeder einzelne die Wahl, wie er sich verhalten will, aber für viele Menschen sind die Umstände der entscheidende Faktor bei dieser Wahl. Sogar ungewöhnliche Persönlichkeiten – Adolf Hitler selbst zum Beispiel –, die Herren des eigenen Schicksals zu sein scheinen, waren in erheblichem Maße bestimmt von ihrer Reaktion auf frühere Lebenslagen. Der Adolf Hitler der Geschichte war wesentlich geformt von der Wechselwirkung zwischen dem Vorkriegs-Hitler, einem ziellos treibenden Nichtsnutz, und den Geschehnissen des Ersten Weltkriegs, eines globalen Konflikts, über den er keine Kontrolle hatte. Ich kenne keinen seriösen Fachmann, der glaubt, daß Hitler ohne die Veränderung, die er in jenem Krieg durchmachte, und die tiefe Bitterkeit, die er fühlte, als Deutschland verlor, zur Bedeutung aufgestiegen wäre. Wir können also über die Aussage »Ohne Ersten Weltkrieg kein Hitler als Reichskanzler« hinausgehen und sagen: »Ohne Ersten Weltkrieg keine Persönlichkeit, die zu dem Hitler wurde, den die Geschichte kennt.« Und während natürlich Hitler selbst entschied, wie er sich verhalten wollte (und dabei eine Reihe von Entscheidungen traf, mit denen er sich all die Schmähungen verdiente, die man auf ihn häuft), wurde er doch erst durch diese spezifische historische Situation möglich.

Diese Geschichte zeigt uns jedoch auch, daß, wo einzelne einem Schicksal ausgeliefert sind, in Gemeinschaften zusammenwirkende Menschen eine höhere Kultur schaffen können, die es ihrerseits einzelnen erlaubt, sich anständiger zu verhalten. Wie die Dänen ihre Juden retteten und, als sie bei Kriegsende zurückkehrten, dafür sorgten, daß sie herzlich empfangen wurden, ist dafür ein eindrucksvolles Beispiel. Die dänische Kultur eines starken und weitverbreiteten Glaubens an die Menschenrechte trug dazu bei, daß die Mehrheit der Menschen sich uneigennützig verhielt. Aber man sollte auch wieder nicht übermäßig ins Schwärmen geraten ob dieser dänischen Erfahrung. Auch die Dänen standen unter dem starken Einfluß von Faktoren außerhalb ihrer Kontrolle: dem Zeitpunkt des nationalsozialistischen Angriffs auf die Juden (als nämlich deutlich wurde, daß die Deutschen den Krieg verloren), der Geographie ihres Landes (das die relativ geradlinige Flucht über einen schmalen Meeresarm ins neutrale Schweden gestattete) und dem Fehlen konzertierter Bemühungen der SS, die Deportation zu erzwingen. Dennoch darf man vernünftigerweise davon ausgehen, daß es einen Schutzmechanismus gegen Greuel wie Auschwitz in einzelnen Menschen gibt, die dann *miteinander* dafür sorgen, daß der kulturelle Sittenkodex ihrer Gesellschaft sich solchem Unrecht entgegenstellt. Die offen darwinistischen Ideale des Nationalsozialismus, die jedem »arischen« Deutschen sagten, er oder sie seien rassisch überlegen, standen natürlich dazu im Widerspruch.

Schließlich liegt aber doch tiefe Traurigkeit über diesem Thema, die sich nicht besiegen läßt. Während der ganzen Zeit, die ich daran arbeitete, kamen die Stimmen, die ich am deutlichsten hörte, von denen, die wir nicht befragen konnten: von den 1,1 Million Menschen, die in Auschwitz ermordet wurden, und ganz besonders von den mehr als 200 000 Kindern, die dort umkamen, denen man das Recht aufzuwachsen und zu leben verweigert hat. Ein Bild vor allem haftet mir im Gedächtnis, seit ich davon gehört habe. Es ist das von den leeren Kinderwagen. »Eine der im KL inhaftierten Frauen sagte später aus, daß sie Zeugin war, wie eine große Anzahl Kinderwagen vom Lager in Richtung des Bahnhofs Auschwitz geschoben wurde. Jeweils fünf Kinderwagen wurden in einer Reihe geschoben, und der Vorbeimarsch dauerte über eine Stunde.«[11]

Die Kinder, die in diesen Kinderwagen mit ihren Müttern, Vätern, Brüdern, Schwestern, Onkeln und Tanten in Auschwitz ankamen – und die alle dort starben –, sind es, die wir nicht vergessen dürfen; ihrem Gedächtnis ist dieses Buch gewidmet.

Laurence Rees,
London, Juli 2004

1. Die Anfänge

Am 30. April 1940 erreichte Hauptsturmführer Rudolf Höß ein ehrgeiziges Ziel. Er war nach sechs Jahren im aktiven Dienst der SS im Alter von 39 Jahren zum Kommandanten eines der ersten deutschen Konzentrationslager in den neu eingegliederten Ostgebieten ernannt worden. Anfang Mai nahm er seine Arbeit in einer kleinen Stadt in einer Gegend auf, die 8 Monate zuvor noch Südwestpolen gewesen und jetzt Teil von Oberschlesien war. Der Name des Ortes lautete polnisch Oświęcim – deutsch Auschwitz.

Höß war zwar zum Kommandanten befördert worden – aber ein Lager existierte noch nicht. Es gab nur einen »verwahrlosten und von Ungeziefer wimmelnden Komplex« ehemaliger polnischer Kasernen am Rande der Stadt, und dort sollte er nun die Errichtung eines Lagers überwachen. Die Umgebung hätte kaum deprimierender sein können. Die Landschaft zwischen Soła und Weichsel war flach und trist, das Klima feucht und ungesund.

Niemand, einschließlich Rudolf Höß, hätte an jenem Tag vorhersagen könne, daß dieses Lager in den folgenden Jahren zum Schauplatz des größten Massenmords der Geschichte werden würde. Der Entscheidungsprozeß, der zu dieser Umgestaltung führte, gehört zum Schockierendsten, das die Welt je gesehen hat, und bietet tiefe Einsichten in die Arbeitsweise des NS-Staats.

Adolf Hitler, Heinrich Himmler, Reinhard Heydrich, Hermann Göring – diese und andere führende Nationalsozialisten fällten Entscheidungen, die zur Vernichtung von mehr als einer Million Menschen in Auschwitz führten. Aber wesentliche Voraussetzung für dieses Verbrechen war auch die Denkart der vielen kleineren Funktionäre wie etwa Höß. Ohne Höß' Führung durch das bis dahin unerforschte Gebiet des Massenmords in einem solchen Ausmaß hätte Auschwitz nie so reibungslos funktionieren können.

Äußerlich war an Rudolf Höß wenig Auffälliges. Er war mittelgroß, mit regelmäßigen Zügen und dunklen Haaren, weder häßlich noch besonders gutaussehend. Der amerikanische Anwalt Whitney Harris[1], der Höß in Nürnberg verhört hat, fand, er sähe aus »wie ein normaler Mensch, wie ein Verkäufer im Lebensmittelladen«. Mehrere polnische Auschwitz-Häftlinge bestätigen diesen Eindruck. Sie erinnern sich an Höß als an einen ruhigen und beherrschten Mann, die Art von Mensch, an dem man täglich vorbeigeht, ohne ihn wahrzunehmen. Damit war Höß scheinbar weit entfernt von dem Bild des speichelsprühenden SS-Monsters mit wutrotem Gesicht – und das macht ihn natürlich zu einer noch erschreckenderen Figur.

Als Höß seinen Koffer in das Hotel gegenüber der Bahnstation von Auschwitz trug, das die Operationsbasis der SS-Leute sein sollte, bis angemessene Quartiere im Lager geschaffen worden wären, brachte er auch den mentalen Ballast eines Erwachsenenlebens mit, das dem Nationalsozialismus geweiht war. Wie bei den meisten glühenden Nationalsozialisten waren seine Persönlichkeit und seine Überzeugungen durch seine Reaktion auf die vorhergegangenen 25 Jahre deutscher Geschichte geformt – die turbulentesten Jahre, die das Land je gesehen hatte. Er war im Jahr 1900 als Sohn streng katholischer Eltern in Baden-Baden geboren und stand in seinen frühen Jahren unter starken Einflüssen: einem dominierenden Vater, der auf Gehorsam bestand; dem Dienst im Ersten Weltkrieg, den er als einer der jüngsten Unteroffiziere des deutschen Heeres erlebte; seiner heftigen Verzweiflung ob der Niederlage, die er als Verrat empfand; seinem Dienst in einem paramilitärischen Freikorps im Baltikum Anfang der zwanziger Jahre mit dem Versuch, die angebliche kommunistische Bedrohung an den Grenzen Deutschlands abzuwehren, sowie der Verwicklung in gewalttätige politische Machenschaften der Rechten, die ihn 1923 ins Zuchthaus brachten.

Viele Nationalsozialisten kamen aus einem ähnlichen Schmelztiegel, nicht zuletzt auch Adolf Hitler. Hitler, der Sohn eines beherrschenden Vaters[2], hatte seinen leidenschaftlichen Haß auf diejenigen gerichtet, von denen er glaubte, daß sie den Krieg verloren hätten, in dem er gerade gekämpft hatte (und in dem er wie Höß mit dem Eisernen Kreuz ausgezeichnet worden war), und hatte in einem gewaltsamen Putsch versucht, an die Macht zu gelangen genau in dem Jahr, in dem an anderem Ort Höß an einem politischen Mord beteiligt war.

Hitler, Höß und andere rechte Nationalisten hatten das dringende Bedürfnis zu verstehen, weshalb Deutschland den Krieg verloren und einen so demütigenden Frieden geschlossen hatte. In den Jahren gleich nach dem Krieg glaubten sie die Antwort gefunden zu haben: Es war doch klar, meinten sie, daß die Juden schuld waren. Schon 1919 glaubten sie, die Verbindung zwischen dem Judaismus und der gefürchteten Weltanschauung des Kommunismus sei in München zweifelsfrei bewiesen worden, als im Frühling für kurze Zeit die revolutionäre Räterepublik errichtet worden war – die Mehrheit ihrer Führer war jüdisch. Und Walther Rathenau, Außenminister in der Weimarer Republik, war auch Jude!

Es spielte keine Rolle, daß eine große Zahl deutscher Juden im Krieg tapfer gekämpft hatte und viele gestorben waren. Und auch nicht, daß Tausende deutscher Juden weder links standen noch gar Kommunisten waren. Für Hitler und seine Anhänger war es so viel leichter, für Deutschlands mißliche Lage den Sündenbock in den deutschen Juden zu suchen. Dabei konnte die neu gegründete Nationalsozialistische deutsche Arbeiterpartei (NSDAP) auf viele Jahre deutschen Antisemitismus aufbauen. Und von Anfang an behaupteten ihre Anhänger, daß ihr Haß auf die Juden sich nicht etwa auf beschränkte Vorurteile stützte, sondern auf wissenschaftliche Fakten.[3] Solche pseudointellektuellen Angriffe wirkten stark bei Männern wie Rudolf Höß, der versichert hat, er habe den primitiven, gewalttätigen, geradezu pornographisch-wüsten Antisemitismus, wie ihn Julius Streicher in seiner Zeitschrift *Der Stürmer* vertrat, stets verachtet. »Nach meiner Ansicht diente man dem Antisemitismus nicht mit einer wüsten Hetze, wie es der *Stürmer* tat«[4], schrieb Höß nach dem Untergang des Nationalsozialismus im Gefängnis. Seine Betrachtungsweise sei kühler, rationaler, meinte er. Er behauptete: »Ich selbst habe persönlich nie Juden gehasst«; das Problem sei für ihn die »internationale Verschwörung des Weltjudentums«; er stellte sich darunter vor, daß die Juden insgeheim an den Hebeln der Macht säßen und einander über nationale Grenzen hinweg unterstützten. Das habe, so meinte er, zu Deutschlands Niederlage im Ersten Weltkrieg geführt. Und so etwas mußte seiner Auffassung nach vernichtet werden: »Als fanatischer Nationalsozialist war ich fest davon überzeugt, daß unsere Idee in allen Ländern … Eingang fände und allmählich vorherrschend würde … Damit würde ja auch die Vorherrschaft des Judentums beseitigt werden.«[5]

Nach seiner Entlassung aus dem Gefängnis 1928 widmete sich Höß einem anderen geliebten Glaubensinhalt rechter Nationalisten, der wie der Antisemitismus dazu beitrug, die nationalsozialistische Bewegung zu definieren: der Liebe zum Boden. Juden waren verhasst, weil sie meist in Städten wohnten; »wahre« Deutsche dagegen verloren die Liebe zur Natur nie. Es war kein Zufall, daß Himmler selbst Landwirtschaft studiert hatte und daß in Auschwitz später auch eine landwirtschaftliche Versuchsstation errichtet wurde.

Höß schloß sich den Artamanen an, einer der bäuerlichen Gemeinschaften, die zu der Zeit in Deutschland blühten; er heiratete und ließ sich nieder mit dem Ziel, Bauer zu werden. 1934 kam der Augenblick, der sein Leben verändern sollte. Heinrich Himmler, Hitlers »Reichsführer-SS«, bot ihm an, die Landwirtschaft aufzugeben und ganz in den aktiven Dienst der SS einzutreten, der Elite-»Schutzstaffel«, die einst als Hitlers Leibgarde gegründet worden war. Inzwischen gehörte zu ihren Pflichten die Überwachung der Konzentrationslager.[6] Himmler kannte Höß schon eine ganze Weile, denn der war bereits im November 1922 in die NSDAP eingetreten, mit der Mitgliedsnummer 3240.

Höß hatte die Wahl. Er mußte nicht mitmachen – niemand wurde zur SS eingezogen. Aber er entschied sich zum Beitritt. In seiner Autobiographie nennt er die Gründe: »Durch das in Aussicht gestellte schnelle Vorwärtskommen, also Beförderung, und die damit verbundenen finanziellen Vorteile wurde ich mit dem Gedanken vertraut, daß ich ... von unserem bisherigen Weg abgehen müsse ...«[7] Das war nur die halbe Wahrheit. Denn das schrieb er, nachdem der Nationalsozialismus besiegt war, und ließ das weg, was für ihn der entscheidende Faktor gewesen sein muß: seine damalige Gemütsverfassung. 1934 dürfte Höß das Gefühl gehabt haben, er erlebte den Beginn einer neuen und wunderbaren Welt mit. Hitler war seit einem Jahr an der Macht, und schon bekämpfte man die inneren Feinde des Nationalsozialismus – die linken Politiker, die »Arbeitsscheuen«, die Asozialen, die Juden. Überall im Land begrüßten die Deutschen, die solchen Risikogruppen nicht angehörten, diese Entwicklung. Typisch war die Reaktion Manfred von Schröders, eines Bankierssohns aus Hamburg, der 1933 in die NSDAP eintrat. Alles sei wieder in Ordnung und sauber gewesen und ein Gefühl von nationaler Befreiung, von einem Neuanfang habe geherrscht.[8] Höß hatte jetzt die Möglichkeit, an dieser Revolution mitzuwirken, auf die er seit dem Ende des Ersten Weltkriegs gehofft hatte. Die Mitgliedschaft in der SS bedeutete Prestige, Privilegien, ein aufregendes Leben und die Chance, den Kurs des neuen Deutschland mitzubestimmen. Was wäre er daneben als Bauer! Wen überrascht es da, daß er sich für Himmlers Angebot entschied? Im November 1934 nahm er seine Arbeit im Konzentrationslager Dachau bei München auf.

Im allgemeinen Bewußtsein herrscht heute, besonders in England und den USA, Unklarheit über die Aufgaben der verschiedenen Lager im NS-Staat. Konzentrationslager wie Dachau, das im März 1933 errichtet wurde, weniger als zwei Monate, nachdem Adolf Hitler Reichskanzler geworden war, unterschieden sich grundsätzlich von Todeslagern wie Treblinka, die erst mitten im Krieg errichtet wurden. Zur Verwirrung trägt weiterhin die komplexe Geschichte von Auschwitz bei, dem berüchtigtsten aller Lager, das *sowohl* Arbeitslager *als auch* Todeslager wurde. Man muß die Bedeutung dieses Unterschieds kennen, um zu begreifen, wie sich die Deutschen in den dreißiger Jahren die Existenz solcher Lager wie Dachau rational erklärten. Keiner der Deutschen, mit denen ich Fernsehinterviews gemacht habe, nicht einmal ehemals fanatische Nationalsozialisten, waren über die Todeslager »glücklich«, aber viele waren in den dreißiger Jahren sehr zufrieden gewesen mit dem Vorhandensein von »normalen« Konzentrationslagern. Sie hatten gerade den Alptraum der Weltwirtschaftskrise durchgemacht und miterlebt, daß die Demokratie den Niedergang des Landes nicht hatte verhindern können, wie sie sagten. Das »Gespenst des Kommunismus« ging immer noch um. Bei Wahlen zu Beginn der dreißiger Jahre schienen sich die Deutschen aufzuspalten in Richtung der Extreme: viele Menschen stimmten für den Kommunismus.

Die ersten Häftlinge in Dachau im März 1933 waren

überwiegend politische Gegner der Nationalsozialisten. Juden wurden in dieser Frühzeit verhöhnt, gedemütigt und zusammengeschlagen, aber es waren die linken Politiker[9] früherer Regierungen, die als akute Bedrohung empfunden wurden. Und als Höß in Dachau ankam, glaubte er fest, »wirkliche Gegner des Staates mußten sicher verwahrt … werden«.[10] Die folgenden dreieinhalb Jahre in Dachau spielten eine entscheidende Rolle bei der Entwicklung seiner Persönlichkeit. Das sorgfältig ausgearbeitete System des ersten Lagerkommandanten von Dachau, Theodor Eicke, war nicht einfach nur brutal: Es sollte den Willen der Häftlinge brechen. Eicke lenkte den Terror und den Haß der NS-Bewacher auf ihre »Feinde« in systematische und geordnete Bahnen. Dachau ist berüchtigt wegen des dort geübten Sadismus: Stock- und Peitschenhiebe waren gang und gäbe. Häftlinge wurde ermordet, und ihr Tod als »auf der Flucht erschossen« abgetan. Und es starben eine erhebliche Zahl von Häftlingen in Dachau. Aber die wahre Macht des Regimes zeigte sich dort weniger in körperlichen Mißhandlungen, so schlimm sie auch waren, als in den psychischen Torturen.

Eine der ersten Neuerungen in Dachau war es, daß dort – anders als in normalen Gefängnissen – keiner der Gefangenen erfuhr, zu was für einer Strafe er verurteilt war. In den dreißiger Jahren wurden die meisten Häftlinge aus Dachau nach rund einem Jahr wieder entlassen, im Einzelfall konnte es auch kürzer oder länger dauern – ganz nach Laune der Obrigkeit. Auf jeden Fall gab es keinen festen Termin für die Entlassung, auf den sich der Häftling einrichten konnte, nur die permanente Ungewißheit; man wußte nie, ob man morgen oder im nächsten Monat oder im nächsten Jahr freikäme. Höß, der selbst im Gefängnis gesessen hatte, erkannte die verheerende Wirkung dieser Maßnahme sofort: »Die ungewisse Haftdauer [war] der Faktor, der die schlimmste, die stärkste Wirkung auf die

Psyche der Häftlinge ausübte«, schrieb er. »Das sei das Zermürbendste, das jeden noch so festen Willen Lähmende … Schon allein deswegen wurde ihnen das Lagerleben zur Qual.«[11]

Zu dieser Ungewißheit kam die Art, wie die Bewacher mit den Emotionen der Gefangenen spielten. Josef Felder, zuvor Reichstagsabgeordneter der SPD, gehörte zu den ersten Häftlingen in Dachau. Er erinnerte sich, daß, als er seelisch einen Tiefpunkt erreicht hatte, sein Wärter einen Strick nahm und ihm zeigte, wie er am besten die Schlinge knüpfen sollte, damit er sich erhängen könnte.[12] Nur mit enormer Selbstüberwindung und in dem Gedanken »Ich habe eine Familie« konnte er diesem Hinweis widerstehen. Von den Häftlingen wurde erwartet, daß sie ihre Quartiere und Kleidung tadellos in Ordnung hielten. Bei Inspektionen fanden die Wärter ständig etwas auszusetzen und konnten, wenn sie Lust hatten, den ganzen Block für eingebildete Verstöße bestrafen. Jeder konnte auch tagelang »stillgelegt« werden mit dem Befehl, schweigend und bewegungslos auf der Pritsche zu liegen.

Auch das System mit den »Kapos« wurde in Dachau erfunden; es wurde in allen Konzentrationslagern eingeführt und spielte schließlich auch in Auschwitz eine erhebliche Rolle. Die Lagerverwaltung ernannte einen Gefangenen pro Block oder pro Arbeitskommando zum Kapo, der damit große Macht über seine Mitgefangenen hatte. Natürlich wurde diese Macht oft mißbraucht. Kapos konnten im ununterbrochenen Kontakt mit den anderen Gefangenen fast mehr als die SS-Bewacher durch Willkür das Leben im Lager unerträglich machen. Allerdings waren die Kapos selbst in Gefahr, wenn sie ihre Herren von der SS nicht zufriedenstellten. Himmler drückte das so aus: »Seine [des Kapos] Aufgabe ist es, dafür zu sorgen, daß die Arbeit getan wird – also muß er seine Männer antreiben. Sobald wir nicht mit ihm zufrieden sind, bleibt er nicht mehr Kapo und kehrt zu den anderen Häftlingen zurück. Er weiß, daß sie ihn schon am ersten Abend totschlagen werden.«[13]

Aus Sicht der Nationalsozialisten stellte das Lagerleben die Außenwelt im Kleinen dar. »Der Gedanke des Kampfes ist so alt wie das Leben selbst«, sagte Hitler schon 1928 in einer Rede. »In diesem Kampf gewinnt der Stärkere, Fähigere, während die weniger Fähigen, Schwachen, verlieren. Der Krieg ist der Vater aller Dinge ... Der Mensch lebt nicht und erhebt sich nicht über die Tierwelt mit den Prinzipien der Humanität, sondern nur mit Hilfe des brutalen Kampfes.«[14] Diese darwinistische Einstellung steckte im Kern des Nationalsozialismus und war in der Verwaltung aller Konzentrationslager offensichtlich. Die Kapos zum Beispiel konnten zu Recht die ihnen Unterstellten mißhandeln, denn sie hatten sich im Lebenskampf »als überlegen erwiesen«.

Vor allem lernte Höß in Dachau die wesentliche Philosophie der SS kennen. Theodor Eicke hatte von Anfang an einen Grundsatz gepredigt – Härte. »Jeder, der auch nur die geringste Spur von Mitleid mit diesen Staatsfeinden erkennen läßt, muß aus unseren Reihen verschwinden. Ich kann nur harte, zu allem entschlossene SS-Männer gebrauchen. Weichlinge haben bei uns keinen Platz.«[15] Jede Form des Mitgefühls, jede Form von Erbarmen war damit ein Beweis der Schwäche. Wenn ein SS-Mann solche Empfindungen verspürte, war das ein Zeichen dafür, daß es dem Feind gelungen war, ihn zu übertölpeln. Die NS-Propaganda predigte, es seien oft die unwahrscheinlichsten Stellen, an denen der Feind lauern konnte. Eins der Werke antisemitischer Propaganda richtete sich an Kinder; es war ein Buch mit dem Titel *Der Giftpilz*, das vor der heimtückischen Gefahr der Juden mit dem Bild eines Pilzes warnte, der äußerlich schön anzusehen, aber in Wirklichkeit giftig war. So wurden auch SS-Männer konditioniert, ihre eigenen Gefühle von Teilnahme zu verachten, wenn sie etwa die Bestrafung eines Häftlings mit Prügeln sahen. Man brachte ihnen bei, daß ein Gefühl von Mitleid nur hervorgerufen wurde durch die Tricks des Opfers. Als »Staatsfeinde« nutzten diese gerissenen Kreaturen angeblich jeden Kniff bei dem Versuch, ihre arglistigen Ziele zu verfolgen – nicht zuletzt, indem sie an das Erbarmen derjenigen appellierten, die sie gefangenhielten. Die Erinnerung an den »Dolchstoß«, das Märchen, daß Juden und Kommunisten in der Heimat die Niederlage Deutschlands im Ersten Weltkrieg geplant hätten, war immer gegenwärtig und passte perfekt in dieses Bild eines gefährlichen, aber unsichtbaren Feindes.

Die einzige Gewißheit für Angehörige der SS war die grundsätzliche Rechtmäßigkeit der Befehle, die sie empfingen. Wenn ein Vorgesetzter jemanden einzusperren, jemanden hinzurichten befahl, dann mußte der Befehl seine Ordnung haben – selbst wenn es demjenigen, der dieses Urteil auszuführen hatte, nicht einleuchtend erschien. Der einzige Schutz gegen das Krebsgeschwür des Selbstzweifels im Angesicht von Befehlen, die nicht direkt erklärlich waren, war Härte. Sie wurde zum Kult in der SS.

Während er lernte, wie man Gefühle wie Mitleid und Erbarmen unterdrückte, nahm Höß die Empfindung von Bruderschaft in sich auf, die in der SS ebenfalls sehr stark war. Eben weil ein SS-Mann wußte, daß er Dinge würde tun müssen, die Schwächere nicht leisten konnten, entstand ein machtvoller Korpsgeist, in dem die Loyalität der Kameraden wesentliche Stütze und Rückhalt bot. Die Grundwerte der SS – bedingungslose Loyalität, Härte, Schutz des Reiches vor inneren Feinden – wurden fast zur Ersatzreligion, es war eine besondere und leichtverdauliche Weltsicht. Er sei der SS dankbar gewesen für die intellektuelle Führung, die sie bot, sagte Johannes Hassebroek, Kommandant eines anderen Konzentrationslagers. Viele seien unsicher gewesen, bis sie der Organisation beitraten, und verstanden nicht, was geschah – alles sei so ein Durcheinander gewesen. Die SS habe eine Reihe von schlichten Ideen geboten, die sie begreifen konnten und an die sie glaubten.[16]

Noch etwas lernte Höß in Dachau, das für Auschwitz Bedeutung bekommen sollte. Er beobachtete, daß die Häftlinge ihre Gefangenschaft besser ertragen konnten, wenn die SS ihnen Arbeit gab. Er erinnerte sich an seine eigene Haft in Leipzig und Brandenburg und wie er, nur, weil er arbeiten durfte (er hatte Tüten geklebt), in der Lage gewesen war, jeden Tag mehr oder weniger positiv anzugehen. Jetzt sah er, daß Arbeit in Dachau eine ähnliche Rolle spielte. Sie ermöglichte es den Gefangenen, »sich selbst in Zucht zu halten, um so besser den niederziehenden Einwirkungen der Haft Widerstand leisten zu können«.[17] Höß war so überzeugt von der lindernden Wirkung der Arbeit im Konzentrationslager, daß er sogar den »Sinnspruch«, den man in Dachau benutzt hatte, für Auschwitz übernahm: *Arbeit macht frei* – er ließ es groß über das Eingangstor setzen.

Höß war das Muster eines SS-Mannes und machte in Dachau schnell Karriere. Im April 1936 wurde er Rapportführer, die rechte Hand des Lagerkommandanten. Im September 1938 wurde er zum Untersturmführer befördert und ins Konzentrationslager Sachsenhausen versetzt, wo er bis zu seiner Ernennung zum Kommandanten des neuen KL Auschwitz blieb. Er war bereit, seine große Aufgabe zu übernehmen: ein Musterlager für das neue NS-Reich zu schaffen. Er glaubte zu wissen, was von ihm erwartet wurde, zu welchem Zweck er die Anlage errichtete. Seine Erfahrungen in Dachau und Sachsenhausen zeigten ihm den Weg. Doch seine Vorgesetzten hatten andere Pläne, und im Lauf der folgenden Monate und Jahre entwickelte sich das von Höß gebaute Lager in Auschwitz in eine andere Richtung.

Während Höß seine Arbeit in Auschwitz in Angriff nahm,

tat sein Vorgesetzter in Berlin etwas sehr Ungewöhnliches – er entwarf eine Denkschrift für den »Führer«. Himmler schrieb seine zaghaft so genannten »Gedanken zur Behandlung Fremdvölkischer im Osten«. Er gehörte zu den schlauesten Machthabern des NS-Staats und wußte, daß es unklug war, Gedanken schriftlich zu fixieren. In den obersten Rängen wurde die NS-Politik oft nur mündlich formuliert. Sobald seine Ansichten auf Papier standen, konnten sie, das wußte Himmler, von seinen Konkurrenten in der Luft zerrissen werden. Und wie viele der Führungspersönlichkeiten hatte er etliche Feinde, die danach strebten, Teile seiner Macht an sich zu reißen. Aber die Lage in Polen, das die Deutschen seit dem Herbst 1939 besetzt hielten, verlangte nach seiner Ansicht, daß er eine Ausnahme machte und Hitler ein schriftliches Dokument zukommen ließ. Es ist in der Geschichte der nationalsozialistischen Rassenpolitik von größter Bedeutung, nicht zuletzt, weil Himmlers Worte den Kontext klärten, innerhalb dessen das neue Lager Auschwitz seine besondere Aufgabe bekam.

Himmler war in seiner Eigenschaft als Reichskommissar für die Festigung des Deutschen Volkstums an der größten und hastigsten ethnischen Neuordnung eines Landes beteiligt, die je geplant worden war, aber das Unternehmen entwickelte sich gar nicht so, wie es sollte. Statt in Polen, für dessen angebliche Untüchtigkeit die Nationalsozialisten nur Verachtung übrig hatten, Ordnung einzuführen, hatten Himmler und seine Mannschaft Gewalttätigkeit und Chaos einbrechen lassen.

In ihrer grundsätzlichen Haltung gegenüber den Polen waren sich die Nationalsozialisten absolut einig: Es war Abscheu. Die Frage war, wie man damit umgehen sollte. Eins ihrer größten »Probleme« betraf die polnischen Juden. Während in Deutschland weniger als ein Prozent Juden lebten (1940 waren es noch rund 300 000), die überwiegend assimiliert waren, gab es in Polen drei Millionen

Juden, die großenteils in eigenen Gemeinden lebten und leicht an ihren Bärten und anderen Kennzeichen ihres Glaubens zu erkennen waren. Als Polen gleich nach Kriegsbeginn zwischen Deutschland und der Sowjetunion aufgeteilt wurde (entsprechend dem Geheimen Zusatzprotokoll zum Deutsch-sowjetischen Nichtangriffspakt vom August 1939), blieben über zwei Millionen polnische Juden in dem von Deutschen besetzten Teil Polens. Was sollte mit ihnen geschehen?

Ein anderes selbstgeschaffenes Problem des NS-Staats war es, Hunderttausenden von Volksdeutschen, die gerade nach Polen umgesiedelt wurden, ein Heim zu bieten. Einer Vereinbarung zwischen Deutschland und der Sowjetunion zufolge durften Volksdeutsche aus dem Baltikum, Bessarabien und anderen Regionen, die jetzt Stalin besetzt hielt, nach Deutschland auswandern – »heim ins Reich«, wie das Schlagwort lautete. Für Männer wie Himmler, die von der Idee der rassischen Reinheit des »deutschen Bluts« besessen waren, war es ein Glaubensakt, alle die Deutschen, die zurückkehren wollten, unterzubringen. Aber wo? Dazu kam ein dritter Punkt: Wie sollten die 18 Millionen nichtjüdischen Polen, die jetzt unter deutscher Kontrolle standen, behandelt werden? Wie mußte man das Land organisieren, damit sie nicht zur Gefahr wurden?

Im Oktober 1939 hatte Hitler eine Rede gehalten, die denjenigen ein paar Leitlinien bot, die sich mit diesen Fragen plagten. Er hatte Ziele klargemacht: »Als wichtigste Aufgabe aber: eine Ordnung der ethnographischen Verhältnisse, das heißt, eine Umsiedlung der Nationalitäten, so daß sich am Abschluß der Entwicklung bessere Trennungslinien ergeben, als es heute der Fall ist.«[18] Das hieß, daß das von Deutschen besetzte Polen geteilt werden mußte: In dem einen Teil würde die Mehrheit der Polen leben, der andere Teil würde Deutschland einverleibt werden. Die heimkehrenden Volksdeutschen würden dann nicht im

»Altreich« sondern in diesem neuen Teil angesiedelt werden; sie kämen zwar »heim ins Reich« – aber nicht in das Reich, mit dem sie rechneten.

Blieben die polnischen Juden. Bis zum Beginn des Krieges war es NS-Politik gewesen, die unter ihrer Kontrolle lebenden Juden zunehmend Schikanen durch unzählige restriktive Vorschriften auszusetzen – durchsetzt mit nicht offiziellen (aber sanktionierten) heftigen Ausschreitungen. Hitlers Meinung von Juden hatte sich seit der Mitte der zwanziger Jahre kaum geändert; damals schrieb er in *Mein Kampf:* »Hätte man zu Kriegsbeginn und während des Krieges einmal zwölf- oder fünfzehntausend dieser hebräischen Volksverderber ... unter Giftgas gehalten ... dann wäre das Millionenopfer der Front nicht vergeblich gewesen.«[19] Hitler haßte die Juden, eindeutig, seit dem Ende des Ersten Weltkriegs, und vielleicht hat er auch privat den Wunsch geäußert, sie alle sterben zu lassen, aber es gab noch keine Pläne, sie zu vernichten.

Lucille Eichengreen[20] wuchs in den dreißiger Jahren in einer Hamburger jüdischen Familie auf und erinnert sich nur allzu gut, unter welchen Bedingungen Juden leben mußten. »Bis 1933 war es ein gutes, angenehmes Leben«, sagt sie. »Aber als Hitler an die Macht kam, sprachen plötzlich die anderen Kinder aus unserem Haus nicht mehr mit uns; sie warfen mit Steinen und riefen uns Beschimpfungen nach. Wir wußten nicht, womit wir das verdient hatten. Die Frage war also immer – warum? Wenn wir zu Hause fragten, war die Antwort meist: ›Das geht vorbei. Das wird sich normalisieren.‹« Später teilte man den Eichengreens mit, daß Juden dort nicht mehr wohnen bleiben könnten. Man wies ihnen eine Wohnung in einem der »Judenhäuser« zu, die zum Teil jüdischen Besitzern gehörten. Ihre erste neue Wohnung war noch fast so groß wie die alte, aber im Laufe der Zeit wurden ihnen immer kleinere Unterkünfte zugewiesen, bis sie schließlich in einem einzigen möblierten

Zimmer für die ganze Familie landeten. »Ich glaube, wir haben das mehr oder weniger akzeptiert«, sagt Lucille. »Es gab ein Gesetz, es war Vorschrift, man konnte nichts tun.«

Die Illusion, die antisemitische Politik der Nationalsozialisten würde sich »normalisieren«, wurde in der Pogromnacht am 9. November 1938 zunichte gemacht. SA zerstörte das jüdische Hab und Gut und nahm Tausende von deutschen Juden fest. Sie nannte das einen »Racheakt«, weil der junge Herschel Grynszpan den deutschen Diplomaten Ernst vom Rath in Paris ermordet hatte. »Auf dem Weg zur Schule sahen wir, daß die Synagoge brannte«, erzählt Lucille Eichengreen, »daß die Schaufenster jüdischer Geschäfte eingeschlagen waren und die Ware auf der Straße lag – und die Deutschen lachten ... Wir hatten große Angst. Wir glaubten, daß sie uns gleich packen und uns sonstwas antun würden.«

Bei Kriegsbeginn 1939 war den Juden die deutsche Staatsbürgerschaft entzogen, sie durften keine Nichtjuden heiraten, keine Geschäfte besitzen oder in bestimmten Berufen arbeiten; nicht einmal ihre Führerscheine galten noch. Diskriminierung durch Vorschriften, in Verbindung mit dem gewalttätigen Ausbruch zur »Kristallnacht«, in der mehr als 1000 Synagogen angesteckt, 400 Juden getötet und 30 000 jüdische Männer für Monate in Konzentrationslagern eingesperrt wurden, veranlaßten eine große Zahl deutscher Juden auszuwandern. Bis 1939 hatten 450 000 von ihnen das »Großdeutsche Reich« (Deutschland, Österreich und das Sudetenland) verlassen – das waren mehr als die Hälfte der dort lebenden Juden. Die Nationalsozialisten waren es zufrieden, vor allem weil Adolf Eichmann, der »Juden-Experte«, nach dem Anschluß Österreichs 1938 ein System entwickelt hatte, mit dem den Juden der größte Teil ihres Geldes abgenommen wurde, bevor sie das Land verlassen durften.

Aber die Nationalsozialisten hatten Schwierigkeiten,

ihre für die deutschen Juden entwickelten Maßnahmen zur Lösung des selbstgeschaffenen Problems auf die Juden in Polen zu übertragen. Zum einen hatten sie dort Millionen von Juden unter ihrer Kontrolle, nicht nur ein paar hunderttausend, zum anderen waren die meisten arm, und wohin sollte man sie mitten im Krieg schicken? Schon im Herbst 1939 glaubte Adolf Eichmann eine Antwort gefunden zu haben: Die Juden sollten nicht in andere Länder auswandern, sondern in die unwirtlichste Region im NS-Reich selbst. Außerdem konnte er den idealen Ort bereits vorschlagen – im polnischen Distrikt Lublin, um die Stadt Nisko herum. Diese abgelegene Landschaft nahe der östlichen Grenze des deutschen Einflußgebiets schien ihm perfekt geeignet zu sein für ein »Judenreservat«. Das von den Deutschen besetzte Polen sollte also in drei Teile unterteilt werden: einen von Deutschen besiedelten Teil, einen polnischen Teil und einen jüdischen Teil, etwa auf einer westöstlichen Linie. Eichmanns ehrgeiziger Plan fand Zustimmung, und mehrere tausend Juden aus Österreich wurden in die Region deportiert. Die Bedingungen waren haarsträubend. Es waren so gut wie keine Vorbereitungen getroffen worden, und viele Menschen starben. Das kümmerte die Nationalsozialisten wenig. Im Gegenteil, es kam gut an. Wie Hans Frank, einer der ältesten Parteigenossen in Polen, es seinem Stab gegenüber im November 1939 ausdrückte: »Bei den Juden nicht viel Federlesens. Eine Freude, endlich einmal die jüdische Rasse körperlich angehen zu können. Je mehr sterben, um so besser.«[21]

Während nun Himmler im Mai 1940 seine Denkschrift schrieb, wußte er nur zu gut, daß die interne Verschiebung von Juden ins östliche Polen ein furchtbarer Fehlschlag gewesen war. Großenteils deshalb, weil die Deutschen drei verschiedene Wanderungsbewegungen gleichzeitig durchzuführen versuchten. Die ankommenden Volksdeutschen mußten nach Polen transportiert und untergebracht werden. Das hieß, daß Polen aus ihren Häusern vertrieben und woandershin deportiert werden mußten. Gleichzeitig wurden Juden nach Osten geschafft in eine Region, die auch erst von Polen geräumt werden mußte. Kein Wunder, daß das zu fürchterlichem Chaos und Verwirrung führte.

Im Frühjahr 1940 war der Nisko-Plan aufgegeben und das von Deutschen besetzte Polen schließlich doch in nur zwei Teile geteilt. Einmal die Regionen, die offiziell »germanisiert« und Teile des neuen Reiches geworden waren: Westpreußen mit Danzig (Gdańsk), der Warthegau mit Posen (Poznań) und Łódź, und Oberschlesien mit Kattowitz (Katowice; zu diesem Distrikt gehörte auch Auschwitz). Das größte Gebiet aber mit Warschau, Krakau und Lublin, das sogenannte Generalgouvernement, war als Lebensraum für die Mehrheit der Polen bestimmt.

Himmlers größtes Problem war, daß er Hunderttausenden repatriierten Volksdeutschen angemessenen Wohnraum anbieten mußte – eine Schwierigkeit, die sich ihrerseits darauf auswirkte, wie er mit Polen und Juden umzugehen gedachte. Der Fall der Irma Eigi[22] und ihrer Familie zeigt, wie skrupellos die Nationalsozialisten die »mißliche Lage« in den Griff zu bekommen versuchten, in die sie sich selbst gebracht hatten, und wie sich die ebenfalls selbst heraufbeschworenen Schwierigkeiten mit der Bevölkerung zur Krise aufschaukelten. Im Dezember 1939 wurde die 17jährige Volksdeutsche Irma Eigi aus Estland zusammen mit ihrer Familie in einem Übergangsquartier in Posen im Warthegau, ehemals Polen, untergebracht. Sie hatten das Angebot der »sicheren« Reise »heim ins Reich« angenommen, weil sie überzeugt gewesen waren, sie würden nach Deutschland geschickt. »Als man uns sagte, wir kämen in den Warthegau, war das ein echter Schock, kann ich Ihnen sagen.« Kurz vor Weihnachten 1939 gab ein NS-Funktionär ihrem Vater Schlüssel zu einer Wohnung, die Stunden zuvor noch einer polnischen Familie gehört hatte. Wenige Tage später wurde ein polnisches Restaurant beschlagnahmt, damit die Neuankömmlinge doch ein Unternehmen betreiben konnten. Die Eigis waren entsetzt: »Wir hatten keine Ahnung gehabt, was da passieren sollte ... Man kann doch mit so einer Schuld nicht leben. Andererseits hat jeder Mensch einen Selbsterhaltungstrieb. Was hätten wir tun sollen? Wohin sonst hätten wir gehen können?«

Diesen Einzelfall einer Enteignung muß man mit mehr als 100 000 multiplizieren, um einen Eindruck davon zu vermitteln, was zu dieser Zeit in Polen geschah. Das Ausmaß der Umsiedlungsaktion war ungeheuer – innerhalb von anderthalb Jahren kamen rund eine halbe Million Volksdeutsche an und mußten in den neuen Teilen des Reichs angesiedelt werden; Hunderttausende Polen wurden dafür enteignet. Manche wurden einfach auf Viehwagen verladen und ins Generalgouvernement abtransportiert, wo man sie ohne Nahrungsmittel und Unterkünfte absetzte. Goebbels schrieb am 23. Januar 1940 in sein Tagebuch: »Himmler verschiebt augenblicklich die Völker. Nicht immer mit Erfolg.«[23]

Damit waren aber die polnischen Juden noch immer nicht untergebracht. Nachdem er gemerkt hatte, daß der Versuch einer Umsiedlung von Juden, Polen und Volksdeutschen zur gleichen Zeit schlicht undurchführbar war, fasste Himmler eine andere Möglichkeit ins Auge. Wenn Raum für die Volksdeutschen benötigt wurde, mußten die Juden eben gezwungen werden, mit viel weniger auszukommen. Ghettos waren die Antwort.

Ghettos, die ja zu einem Charakteristikum der NS-Verfolgung der polnischen Juden werden sollten, waren nicht so geplant, wie sie sich dann entwickelten. Wie so vieles in der Geschichte von Auschwitz und der »Endlösung«, veränderten sie sich auf eine Weise, die anfangs nicht vorgesehen war. Im November 1938 hatte Reinhard Heydrich bei der Diskussion über Unterbringungsprobleme wegen der

Vertreibung deutscher Juden aus ihren Häusern gesagt: »Ich darf gleich zur Frage des Ghettos Stellung nehmen. Das Ghetto in der Form vollkommen abgesonderter Stadtteile, wo nur Juden sind, halte ich polizeilich nicht für durchführbar. Das Ghetto, wo der Jude sich mit dem gesamten Judenvolk versammelt, ist in polizeilicher Hinsicht unüberwachbar. Es bleibt der ewige Schlupfwinkel für Verbrechen und vor allen Dingen von Seuchen und ähnlichen Dingen.«[24]

Jetzt, wo andere Wege zumindest vorübergehend versperrt zu sein schienen, versuchten die Nationalsozialisten die polnischen Juden also zu ghettoisieren. Das war nicht nur eine zweckmäßige Maßnahme zur Freisetzung von Wohnraum (obwohl Hitler im März 1940 bemerkte, »daß die Lösung der Judenfrage eben eine Raumfrage sei«[25]), sie war auch hervorgerufen durch den tiefsitzenden Haß auf Juden und die Angst vor ihnen, die von Anfang an im Kern des Nationalsozialismus steckten. Im Idealfall, so glaubten die Nationalsozialisten, konnte man die Juden einfach dazu bringen, daß sie weggingen; wenn das aber nicht gleich durchzusetzen war, sollten sie, weil sie – besonders die Ostjuden – für Überträger von Krankheiten gehalten wurden, von allen anderen Menschen getrennt werden. Den starken körperlichen Abscheu vor polnischen Juden spürte Estera Frenkiel[26], ein siebzehnjähriges jüdisches Mädchen aus Łódź, von Anfang an: »Wir waren an Antisemitismus gewöhnt ... Der polnische Antisemitismus war vielleicht eher finanzieller Art. Aber der NS-Antisemitismus hieß: ›Wieso existiert ihr? Es sollte euch nicht geben! Ihr müßtet verschwinden!‹«

Während man im Februar 1940 die Deportation der Polen ins Generalgouvernement eilig vorantrieb, wurde verkündet, daß die Juden von Łódź in einen Ghettobereich innerhalb der Stadt umgesiedelt werden würden. Das sollte anfangs nur eine vorübergehende Maßnahme sein; die Juden sollten ins Ghetto gesperrt werden, bevor sie anderswohin deportiert wurden. Im April 1940 wurde das Ghetto von Łódź abgeriegelt, und die Juden durften es ohne Erlaubnis deutscher Behörden nicht mehr verlassen. Im gleichen Monat teilte das Reichssicherheitshauptamt (RSHA) mit, daß die Deportation der Juden ins Generalgouvernement eingeschränkt würde. Hans Frank, Hitlers früherer Anwalt, seit Oktober 1939 Generalgouverneur, hatte seit Monaten darum gekämpft, die »unbefugte« erzwungene Auswanderung zu stoppen, weil die Lage unhaltbar geworden war. Dr. Fritz Arlt[27], damals Leiter der Abteilung Bevölkerungsangelegenheiten im Generalgouvernement, erinnerte sich später daran, wie die Menschen am Markt oder am Bahnhof oder woanders aus den Zügen geworfen wurden, und sich niemand kümmerte. Er habe einen Anruf des Distriktbeamten bekommen, der klagte, er wisse nicht mehr, was er tun soll. Soundsoviele Hundert seien wieder eingetroffen. Er habe weder Unterkünfte noch Nahrungsmittel. Frank – alles andere als ein Freund Himmlers – beklagte sich bei Hermann Göring (der sich in seiner Eigenschaft als Leiter des Vierjahresplans sehr für Polen interessierte) über die Vertreibungspolitik und den Mißbrauch des Generalgouvernements als »Müllkippe«, und es wurde ein beklommener Burgfrieden geschlossen, dem zufolge Himmler und Frank sich über die Verfahren weiterer Evakuierungen »abstimmen« würden.

Diese unerquickliche Situation wollte Himmler in seiner Denkschrift[28] vom Mai 1940 ansprechen. Er wollte die Teilung Polens in deutsche und nichtdeutsche Gebiete verstärken und definieren, wie Polen und Juden zu behandeln seien. In seinem Rassenwahn schrieb er, er wolle die Polen als »führerloses Arbeitsvolk« ohne jegliche Bildung lassen: »Für die nichtdeutsche Bevölkerung des Ostens darf es keine höhere Schule geben als die vierklassige Volksschule. Das Ziel dieser Schule hat lediglich zu sein: einfaches Rechnen bis höchstens 500, Schreiben des Namens, eine Lehre, daß es ein göttliches Gebot ist, den Deutschen gehorsam zu sein und ehrlich, fleißig und brav zu sein. Lesen halte ich nicht für erforderlich.«

Parallel zu dieser Politik, Polen zu einem Volk von Analphabeten zu machen, sollte »bei allen 6–10jährigen eine Siebung aller Kinder des Generalgouvernements nach blutlich Wertvollen und Nichtwertvollen« unternommen werden. Die als rassisch wertvoll Ausgesiebten würden ihren Familien weggenommen und in Deutschland erzogen, sie sollten ihre leiblichen Eltern nicht wiedersehen. Dieser Vorschlag, in Polen Kinder zu stehlen, ist sehr viel weniger bekannt als die Vernichtung der Juden. Aber er passt ins Gesamtbild. Er zeigt, wie ernsthaft ein Mann wie Himmler daran glaubte, daß der Wert eines Menschen an seiner rassischen Zusammensetzung abzulesen sei. Solche Kinder mitzunehmen war für ihn keine üble Überspanntheit, sondern wesentlicher Teil seiner verbogenen Weltsicht. Denn wenn solchen Kindern zu bleiben gestattet würde, bestünde die Gefahr, »daß dieses Untermenschenvolk des Ostens durch solche Menschen guten Blutes eine für uns gefährliche, da ebenbürtige Führerschicht erhält«.

»So grausam und tragisch jeder einzelne Fall sein mag«, schrieb Himmler, »so ist diese Methode, wenn man die bolschewistische Methode des physischen Ausrottung eines Volkes aus innerer Überzeugung als ungermanisch und unmöglich ablehnt, doch die mildeste und beste.« Und obwohl er dies nur über polnische Kinder sagt, ist es klar, daß er, wenn er die »physische Ausrottung eines Volkes« als »ungermanisch« bezeichnet, sich auch auf andere Völker bezieht – einschließlich der Juden. (Das bestätigt sich durch Heydrichs Erklärung vom Sommer 1940 im Zusammenhang mit Juden: »Eine biologische Vernichtung wäre aber des deutschen Volkes als einer Kulturnation unwürdig.«[29])

In seiner umfassenden Denkschrift sagt Himmler auch,

welches Schicksal er den Juden zugedacht hat: »Den Begriff Juden hoffe ich, durch die Möglichkeit einer großen Auswanderung sämtlicher Juden nach Afrika oder sonst in eine Kolonie völlig auslöschen zu sehen.« Diese Rückkehr zu einer früheren Politik der Auswanderung war wieder möglich geworden im größeren Zusammenhang des Krieges. Himmler rechnete mit der direkt bevorstehenden Niederlage Frankreichs und der darauf folgenden schnellen Kapitulation der Briten, die dann um einen Separatfrieden bitten würden. Sobald der Krieg vorbei war, konnte man die polnischen Juden auf Schiffe verfrachten und abschieben, etwa in eine der früheren Kolonien der Franzosen.

Der Gedanke, Millionen von Menschen nach Afrika zu deportieren, mag heute weit hergeholt erscheinen, aber er wurde damals durchaus ernstgenommen. Radikale Antisemiten hatten die Abschiebung der Juden nach Afrika seit Jahren gefordert, und jetzt schien der Kriegsverlauf diese »Lösung der Judenfrage« möglich zu machen. Sechs Wochen nach Himmlers Denkschrift kam Franz Rademacher im deutschen Außenministerium wieder auf das afrikanische Ziel zurück – die Insel Madagaskar.[30] Man darf dabei nicht vergessen, daß dieser Plan, wie alle solche Pläne aus der Kriegszeit, Tod und Leiden für die Juden bedeutet hätte. Vermutlich hätte ein NS-Gouverneur in Madagaskar den allmählichen Untergang der Juden innerhalb von ein oder zwei Generationen geschehen lassen. Die »Endlösung«, wie wir sie kennen, hätte es nicht gegeben, aber es wäre mit ziemlicher Sicherheit nur eine andere Form des Völkermords geworden.

Himmler ließ Hitler seine Denkschrift zukommen; Hitler las sie und teilte ihm mit, er hielte sie für »sehr gut und richtig«. Bezeichnenderweise schrieb Hitler das nicht auf die Denkschrift. Und Himmler reichte des »Führers« mündliche Zustimmung zum Inhalt. So wurde im NS-Staat hohe Politik gemacht.

Rudolf Höß und sein im Entstehen begriffenes Konzentrationslager in Auschwitz waren nur ein kleines Detail im Gesamtbild. Auschwitz lag in dem Teil Polens, der »germanisiert« werden sollte; die Zukunft des Lagers wurde also in erheblichem Maß bestimmt von seiner Lage. Oberschlesien war im Lauf der Geschichte mehrmals hin- und hergeschoben worden; vor dem Ersten Weltkrieg hatte es zu Deutschland gehört, nach 1921 war ein Drittel des Gebiets an Polen gefallen. Jetzt wollten die Nationalsozialisten das zurückhaben. Aber dieser östliche Teil Oberschlesiens war Industriegebiet und großenteils nicht geeignet für die Ansiedlung zurückkehrender Volksdeutscher. Das hieß, daß viele Polen als Arbeitskräfte dableiben mußten. Und das wiederum bedeutete, daß ein Konzentrationslager dort ganz besonders gebraucht wurde, zur Unterdrückung der Bevölkerung. Auschwitz war zunächst geplant als Durchgangslager oder Quarantänelager, wie es im NS-Jargon hieß, in dem Häftlinge gesammelt werden sollten, bevor sie in andere Konzentrationslager im Reich geschickt würden. Aber innerhalb kürzester Zeit zeigte sich, daß dieses Lager doch selbständig als Ort ständiger Inhaftierung fungieren würde.

Höß wußte, daß der Krieg alles radikalisiert hatte, auch die Konzentrationslager. Dieses neue Lager war nach Vorbildern wie Dachau geschaffen worden, aber es hatte größere Probleme zu bewältigen als solche Einrichtungen im »Altreich«. Hier wurden Polen eingesperrt und eingeschüchtert zu einer Zeit, in der das ganze Land ethnisch neu geordnet und Polen als Nation intellektuell und politisch zerstört wurde. Deshalb hatte Auschwitz auch in seiner Anfangsphase eine relativ höhere Sterberate als »normale« Lager im Reich. Von den 20 000 Polen, die zu Beginn hergeschickt wurden, waren Anfang 1942 mehr als die Hälfte tot.

Die allerersten Gefangenen, die im Juni 1940 eintrafen,

waren nicht Polen, sondern Deutsche – 30 Kriminelle aus dem KZ Sachsenhausen. Sie würden Kapos sein, Häftlinge, die als Instrument der Kontrolle zwischen der SS und den polnischen Gefangenen fungierten. Diese Kapos machten einen starken ersten Eindruck auf die Polen, die mit den frühen Transporten kamen. »Wir hielten sie alle für Seeleute«, sagt Roman Trojanowski[31], der im Alter von 19 Jahren im Sommer 1940 eintraf. »Sie hatten diese Matrosenmützen auf. Und dann stellte sich heraus, daß es Kriminelle waren. Alles Kriminelle!« – »Wir kamen an, und da waren diese deutschen Kapos, die schrien uns an und schlugen uns mit kurzen Knüppeln«, erzählt Wilhelm Brasse[32], der etwa zur gleichen Zeit ankam. »Wenn jemand zu langsam aus dem Viehwagen stieg, wurde er geschlagen, und ein paar wurden sofort getötet. Ich war total verängstigt. Alle waren verängstigt.«

Diese ersten polnischen Gefangenen in Auschwitz waren aus unterschiedlichen Gründen ins Lager geschickt worden: Weil man sie verdächtigte, für den polnischen Untergrund zu arbeiten, weil sie einer Gruppe angehörten, gegen die die Nationalsozialisten etwas hatten, wie Priester und die Intelligenzija, oder weil ein Deutscher sie ausgeguckt hatte. Viele in der ersten Gruppe polnischer Gefangenen im Juni 1940 kamen aus dem Gefängnis von Tarnów und waren Studenten.

Die erste Aufgabe dieser Neuankömmlinge war einfach – sie mußten das Lager errichten. »Wir hatten nur primitives Werkzeug«, erinnert sich Wilhelm Brasse. »Die Gefangenen mußten Steine schleppen. Es war mühsame, schwere Arbeit. Und wir wurden geschlagen.« Aber es war nicht genügend Baumaterial geliefert worden, also fand man die typische Lösung – Diebstahl. »Ich arbeitete beim Abbruch von Häusern, die bisher polnischen Familien gehört hatten«, fährt Brasse fort. »Der Befehl lautete, Baumaterial wie Ziegel, Bretter und alles Holz mitzunehmen. Wir wunderten uns, daß die Deutschen so schnell bauen wollten und nicht das Material dafür hatten.«

Im Lager entwickelte sich schnell eine Kultur des Stehlens, nicht nur von den Ortsansässigen, sondern auch innerhalb der Einrichtung. »Die deutschen Kapos schickten uns Häftlinge los und sagen: ›Los, klaut Zement bei einem anderen Arbeitskommando. Die anderen sind uns egal‹«, berichtet Brasse. »Also taten wir das. Wir klauten Bohlen oder Zement bei einem anderen Kommando. Im Lagerjargon hieß das ›Organisieren‹. Aber wir durften uns nicht erwischen lassen.« Dieses »Organisieren« war übrigens nicht auf die Häftlinge beschränkt. In diesen frühen Tagen stahl auch Höß zusammen, was er brauchte. »Da ich von der Inspektion KL in keiner Hinsicht auf Hilfe rechnen konnte, mußte ich selbst sehen, wie ich zurande kam. Mußte mir Pkw und Lkw und den dafür benötigten Treibstoff ergaunern. Um einige Kochkessel für die Häftlingsküche mußte ich bis nach Zakopane und Rabka fahren, um Bettgestelle und Strohsäcke nach dem Sudetenland ... So mußte ich mir eben den dringendst benötigten Stacheldraht zusammenstehlen ... Wo ich irgendwo eine Lagerstelle mit solchem, von mir dringendst gebrauchten Material fand, ließ ich alles kurzerhand abfahren, ohne mich um Zuständigkeiten zu kümmern ...«[33]

Während Höß das Material »organisierte«, das er für nötig hielt, um aus Auschwitz ein brauchbares Lager zu machen, wurde den Polen hinter dem gestohlenen Stacheldraht bald klar, daß ihre Überlebenschancen vor allem von einem Faktor abhingen – unter welchem Kapo sie arbeiteten. »Ich begriff schnell, daß in den ›guten‹ Arbeitskommandos die Gefangenen gewöhnlich volle, runde Gesichter hatten«, sagt Wilhelm Brasse. »Sie benahmen sich anders als die, die schwere Arbeit hatten und abgezehrt aussahen, wie Skelette in Uniform. Ich wußte sofort: Bei diesem Kapo ist es besser, weil die Gefangenen besser aussehen.«

Roman Trojanowski quälte sich unter einem der grausamsten Kapos, der ihm einmal wegen eines minderen Vergehens das Gesicht zerschlug und ihn dann zwei Stunden lang hockend einen Schemel vor sich halten ließ. Die Härte des Lebens in diesem Arbeitskommando machte ihn fertig. »Ich hatte einfach nicht mehr die Kraft, jeden Tag mit einer Schiebkarre herumzurennen«, sagt er. »Nach einer Stunde rutschte dir die Schiebkarre aus den Händen. Du fielst auf die Karre und tatest dir die Beine weh. Ich mußte meine Haut retten.« Wie viele Auschwitz-Häftlinge vor und nach ihm wußte Roman Trojanowski, daß er einen Ausweg aus dem gegenwärtigen Arbeitskommando finden oder zugrunde gehen mußte.

Eines Morgens wurde beim Appell bekanntgegeben, daß erfahrene Zimmerleute gesucht würden. Trojanowski meldete sich, obwohl er in seinem Leben noch keine Zimmermannsarbeit geleistet hatte, und behauptete sogar, er habe sieben Jahre Erfahrung. Aber der Plan scheiterte. Als er in der Zimmerei zu arbeiten begann, war sofort klar, daß er keine Ahnung hatte. »Der Kapo rief mich, nahm mich mit in seinen Raum und stand da mit einem dicken Knüppel. Als ich den sah, wurde mir sehr schwach zumute. Er sagte, ich bekäme 25 Hiebe, weil ich Material verdorben hatte. Ich mußte mich bücken, und er schlug zu. Er tat das schön langsam, damit ich jeden Schlag einzeln spürte. Er war ein großer Kerl, mit starken Händen und einem starken Stock. Ich hätte schreien mögen, aber ich biß die Zähne zusammen, und es gelang mir, nicht zu brüllen, kein einziges Mal. Das zahlte sich aus, denn nach dem 15. Schlag hörte er auf. ›Du hältst dich wacker‹, sagte er, ›deshalb erlaß ich dir die letzten zehn.‹ Ich hatte also von den 25 nur 15 Schläge bekommen, aber die reichten. Mein Arsch wechselte zwei Wochen lang von Schwarz über Violett zu Gelb, und ich konnte lange Zeit nicht sitzen.«

Nachdem er aus der Zimmerwerkstatt geflogen war,

suchte Trojanowski weiter nach einer Arbeit im Innenbereich. »Das war entscheidend«, sagt er. »Um zu überleben mußtest du ein Dach über dem Kopf haben.« Er sprach mit einem Freund, der einen relativ gutartigen Kapo namens Otto Küsel kannte. Mit seinem Freund zusammen wandte er sich an Küsel, übertrieb seine deutschen Sprachkenntnisse und ergatterte eine Arbeit in der Küche, wo er für die Deutschen Mahlzeiten zubereiten mußte. »Das hat mir das Leben gerettet«, sagt er.

Bei diesem Überlebenskampf innerhalb des Lagers wurden zwei Gruppen von Menschen vom Augenblick ihrer Ankunft an für besonders sadistische Behandlung ausersehen: Priester und Juden. Obwohl zu diesem Zeitpunkt noch nicht viele Juden nach Auschwitz geschickt wurden – die Ghettoisierung war gerade in Gang gekommen –, waren unter den Mitgliedern der Intelligenzija oder des Widerstands oder unter den politischen Gefangenen auch Juden. Sie und die polnischen katholischen Priester fielen eher als andere in die Hände des Strafkommandos, das von einem besonders berüchtigten Kapo geführt wurde: Ernst Krankemann.

Krankemann war mit dem zweiten Schub deutscher Krimineller am 29. August 1940 aus Sachsenhausen gekommen. Viele der SS-Männer mochten ihn nicht, aber er hatte zwei mächtige Gönner: Karl Fritzsch, den stellvertretenden Lagerkommandanten, und Gerhard Palitzsch, den Rapportführer. Krankemann war unerhört dick und saß gern auf dem Gestänge der riesigen Walze, mit der der Appellplatz geebnet wurde. »Als ich ihn das erste Mal sah«, erzählt Jerzy Bielecki[34], einer der frühesten Auschwitz-Gefangenen, »walzten sie den Platz zwischen den zwei Blocks, und weil die Walze so schwer war, konnten die zwanzig oder fünfundzwanzig Männer der Einheit sie nicht ziehen. Krankemann hatte eine Peitsche und schlug auf sie ein. ›Schneller, ihr Hunde!‹, rief er.«

Bielecki sah, daß die Gefangenen den ganzen Tag ohne Unterbrechung den Platz walzen mußten. Gegen Abend brach einer von ihnen zusammen und konnte nicht mehr aufstehen. Krankemann befahl den anderen aus dem Strafkommando, die riesige Walze über ihren daliegenden Kameraden hinwegzuziehen. »Ich war es gewöhnt, Tod und Prügelstrafen zu sehen«, sagte Bielecki, »aber was ich da sah, ließ mich erstarren. Mir wurde eiskalt.«

Die SS-Männer waren alles andere als gleichgültige Zuschauer bei dieser Art von Brutalität: Sie ermunterten eher dazu. Wie Wilhelm Brasse und überhaupt alle überlebenden Auschwitz-Häftlinge bezeugen, war es die SS, die diese Atmosphäre mörderischer Brutalität im Lager schuf (und selbst oft mordete). »Die besonders grausamen Kapos«, sagt Brasse, »bekamen Prämien von der SS – eine zusätzliche Portion Suppe oder Brot oder Zigaretten. Ich habe es selbst gesehen. Die SS trieb sie an. Ich hab oft einen SS-Mann sagen hören: ›Schlag ihn tüchtig!‹«

Trotz der im Lager herrschenden schrecklichen Brutalität war Auschwitz aus der Sicht der Nationalsozialisten noch ein stilles Gewässer verglichen mit dem Strudel der rücksichtslosen Neuordnung Polens. Das erste Zeichen dafür, daß sich das ändern sollte, zeigte sich im Herbst 1940. Im September besichtigte Oswald Pohl, Chef des Hauptamts Verwaltung und Wirtschaft, das Lager und befahl Höß, die Aufnahmekapazitäten zu erweitern. Pohl fand, daß die in der Nähe gelegenen Sand- und Kiesgruben in die SS-eigene Deutsche Erd- und Steinwerke GmbH (DEST) integriert werden könnten. Wirtschaftliche Überlegungen hatten für Himmler und die gesamte SS seit 1937 an Bedeutung gewonnen, als die Zahl der Lagerhäftlinge von über 20 000 im Jahr 1933 zurückgegangen war auf weit unter 10 000. Um die Zukunft der Lager zu sichern, war die Lösung gewesen, daß die SS sich in der Wirtschaft betätigte.

Es war eine von Beginn an ungewöhnliche Unternehmung. Himmler wollte keine kapitalistischen Firmen gründen, eher eine Reihe von kleinen Betrieben, die entsprechend der NS-Ideologie im Dienste des Staates tätig wären. Die Konzentrationslager würden die Rohstoffe für das neue Deutschland liefern, etwa die riesigen Mengen Granit, die für Hitlers gigantisch geplante Reichskanzlei in Berlin benötigt wurden. Zu diesem Zweck hatte die SS nach dem Anschluß Österreichs 1938 extra ein neues Konzentrationslager in Mauthausen in der Nähe eines alten Granitbruchs gegründet. Man hielt es für sehr angemessen, daß die Gegner des Regimes zu seinem Wachstum betragen würden. Albert Speer, Hitlers Architekt, sagte einmal, die Juden hätten doch schon unter den Pharaonen Ziegel hergestellt.[35]

Himmlers Begeisterung für die Industrieproduktion beschränkte sich nicht auf Baumaterial für das Reich. Er gab noch einer Menge anderer Projekte seinen Segen. So wurde eine Versuchseinheit zur Erforschung von Naturmedizin und neuen Formen der landwirtschaftlichen Produktion errichtet – zwei Themen, die Himmler am Herzen lagen, und bald war die SS auch an der Herstellung von Kleidung, Vitaminsäften und sogar Porzellan beteiligt (es wurden Figurinen von Ziegenhirten und anderen rassisch geeigneten Dingen hergestellt). Wie die neuere Forschung gezeigt hat[36], waren die SS-Direktoren vieler dieser Unternehmen inkompetent, was komisch wäre, wenn es nicht so traurig wäre.

Kaum hatte Pohl gefordert, daß Auschwitz Sand und Kies für den NS-Staat produzierte, bekam das Lager eine weitere Aufgabe. Im November 1940 traf Höß mit Himmler zusammen, und die Pläne für Auschwitz, die ihm Höß dabei zeigte, regten die Phantasie seines Vorgesetzten an. Ihr gemeinsames Interesse an der Landwirtschaft knüpfte ein Band zwischen ihnen. Höß erinnerte sich an Himmlers neue Vision für das Lager: »›Jeder nur notwendige landwirtschaftliche Versuch muß dort durchgeführt werden. Große Laboratorien und Pflanzenzuchtabteilungen müssen entstehen. Viehzucht aller Arten und Rassen, die von Bedeutung sind ... Die Teichwirtschaften anstauen und die Ländereien trockenlegen ...‹ Er blieb weiter bei seinen landwirtschaftlichen Planungen bis in kleinste Einzelheiten, bis der diensttuende Adjutant ihn auf einen schon lange wartenden Besuch einer wichtigen Persönlichkeit aufmerksam machte.«[37]

Dieses Treffen zwischen Höß und Himmler, das lange im Schatten der großen Schrecklichkeiten gestanden hat, die sich in Auschwitz entwickelten, bietet Einblick in die Mentalität der zwei Schlüsselfiguren für die Geschichte dieses Lagers. Es ist zu einfach und einfach falsch, sie schlicht als Wahnsinnige abzutun, die von irrationalen Gefühlen getrieben wurden, die wir nicht verstehen können. Hier, bei diesem Treffen, sehen wir sie als zwei Schwärmer, fast Spinner, die im Kontext des Krieges fähig waren, Visionen nachzugehen, die in Friedenszeiten nichts als Hirngespinste gewesen wären. Aber Himmler hatte es, als er so dasaß und mit Höß über den Plänen für Auschwitz brütete, im Zusammenhang mit den deutschen Überfällen schon erlebt, daß Träume wahr werden. Er war mit der Hand über eine Landkarte gefahren und hatte das Leben von Hunderttausenden Volksdeutschen und Polen verändert.

Man muß dabei sehen, daß Himmler, während er in bombastischen Ausdrücken von seinem Wunsch sprach, aus Auschwitz ein Zentrum für die landwirtschaftliche Forschung zu machen, eine durchaus verständliche Vision hatte – abstoßend, aber logisch. Bei diesem Treffen im November 1940 war er begeistert von der Vorstellung von Schlesien als einem deutschen landwirtschaftlichen Utopia, einem Paradies sozusagen. Die billigen polnischen Häuser würden verschwinden, an ihrer Stelle würden solide, ordentlich bewirtschaftete deutsche Höfe entstehen. Höß und Himmler waren beide als Bauern tätig gewesen; beide hatten eine emotionale, fast mystische Neigung, das Land zu pflegen. Deshalb muß die Vorstellung, daß Auschwitz zur Erweiterung landwirtschaftlicher Kenntnisse entwikkelt werden konnte, beiden sehr reizvoll erschienen sein.

Bei der Beschäftigung mit dieser begeisternden Idee scheint es für Himmler kaum eine Rolle gespielt zu haben, daß Auschwitz der falsche Ort für ein solches Unternehmen war. Es lag am Zusammenfluß von Soła und Weichsel in einem Gebiet, das ständig überschwemmt wurde. Trotzdem sollten nun bis zum letzten Tag Auschwitz-Häftlinge Schwerarbeit bei der Verwirklichung von Himmlers Visionen leisten, Gräben ziehen, Teiche trockenlegen, Flußufer befestigen – und all das, weil der Reichsführer-SS lieber träumte, als sich um die praktische Anwendbarkeit Gedanken zu machen. Tausende sollten dabei sterben, aber solche Gedanken dürften Himmler kaum belastet haben, als er seinem treuen Untergebenen Rudolf Höß begeistert seine Pläne umriß.

Ende 1940 hatte Höß die grundlegenden Strukturen und Prinzipien eingeführt, nach denen das Lager in den folgenden vier Jahren funktionieren sollte: die Kapos, die die Gefangenen erfolgreich und ständig kontrollierten, die absolute Brutalität eines Systems, das Strafen willkürlich verhängen konnte, und das alles durchdringende Empfinden im Lager, daß ein Häftling, der nicht schnell genug lernte, wie er sich aus den gefährlichen Arbeitskommandos herausmanövrieren konnte, raschen und plötzlichen Tod fürchten mußte. Aber es gab darüber hinaus noch eine Einrichtung, die schon in diesen frühen Monaten die »Kultur« dieses Lagers besonders angemessen versinnbildlichte – Block 11.

Von außen sah der Block 11 (der anfangs Block 13 hieß und 1941 umbenannt wurde) aus wie alle die anderen ziegelroten kasernenähnlichen Gebäude, die da in geraden

Reihen standen. Aber er diente einem besonderen Zweck – und jeder im Lager wußte das. »Ich hatte Angst, auch nur am Block 11 vorbeizugehen«, sagt Józef Paczyński.[38] »Ich hatte richtig Angst!« Solche Gefühle hatten die Häftlinge, weil Block 11 ein Gefängnis im Gefängnis war – ein Ort der Folter und des Mordes.

Jerzy Bielecki war einer der wenigen, die selbst erfuhren, was in Block 11 geschah, und es überlebte und davon berichtete. Er war eines Morgens so krank und erschöpft gewesen, daß er sich nicht in der Lage fühlte, zu arbeiten. In Auschwitz konnte man nicht um einen Tag der Ruhe bitten, also versuchte er sich im Lager zu verstecken und hoffte, daß seine Abwesenheit nicht entdeckt würde. Zunächst verbarg er sich in der Latrine, aber er wußte, daß er leicht geschnappt werden konnte, wenn er den ganzen Tag dablieb. Also ging er hinaus und tat so, als müßte er auf dem Gelände aufräumen. Unglücklicherweise wurde er von einem Aufseher erwischt und zur Bestrafung in den Block 11 geschickt.

Dort wurde er die Treppe zum Dachgeschoß hinaufgebracht. »Ich kam hinein, und die Dachziegel waren ganz heiß«, erzählt er. »Es war ein wunderschöner Augusttag. Und es stank, und ich hörte jemanden stöhnen: ›Jesus, o Jesus!‹ Es war dunkel – das einzige Licht drang zwischen den Ziegeln hindurch.« Er blickte auf und sah einen Mann, der an den auf den Rücken gefesselten Händen am Dachbalken hing. »Der SS-Mann holte einen Schemel und sagte ›Steig da rauf‹. Ich legte die Hände auf den Rücken, und er nahm eine Kette und fesselte mich.« Als der SS-Mann die Kette am Dachbalken befestigt hatte, stieß er plötzlich den Schemel weg. »Ich fühlte – Jesus Maria – es waren entsetzliche Schmerzen! Ich stöhnte, und er sagte ›Halt's Maul, du Hund! Das hast du verdient!‹« Dann ging der SS-Mann fort.

Die Schmerzen, als er an Händen und Armen auf dem

Rücken gefesselt da hing, waren gräßlich: »Natürlich lief mir der Schweiß die Nase herunter, und es ist schrecklich heiß und ich sage ›Mami‹. Nach einer Stunde brachen die Schultern aus den Gelenken. Der andere Mensch sagte nichts mehr. Dann kam ein anderer SS-Aufseher. Er ging zu dem anderen Mann und ließ ihn herunter. Ich hatte die Augen geschlossen. Ich hing da ohne Geist – ohne Seele. Aber dann hörte ich doch etwas, das der SS-Mann sagte. Er sagte: ›Nur noch 15 Minuten.‹«

Jerzy Bielecki erinnert sich an wenig mehr, bis derselbe SS-Mann zurückkehrte. »›Zieh die Beine an‹, sagte er. Aber das konnte ich nicht. Er nahm meine Beine, stellte erst das eine auf den Schemel und dann das andere. Er machte die Kette los und ich fiel vom Schemel und auf die Knie und er half mir. Er hob meine rechte Hand an und sagte: ›Halt sie da oben.‹ Aber ich hatte kein Gefühl in den Armen. Er sagte: ›Das wird nach einer Stunde besser.‹ Ich ging mühsam hinunter, mit dem SS-Mann. Er war ein mitfühlender Aufseher.«

Jerzy Bieleckis Geschichte ist aus verschiedenen Gründen bemerkenswert, nicht zuletzt wegen seiner persönlichen Tapferkeit unter der Folter. Aber das vielleicht Überraschendste ist der Unterschied zwischen den beiden SS-Männern: Der eine stieß sadistisch ohne Vorwarnung den Schemel weg, auf dem der Gefangene stand, und der »mitfühlende« Aufseher half ihm herunter, als die Tortur vorbei war. Das ist ein wichtiger Hinweis: So wie es ganz verschiedene Kapos gab, so gab es unterschiedliche SS-Männer. Wesentlich für das Überleben im Lager war die Fähigkeit, die unterschiedlichen Charaktereigenschaften zu erkennen, die der Kapos wie die der SS-Männer. Davon konnte ein Leben abhängen.

Auch wenn Jerzy Bielecki verkrüppelt aus dem Block 11 zurückkam – er hatte noch Glück gehabt, denn es war sehr wahrscheinlich, daß einer, der diese Zementstufen hinauf-

und durch die Tür ging, nicht mehr lebend wiederkam. Bei Verhören quälten die SS-Aufseher die Insassen von Block 11 auf die verschiedensten Arten. Sie benutzten nicht nur die Methode es Aufhängens, die Bielecki erlitten hatte, sondern peitschten die Gefangenen auch aus, wandten die Wasserfolter an, stachen Nadeln unter die Fingernägel, versengten die Gefangenen mit rotglühendem Eisen oder übergossen Insassen mit Benzin und zündeten sie an. SS-Angehörige erfanden in Auschwitz auch neue Foltern aus eigenem Antrieb, wie der ehemalige Häftling Bołeszaw Zbozień beobachtete, als ein Gefangener aus dem Block 11 in den Krankenbau gebracht wurde: »Eine besonders im Winter gern angewandte Methode war, den Kopf des Häftlings über einen Koksofen zu halten und ihn so zur Aussage zu zwingen. Das Gesicht war dann völlig verbrannt ... Dieser Mensch war völlig verbrannt, er hatte ausgebrannte Augen und er konnte nicht sterben ... Die Angehörigen der Politischen Abteilung brauchten ihn noch, sie kamen deshalb fast täglich ... Ohne das Bewußtsein zu verlieren, starb dieser Häftling nach ein paar Tagen.«[39]

Zu der Zeit war Block 11 das Reich des SS-Untersturmführers Max Grabner, eines der berüchtigtsten Lagerangehörigen. Bevor er in die SS eintrat, war Grabner Kuhhirte gewesen; jetzt hatte er Macht über Leben und Tod der Gefangenen in seinem Block. Einmal die Woche ließ er seinen Bunker »ausstauben«. Das geschah so, daß Grabner und seine Kollegen über das Schicksal jedes Gefangenen in Block 11 entschieden. Einige blieben in ihren Zellen, andere bekamen »Strafmeldung 1«, wieder andere »Strafmeldung 2«. »Strafmeldung 1« bedeutete Prügel oder sonst eine Folter, »Strafmeldung 2« bedeutete sofortige Exekution. Die zum Tod Verurteilten wurden in den Waschraum von Block 11 gebracht und mußten sich ausziehen. Nackt führte man sie dann durch eine Seitentür auf den Hof. Dieser Hof zwischen Block 11 und Block 10 war durch eine schwarz gestrichene Ziegelmauer vom Rest des Lagers abgeschlossen; das war nirgends sonst der Fall. In diesem Hof wurden Gefangene ermordet. Sie mußten sich an die Ziegelmauer stellen – im Lagerjargon die »Wand« –, und ein Kapo hielt ihre Arme fest. Mit einem Kleinkalibergewehr (es wurde benutzt, um möglichst wenig Lärm zu machen), das direkt an ihren Kopf gehalten wurde, erschoß sie der Vollstrecker dann.

Es waren jedoch nicht nur die Lagerinsassen, die im Block 11 leiden mußten – hier hielt auch die Stapoleitstelle von Kattowitz ihre Standgerichte. So war es möglich, daß von der Gestapo festgenommene Polen ohne den Umweg über das Lager von außen direkt in den Block 11 gebracht wurden. Einer der Richter in diesen Fällen war Dr. Mildner, ein SS-Obersturmbannführer und Oberregierungsrat. SS-Rottenführer Pery Broad hat beschrieben, wie der sadistische Mildner seine Arbeit gern erledigte: »Ein Junge von 16 Jahren wurde hereingeführt. Unerträglicher Hunger hatte ihn gezwungen, in einem Laden etwas zu essen zu stehlen – damit fiel er unter die Kategorie ›Kriminalfälle‹. Nachdem er das Todesurteil verlesen hatte, legte Mildner das Papier langsam auf den Tisch und sah den bleichen, ärmlich gekleideten Jungen, der da an der Tür stand, durchdringend an. ›Hast du eine Mutter?‹ Der Junge senkte den Blick und antwortete leise: ›Ja.‹ – ›Hast du Angst vor dem Sterben?‹, fragte unbarmherzig der stiernackige Schlächter, der ein sadistisches Vergnügen an dem Leiden seines Opfers zu haben schien. Der Junge schwieg, aber er zitterte leicht. ›Du wirst heute erschossen‹, sagte Mildner und versuchte seine Stimme bedeutend und verhängnisvoll klingen zu lassen. ›Du würdest sowieso eines Tages gehängt werden. In einer Stunde bist du tot.‹«[40]

Broad zufolge fand Mildner besonderen Gefallen daran, mit Frauen zu sprechen, gleich nachdem er sie zum Tode verurteilt hatte: »Er erzählte ihnen in möglichst drastischer Form von ihrem bevorstehenden Tod durch Erschießen.«

Aber trotz der Schrecklichkeiten des Blocks 11 hielt Auschwitz zu diesem Zeitpunkt noch an den Merkmalen eines herkömmlichen Konzentrationslagers wie Dachau fest. Nichts illustriert dieses Fehlen grundsätzlicher Unterschiede deutlicher als die Tatsache, daß es in den ersten Monaten – entgegen allgemeiner Vermutung – noch möglich war, daß Menschen in Auschwitz eingesperrt wurden, dort eine Strafe verbüßten und dann entlassen wurden.

Kurz vor Ostern 1941 befand sich Władisław Bartoszewski[41], ein polnischer politischer Gefangener, im Häftlingskrankenbau in Block 20, als zwei SS-Männer hereinkamen: »Sie sagten ›Raus!‹ zu mir. Ich bekam keine Erklärung, wußte nicht, was geschah. Es war ein Schock, weil es da diese plötzliche Veränderung meiner Lage gab, und meine Kollegen rundherum wußten nicht, was passieren würde. Ich war völlig verängstigt.« Er erfuhr dann, daß er vor einem Konsortium von deutschen Ärzten erscheinen sollte. Auf dem Weg dahin flüsterte ihm ein polnischer Arzt, auch ein Gefangener, zu: »Wenn sie dich fragen, sag, du wärst gesund und fühltest dich wohl, denn wenn du sagst, du bist krank, entlassen sie dich nicht.« Bartoszewski war erschüttert bei der Nachricht, daß er das Lager vielleicht würde verlassen können. »Werden sie mich entlassen?« fragte er die polnischen Ärzte verwundert und erregt, aber die antworteten nur: »Halt den Mund.«

Ein großes Hindernis lag Władisław Bartoszewskis Entlassung im Weg – sein körperlicher Zustand. »Ich hatte große Eiterbeulen auf dem Rücken, an den Hüften, am Hinterkopf und im Genick. Diese polnischen Ärzte schmierten dick Salbe darauf und puderten die Geschwüre, damit ich ein bißchen besser aussah. Sie sagten: ›Keine Angst, sie werden nicht so genau hinsehen, aber du solltest nichts sagen, was gegen die Vorschriften ist, denn hier ist niemand krank, klar?‹ Dann brachten sie mich vor den deutschen Arzt, und ich sah ihn nicht einmal an. Die polnischen Ärzte waren ganz eifrig und sagten: ›Es ist alles in Ordnung.‹ Und der Deutsche nickte nur.«

Als er diese flüchtige Untersuchung hinter sich hatte, wurde Bartoszewski zur Lagerverwaltung gebracht, wo er die Kleider, die er bei seiner Ankunft getragen hatte, wiederbekam. »Mein goldenes Kreuz bekam ich nicht zurück«, sagt er. »Das haben sie als Souvenir behalten.« Dann fragten ihn die SS-Männer wie in einer Parodie einer normalen Entlassung, ob er irgendwelche Klagen über seinen Aufenthalt habe. »Ich war schlau genug zu sagen: ›Nein‹«, erzählt er. Sie fragten: ›Sind Sie zufrieden mit Ihrem Aufenthalt im Lager?‹ Ich sagte ›ja‹. Dann mußte ich ein Formular unterschreiben, daß ich keine Klagen hätte und nicht vor Gericht gehen würde. Ich wußte nicht, an was für ein Gericht sie dachten, denn als Pole war ich an deutschen Gerichten nicht interessiert. Unsere Gerichte und unser Recht lagen bei der polnischen Exilregierung in London. Aber darüber sprach ich natürlich nicht mit diesen Leuten.«

Zusammen mit drei weiteren Polen, die an diesem Tag entlassen worden waren, wurde Bartoszewski von einem deutschen Aufseher zum Bahnhof von Auschwitz gebracht und in den Zug gesetzt. Als der Zug abfuhr, empfand er »diese ersten Minuten der Freiheit« sehr lebhaft. Vor ihm lag eine umständliche Heimreise, zurück zu seiner Mutter nach Warschau. »Die Leute im Zug schüttelten den Kopf. Ein paar Frauen wischten sich die Augen aus Mitleid. Man sah, daß sie bewegt waren. Sie fragten nur: ›Woher kommt ihr?‹ Wir sagten ›Auschwitz.‹ Keine Kommentare, nur Blicke, nur Angst.« Schließlich erreichte Bartoszewski spätnachts die Wohnung seiner Mutter in Warschau. »Sie war erstaunt, mich zu sehen. Sie warf sich in meine Arme und umschlang mich. Von oben sah ich diese weiße Strähne in ihrem Haar; das war die erste Veränderung, die ich bemerkte. Sie sah nicht sehr gut aus. Niemand sah zu der Zeit besonders gut aus.«

Insgesamt wurden mehrere hundert Gefangene auf diese Weise aus Auschwitz entlassen. Niemand weiß genau, warum gerade diese ausgewählt wurden. Im Fall Bartoszewski könnte aber der öffentliche Druck eine Rolle gespielt haben, denn das Rote Kreuz und andere Institutionen hatten sich für seine Entlassung eingesetzt. Daß die Nationalsozialisten anfällig waren für internationalen Druck wegen der Gefangenen wird bestätigt durch das Schicksal einer Reihe von polnischen Akademikern, die im November 1939 festgenommen worden waren. Professoren der Jagiellonischen Universität in Krakau waren als Teil der Aktion gegen die Intelligenzija aus dem Hörsaal weggeholt und in verschiedene Konzentrationslager gesperrt worden, darunter Dachau. 14 Monate später wurden die Überlebenden entlassen, höchstwahrscheinlich auf den Druck der Außenwelt hin, darunter Proteste von seiten des Papstes.

Unterdessen trat Auschwitz in eine neue und entscheidende Phase seiner Entwicklung ein, weil wieder mal ein Deutscher eine »Vision« hatte, die sich auf das Lager auswirken sollte. Dr. Otto Ambros von der I. G. Farbenindustrie, dem riesigen Chemiekonzern, suchte im Osten einen geeigneten Ort für eine Kunstkautschukfabrik. Die wurde gebraucht, weil der Krieg einen anderen Verlauf nahm, als die NS-Führung erwartet hatte. So wie im Mai 1940 Himmler geglaubt hatte, es sei möglich, alle Juden nach Afrika zu schicken, weil der Krieg bald vorbei sein würde, so hatte die I. G. Farben damals geglaubt, man brauche keine weiteren Fabriken für die komplizierte und teure Produktion von synthetischem Kautschuk und synthetischem Benzin. Wenn der Krieg erst einmal vorbei war, im Herbst 1940 spätestens, würden ausreichend Rohstoffe von außerhalb des Reichs zur Verfügung stehen, nicht zuletzt aus Deutschlands eigenen neuen Kolonien, die es seinen Feinden abnehmen wollte.

Aber jetzt, Anfang November 1940, war der Krieg offensichtlich nicht vorbei. Churchill hatte sich geweigert, Frieden zu schließen, und die Royal Air Force hatte die deutschen Luftangriffe erfolgreich abgewehrt. Abermals mußten deutsche Planer auf Unerwartetes reagieren. Tatsächlich wiederholt sich das immer wieder – die NS-Führung mußte ständig mit Vorfällen fertig werden, die sie nicht richtig vorhergesehen hatte. Enormer Ehrgeiz und Optimismus trieben sie – mit »gutem Willen« kann man schließlich alles erreichen –, und dann wurde sie behindert von mangelhafter Planung und Voraussicht oder weil der Feind stärker war, als ihr übersteigertes Selbstbewußtsein es zuließ.

Bei der I. G. Farben wurden Erweiterungspläne, die wegen des erwarteten Kriegsendes auf Eis gelegen hatten, wieder hervorgeholt. Auch wenn sie kein Staatsbetrieb war, die I. G. Farben stand den Bedürfnissen und Wünschen der NS-Führung sehr wohlwollend gegenüber. Der Vierjahresplan hatte eigentlich nach einer Fabrik für synthetischen Kautschuk (Buna) im Osten verlangt; nun erklärte sich die I. G. Farben bereit, sie in Schlesien zu bauen.[42] Man brauchte dazu Kalk, Wasser, Steinsalz und natürlich Steinkohle, sonst konnte Buna nicht hergestellt werden. Vorbedingung war also der bequeme Zugang zu den Rohmaterialien. Dazu wurde eine entwickelte Verkehrs- und Wohninfrastruktur im Gebiet der zu bauenden Anlage benötigt.

Otto Ambros prüfte die Bedingungen eingehend und stellte fest, daß das Gelände östlich des Lagers Auschwitz geeignet war. Aber es war weniger die Nähe des Konzentrationslagers, die ihn davon überzeugte. Die I. G. Farben war mehr daran interessiert, die »heimkehrenden« Volksdeutschen als Arbeiter anzustellen, als sich nur auf Zwangsarbeiter zu verlassen.

Himmlers Haltung gegenüber der Nachricht, daß die I. G. Farben daran interessiert war, nach Auschwitz zu kommen, kann man als schizophren beschreiben. Als Reichsführer-SS hatte er Bedenken. Er hatte bis dahin dafür gesorgt, daß die Gefangenen in den Konzentrationslagern nur für SS-eigene Betriebe arbeiteten. Der Präzedenzfall, daß Gefangene für die Privatindustrie eingesetzt wurden – wobei das Geld für ihre Arbeit schließlich an den NS-Staat weitergeleitet wurde und nicht in die Kassen der SS floß –, mochte er nicht unterstützen. Auch wenn die SS Geld damit verdienen konnte, Kies an die I. G. Farben zu liefern, so hatte Himmler doch spezielle Ambitionen für seine SS-Konzerne, die durch dieses Arrangement behindert wurden.

In seiner Eigenschaft als Reichskommissar für die Festigung des Deutschen Volkstums war Himmler viel weniger ablehnend. Er wußte, daß die I. G. Farben Volksdeutsche brauchte, und war froh, für sie sorgen zu können. Wohnraum für diese Arbeitskräfte zu finden würde kein Problem sein. Die Behörden in Auschwitz würden die Juden und Polen, die noch in der Stadt lebten, mit Vergnügen hinauswerfen[43], um Platz zu schaffen. Göring als Beauftragter des Vierjahresplans traf schließlich die letzte Entscheidung: Die I. G. Farben sollte ihre Buna-Werke in der Nähe des KZ Auschwitz bauen, und von Himmler und der SS wurde erwartet, daß sie mit ihnen zusammenarbeiten.[44]

Das Interesse der I. G. Farben verwandelte Auschwitz von einem unbedeutenden Lager innerhalb des SS-Systems in einen der potentiell wichtigsten Bestandteile. Bezeichnend für diese Veränderung des Status war Himmlers Beschluß, am 1. März 1941 das Lager erstmals zu besuchen. In seinen Memoiren und bei seiner Vernehmung nach dem Krieg lieferte Höß einen genauen Bericht über diesen Besuch, bei dem Himmler seinen megalomanen Neigungen freien Lauf ließ. Wenn Himmlers Vision von Auschwitz als einer landwirtschaftlichen Versuchsstation im November schon ehrgeizig gewesen war, so waren seine Träume im März einfach gigantisch. Nachdem er seine anfänglichen Zweifel, ob die Anwesenheit der I. G. Farben zu begrüßen sei, ganz überwunden hatte, teilte Himmler lässig mit, daß das Lager nicht mehr nur 10 000 Häftlinge aufnehmen, sondern auf 30 000 erweitert werden sollte. Der Gauleiter von Oberschlesien, Fritz Bracht, der Himmler begleitete, erhob Einwände gegen die schnelle Erweiterung. Ein anderer örtlicher Funktionär schloß sich dem an, weil die Probleme der Entwässerung noch ungelöst seien. Himmler sagte nur, sie sollten Fachleute hinzuziehen und die Probleme selbst lösen. Er faßte die Diskussion mit den Worten zusammen: »Meine Herren, das wird errichtet, meine Gründe dazu sind wichtiger als Ihre Ablehnungsversuche.«[45]

Obwohl er Himmler untergeordnet war, sah Höß so große Probleme bei der Durchführung der neuen Vision seines Herrn und Meisters, daß er bloß noch wartete, bis nur er, Himmler und der Höhere SS- und Polizeiführer Südost, Erich von dem Bach-Zelewski, allein im Auto saßen. Dann stimmte er ein Klagelied an. Er hätte zuwenig Baustoffe, er hätte zuwenig Mitarbeiter, er hätte zuwenig Zeit – kurz, er hätte von allem zuwenig. Himmler reagierte erwartungsgemäß und wollte das Wort Schwierigkeiten nicht hören. Die Lösung des Problems sei Aufgabe des Offiziers, nicht seine eigene.

Bemerkenswert an diesem Disput ist nicht so sehr Himmlers Antwort auf Höß' Murren, sondern die Tatsache, daß Höß überhaupt in der Lage war, auf diese Weise mit dem Chef der SS zu reden. Im Sowjetsystem hätte einer, der so mit Stalin oder Berija (Chef der Geheimpolizei NKWD und am ehesten Himmlers Gegenstück in Moskau) geredet hätte, sein Leben aufs Spiel gesetzt. Es mag befremdlich scheinen, aber die NS-Führung duldete viel mehr interne

Kritik von ihren Anhängern als das stalinistische System. Das ist einer der Gründe, weshalb das »Dritte Reich« das dynamischere der beiden politischen Regime war: Die Funktionäre am unteren Ende der Befehlshierarchie durften Initiativen ergreifen und ihre Meinung äußern. Im Gegensatz zu denen, die unter Stalin Verbrechen begingen, hatte Höß nie Angst vor schrecklichen Vergeltungsmaßnahmen, wenn er einen Befehl in Frage stellte. Er war in die SS eingetreten, weil er aus ganzem Herzen an die allgemeine Idee des Nationalsozialismus glaubte, und das hieß, es stand ihm frei, Details bei der Durchführung zu kritisieren. Er war der mächtigste Untergebene, einer, der seine Aufgaben erfüllte, nicht weil man es ihm befahl, sondern weil er das, was er tat, für richtig hielt.

Daß sich einer erlauben kann, seinen Vorgesetzten zu kritisieren, ist natürlich eine Sache – eine ganz andere ist es, ob er damit etwas erreicht. Höß erreichte nichts, als er sich bei Himmler beklagte: Die Vision des Reichsführers-SS für die Erweiterung des KZ Auschwitz mußte so oder so umgesetzt werden.

Nach dem Beschluß der I. G. Farben zum Bau der Buna-Werke in Auschwitz beschränkte Himmler seine großen Ideen nicht mehr nur auf das Lager, sondern bezog den Ort und die Umgebung mit ein. Bei einem Planungstreffen in Kattowitz am 7. April teilte sein Vertreter mit, Himmler wolle an genau dieser Stelle eine exemplarische Siedlung des Ostens errichten; besondere Aufmerksamkeit gelte der Tatsache, daß deutsche Männer und Frauen angesiedelt werden, die besonders qualifiziert seien.[46] Es wurden für die neue deutsche Stadt Auschwitz Pläne zur Ansiedlung von 40 000 Menschen entworfen, und diese Pläne gingen Hand in Hand mit der Erweiterung des nahen Konzentrationslagers.

Um diese Zeit begann auch Höß, die potentielle Nützlichkeit der Verbindung zur I. G. Farben zu erkennen. Das

Protokoll eines Treffens am 27. März 1941[47] zwischen Funktionären aus Auschwitz und Vertretern des Unternehmens zeigen, wie er versuchte, dabei Vorteile für das Lager herauszuschlagen. Einer der Ingenieure der I. G. Farben fragte, wie viele Gefangene in den folgenden Jahren zur Verfügung gestellt werden könnten, und »Sturmbannführer Höß wies darauf hin, welche Schwierigkeiten für die Unterbringung einer ausreichenden Zahl von Insassen im KL Auschwitz es gebe; das Hauptproblem sei, daß man beim Bau von Unterkünften nicht mit Höchstgeschwindigkeit vorgehen könne«. Verhindert werde das, erklärte Höß, durch den Mangel an Baustoffen. Das war natürlich genau das Problem, mit dem er gerade Himmler in den Ohren gelegen hatte und das er früher dadurch zu lösen versucht hatte, daß er durchs Land fuhr und Stacheldraht »organisierte«. Höß argumentierte jetzt, wenn die I. G. Farben helfen könnten, »die Erweiterung des Lagers zu beschleunigen«, dann wäre das schließlich »in ihrem eigenen Interesse, denn dann könnten ausreichend Gefangene gestellt werden«. Endlich schien Höß Zuhörer gefunden zu haben, die seine Sorgen ernst nahmen, denn einer der Herren von der I. G. Farben zeigte sich bereit »festzustellen, ob man das Lager unterstützen könne«.

Bei der gleichen Konferenz erklärten sich die I.G. Farben bereit, eine tägliche Pauschale von drei Reichsmark pro ungelerntem Arbeiter und vier Reichsmark pro Facharbeiter zu zahlen; die »Arbeitsleistung« wurde »auf 75 Prozent derjenigen eines normalen deutschen Arbeiters veranschlagt«. Es wurde auch eine Verständigung darüber erreicht, was man der I.G. Farben pro Kubikmeter Kies in Rechnung stellen würde, den Lagerhäftlinge am nahen Fluß Soła fördern sollten. Alles in allem wurden die »Verhandlungen in herzlicher Eintracht geführt. Beide Seiten unterstrichen ihren Wunsch, einander auf jede mögliche Weise zu unterstützen.«

Aber so gewaltig Himmlers und der I. G. Farben Pläne für Auschwitz waren, sie wurden in den Schatten gestellt durch weitreichende Entscheidungen, die NS-Strategen im fernen Berlin trafen. Im Oberkommando der Wehrmacht arbeiteten schon seit einiger Zeit Offiziere an Plänen zum Einmarsch in die Sowjetunion mit dem Kodenamen Unternehmen Barbarossa. Bei einem Treffen in seinem Berchtesgadener Berghof hatte Hitler im Juli 1940 seinen Militärführern mitgeteilt, der beste Weg zur schnellen Beendigung des Krieges sei die Vernichtung der Sowjetunion. Er glaubte, England bliebe nur im Krieg in der Hoffnung, daß Stalin schließlich den im August 1939 mit Deutschland geschlossenen Nichtangriffspakt brechen würde. Wenn aber die Deutschen die Sowjetunion zerschlügen, dann, meinte er, würde England zum Frieden bereit sein, und die Nationalsozialisten würden unbestrittene Herren Europas. Diese einsame Entscheidung sollte den Verlauf des Krieges und den Lauf der Geschichte ganz Europas für den Rest des Jahrhunderts bestimmen. Als Folge dieser Invasion sollten 27 Millionen sowjetische Bürger sterben, das sind größere Verluste, als je eine Nation in einem einzigen Krieg erlitten hat. Außerdem sollte der Krieg den Rahmen bieten für die Durchführung der »Endlösung« – die Vernichtung der Juden. Man kann also die Art, wie sich Auschwitz entwickelte, nur verstehen, wenn man die Veränderungen im Lager in Beziehung setzt sowohl zur Planung des Unternehmens Barbarossa als auch zum Verlauf des Krieges im Sommer und Herbst 1941. Tatsächlich hat von diesem Augenblick an bis zu Hitlers Selbstmord am 30. April 1945 der Fortschritt oder Rückschritt des Krieges im Osten das Denken in Deutschland beherrscht.

Die Nationalsozialisten hielten ihn nicht für einen Krieg gegen »zivilisierte« Völker wie im Westen, sondern einen Kampf auf Leben und Tod gegen die jüdisch-bolschewistischen »Untermenschen«. Dementsprechend schrieb Franz

Halder, Chef des Generalstabs des Heeres, am 17. März 1941 in sein Tagebuch, in Rußland müsse Gewalt in ihrer brutalsten Form angewendet werden, und die von Stalin eingesetzte Intelligenzija müsse »vernichtet« werden. Bei einer solchen Haltung war es Wirtschaftsplanern möglich, eine verheerende Lösung für das Problem der Versorgung des deutschen Heeres bei seinem Vormarsch in der Sowjetunion vorzuschlagen. Ein Dokument aus dem Wirtschaftszentralamt der Wehrmacht vom 2. Mai 1941 konstatiert, »das gesamte deutsche Heer« müsse »auf Kosten Rußlands ernährt« werden. Die Folge war klar: »Zweifellos werden dabei zig Millionen Menschen verhungern, wenn wir alles, was wir brauchen, aus dem Land holen.«[48] Drei Wochen später, am 23. Mai, wurde von dem gleichen Amt ein noch radikaleres Schriftstück vorgelegt: »Politisch-ökonomische Leitlinien für die wirtschaftliche Organisation Ost«. Es hält fest, daß das Ziel jetzt sei, die russischen Ressourcen nicht nur zu nutzen, um das deutsche Heer zu ernähren, sondern auch das von Deutschland kontrollierte Europa zu versorgen. Demzufolge könnten 30 Millionen Menschen im Norden der Sowjetunion verhungern.[49]

Die neuere Forschung hat gezeigt, daß solche schockierenden Dokumente nicht nur ein gedankliches Experiment darstellen; es existierte ein Element von Vernunftdenken innerhalb der NS-Bewegung, das eine solche »Verminderung der Volkszahl« für ökonomisch gerechtfertigt hielt. Mit einer Theorie des »Bevölkerungsoptimums« im Sinn konnten NS-Wirtschaftsplaner jedes Gebiet daraufhin untersuchen, ob bei der Zahl der dort lebenden Menschen Profit oder Verlust zu erwarten waren. Zum Beispiel errechnete Helmut Meinhold, Wirtschaftsreferent am Institut für Deutsche Ostarbeit 1941, daß 5,83 Millionen Polen (einschließlich der Alten und Kinder) »überzählig waren«.[50] Die Existenz dieser »überschüssigen Bevölkerung« bedeutete einen »Kapitalverschleiß«. Die Menschen, die diese überschüssige Bevölkerung ausmachten, seien »Ballast-existenzen«. In diesem Stadium hatten diese Wirtschaftler allerdings die eigene Logik noch nicht zu Ende gedacht – sie verlangten noch nicht nach der physischen Vernichtung solcher »Ballastexistenzen« in Polen. Aber die Planer beobachteten durchaus, wie Stalin mit einer ähnlichen Überbevölkerung in der Sowjetunion umgegangen war. In der Ukraine hatte in den dreißiger Jahren die Strategie der Deportation von Kulaken und die Kollektivierung der Übriggebliebenen zum Tod von rund neun Millionen Menschen geführt.

Solches Denken gab auch der Zahl der Toten unter der Zivilbevölkerung, die bei dem deutschen Einmarsch in der Sowjetunion erwartet wurden, einen intellektuellen Unterbau. Für die NS-Planer würde die Tatsache, daß » 30 Millionen Menschen« verhungern könnten, nicht nur von unmittelbarem Nutzen für die vorrückende deutsche Wehrmacht sein, es wäre langfristig auch von Vorteil für das deutsche Volk. Wenn in der Sowjetunion weniger Menschen ernährt werden mußten, hieß das nicht nur, daß mehr Nahrungsmittel zu den Bürgern von München oder Hamburg gelangten, es würde auch die schnelle Germanisierung der besetzten Gebiete erleichtern. Himmler hatte bereits bemerkt, daß die meisten polnischen Höfe zu klein waren, eine deutsche Familie zu ernähren; jetzt glaubte er zweifellos, daß eine Massenhungersnot die Schaffung großer deutscher Güter in der Sowjetunion erleichtern würde. Kurz vor der Invasion sprach Himmler bei einer Wochenendeinladung ganz offen mit seinen Kollegen, man wolle mit dem Feldzug die slawische Bevölkerung um 30 Millionen Menschen dezimieren.[51]

Die Aussicht auf Krieg gegen die Sowjetunion löste bei führenden Nationalsozialisten unvorstellbar radikale Vorstellungen aus. Als Hitler an Mussolini schrieb, um ihn von seinem Beschluß zu unterrichten, die Sowjetunion zu überfallen, bekannte er, daß er sich jetzt »innerlich frei« fühlte; diese »innerliche Freiheit« bestand in der Möglichkeit, bei diesem Krieg so vorzugehen, wie es ihm gefiel. Propaganda-minister Goebbels schrieb am 16. Juni 1941 in sein Tage-buch: »Der Führer sagt: ob recht oder unrecht, wir müssen siegen. Das ist der einzige Weg. Und er ist recht, moralisch und notwendig. Und haben wir gesiegt, wer fragt uns nach der Methode. Wir haben sowieso so viel auf dem Kerbholz, daß wir siegen müssen ...«

Schon im Planungsstadium des Krieges war auch klar, daß die Juden der Sowjetunion furchtbar würden leiden müssen. In einer Rede vor dem Reichstag hatte am 30. Ja-nuar 1939 Hitler gesagt: »Ich will heute wieder ein Prophet sein: Wenn es dem internationalen Finanzjudentum in- und außerhalb Europas gelingen sollte, die Völker noch einmal in einen Weltkrieg zu stürzen, dann wird das Ergebnis nicht die Bolschewisierung der Erde und damit der Sieg des Judentums sein, sondern die Vernichtung der jüdischen Rasse in Europa.«[52] Hitler benutzte den Ausdruck »Bol-schewisierung« um die nach der NS-Theorie bestehende Verbindung zwischen dem Kommunismus und dem Ju-daismus zu betonen. Seiner Vorstellung nach war die So-wjetunion die Heimat einer jüdisch-bolschewistischen Ver-schwörung. Dabei spielte es keine Rolle, daß Stalin selbst deutliche antisemitische Neigungen hatte. In der Einbil-dung der Nationalsozialisten waren es die Juden, die in Stalins Reich insgeheim die Fäden zogen.

Gegen diese angebliche »Bedrohung« durch die Juden der Sowjetunion wurden vier Einsatzgruppen aufgestellt. Ähnliche Einheiten des Sicherheitsdienstes und der Sicher-heitspolizei hatte es bereits beim Anschluß Österreichs und beim Einfall in Polen gegeben. Ihre Aufgabe gleich hinter den Frontlinien war es gewesen, »Staatsfeinde« aufzustö-bern und festzunehmen. In Polen hatten die Einsatzgruppen Terrormaßnahmen durchgeführt, bei denen rund 15 000

Polen – meist Juden und polnische Intellektuelle – ermordet worden waren. Diese Zahl wurde durch die »Aktionen« der Einsatzgruppen in der Sowjetunion weit in den Schatten gestellt.

Das mörderische Wirken dieser Einheiten stand in keinem Verhältnis zu ihrem Umfang. Die Einsatzgruppe A war der Heeresgruppe Nord zugeteilt und mit einer Stärke von 1000 Mann die größte. Die anderen drei (B, C und D), anderen Heeresgruppen zugeteilt, bestanden aus jeweils 600 bis 700 Mann. Kurz vor dem Einmarsch wurden die Chefs der Einsatzgruppen von Heydrich mündlich instruiert. Die »wichtigsten Weisungen« wurden später, am 2. Juli 1941, »in gedrängter Form« schriftlich gegeben; sie legten fest, daß die Einsatzgruppen kommunistische Funktionäre, politische Kommissare und »Juden in Partei- und Staatsstellungen« zu töten hätten. Die Obsession der Nationalsozialisten von der Verbindung zwischen Judentum und Kommunismus wird dabei sehr deutlich.

In den ersten Tagen der Invasion drangen die Einsatzgruppen direkt hinter den Truppen der Wehrmacht her in die Sowjetunion ein. Der Vormarsch geschah sehr schnell, und schon einen Tag nach dem Einmarsch erreichte die Einsatzgruppe A unter dem Befehl des Generalmajors der Polizei und SS-Brigadeführers Franz Walter Stahlecker Kaunas in Litauen. Gleich nach ihrer Ankunft wiegelte die Einsatzgruppe zu Pogromen gegen die Juden der Stadt auf. Eine von Heydrichs Anweisungen hatte bezeichnenderweise die Worte enthalten: »Den Selbstreinigungsbestrebungen antikommunistischer oder antijüdischer Kreise in den neu zu besetzenden Gebieten ist kein Hindernis zu bereiten. Sie sind im Gegenteil, allerdings spurenlos, auszulösen, zu intensivieren, wenn erforderlich, in die richtigen Bahnen zu lenken.«[53] Diese Anweisung zeigt, daß »Juden in Partei- und Staatsstellungen« zu töten nur das nackte Minimum von dem darstellte, was von den Einsatzgruppen erwartet wurde. Wie Stahlecker in einem späteren Bericht schrieb: »Aufgabe der Sicherheitspolizei mußte es sein, die Selbstreinigungsbestrebungen in Gang zu setzen und in die richtigen Bahnen zu lenken, um das gesteckte Säuberungsziel so schnell wie möglich zu erreichen.«[54] In Kaunas hatten eben aus dem Gefängnis entlassene Litauer Juden auf der Straße totgeschlagen, unter den wohlwollenden Blicken der Deutschen. Aus der Menge der Zuschauer kam der anfeuernde Ruf: »Schlagt die Juden!« Als das Morden vorbei war, kletterte einer der Mörder auf einen Leichenberg und spielte auf einem Akkordeon die litauische Nationalhymne. Das war zweifellos genau das, was Heydrich »spurenlos ausgelöst« sehen wollte.

Meist fern großer Städte führten die Einsatzgruppen ihre Aufgaben durch, suchten »Juden in Partei- und Staatsstellungen« auf und töteten sie. In der Praxis bedeutete das oft, daß alle jüdischen Männer eines Ortes erschossen wurden. War schließlich nach NS-Theorie nicht jeder männliche Jude in der Sowjetunion implizit »in Partei- und Staatsstellungen«?

Nicht nur die Einsatzgruppen und ihnen angegliederte SS-Einheiten töteten sowjetische Juden, auch die deutsche Wehrmacht beteiligte sich an Kriegsverbrechen. Nach den Richtlinien mit dem berüchtigten »Kommissarbefehl« wurden Partisanen kurzerhand erschossen, kollektive Maßnahmen gegen ganze Gemeinden befohlen und sowjetische Politoffiziere – die Kommissare – getötet, auch wenn sie Kriegsgefangene waren. Und wegen dieser Haltung gegenüber den Kommissaren wurde Auschwitz in den Konflikt hineingezogen. Entsprechend einer Vereinbarung mit der SS gestattete die Wehrmacht Heydrichs Männern, in den Kriegsgefangenenlagern die Kommissare herauszusuchen, die bei der ersten Überprüfung an der Front durchgekommen waren. Die Frage war: Wohin mit ihnen? Es war sicher keine gute Idee, sie an Ort und Stelle zu erschießen. Deshalb

wurden im Juli 1941 mehrere hundert in den Kriegsgefan-
genenlagen gefundene Kommissare nach Auschwitz transportiert.

Vom Augenblick ihrer Ankunft an wurden diese Gefangenen anders behandelt als die anderen Häftlinge. Wenn
man bedenkt, wie in diesem Lager bereits gelitten wurde,
ist kaum vorstellbar, daß mit dieser Gruppe noch schlimmer umgegangen wurde. Jerzy Bielecki hörte die Mißhandlungen, bevor er sie sah: »Ein lautes Schreien, Stöhnen und
Brüllen.« Er und ein Freund waren auf dem Weg zu den
Kiesgruben am Rande des Lagers, als sie die sowjetischen
Gefangenen sahen. »Sie schoben Schiebkarren voller Sand
und Kies im Laufschritt«, sagt er. »Das war sehr schwierig.
Die Planken, über die sie sie schoben, verrutschten dau-
ernd. Das war keine normale Arbeit, das war die Hölle, die
die SS-Männer diesen sowjetischen Kriegsgefangenen bereiteten.« Die Kapos schlugen die Kommissare, während
sie arbeiteten, ermuntert von SS-Männern, die »Los, Jungs!
Schlagt sie!« brüllten. Aber besonders geschockt war Jerzy
Bielecki von dem, was er dann sah: »Vier oder fünf von den
SS-Männern hatten Gewehre. Und die, die eins hatten, lu-
den es von Zeit zu Zeit, sahen hinunter, zielten und schossen in die Kiesgrube. Dann sagte mein Freund: ›Was macht
denn der Hurensohn da?‹ Und wir sahen, wie ein Kapo
mit einem Knüppel auf einen Sterbenden einschlug. Mein
Freund hatte eine militärische Ausbildung, er sagte: ›Aber
das sind Kriegsgefangene! Die haben Rechte!‹ Doch sie
wurden bei der Arbeit umgebracht.« Auf diese Weise kam
im Sommer 1941 der Krieg an der Ostfront – der Krieg
ohne Kriegsrecht – nach Auschwitz.

Die Ermordung sowjetischer Kommissare war natürlich nur ein kleiner Teil der Tätigkeit des KZ Auschwitz in
dieser Zeit; in erster Linie blieb es der Ort, an dem polnische Gefangene unterdrückt und schikaniert wurden. In
dem Bestreben, dem NS-Staat diesen Dienst perfekt zu bie-

ten, versuchte Höß Fluchtversuche zu begrenzen. 1940 versuchten nur zwei Männer zu fliehen, aber 1941 stieg die Zahl auf 17 (und stieg dann weiter auf 173 im Jahr 1942, 295 in 1943 und 312 in 1944).[55] Da in den Anfangsjahren die große Mehrheit der Gefangenen Polen waren und die Einheimischen auf ihrer Seite standen, war es einem, dem es gelungen war, die Sicherheitsvorkehrungen zu umgehen, möglich, einer Wiederergreifung zu entgehen, einfach aufzugehen in den Bevölkerungsbewegungen der ethnischen Neuordnung. Viele Häftlinge arbeiteten tagsüber außerhalb des Lagers, sie brauchten also nicht einmal den elektrisch geladenen Zaun zu übersteigen, der das Lager umgab. Sie mußten nur ein Hindernis überwinden, die äußere Umgrenzung, die sogenannte Große Postenkette.

Höß' Strategie, mit der er Fluchtversuche verhindern wollte, war einfach: brutale Vergeltung. Wenn die NS-Bewacher denjenigen, der geflüchtet war, nicht wieder einfangen konnten, sperrten sie seine Verwandtschaft ein. Und sie wählten zehn Gefangene aus dem Block, zu dem er gehört hatte, aus und töteten sie auf besonders sadistische Weise. Roman Trojanowski nahm 1941 an drei solchen Selektionen teil, nachdem jemand aus seinem Block geflohen war. »Der Lagerführer und die anderen sahen jedem Gefangenen in die Augen und trafen ihre Wahl«, sagt er. »Natürlich wurden die, die am schlechtesten aussahen, die Schwächsten, am ehesten ausgesucht. Ich weiß nicht, was ich während der Selektion dachte. Ich wollte ihm einfach nicht in die Augen sehen – es war so gefährlich. Du mußt gerade stehen, damit du niemandem auffällst. Und wenn Fritzsch anhielt und mit dem Finger zeigte, war nicht klar, auf wen er zeigte, und dir blieb das Herz stehen.« Trojanowski erinnert sich an eine Selektion, bei der die Mentalität des Lagerführers Fritzsch deutlich wurde: »Während der Selektion bemerkte Fritzsch einen Mann, der nicht weit wegstand und zitterte. Er fragte ihn: ›Warum zitterst du?‹ Und der Mann antwortete über den Dolmetscher: ›Ich zittere, weil ich Angst habe. Ich habe mehrere kleine Kinder zu Hause, die möchte ich aufziehen. Ich möchte nicht sterben.‹ Und Fritzsch antwortete: ›Paß auf und sieh zu, daß so etwas nicht wieder vorkommt, denn wenn es vorkommt, schicke ich dich dahin!‹ Dabei wies er auf den Kamin des Krematoriums. Der Mann verstand ihn aber nicht, und wegen dieser Geste trat er vor. Der Dolmetscher sagte: ›Der Lagerführer hat dich nicht selektiert, geh zurück.‹ Aber Fritzsch sagte: ›Laß ihn. Wenn er vorgetreten ist, dann ist das sein Schicksal.‹«

Die ausgewählten Häftlinge wurden in den Keller des Blocks 11 gebracht und in eine Zelle gesperrt, wo man sie verhungern ließ. Es war ein langsames, qualvolles Sterben. Roman Trojanowski hörte, daß einer, den er kannte, nach einer Woche ohne Nahrung seine Schuhe zu essen begann. Aber in diesem Sommer 1941 ereignete sich in den Hungerzellen auch einer der wenigen Vorfälle in dieser Geschichte, der denjenigen Trost bietet, die an die erlösenden Möglichkeiten des Leidens glauben. Maximilian Kolbe, ein katholischer Priester aus Warschau, mußte an einer Selektion teilnehmen, nachdem offenbar ein Häftling aus seinem Block geflohen war. Ein Mann in seiner Nähe, Franciszek Gajowniczek, wurde von Fritzsch für die Hungerzelle ausgewählt, aber er rief, er habe Frau und Kinder und wollte leben. Kolbe hörte ihn und meldete sich freiwillig an seine Stelle. Fritzsch war einverstanden, und so kam Kolbe als einer von zehn in die Hungerzelle. Zwei Wochen später wurden die vier, die noch lebten, unter ihnen Kolbe, schließlich mit tödlichen Injektionen ermordet. 1982 wurde Kolbe von dem polnischen Papst Johannes Paul II. heilig gesprochen. Seine Geschichte hat Kontroversen ausgelöst, weil er – besonders in seiner Tageszeitung – vor seiner Festnahme antisemitische Tendenzen geäußert hatte. Unwidersprochen ist jedoch die Tapferkeit, mit der Kolbe sein Leben für das eines anderen Menschen gab.

Im gleichen Monat, dem Juli 1941, führte eine Reihe von Entscheidungen, die Hunderte von Kilometern entfernt getroffen wurden, dazu, daß Auschwitz zu einem noch unheilvolleren Ort wurde. Zum ersten Mal sollten Häftlinge durch Vergasung getötet werden – aber auf andere Weise als die, für die das KZ später berüchtigt wurde. Die Gefangenen wurden als Opfer des »Euthanasie«-Programms getötet. Diese mörderischen Aktionen gingen zurück auf einen geheimen Führererlaß vom Oktober 1939, der es Ärzten erlaubte, geisteskranke und körperbehinderte Patienten auszusondern und zu töten. Anfangs wurden Behinderte mit Injektionen ermordet, später war Vergiftung durch Kohlenmonoxid in Flaschen die bevorzugte Methode. In bestimmten Tötungszentren, meist Nervenkliniken, wurden Gaskammern, als Duschräume getarnt, gebaut. Einige Monate vor diesem Erlaß vom Oktober 1939 hatte Hitler schon die Selektion und Ermordung von schwerbehinderten Kindern genehmigt. Er gehorchte der trostlosen Logik seiner darwinistischen Weltsicht. Solche Kinder hatten ihr Leben verwirkt, weil sie schwach waren und die deutsche Volksgemeinschaft belasteten. Und da er ernsthaft an die Rassentheorien glaubte, machte er sich Sorgen, daß diese Kinder »erbkranken Nachwuchs« produzieren könnten, wenn sie erwachsen waren.

Der Erlaß, der das Euthanasieprogramm auf Erwachsene ausdehnte, wurde auf den 1. September, den Kriegsbeginn, zurückdatiert – ein Zeichen dafür, daß der Krieg als Katalysator bei der Radikalisierung des Denkens fungierte. Behinderte waren für die fanatischen Nationalsozialisten ebenfalls »Ballastexistenzen« und besonders lästig für ein Land im Krieg. Hermann Pfannmüller, eine der berüchtigtsten Figuren im Euthanasieprogramm, sagte, ihm sei der

Gedanke unerträglich, daß die »Blüte der Jugend« ihr Leben an der Front verliere, während »Schwachsinnige und verantwortungslose asoziale Elemente« eine gesicherte Existenz in der Irrenanstalt hätten.[56] Bei dieser Geisteshaltung der Täter überrascht es nicht, daß die Aussonderungskriterien nicht nur die Schwere der geistigen oder körperlichen Krankheit, sondern auch den religiösen oder ethnischen Hindergrund eines Patienten berücksichtigten. So wurden Juden aus Heilanstalten ohne weitere Prüfung vergast, und im Osten wurden ähnlich drakonische Maßnahmen angewendet, um Heilanstalten von polnischen Patienten zu räumen. Von Oktober 1939 bis Mai 1940 wurden in Westpreußen und dem Warthegau rund 10 000 geisteskranke Patienten getötet, viele durch eine neue Technik: Gaskammern auf Rädern. Die Opfer wurden in den hermetisch abgedichteten Aufbau eines umgebauten Lastwagens geschoben und mit Kohlenmonoxid aus Flaschen erstickt. In dem gewonnenen Wohnraum wurden übrigens die »heimkehrenden« Volksdeutschen untergebracht.

Zu Beginn des Jahres 1941 wurde das Euthanasieprogramm auf Konzentrationslager ausgeweitet mit der »Sonderbehandlung 14f13«, und am 28. Juli erreichte es Auschwitz. »Beim Appell am Abend wurde mitgeteilt, daß alle Kranken zur Behandlung fortgebracht würden«, sagte Kazimierz Smoleń[57], damals politischer Gefangener im Lager. »Einige der Häftlinge glaubten das. Jeder hatte Hoffnung. Aber ich war von den guten Absichten der SS nicht so überzeugt.« Wilhelm Brasse ebensowenig, als er hörte, was sein Kapo, ein deutscher Kommunist, wußte, welches Los für die Gefangenen er für wahrscheinlich hielt: »Er sagte uns, im Lager Sachsenhausen hätte er Gerüchte gehört, daß die Leute aus den Kliniken abgeholt würden und dann verschwänden.«

Rund 500 kranke Häftlinge – teils Feiwillige, teils Ausgesonderte –, wurden vom Lager in Marsch gesetzt zu einem wartenden Zug. »Sie waren alle fertig«, sagt Kazimierz Smoleń. »Gesunde gab es da nicht. Es war eine Parade von Gespenstern. Am Schluß des Zuges kamen Schwestern, die Leute auf Tragen trugen. Es war makaber. Niemand schrie und niemand lachte. Die Kranken waren glücklich und sagten: ›Sagt meiner Frau und meinen Kindern Bescheid.‹« Zur Freude der zurückgebliebenen Gefangenen waren auch zwei der schlimmsten Kapos in dem Transport dabei, einer davon der verhaßte Krankemann. Im Lager hieß es, es habe Streit mit seinem Gönner Fritzsch gegeben. Beide Kapos wurden, wie Himmler es als Los der Kapos, die ins normale Häftlingsleben zurückkehren würden, vorausgesagt hatte, ermordet, vermutlich noch im Zug, bevor sie ihr Ziel erreichten. Alle anderen Gefangenen, die an jenem Tag das Lager verließen, starben in einer umgebauten Nervenklinik in Sonnenstein bei Pirna. Die ersten Auschwitz-Häftlinge, die vergast wurden, starben also nicht im Lager, sondern wurden nach Deutschland transportiert, und sie wurden nicht ermordet, weil sie Juden waren, sondern weil sie nicht mehr arbeiten konnten.

Der Sommer 1941 war entscheidend sowohl für den Krieg gegen die Sowjetunion als auch für die NS-Politik den Juden gegenüber. Oberflächlich betrachtet schien der Krieg im Juli gut voranzukommen; die Wehrmacht war auf dem Vormarsch. Goebbels war zuversichtlich, als er am 8. Juli notierte: »An unserem Sieg in Rußland zweifelt niemand mehr.« Mitte Juli waren Panzereinheiten 560 Kilometer weit auf sowjetisches Gebiet vorgedrungen, und am Ende des Monats nahm ein sowjetischer Geheimdienstoffizier auf Befehl Berijas Kontakt zum bulgarischen Botschafter in Moskau auf, um vorzufühlen, ob er als Vermittler zu handeln und um Frieden nachzusuchen bereit sei.[58]

An Ort und Stelle war jedoch die Lage komplizierter. Die Hungerpolitik, die in der Invasionsstrategie eine so große Rolle gespielt hatte, bedeutete zum Beispiel, daß die litauische Hauptstadt Vilnius Anfang Juli nur noch Lebensmittel für zwei Wochen hatte. Göring formulierte deutlich die NS-Politik, als er sagte, nur die Leute hätten Anspruch auf Ernährung durch die Invasionstruppen, die wichtige Aufgaben für Deutschland erfüllten.[59] Und dazu kam das ungelöste Problem der Angehörigen jüdischer Männer, die von den Einsatzgruppen erschossen worden waren. Frauen und Kinder hatten in den meisten Fällen ihren Ernährer verloren und würden wahrscheinlich besonders schnell verhungern; jedenfalls erfüllten sie keine »wichtigen Aufgaben für Deutschland«.

Inzwischen wurde eine Lebensmittelkrise vorhergesagt, nicht nur an der Ostfront, sondern in Polen, im Ghetto von Łódź. Im Juli schrieb Sturmbannführer Rolf-Heinz Höppner an Adolf Eichmann, den Chef des »Judenreferats« im Reichssicherheitshauptamt: »Es ist ernsthaft zu erwägen, ob es nicht die humanste Lösung ist, die Juden, soweit sie nicht arbeitseinsatzfähig sind, durch irgendein schnellwirkendes Mittel zu erledigen. Auf jeden Fall wäre dies angenehmer, als sie verhungern zu lassen.«[60] (Bezeichnend dabei ist, daß Höppner von der möglichen Notwendigkeit schreibt, die Juden zu töten, die »nicht arbeitseinsatzfähig« sind – nicht aber alle Juden. Die Nationalsozialisten machten seit dem Frühjahr 1941 zunehmend Unterschiede zwischen Juden, die den Deutschen nützen konnten, und denen, die es nicht konnten; diese Unterscheidung nahm später feste Formen an in den »Selektionen« in Auschwitz.)

Ende Juli gab Himmler Befehl, das »Problem« derjenigen Juden zu lösen, die als »nutzlose Esser« betrachtet wurden, jedenfalls soweit es die Ostfront betraf. Er verstärkte die Einsatzgruppen durch Einheiten der SS-Kavallerie und Polizeibataillone. Schließlich waren 40 000 Mann an dem Morden beteiligt – eine Verzehnfachung der ursprünglichen Stärke. Für diese massive Steigerung gab es Gründe: Das Morden im Osten solle auf jüdische Frauen und Kinder ausgeweitet werden. Der Befehl dazu erreichte die verschiedenen Kommandeure im Laufe der folgenden Wochen und wurde zum Teil von Himmler persönlich gegeben, als er eine Besichtigungsreise im Osten unternahm. Bis Mitte August waren alle Mordkommandos informiert.

Es war ein Wendepunkt im Massenmord. Mit dem Beschluß, daß auch Frauen und Kinder erschossen werden sollten, trat die NS-Verfolgung der Juden in eine grundsätzlich neue Phase ein. Fast alle antijüdischen Maßnahmen der Nationalsozialisten während des Krieges waren schon bis dahin potentiell völkermörderisch gewesen. Aber dies war etwas anderes. Jetzt hatten die Nationalsozialisten beschlossen, Frauen und Kinder zu sammeln, sie zu zwingen, sich auszuziehen, sich am Rand einer offenen Grube aufzustellen, und sie zu erschießen. Niemand konnte behaupten, daß ein Baby die deutschen Kriegsanstrengungen gefährden würde, aber die Deutschen sahen das Kind nicht an und drückten auf den Abzug.

Es kamen viele Dinge zusammen, um diese Veränderung der Politik auszulösen. Eine wichtige Vorbedingung war natürlich, daß die jüdischen Frauen und Kinder in der Sowjetunion für die Nationalsozialisten jetzt ein »Problem« darstellten – wenn sie es auch selbst damit geschaffen hatten, daß sie die Männer erschossen und eine Hungerpolitik im Osten in Gang gesetzt hatten. Aber das war nicht der einzige Grund für den Beschluß, das Morden auszuweiten. Im Juli hatte Hitler verkündet, er wollte einen »Garten Eden« im Osten sehen; selbstverständlich durfte es in diesem NS-Paradies keine Juden geben. (Es ist auch sicher kein Zufall, daß Himmler den Befehl zur Ermordung von Frauen und Kindern gab, nachdem er im Juli mehrfach unter vier Augen mit Hitler gesprochen hatte; diesen Schritt hätte er nicht ohne den Wunsch des »Führers« unternehmen können.) Da die Tötungseinheiten bereits dabei waren, jüdische Männer zu erschießen, war es aus NS-Perspektive nur logisch, den Mordkommandos weitere Männer zur vollkommenen »Säuberung« des neuen Gartens Eden zu schicken.

Hans Friedrich[61] war einer der SS-Männer, die im Sommer 1941 zur Verstärkung der Einsatzgruppen nach Osten geschickt wurden. Seine Einheit war vorwiegend in der Ukraine tätig, und er sagt, sie seien auf keinerlei Widerstand von seiten der Juden gestoßen, die sie zu ermorden gekommen waren. »Die waren ja dermaßen geschockt und verängstigt – mit denen konnten Sie machen, was Sie wollten.« Die SS und ihre ukrainischen Kollaborateure trieben die Juden aus ihrem Dorf heraus. »Versuchen Sie sich vorzustellen: da ist ein Graben, da stehen Menschen an einer Seite und dahinter stehen Soldaten – das waren wir –, und die haben geschossen. Und die getroffen wurden, die sind runtergefallen.« Ein Mann mußte dann, so Friedrich, in den Graben steigen und gewissenhaft prüfen, ob noch einer lebte, denn nie waren alle gleich beim ersten Schuß tödlich getroffen. Wenn jemand noch lebte und nur verletzt war, wurde er mit einer Pistole erschossen.

Friedrich gibt zu, daß er selbst bei solchen Massentötungen Juden erschossen hat.[62] Er behauptet, er habe an »nichts« gedacht, wenn er seine Opfer vor sich stehen sah. »Ich hab nur überlegt: ›Ziele vorsichtig‹, damit man auch richtig trifft. Das war meine Überlegung.« Sein Gewissen hat ihn nie beunruhigt wegen der begangenen Morde; er hat keine Alpträume danach gehabt, und er ist nicht nachts aufgewacht und hat das, was er getan hat, in Frage gestellt.

Dokumente beweisen, daß Friedrich der 1. SS-Infanteriebrigade angehört hat, die am 23. Juli in die Ukraine vordrang. Auch wenn Friedrich sich nicht zu den genauen Orten äußert, an denen er die Morde ausgeführt hat, entweder wegen der zeitlichen Distanz oder aus dem Wunsch heraus, sich nicht weiter selbst zu belasten, kann man den Unterlagen entnehmen, daß seine Brigade an einer ganzen Reihe von Judenmorden an verschiedenen Orten teilgenommen hat. Eine dieser »Aktionen« fand am 4. August in der Westukraine statt. Mehr als 10 000 Juden waren aus den umliegenden Dörfern in dem Ort Ostrog gesammelt worden. »Früh am Morgen [des 4. August] kamen die Autos und Lastwagen«, sagt Wassil Waldeman, damals 12jähriger Sohn einer jüdischen Familie. »Sie waren bewaffnet und hatten Hunde.« Nachdem sie die Stadt umstellt hatte, zwang die SS Tausende von Juden, zu einem nahe gelegenen Weiler zu marschieren, wo es ein Gelände mit Sandboden gab. »Jeder wußte, daß wir erschossen werden sollten«, sagt Wassil Waldeman, »aber es war der SS unmöglich, solche Menge von Menschen zu erschießen. Wir kamen gegen zehn Uhr vormittags an und bekamen Befehl, uns zu setzen. Es war sehr heiß. Es gab nichts zu essen und kein Wasser; die Leute pißten einfach auf den Boden. Es war eine schlimme Zeit. Manche sagten, sie würden sich lieber erschießen lassen als da in der Hitze zu sitzen. Jemand wurde ohnmächtig, und ein paar Leute starben einfach vor Angst.«

Olexij Mulewitsch[63], ein nichtjüdischer Dorfbewohner, sah, was dann geschah. Er war auf das Dach einer nahen Scheune geklettert und beobachtete, wie kleinere Gruppen von 50 bis 100 Juden fortgeführt wurden und sich nackt ausziehen mußten. »Sie stellten die Juden an den Rand einer Grube«, sagt er, »und Offiziere befahlen ihren Männern, sich einen Juden auszusuchen und ihn zu erschießen … Die Juden schrien und brüllten. Sie wußten, daß sie dem Tod ins Auge sahen … Dann schossen alle, und die Juden brachen sofort zusammen. Der Offizier holte sich ein paar kräftige Juden, die die Leichen in die Grube werfen mußten.«

Das Schießen dauerte den ganzen Tag an. Mehrere Tausend Juden – Männer, Frauen und Kinder – wurden ermordet, aber es waren einfach zu viele Juden, als daß die SS sie an einem einzigen Tag hätte erschießen können. So mußten bei Einbruch der Dunkelheit die übrigen, darunter Wassil Waldeman und seine Familie, nach Ostrog zurückmarschieren. Bei dieser und den folgenden »Aktionen« verlor Wassil seinen Vater, seine Großmutter, seinen Großvater, zwei Brüder und zwei Onkel, aber ihm und seiner Mutter gelang die Flucht. Sie wurden drei Jahre lang von den Dorfbewohnern versteckt, bis die Rote Armee die Ukraine befreite. »Ich weiß nicht, wie das in anderen Dörfern war«, sagt er, »aber in unserem Dorf haben die Menschen den Juden sehr geholfen.« Ein paar Tage später ging Olexij Mulewitsch hinaus zu dem Gelände und sah etwas Grauenhaftes: »Der Sand in der Grube bewegte sich. Ich glaube, es waren Verwundete, die sich unter dem Sand noch bewegten. Ich hatte Mitleid. Ich hätte gern geholfen, aber ich wußte, selbst wenn ich einen aus der Grube holte, ich konnte ihn nicht pflegen.«

»Wir hatten Hunde zu Hause«, sagt Wassil Waldeman, »aber wir haben sie nicht so unmenschlich behandelt, wie die Faschisten uns ... Ich dachte die ganze Zeit: ›Was macht diese Leute so grausam?‹« Hans Friedrich hat eine Antwort auf diese Frage – Haß! »Und ich gebe zu, mein Denken ist da ungerecht, geb ich zu. Aber, was ich von frühester Jugend an auf dem Bauernhof erlebt habe, was die Juden mit uns gemacht haben, dann wird sich das nicht ändern.« Deshalb tut es ihm auch nicht leid, daß er all die Juden erschossen hat. »Dazu ist mein Haß den Juden gegenüber zu groß.« Wenn man nachhakt, gibt er zu, daß er sich immer im Recht gefühlt hat, weil er »aus Rache« Juden getötet hat.

Nur wenn man Friedrichs Vergangenheit kennt, kann man versuchen zu begreifen, weshalb er in der Lage war, an den Morden teilzunehmen und sein Handeln auch heute noch zu verteidigen. Er wurde 1921 in einem Teil Rumäniens geboren, in dem die Volksdeutschen überwogen. In seiner Kindheit schon lernte er die Juden hassen, mit denen er und seine Familie zu tun hatte. Sein Vater war Bauer, und die Juden der Gegend waren Händler; sie kauften die Erträge und verkauften sie auf dem Markt. Seine Eltern sagten dem Jungen, daß die Juden zuviel Profit machten bei dem Geschäft und daß er und seine Familie regelmäßig von ihnen betrogen würden.

In den dreißiger Jahren hatten er und seine Freunde Plakate gemalt, »Kauft nicht bei Juden«, und »Die Juden sind unser Unglück«, und sie über den Eingang zu einem jüdischen Laden gehängt. Er war stolz darauf, weil er »vor dem Juden gewarnt« hatte. Er las die NS-Propaganda, vor allem die radikal antisemitische Zeitschrift *Der Stürmer,* und fand, daß der perfekt zu seiner eigenen entstehenden Weltsicht paßte. 1940 trat er in die SS ein »weil sich das Reich im Krieg befand« und er »dabeisein« wollte. Er glaubt, daß es »Verbindungen zwischen den Juden und dem Bolschewismus gab – dafür gab es genügend Beweise«. Als SS-Mitglied kam er im Sommer 1941 in die Ukraine; er fand nicht, daß das ein »zivilisiertes« Land war »wie Frankreich«, sondern höchstens »halbzivilisiert« und »weit hinter Europa zurück«. Als er dann aufgefordert wurde, Juden zu töten, tat er das bereitwillig, denn er fand die ganze Zeit, daß er sich für die jüdischen Händler rächte, die angeblich seine Familie immer betrogen hatten. Daß es ganz andere Juden waren – aus einem anderen Land –, spielte keine Rolle. »Alles Juden«, sagt er.

Es tut ihm alles andere als leid, daß er sich an der Vernichtung der Juden beteiligt hat; Hans Friedrich bereut nichts. Auch wenn er es nicht so sagt, so macht er doch den Eindruck, als sei er stolz auf das, was er und seine Kameraden getan haben. Für ihn besteht die Rechtfertigung klar und deutlich darin: Die Juden haben ihm und seiner Familie geschadet, und die Welt ist ohne sie besser dran. Adolf Eichmann hat in einem unbedachten Moment einmal geäußert, das Wissen, daß er an der Ermordung von Millionen Juden beteiligt war, verschaffe ihm solche Befriedigung, daß er »lachend ins Grab springen« würde. Hans Friedrich scheint ganz genau so zu fühlen.

Die Massentötungen an der Ostfront wurden im Sommer 1941 ausgeweitet – und genau dies ist auch der Moment, an dem die gesamte »Endlösung der Judenfrage« – die Millionen weiterer Juden, auch in Deutschland, Polen und Westeuropa, betraf – von den Nationalsozialisten beschlossen wurde. Ein Dokument weist vielleicht auf eine Verbindung hin. Am 31. Juli bekam Heydrich Görings Unterschrift unter ein Papier, das feststellte: »In Ergänzung der Ihnen bereits mit Erlaß vom 24. 1. 39 übertragenen Aufgabe, die Judenfrage in Form der Auswanderung und Evakuierung einer den Zeitverhältnissen entsprechend möglichst günstigen Lösung zuzuführen, beauftrage ich Sie hiermit, alle erforderlichen Vorbereitungen in organisatorischer, sachlicher und materieller Hinsicht zu treffen für eine Gesamtlösung der Judenfrage im deutschen Einflußgebiet in Europa.«[64] Auf den ersten Blick ist der Zeitpunkt, zu dem dieses Schreiben entstand, von Bedeutung: Göring gibt Heydrich Generalvollmacht für die »Endlösung« für alle Juden im deutschen Einflußgebiet genau in dem Moment, wo die Tötungseinheiten im Osten dabei eingesetzt werden sollen, auch jüdische Frauen und Kinder zu erschießen.

Eine Entdeckung im Moskauer Zentrum zur Aufbewahrung historisch-dokumentarischer Sammlungen läßt allerdings Zweifel aufkommen an der besonderen Bedeutung dieser Vollmacht vom 31. Juli. Und zwar enthält das Moskauer Dokument eine Notiz Heydrichs mit dem Datum 26. März 1941, die besagt: »Bezüglich der Lösung der Judenfrage berichtete ich kurz dem Reichsmarschall [Göring] und legte ihm meinen Entwurf vor, dem er mit einer Änderung bezüglich der Zuständigkeit Rosenbergs zustimmte und Wiedervorlage befahl.«[65] Heydrichs »Entwurf« war vermutlich eine Reaktion auf die Veränderungen in der antijüdischen NS-Politik, hervorgerufen durch den bevorstehenden Einmarsch in die Sowjetunion. Der Plan, die Juden nach Afrika zu transportieren, war aufgegeben worden, und Anfang 1941 hatte Hitler Heydrich aufgefordert, einen Entwurf zur Deportation der Juden innerhalb des deutschen Machtbereichs auszuarbeiten. Da davon ausgegangen wurde, daß der Krieg mit der Sowjetunion nur ein paar Wochen dauern und vor dem Einbruch des russischen Winters beendet sein würde, muß Hitler und Heydrich der Plan vernünftig vorgekommen sein, die Juden im Herbst weiter nach Osten abzuschieben, als interne Lösung ihrer selbstgeschaffenen »Judenfrage«. In der Ödnis Ostrußlands würden die Juden schrecklich leiden.

Die Vollmacht vom 31. Juli macht deutlich, daß Heydrich Anfang 1939 zunächst den Auftrag hatte, eine Lösung der »Judenfrage in Form der Auswanderung und Evakuierung« zu planen, also muß es seit dieser Zeit Diskussionen über seine Zuständigkeit und seinen Handlungsspielraum innerhalb des NS-Staats gegeben haben. Alfred Rosenberg, der in dem Papier vom 26. März genannt wird, wurde am 17. Juli 1941 von Hitler formell zum Reichsminister für die besetzten Ostgebiete ernannt; er war eine potentielle Gefahr für Heydrichs eigene Macht im Osten, und die Vollmacht vom 31. Juli könnte Heydrich erhalten haben zur Klarstellung seiner Position.

So stützt alles in allem das neue Material die einst vorherrschende Ansicht nicht, daß Hitler im Sommer 1941 eine abschließende Entscheidung zur Vernichtung aller Juden Europas getroffen hätte, bei der die Vollmacht vom 31. Juli eine ganz bedeutende Rolle spielen würde. Wahrscheinlicher ist es, da alle führenden Nationalsozialisten ihre Aufmerksamkeit auf den Krieg gegen die Sowjetunion richteten, daß die Entscheidung, Frauen und Kinder im

Osten zu töten, als eine praktische Art betrachtet wurde, ein unmittelbares und spezifisches Problem zu beseitigen.

Dennoch sollte diese bestimmte »Lösung« ihrerseits weitere Probleme schaffen, und als Folge sollten neue Tötungsmethoden entwickelt werden, die es möglich machten, Juden und Nichtjuden in noch größerem Maßstab zu ermorden. Ein bedeutender Augenblick war der 15. August, als Heinrich Himmler nach Minsk kam und die Arbeit seiner Tötungseinheiten selbst sah. Einer, der die Exekution mit ihm zusammen erlebte, war Walter Frentz[66], ein Offizier der Luftwaffe, der als Kameramann für das Führerhauptquartier tätig war. Nicht nur Frentz war erschüttert, ihm war klar, daß auch etliche Mitglieder des Hinrichtungskommandos es waren. Frentz erzählt, zu einem Exekutionsplatz gegangen zu sein, und hinterher sei der Kommandant der Hilfspolizei zu ihm gekommen und habe gebeten, ihm herauszuhelfen. Frentz habe jedoch sagen müssen, er habe keinerlei Einfluß bei der Polizei. Der Kommandant habe nur gestöhnt, es sei so grauenvoll.

Es war auch nicht nur dieser eine Offizier, der von den Erschießungen in Minsk traumatisiert war. SS-Obergruppenführer von dem Bach-Zelewski war ebenfalls anwesend und sagte zu Himmler: »Reichsführer, das waren nur hundert! (…) Sehen Sie in die Augen der Männer des Kommandos, wie tief erschüttert sie sind! Solche Männer sind fertig für ihr ganzes Leben. Was züchten wir uns damit für Gefolgsmänner heran? Entweder Nervenkranke oder Rohlinge!«[67] Später wurde von dem Bach-Zelewski selbst psychisch krank als Folge des Mordens; er hatte »Visionen« von den Massentötungen, an denen er teilgenommen hatte.

Als Folge dieser Proteste und dessen, was er selbst gesehen hatte, befahl Himmler, nach einer Tötungsmethode zu suchen, die seine Männer psychisch weniger stark belasten würde. Deshalb reiste ein paar Wochen später SS-Obersturmführer Dr. Albert Widmann vom Kriminaltechnischen Institut des Reichssicherheitshauptamts nach Osten und traf sich mit Artur Nebe, dem Kommandeur der Einsatzgruppe B, in seinem Hauptquartier in Minsk. Widmann war zuvor beteiligt gewesen an der Entwicklung der Vergasungstechnik von geisteskranken Patienten. Jetzt trug er sein Fachwissen ostwärts.

Es ist unglaublich, aber eine der ersten Methoden, mit denen Widmann den Tötungsprozeß in der Sowjetunion zu »verbessern« versuchte, war eine Sprengung. Mehrere geisteskranke Patienten wurden mit Päckchen von Sprengstoff in einen Bunker gesperrt. Wilhelm Jaschke erzählte später vor Gericht, was geschah, als der Sprengstoff gezündet wurde. Die Explosion sei nicht stark genug gewesen; Verwundete seien schreiend aus dem Bunker gekrochen.«[68] Der Bunker sei zusammengebrochen, überall seien Körperteile verstreut gewesen – auch auf den Bäumen. Man habe sie eingesammelt, aber auf den Bäumen sei einiges hängengeblieben.[69]

Widmann entnahm diesem scheußlichen Experiment, daß Mord durch Sprengung eindeutig nicht das war, was Himmler wünschte, also suchte er nach einer anderen Methode. Beim Euthanasieprogramm war Kohlenmonoxid in Flaschen zum Töten verwendet worden, aber es war schwierig, eine große Zahl solcher Kanister viele hundert Kilometer nach Osten zu transportieren. Widmann und seine Kollegen überlegten sich, daß es andere Wege geben müßte, mit Kohlenmonoxid zu töten. Einige Wochen zuvor waren Widmann und sein Vorgesetzter, Dr. Walter Heeß, zusammen in der Berliner U-Bahn gefahren und hatten sich über das Schicksal unterhalten, das Artur Nebe fast geblüht hätte. Er war im Auto von einem Fest heimgekehrt, bei dem er zuviel getrunken hatte, war in die Garage gefahren und eingeschlafen, ohne den Motor abzustellen: Er war fast gestorben an dem Kohlenmonoxidgas aus dem Auspuff. Die Erinnerung an die Geschichte mit dem betrunkenen Nebe hat Widmann offenbar ermutigt zu einem Vergasungsversuch, bei dem ein Schlauch die Auspuffgase eines Autos in den Kellerraum einer Nervenklinik in Mogilew östlich von Minsk leitete. Eine Reihe von Patienten wurden in dem Raum eingesperrt und der Motor gestartet. Dieses Experiment war aus NS-Sicht noch nicht erfolgreich: Es kam nicht genügend Kohlenmonoxid aus dem Auto, um die Patienten zu töten. Das wurde dadurch korrigiert, daß ein Lkw den Pkw ersetzte. Diesmal war der Versuch – wieder aus NS-Sicht – erfolgreich. Widmann hatte eine billige, wirksame Methode zur Tötung von Menschen entwickelt, die die psychische Belastung der Mörder auf ein Minimum reduzierte.

So setzte im Herbst 1941 Widmann im Osten eine bedeutende Veränderung im NS-Tötungsprozeß in Gang. Wie und wann jedoch die Entscheidung gefallen ist, daß Auschwitz fester Bestandteil der Massenvernichtung der Juden werden sollte, ist noch umstritten. Zum Teil liegt die Schwierigkeit in den Aussagen von Höß. Nicht nur versucht er sich als Opfer einerseits der Forderungen Himmlers und andererseits seines unfähigen Mitarbeiterstabs darzustellen, sondern seine Datierungen sind auch oft unzuverlässig. Höß erklärte: »Im Sommer 1941 ... wurde ich plötzlich zum Reichsführer-SS nach Berlin befohlen ... [Himmler] eröffnete mir dem Sinne nach folgendes: ›Der Führer hat die Endlösung der Judenfrage befohlen, wir – die SS – haben diesen Befehl durchzuführen ... Ich habe daher Auschwitz dafür bestimmt, einmal wegen der günstigen verkehrstechnischen Lage, und zweitens läßt sich das dafür dort zu bestimmende Gebiet leicht absperren und tarnen ...«[70] Höß hat tatsächlich Himmler im Juni 1941 aufgesucht, um ihm zu zeigen, wie sich die Pläne im Sinne der von der I. G. Farben angestoßenen Erweiterung entwickelten, es ist aber wenig glaubhaft, daß er zu diesem Zeitpunkt schon erfahren hat, daß Auschwitz Teil der »Endlösung«

sein sollte. Zum einen gibt es keinen weiteren Hinweis, daß eine »Endlösung« im Sinne der technischen Vernichtung der Juden in Vernichtungslagern zu diesem Zeitpunkt überhaupt geplant war. Das Treffen fand vor der Ermordung jüdischer Männer im Osten durch Einsatzgruppen und vor der folgenden Erweiterung des Tötens, das Ende Juli begann, statt. Zum anderen widerspricht Höß seiner eigenen Datierung durch den Hinweis, daß es zu der Zeit bereits drei andere Vernichtungslager gegeben habe: Bełzec, Treblinka und Sobibór. Aber keins dieser Lager existierte im Sommer 1941, alle begannen erst 1942 richtig zu funktionieren.

Einige Forscher führen an, daß trotz dieses inneren Widerspruchs in seiner Aussage Höß im Juni 1941 den Befehl erhalten haben könnte, Vernichtungseinrichtungen in Auschwitz zu bauen. Aber die Entwicklung solcher Möglichkeiten im Lager im Sommer und Frühherbst 1941 bestätigt wohl kaum, daß sie von einem Treffen mit Himmler im Juni in Gang gesetzt wurde. Die wahrscheinlichste Erklärung für Höß' Aussage ist, daß er sich irrte. Gespräche wie das beschriebene mit Himmler mögen stattgefunden haben, aber im Jahr darauf, nicht 1941.

Das soll natürlich nicht heißen, daß Auschwitz in jenem Sommer nicht in den Tötungsprozeß einbezogen worden sei. Der Abtransport der Kranken im Rahmen des Programms 14f13 und die Erschießung sowjetischer Kommissare in der Kiesgrube zeigten der Verwaltung ein Problem auf, das denen der Einsatzgruppen im Osten nicht unähnlich war: Es war die Notwendigkeit, eine effektivere Methode des Mordens zu suchen. Die entscheidende Entdeckung in Auschwitz scheint gemacht worden zu sein, als Höß nicht im Lager war, Ende August oder Anfang September. Fritzsch, sein Stellvertreter, erkannte eine neue Verwendungsmöglichkeit für eine Chemikalie, die im Lager zur Insektenvertilgung eingesetzt wurde: kristallisierter

Zyanwasserstoff (Blausäure), in Dosen im Handel und unter dem Namen Zyklon Blausäure vermarktet, allgemein bekannt als Zyklon B. Fritzsch stellte eine ähnliche logische Schlußfolgerung in Auschwitz an wie Widmann im Osten: Wenn man mit Zykon B Läuse umbringen konnte, warum nicht auch menschliche Schädlinge? Und da Block 11 bereits Ort der Hinrichtungen war und der Keller abgedichtet werden konnte – war das dann nicht der geeignete Ort für einen Versuch?

Auschwitz war zu der Zeit kein Lager, in dem man solche Aktionen insgeheim hätte durchführen können. Es lagen immer nur wenige Meter zwischen den Blocks, und Gerüchte verbreiteten sich wie ein Lauffeuer. Fritzschs Experimente waren also von Anfang an allgemein bekannt. »Ich sah, wie sie Erdboden in Schiebkarren brachten, um die Fenster abzudichten«, sagt Wilhelm Brasse. »Und dann sah ich sie eines Tages die Schwerkranken aus dem Krankenbau in den Block 11 bringen.« Nicht nur Kranke wurden in die Block 11 gebracht, sondern auch Angehörige der anderen Zielgruppe, die die Lagerverwaltung offenbar gern töten wollte: sowjetische Kommissare. »Sie brachten sowjetische Kriegsgefangene in den Keller«, sagt August Kowalczyk. »Aber es stellte sich heraus, daß das Gas nicht gut genug wirkte, viele der Häftlinge waren am nächsten Tag noch am Leben. Deshalb verstärkten sie die Dosis. Es wurden mehr Kristalle hineingeschüttet.«

Bei Höß' Rückkehr berichtete ihm Fritzsch von seinen Experimenten. Höß war bei den nächsten Vergasungen in Block 11 anwesend. »Geschützt von einer Gasmaske, sah ich die Tötungen selbst. In den überfüllten Zellen trat der Tod augenblicklich ein, in dem Augenblick, in dem Zyklon B eingeworfen wurde. Ein kurzer, fast erstickter Schrei, und es war vorbei.« Bewiesen ist, daß der Tod alles andere als augenblicklich eintrat, dennoch milderte der Einsatz von Zyklon B den Mordprozeß für die NS-Mörder: Sie brauchten ihren Opfern nicht mehr in die Augen zu sehen, wenn sie sie umbrachten. Höß schrieb, er sei »erleichtert« gewesen, daß diese neue Tötungsmethode gefunden worden war, denn das »ersparte« ihm ein »Blutbad«. Er täuschte sich. Das richtige Blutbad sollte noch kommen.

2. Befehle und Initiativen

Während der Nürnberger Prozesse sprach am 7. April 1946 der amerikanische Gerichtspsychologe Dr. Gustave Gilbert mit Rudolf Höß. »Ich fragte ihn, ob er sich nicht weigern konnte, einen Befehl auszuführen«, schreibt Gilbert.[1] – »›Nein‹, antwortete Höß, ›nach unserer ganzen militärischen Ausbildung kam uns der Gedanke, einen Befehl zu verweigern, einfach nicht in den Sinn – unabhängig davon, was für ein Befehl … Ich nehme an, Sie können unsere Welt nicht verstehen. Natürlich hatte ich Befehlen zu gehorchen.«

Damit stellte sich Höß offen in eine Reihe mit den deutschen Soldaten, die, nachdem der Krieg verloren war, die Welt glauben machen wollten, sie seien Roboter gewesen, die gegebene Befehle gleich welcher Art blind hätten ausführen müssen, ungeachtet persönlicher Gefühle. Die Wahrheit ist aber, daß Höß alles andere als ein Roboter war. Im zweiten Halbjahr 1941 und im ersten Halbjahr 1942 war Höß höchst innovativ tätig und befolgte nicht nur Befehle, sondern ergriff eigene Initiativen, um die Tötungskapazitäten in Auschwitz zu steigern. Und nicht nur Höß dachte und handelte in dieser entscheidenden Zeit so, viele andere Nationalsozialisten spielten eine ähnliche Rolle. Ein bedeutender Faktor in der Entwicklung des Vernichtungsprozesses war die Art, wie verschiedene Initiativen »von unten« zu der zunehmenden Radikalisierung des Vorgehens beitrugen. Nach dem Krieg versuchte Höß dann, wie Hunderte anderer Nationalsozialisten auch, die Welt davon zu überzeugen, daß in Wirklichkeit nur ein Mann wirklich Entscheidungen gefällt habe: Adolf Hitler. Aber die »Endlösung« war das kollektive Wollen vieler – das läßt sich deutlich zeigen, wenn man den Entscheidungsprozeß untersucht, der im Herbst 1941 zur Deportation auch der deutschen Juden führte.

Der im Juni des Jahres begonnene Krieg gegen die Sowjetunion führte zu einer so radikalen Lösung des von der NS-Führung selbst geschaffenen »jüdischen Problems«, wie man sie noch nicht gesehen hatte: zur Vernichtung der sowjetischen Juden, zur Ermordung von Männern, Frauen und Kindern. Aber die Juden Westeuropas und des Deutschen Reiches waren von dem Gemetzel noch relativ unberührt. Die Nationalsozialisten gingen weiterhin davon aus, daß sie »nach Osten« deportiert werden würden, sobald der Krieg vorbei war, und das bedeutete im optimistischen Denken Hitlers, Himmlers und Heydrichs irgendwann im Herbst 1941. Was genau geschehen sollte, wenn sie »nach dem Krieg« nach Osten geschickt wurden, ist unklar, da ja noch keine Todeslager auf sie warteten. Wahrscheinlich hätte man sie in den unwirtlichsten Teilen des NS-beherrschten Rußland in Arbeitslager gesteckt; auch das wäre zum Völkermord geworden, allerdings zu einem verzögerten, mehr in die Länge gezogenen Völkermord als es der mit der schnellen Tötung in den Gaskammern in Polen war.

Aber im August wurden mehrere NS-Führer ungeduldig. Sie wußten, daß die sowjetischen Juden im Osten bereits auf die brutalste Weise gemordet wurden. Warum schickte man nicht gleich auch deutsche Juden ins Zentrum dieses Massentötungsbetriebs? Joseph Goebbels, Propagandaminister und Gauleiter von Berlin, gehörte zu denen, die in dem Sommer die Führung übernahmen und darauf drängten, daß die Juden Berlins nach Osten zwangsdeportiert würden. Bei einem Treffen am 15. August wies Goebbels' Staatssekretär Leopold Gutterer darauf hin, daß von den

70 000 Juden in Berlin nur 19 000 arbeiteten (ein Zustand, den natürlich die Nationalsozialisten selbst geschaffen hatten, als sie so viele einschränkende Bestimmungen gegen Juden erließen). Die anderen, meinte Gutterer, sollte man »nach Rußland abkarren ... am besten wäre es, diese überhaupt totzuschlagen.«[2] Als Goebbels dann am 19. August selbst mit Hitler zusammentraf, machte er sich ebenfalls für eine schnelle Deportation der Berliner Juden stark.

In Goebbels' Kopf herrschte noch das Hirngespinst von der Rolle, die die Juden im Ersten Weltkrieg gespielt haben sollten. Während deutsche Soldaten an der Front litten, hätten angeblich die Juden daheim in der Sicherheit großer Städte von dem Blutvergießen profitiert (in Wirklichkeit waren bekanntlich die Juden in proportional gleicher Zahl an der Front gefallen wie ihre Landsleute). Und jetzt, im Sommer 1941, war klar, daß die Juden in Berlin blieben, während die Wehrmacht in dem brutalen Krieg im Osten kämpfte – was konnten sie auch sonst tun, da die Nationalsozialisten deutschen Juden den Eintritt in die Wehrmacht verwehrten. Wie so oft hatten die Nationalsozialisten die Umstände selbst geschaffen, die zu ihren Vorurteilen paßten. Aber trotz Goebbels' Flehen wollte Hitler noch nicht zulassen, daß die Berliner Juden deportiert würden. Er blieb dabei, der Krieg habe noch Vorrang und die »Judenfrage« müsse warten. Doch eine von Goebbels' Bitten erfüllte Hitler. Als bedeutsame Steigerung antijüdischer Maßnahmen erklärte er sich damit einverstanden, daß die deutschen Juden mit einem gelben Stern gekennzeichnet würden. In Polen waren Juden schon seit den ersten Monaten des Kriegs auf ähnliche Weise gekennzeichnet worden, die deutschen Juden waren dieser Demütigung bisher entgangen.

Goebbels war in diesem Sommer und Frühherbst nicht der einzige, der Hitler zur Deportation deutscher Juden drängte. Gleich nach einem britischen Luftangriff auf Hamburg am 15. September schrieb der Hamburger Gau-

leiter Karl Kaufmann an Hitler und bat ihn um die Genehmigung zur Deportation der Juden der Stadt, damit Wohnraum für die nichtjüdischen ausgebombten Hamburger
frei würde. Hitler hatte inzwischen eine ganze Reihe von
Vorschlägen aus verschiedenen Quellen zur Deportation
der Juden erhalten, unter anderem von Alfred Rosenberg,
der Juden aus Mitteleuropa nach Osten abschieben wollte
als Vergeltung dafür, daß Stalin die Wolgadeutschen nach
Sibirien verschleppt hatte. Und plötzlich änderte Hitler,
nachdem er wenige Wochen zuvor noch gesagt hatte, die
deutschen Juden dürften nicht deportiert werden, seine
Meinung. Im September entschied er, daß die Vertreibung
nach Osten nun doch beginnen könne.

Man sollte jedoch in dieser Umkehrung der politischen
Linie keinesfalls das Bild eines wankelmütigen Hitler sehen, der sich den Wünschen seiner Untergebenen fügte.
Sein Verhalten war mindestens ebensosehr von der Entwicklung der militärischen Lage bestimmt. Hitler hatte immer gesagt, die Juden würden am Ende des Krieges deportiert werden, und im September 1941 schien es ihm, als sei
das nur eine Sache von Wochen: ein paar Wochen Unterschied zwischen der Deportation »nach Kriegsende« und
der »jetzt«. Kiew stand vor dem Fall, und Moskau schien
weit offenzustehen, deshalb hoffte Hitler noch, daß die Sowjetunion vor dem Winter besiegt sein würde.

Es blieb natürlich noch die Frage, wohin mit den Juden.
Himmler hatte schon eine Antwort: Sollte man die Juden
aus dem Reich nicht einfach zu den polnischen Juden in die
Ghettos stecken? Am 18. September schrieb Himmler an
Arthur Greiser, Gauleiter des Warthegaus, und bat ihn dafür zu sorgen, daß das Ghetto Łódź 60 000 Juden aus dem
»Altreich« aufnehmen könne. Himmler wußte allerdings,
daß diese Lösung nur eine vorübergehende sein konnte,
denn das Ghetto von Łódź war, wie ihm die Verwaltung sofort mitteilte, bereits völlig überfüllt.

Die siebzehnjährige Lucille Eichengreen[3] gehörte zu den ersten deutschen Juden, die nach dieser Änderung der politischen Linie deportiert wurden. Als im Oktober 1941 ihre Mutter einen Einschreibebrief erhielt, sie solle sich mit ihren Töchtern darauf vorbereiten, binnen 24 Stunden Hamburg zu verlassen, ahnte niemand – auch diejenigen nicht, die sie loswerden wollten –, was für ein langer und gewundener Weg vor ihnen lag. Die Familie Eichengreen litt ohnehin schon genug. Lucilles Vater, ein polnischer Staatsangehöriger, war zu Beginn des Krieges abgeholt und nach Dachau gebracht worden. 18 Monate später, im Februar 1941, hörten sie endlich von ihm: »Die Gestapo kam zu uns, in Hut, Ledermantel, Stiefeln, der üblichen Uniform«, berichtet Lucille Eichengreen. »Sie knallten eine Zigarrenkiste auf den Küchentisch und sagten: ›Das ist die Asche von Benjamin Landau [ihrem Vater].‹ Ob das nun die Asche meines Vaters war oder einfach eine Handvoll aus dem Krematorium in Dachau werden wir nie wissen. Der Tod meines Vaters traf uns sehr, vor allem meine Mutter und meine kleine Schwester; sie war richtig traumatisiert dadurch.« Und jetzt, acht Monate nachdem sie vom Tod ihres Vaters erfahren hatten, verließen Lucille, ihre Schwester und ihre Mutter ihr Wohnung zum letzten Mal und machten sich an den Hamburger Bürgern vorbei auf den Weg zum Bahnhof. Sie trafen unterwegs auf keinerlei Mitleid wegen ihrer Not. »Sie [die Nichtjuden] standen mit steinernem Gesicht da«, sagte Lucille. »Sie riefen uns entweder eine Beschimpfung nach oder sahen weg. Es machte mich nicht ärgerlich. Es machte mir angst!«

Uwe Storjohann[4], damals 16 Jahre alt, war einer der Hamburger, die zusahen, als die Juden vorbeimarschierten. »Vielleicht 20 Prozent der Leute begrüßten das mit großer Freude«, sagt er. »Sie riefen ›Gott sei Dank, daß diese nutzlosen Esser verschwinden‹, und ›Das sind doch nur Parasiten‹, und sie klatschten Beifall. Aber die große Mehrheit überging das, was da geschah, mit Schweigen. Und das ist die Masse der Bevölkerung, die später in den Jahren nach dem Krieg sagen sollte: ›Ich hab nichts davon gewußt. Wir haben nichts gesehen.‹ Sie reagierten, indem sie wegsahen.« Einer von Uwe Storjohanns Freunden war »Vierteljude« und mußte »herzzerreißenden« Abschied von seiner Lieblingstante und einer Großmutter nehmen. Er selbst durfte bleiben, aber die beiden waren »Volljuden« und mußten fort. Als er solche Szenen der Verzweiflung miterlebte, quälte Uwe Storjohann eine Empfindung: »Es war das Gefühl von Gott sei Dank, daß du nicht als Jude geboren bist. Gott sei Dank, daß du nicht einer von denen bist. Du hättest doch ebensogut als Jude geboren sein können, denn niemand kann sich seine Eltern aussuchen, und dann würdest du umgesiedelt werden. Und du würdest mit so einem Stern herumlaufen! Ich erinnere mich noch heute an dieses Gefühl … Und sofort kam mir der Gedanke: ›Was wird mit diesen Menschen geschehen?‹ Und ich wußte natürlich, nach allem, was ich gehört hatte, daß es nichts Gutes sein würde, nichts Positives. Sie würden irgendwie in eine schreckliche Welt abgeschoben werden.«

Die Frage, was »normale« Deutsche über das Schicksal der Juden wußten, hat heftige Auseinandersetzungen ausgelöst. Uwe Storjohanns Eingeständnis, er habe gewußt, daß die deutschen Juden in eine »schreckliche Welt« geschickt würden, kommt wahrscheinlich der Geisteshaltung der meisten Deutschen zu der Zeit nahe. Sie wußten, daß die Juden nicht zurückkommen würden. Der Hausrat, den die jüdischen Familien in Hamburg zurückgelassen hatten, wurde öffentlich versteigert. Und ohnehin wußten viele »normale« Deutsche, daß den Juden im Osten »schlimme Dinge« passierten. Ein Bericht des SD (Sicherheitsdienst, der SS-Geheimdienst unter Reinhard Heydrich) aus Franken vom Dezember 1942 zeigt, daß die Nationalsozialisten sich selbst Sorgen machten, welche Wirkung Nachrichten von dem Massenmord im Osten auf die Deutschen haben konnten: »Ein sehr starker Grund zum Unbehagen unter denen, die der Kirche nahestehen, sowie in der ländlichen Bevölkerung entsteht zur Zeit durch Nachrichten aus Rußland, in denen von der Erschießung und Vernichtung der Juden die Rede ist. Diese Nachrichten bereiten oft großen Kummer, Angst und Besorgnis unter jenen Teilen der Bevölkerung. Nach allgemeiner Auffassung der Landbevölkerung steht noch lange nicht fest, daß wir den Krieg gewinnen, und wenn die Juden nach Deutschland zurückkommen, werden sie fürchterliche Rache an uns nehmen.«[5]

Trotz dieses Wissensstands in der Bevölkerung gab es nur wenig Proteste gegen die Deportation der deutschen Juden und gar keine in Hamburg im Oktober 1941 zu Beginn dieser Maßnahmen. Die drei Eichengreen-Frauen stiegen also, nachdem sie zu Fuß den Bahnhof erreicht hatten, in einen Wagen dritter Klasse mit Holzbänken. Als der Zug abfuhr, wurde Lucille klar, daß dies »eine Bahnfahrt ohne Ziel war. Es war eine Bahnfahrt ins Nichts, und wir wußten nicht, was auf uns zukam.«

Sie sollten schließlich auf Umwegen in Auschwitz landen, wo inzwischen die Pläne zu einer gewaltigen Erweiterung umgesetzt wurden. Ein ganzes neues Lager sollte drei Kilometer vom Stammlager entfernt gebaut werden, auf einem sumpfigen Gelände, das die Polen Brzezinka nannten und die Deutschen Birkenau. Obwohl Auschwitz-Birkenau später Ort des Massenmords an den Juden wurde, war das nicht der Grund für seine Errichtung. Birkenau war vorgesehen als Lager für Kriegsgefangene, nicht für Juden.

Nach heute geltender Auffassung hat Himmler, als er Auschwitz 1 im März 1941 besuchte, Höß befohlen, ein riesiges Lager für Kriegsgefangene zu bauen, das 100 000 Gefangene aufnehmen könne. Diese Information stützt sich nur auf Höß' Erinnerungen, die, wie wir gesehen haben, in der Datierung unzuverlässig sind. Wenn der Bau des Kriegsgefangenenlagers tatsächlich im März 1941 von Himmler befohlen wurde, dann fragt man sich, warum bis Oktober nicht mit der Planung begonnen worden war. Nach Forschungen in russischen Archiven ist neues Material zutage gefördert worden, das dieses Rätsel aufklärt. Ein Dokument aus dem Auschwitzer Baubüro mit Datum 12. September 1941 enthält eine detaillierte Beschreibung des Ist-Zustands und der zukünftigen Erweiterung von Auschwitz 1, dem Stammlager, auf ein Fassungsvermögen von 30 000 Gefangenen.[6] Weder in diesem Dokument noch in den verschiedenen Anlagen wird erwähnt, daß in Birkenau ein Gefangenenlager gebaut werden soll. Es ist daher stark anzunehmen, daß es an jenem 12. September 1941 noch keine genauen Pläne für Birkenau gab.

Eine weitere kürzlich entdeckte Quelle stützt die Annahme, daß noch in der zweiten Septemberwoche keine Entscheidung gefällt worden war, ein neues Lager zu bauen. Die Entdeckung fehlender Teile aus Himmlers Dienstkalender in einem russischen Archiv hat in den neunziger Jahren[7] eine genaue Erforschung seiner Schritte und seiner Telefongespräche während dieser entscheidenden Zeit erlaubt. Sie zeigt, daß Himmler am 15. September mit Reinhard Heydrich und Oswald Pohl, dem Chef des Hauptamts Verwaltung und Wirtschaft, das Problem der Kriegsgefangenen erörterte. Es folgte am nächsten Tag ein Telefonat mit Pohl, bei dem es, einer Notiz in Himmlers Dienstkalender zufolge, um » 100 000 Russen « ging, die vom KZ-System übernommen werden sollten. Am 25. September befahl das OKW (Oberkommando der Wehrmacht), daß 100 000 Kriegsgefangene dem Reichsführer-SS zu überstellen seien. Am 26. September befahl Hans Kammler, Leiter des Bauwesens der SS, den Bau eines neuen Kriegsgefangenenlagers in Auschwitz.

Dieses neue Material läßt also doch vermuten, daß die

letzte Entscheidung zum Bau von Birkenau im September 1941 gefallen ist, nicht im März. Es kann natürlich sein, daß Himmler die Möglichkeiten des Geländes bereits erkannte, als er Auschwitz im Frühjahr besuchte, und vielleicht hat er Höß gegenüber sogar erwähnt, daß es eines Tages der geeignete Standort für eine Erweiterung sein könnte. Die Häuser des kleinen Dorfes Birkenau wurden im Juli 1941 geräumt und die Bewohner woandershin transportiert; daraus könnte man entnehmen, daß die Verwaltung zumindest ein Potential erkannt hätte, aber es wurden auch andere Bereiche bei der Festlegung des »Interessengebiets Auschwitz« geräumt. Wahrscheinlich ist jedenfalls, daß es bis September keine konkreten Beschlüsse über Birkenau gab.

Die Aufgabe, das neue Lager zu planen und zu bauen, fiel Hauptsturmführer Karl Bischoff zu, dem neu ernannten Leiter der Zentralbauleitung von Auschwitz, und dem Architekten Rottenführer Fritz Ertl. Eine Untersuchung ihrer Pläne zeigt, daß sie von Anfang an die Unterkünfte stark zu überfüllen gedachten, zu stark, als daß sich menschliches Leben da erhalten ließe. Nach dem ersten Plan sollte jeder Block 550 Häftlinge aufnehmen können, was bedeutete, daß für jeden Insassen nur ein Drittel des Raums vorgesehen war, den Gefangene in den Konzentrationslagern im »Altreich«, wie etwa Dachau, hatten. Aber die Pläne zeigen auch, daß selbst das noch nicht dicht genug gepackt war nach Ansicht der SS-Planer: In einer handschriftlichen Änderung war die Zahl 550 ausgestrichen und durch die Zahl 744 ersetzt worden. Die Gefangenen in Birkenau sollten also mit jeweils einem Viertel des Raums auskommen, der Häftlingen in Konzentrationslagern in Deutschland zugestanden wurde.

In den ersten sieben Monaten des Kriegs gegen die Sowjetunion nahmen die Deutschen drei Millionen Soldaten der Roten Armee gefangen. Im Laufe des Krieges waren es insgesamt 5,7 Millionen, von denen 3,3 Millionen in der Gefangenschaft starben. Nach dem Krieg versuchte man zu behaupten, diese erschreckenden Verluste habe es gegeben, weil die Deutschen nicht damit gerechnet hätten, so schnell so viele Gefangene zu machen, und deshalb keine angemessenen Vorkehrungen getroffen hätten. Aber diese Entschuldigung ist nur Tarnung für eine finstere Wahrheit: Wie die Protokolle der ökonomischen Planungen zeigen, die wir im ersten Kapitel untersucht haben, wurde mit massenhaftem Verhungern in der Sowjetunion gerechnet als Folge dessen, daß die deutsche Wehrmacht sich während des Krieges »auf Kosten« der sowjetischen Bevölkerung ernähren würde. Und die Pläne für die Erweiterung des Lagers Auschwitz in Birkenau paßten genau ins Muster des gezielten Versuchs, die sowjetischen Kriegsgefangenen in eine Umgebung zu verschleppen, wo unvermeidlich sehr viele von ihnen sterben würden.

Wie beim ursprünglichen Lager Auschwitz mußten die Gefangenen Birkenau selbst errichten. Zu diesem Zweck wurden im Herbst 1941   10 000 sowjetische Kriegsgefangene nach Auschwitz geschickt. Der polnische Gefangene Kazimierz Smoleń[8] erlebte ihre Ankunft mit: »Es schneite bereits – es war ungewöhnlich, daß im Oktober schon Schnee fiel –, und sie [die sowjetischen Gefangenen] wurden ungefähr drei Kilometer vom Lager entfernt aus den Zügen ausgeladen. Sie mußten alles ausziehen und in Fässer voller Desinfektionsmittel steigen, und dann marschierten sie nackt nach Auschwitz. Fast alle waren vollkommen ausgemergelt.« Diese Sowjetsoldaten waren die ersten Gefangenen, die eine Nummer eintätowiert bekamen. Noch eine »Verbesserung« in Auschwitz, dem einzigen Lager im NS-Staat, das seine Insassen so identifizierte. Das Verfahren wurde wohl eingeführt wegen der hohen Todesrate: Es war leichter, eine Leiche nach einer Tätowierung zu identifizieren als nach einer Marke um den Hals, die leicht verlorengehen konnte. Anfangs wurden die Nummern nicht auf den Arm tätowiert, sondern mit spitzen Nadeln auf die Brust gestanzt; die Wunden wurden dann mit Tinte gefüllt. Wie Kazimierz Smoleń beobachtete, waren viele Gefangene dem brutalen Aufnahmeverfahren schlicht nicht gewachsen: »Sie konnten sich kaum bewegen, und wenn der Tätowierungsstempel sie traf, fielen sie hin. Sie mußten gegen die Wand gelehnt werden, damit sie nicht umkippten.«

Von den 10 000 sowjetischen Gefangenen, die in diesem Herbst Birkenau zu bauen begannen, waren im folgenden Frühling nur noch ein paar hundert am Leben. Einer der Überlebenden war ein Soldat der Roten Armee namens Pawel Stenkin[9]. Er war knapp zwei Stunden nach Kriegsbeginn am 22. Juni 1941 von den Deutschen gefangengenommen und zunächst in ein riesiges Lager hinter den deutschen Linien gebracht worden, wo er und Tausende anderer sowjetischer Kriegsgefangenen wie Tiere eingepfercht und nur mit dünner Suppe ernährt wurden. Seine Kameraden begannen zu verhungern, aber er sagt, er habe überlebt, weil er daran gewöhnt gewesen sei. Er war »seit der Kindheit hungrig«, weil er in den dreißiger Jahren auf einer Kolchose aufgewachsen war. Stenkin kam mit einem der ersten Transporte im Oktober in Auschwitz an und mußte sofort anfangen, die neuen Ziegelstein-Baracken zu bauen. »Die durchschnittliche Lebenszeit für einen Sowjetsoldaten in Birkenau betrug zwei Wochen«, sagt er. »Wenn du etwas Eßbares fandest, mußtest du es herunterschlucken. Rohe Kartoffel oder nicht – egal. Schmutzig, nicht schmutzig, alles gleich, man kann es nirgends waschen. Morgens beim Aufstehen bewegten sich die, die noch lebten, und um sie herum lagen zwei oder drei Tote. Du gehst ins Bett und du lebst, und morgens bist du tot. Tod, Tod, Tod. Tod abends, Tod morgens, Tod nachmittags. Die ganze Zeit Tod.«

Da diese Sowjetgefangenen bei der Aufnahme registriert worden waren und eine Nummer bekommen hatten, bekam die Verwaltung in Auschwitz ein neues Problem – wie sollten die Tausende von Sterbefällen im *Totenbuch* erklärt werden? Die Lösung war, daß man sich eine Reihe von Krankheiten ausdachte, an denen die Gefangenen hätten gestorben sein können. So sind zum Beispiel 600 als an »Herzanfällen« gestorben registriert.[10] (Mit diesem Problem wurde die Verwaltung später, bei der Ankunft der Juden, dadurch fertig, daß sie die große Mehrheit, die für den sofortigen Tod selektiert wurde, gar nicht erst registrierte.)

»Sie wurden als die niederste Kategorie von Menschenwesen betrachtet«, sagt Kazimierz Smoleń, der in Birkenau mit den sowjetischen Kriegsgefangenen zusammenarbeitete. »Sie wurden von den SS-Männern noch mehr geschlagen und schikaniert. Sie sollten vernichtet werden. Sie starben wie die Fliegen.« Höß liefert viele Hinweise auf solches Leiden in seinen Erinnerungen, aber nirgendwo befaßt er sich mit der Frage, weshalb die sowjetischen Kriegsgefangenen auf dieses Stadium reduziert waren.[11] Daß er und seine SS-Kameraden für den Tod von 9000 der 10 000 sowjetischen Kriegsgefangenen innerhalb von sechs Monaten verantwortlich waren, scheint ihm entgangen zu sein. Und es ist klar, weshalb Höß keine Schuld empfindet: Wenn diese Gefangenen sich »wie Tiere« verhielten, dann taten sie genau das, was die NS-Propaganda vorhergesagt hatte. Die Nationalsozialisten hatten wieder einmal dafür gesorgt, daß ihre Prophezeiung in Erfüllung ging.

Eine Hoffnung hatte Pavel Stenkin, als er da krank und hungrig in Birkenau Schwerstarbeit leistete und die Kameraden um sich herum sterben sah. Er wußte ja, daß er sterben würde, aber »in Freiheit sterben, das war mein Traum. Sollten sie mich doch erschießen – aber als freien Mann!« Also planten er und eine Handvoll seiner Kameraden die Flucht, wohl wissend, daß die Erfolgschancen gering waren. Ihr Plan hätte nicht schlichter sein können. Eines Tages im Frühjahr 1942 wurden sie losgeschickt, um die Leiche eines anderen Gefangenen zu bergen, die eben außerhalb der Lagergrenzen lag. Als sie die Stacheldrahtumzäunung passiert hatten, brüllten sie »Hurra!« und rannten in verschiedene Richtungen davon. Die Posten in den Wachtürmen waren kurzfristig verwirrt und richteten ihre Maschinengewehre erst auf die Russen, als die bereits den Schutz des nahen Waldes erreicht hatten. Nach einer monatelangen abenteuerlichen Wanderschaft erreichte Pavel Stenkin sowjetisch besetztes Gebiet, wo aber sein Leiden, wie wir in Kapitel 6 sehen werden, nicht zu Ende war.

Als im Oktober 1941 die Architekten das neue Lager Birkenau planten, entwarfen sie auch ein neues Krematorium, das das alte im Hauptlager ersetzen sollte. Dabei wurde der Einbau eines Lüftungssystems und das Versenken der Belüftungsrohre geplant. Neuere Forschungen[12] lassen vermuten, daß das neue Krematorium auch in eine Gaskammer sollte verwandelt werden können. Diese Ansicht wird von anderen Forschern bezweifelt; sie weisen darauf hin, daß auf den Plänen in den Gebäuden keine Möglichkeit zum Einfüllen von Zyklon B vorgesehen war. Aber selbst wenn die SS-Planer meinten, das neue Krematorium sollte die gleichen Funktionen erfüllen können wie das alte, in dem gerade wenige Wochen zuvor begrenzte Vergasungsversuche entsprechend dem in Block 11 vorgenommenen durchgeführt worden waren, gibt es keinen Beweis, daß zu diesem Zeitpunkt Auschwitz große neue Vernichtungskapazitäten vorbereitete.

In diesem Oktober, als Architekten Birkenau planten und sowjetische Gefangene es zu bauen begannen, kamen Lucille Eichengreen und die anderen Hamburger Juden in Łódź in Mittelpolen an; es war die erste Station auf ihrer langen Reise nach Auschwitz. Was sie an diesem ersten Tag im Ghetto zu sehen bekamen, erschütterte sie. »Wir sahen die Abwässer im Rinnstein fließen«, sagt Lucille. »Wir sahen baufällige alte Häuser, wir sahen ein Viertel, das einem

Slum ähnelte – wir hatten zwar alle noch keine Slums kennengelernt, aber wir nahmen das an. Wir sahen die Menschen im Ghetto, und sie wirkten müde, erschöpft, und sie beachteten uns nicht. Wir wußten nicht, was für ein Ort das war. Das alles schien uns vollkommen sinnlos.«

Als Lucille ankam, war das Ghetto Łódź seit 18 Monaten von der Außenwelt abgeschlossen. Krankheiten und Hunger wüteten unter den Bewohnern; im Laufe seiner Existenz sollten mehr als 20 Prozent der Menschen im Ghetto sterben. Die Bedingungen waren grauenvoll, und es lebten schon 164 000 Juden auf vier Quadratkilometern zusammengepfercht.[13]

Anfangs hatten die Deutschen die Juden von Łódź in dem Ghetto eingesperrt und ihnen keinerlei Möglichkeit gegeben, Geld zu verdienen, mit dem sie Lebensmittel bezahlen konnten. Arthur Greiser, »Reichsstatthalter« des Warthegaus, wollte die Juden zwingen, ihre Wertsachen herzugeben, indem er sie mit dem Hungertod bedrohte. Unter solchen Umständen zu überleben verlangte Erfindungsgabe. Jacob Zylberstein[14], einer der ersten dort gefangenen Łódźer Juden, handelte mit Polen, die gleich außerhalb des Zauns wohnten, der das Ghetto umgab. Er schloß einen Handel ab mit einem Mann, der bereit war, ihm täglich ein Brot über den Zaun zu werfen. Die eine Hälfte des Brots aß Jacob, den Rest verkaufte er und gab das eingenommene Geld durch den Zaun dem Polen, der dabei gut verdiente: »Zwei Monate half er uns … Dann wurde er geschnappt, und sie brachten ihn um. Aber zwei Monate sind eine sehr lange Zeit.« Andere Juden verkauften Diamantringe oder anderen Schmuck für Nahrungsmittel. Dadurch konnten Polen und Volksdeutsche auf der anderen Seite des Zauns ein Vermögen machen. »Wenn ich für 100 Mark etwas bekam, das 5000 wert war, wäre ich doch blöd gewesen, es nicht zu kaufen«, sagte Egon Zielke[15], ein in Łódź lebender Volksdeutscher, der zugibt, riesigen Profit gemacht zu haben bei seinen Geschäften mit Ghettoinsassen.« An einem Ring konnten sie [die Juden] nicht knabbern, aber wenn sie ein Stück Brot dafür bekamen, konnten sie einen oder auch zwei Tage überleben. Dafür braucht man kein Geschäftsmann zu sein – so ist das im Leben.«

Im August 1940 war den Nationalsozialisten eigentlich klar, daß die Juden nichts mehr »horteten«, denn sie hatten angefangen zu verhungern. Die deutschen Behörden hatten sich in ihrem engstirnigen Denken nicht auf diese unausweichliche Krise vorbereitet. Jetzt mußten sie eine Entscheidung treffen: Sollten sie die Juden verhungern lassen oder ihnen erlauben zu arbeiten? Der deutsche Leiter der Ghettoverwaltung, Hans Biebow, war dafür, die Juden zu beschäftigen, während sein Stellvertreter Alexander Palfinger – im Widerspruch zum Augenschein – meinte, die Juden hätten vielleicht doch noch Geld, und man sollte ihnen Nahrungsmittel verweigern. Und wenn er sich täuschte und sie ihren Unterhalt nicht mehr bezahlen könnten, dann wäre »uns das rasche Absterben der Juden ... völlig gleichgültig, um nicht zu sagen wünschenswert.«[16]

Biebow setzte sich durch, und es wurden Werkstätten innerhalb des Ghettos errichtet; es sollten fast hundert werden, und die meisten stellten Textilien her. Wer Arbeit hatte, bekam mehr zu essen als die anderen; damit war das Prinzip etabliert, das sich in den NS-Verwaltungen allgemein durchsetzen sollte: die strikte Unterscheidung zwischen den Juden, die die Deutschen als »produktiv« betrachteten, und denen, die sie für »unnütze Esser« hielten. Die Nationalsozialisten gewährten dem Judenrat im Ghetto von Łódź, hier Ältestenrat genannt, unter seinem Vorsitzenden Mordechai Chaim Rumkowski weitgehende Autonomie bei der Verwaltung. Der Ältestenrat organisierte den Fabrikbetrieb, die Verteilung der Lebensmittel, die Ghettopolizei und viele andere Aufgaben. Damit machte er sich bei den übrigen Juden im Ghetto nicht gerade beliebt. »Die bekamen Sonderrationen«, sagt Jacob Zylberstein. »Sie hatten bestimmte Läden, in denen sie ihre Nahrungsmittel einkaufen konnten, was angenehm war. Genug, um ordentlich zu leben. Ich war sehr böse, daß eine Auswahl von Leuten im Ghetto so versorgt war und die anderen übergangen wurden.«

Das also war die Welt, in die Lucille Eichengreen, ihre Schwester und ihre Mutter im Oktober 1941 verschlagen waren – ein überfüllter, von Krankheiten heimgesuchter Ort, an dem die meisten Bewohner hungerten, aber manche besser lebten als die anderen. Als späte und nicht erwünschte Ankömmlinge mußten die deutschen Juden sehen, wo sie unterkamen. »Wir schliefen auf dem Fußboden in einem Klassenzimmer«, sagte Lucille. »Es gab keine Betten, kein Stroh, nichts. Einmal am Tag bekamen wir Suppe und ein kleines Stück Brot.« Jacob Zylberstein erinnert sich an die Ankunft der deutschen Juden und sagt: »Sie waren eindeutig sehr niedergeschlagen. Ich glaube, weil sie [die deutschen Juden] normalerweise auf die polnischen Juden herabsahen – wir waren ja entschieden eine Stufe unter ihnen. Und ganz plötzlich wurde ihnen klar, daß sie auf dasselbe Niveau herabgesunken waren, oder vielleicht noch tiefer, weil sie nicht unter solchen Umständen leben konnten, wie wir es taten.«

Die deutschen Juden begannen den polnischen Juden ihre Habe zu verkaufen, um sich etwas zu essen oder bessere Lebensbedingungen zu verschaffen. Lucille Eichengreen hatte Glück. Da ihre Familie polnischer Abstammung war, hatten sie es ein bißchen leichter beim Handeln. »Meine Mutter tauschte ihre Seidenbluse für etwas Brot und Butter, und sie machte das sehr gut, weil sie die Sprache beherrschte. Ein paar Wochen später verkaufte ich ein Ledertäschchen an eine junge Frau, die Brot anzubieten hatte. Es war mitleiderregend, die Käufer und die Verkäufer anzusehen. Viele von ihnen waren abgerissen. Wir sahen noch vergleichsweise wohlhabend aus – wir trugen noch so etwas

Ähnliches wie westliche Kleidung und waren noch nicht so ausgehungert wie die Menschen von dort. Die kamen zum Beispiel in das Schulhaus und sagten: ›Ich hab ein Zimmer, wenn du mal eine Nacht in einem Bett schlafen willst, kostet das entweder eine Scheibe Brot oder soundsoviel deutsches Geld, dann kommst du für eine Nacht aus der Schule heraus.‹ Solche Angebote gab es.«

Die deutschen Juden merkten schnell, daß sie sich, wenn sie eine Chance zum Überleben haben wollten, eine Arbeit innerhalb des Ghettos besorgen mußten. Aber eine Anstellung zu bekommen war schwierig, nicht zuletzt, weil es Reibungen zwischen deutschen und polnischen Juden gab. »Die vom ersten deutschen Transport hatten viel auszusetzen an der Art, wie die Dinge im Ghetto gehandhabt wurden«, sagt Lucille. »Es gab so Bemerkungen wie: ›Das ist nicht in Ordnung … Das ist nicht korrekt … Das bringen wir denen noch bei.‹ Man kann aber nicht in ein fremdes Haus eintreten und die Möbel umstellen – und genau das versuchten sie zu tun.« Das größte Problem für die deutschen Juden war der Mangel an »Beziehungen« innerhalb des Ghettos. »Es war im Grunde ein ziemlich korruptes System«, sagt Lucille. »Hilfst du mir, helf ich dir. Außenseiter kamen da nicht rein. Als ich versuchte, meine Schwester in der Hutfabrik unterzubringen, war das fast unmöglich, denn die Antwort, die die Direktoren dieser Fabriken gaben, war: ›Was bekomme ich dafür?‹ Im Ghetto wurde für alles bezahlt, so oder so. Und die Preise waren hoch – billig war nichts. Aber das hatte das Leben im Ghetto eben aus den Menschen gemacht. Ob sie vor dem Krieg genauso gewesen waren, bezweifle ich sehr. Ich war siebzehn. Ich war absolut entsetzt.«

Die bereits im Ghetto lebenden Menschen waren aufgebracht wegen der Ankunft der Deutschen. Aber auch bei der NS-Führung im Warthegau rief ihre Anwesenheit Unwillen hervor. Es hatte Proteste gegeben, sobald Himmler die Zahl von 60 000 Juden genannt hatte, die vom »Altreich« nach Łódź deportiert werden sollten. Daraufhin war die Zahl auf 20 000 Juden und 5000 »Zigeuner« reduziert worden. Aber schon dieser Zustrom stellte den Gauleiter Arthur Greiser vor größte Schwierigkeiten. Zusammen mit Wilhelm Koppe, dem Höheren SS- und Polizeiführer im Warthegau, suchte er nach Lösungen für das Problem der Überfüllung des Ghettos. In Anbetracht dessen, daß im Osten seit dem Sommer 1941 Mord immer wieder die Antwort für diese Art Krise gewesen war, ist es kaum überraschend, daß sie bei ihren Überlegungen auch auf Tötungsmethoden kamen. Sie wandten sich an SS-Hauptsturmführer Herbert Lange, unter dessen Leitung ein »Sonderkommando« in Ostpreußen Behinderte ermordet hatte. Dafür hatten er und seine Leute unter anderem einen Gaswagen mit luftdicht abgeschlossenem Aufbau eingesetzt, in den Kohlenmonoxid aus Flaschen eingleitet wurde. Solche Gaswagen betrachteten die Nationalsozialisten nun als angemessene Antwort auf die plötzliche Überfüllung des Ghettos von Łódź.

Seinem Fahrer Walter Burmeister zufolge hatte Lange im Spätherbst auch den geeigneten Ort für Gaswagen im Warthegau gefunden. Laut Burmeister habe Lange gesagt, er habe den Befehl, ein Sonderkommando aufzustellen; absolute Geheimhaltung sei erforderlich. Man habe eine harte, aber wichtige Aufgabe zu erledigen.[17] In dem kleinen Dorf Chełmno, 70 Kilometer nordwestlich von Łódź, bereiteten Lange und seine Leute ein Gutshaus, das sogenannte Schloß, für den Massenmord vor. Chełmno, nicht Auschwitz sollte der erste Ort der Tötung für die im Ghetto von Łódź selektierten Juden werden.

Am 1. November begannen wiederum die Arbeiten an einem Lager bei Bełżec im Distrikt Lublin in Ostpolen. Die Belegschaft, einschließlich des ersten Lagerkommandanten Christian Wirth, kam aus dem Euthanasieprogramm. Bełżec scheint wie Chełmno mit der Absicht gegründet zu sein, einen Ort zu schaffen, an dem »unproduktive« Juden der Umgebung getötet werden konnten. Aber im Gegensatz zu Chełmno wurden in Bełżec von Anfang an feste Gaskammern geplant und gebaut, an die dann Maschinen angeschlossen werden sollten, die Kohlenmonoxidgas produzierten. Es war also die logische Folge der Vergasungsversuche, die Widmann im September 1941 im Osten durchgeführt hatte.

Die Deportation der Juden aus dem »Altreich« ging derweil weiter. Von Oktober 1941 bis Februar 1942 wurden insgesamt 58 000 Juden an verschiedene Bestimmungsorte im Osten deportiert, darunter das Ghetto Łódź. Wohin sie auch geschickt wurden, überall mußten die NS-Behörden bei ihrer Ankunft erst einmal improvisieren, manchmal im Auftrag Berlins, manchmal in Eigeninitiative. Rund 7000 Juden aus Hamburg wurden nach Minsk in Weißrußland geschickt und dort in einem Teil des Ghettos untergebracht, der gerade erst für sie »freigemacht« worden war, indem man 12 000 sowjetische Juden aus Minsk und Umgebung erschossen hatte. Juden aus München, Berlin, Frankfurt und anderen deutschen Städten wurden nach Kaunas in Litauen geschickt, wo rund 5000 von ihnen von Mitgliedern des Einsatzkommandos 3 bei der Ankunft erschossen wurden. Sie waren die ersten nach Osten transportierten Juden, die bei der Ankunft ermordet wurden. Ein anderer Transport aus Berlin erreichte am 30. November Riga in Lettland, und alle wurden ebenfalls gleich bei der Ankunft erschossen. Aber diese Aktion war gegen Himmlers Wunsch; er hatte zuvor Heydrich angerufen mit der Botschaft: »Judentransport aus Berlin. Keine Liquidierung.« Friedrich Jeckeln, der SS-Kommandeur, der die Exekution angeordnet hatte, wurde später von Himmler gemaßregelt.

Wie diese Ereignisse zeigen, bestand im Herbst 1941 wenig Einheitlichkeit in der politischen Linie betreffend das

Schicksal der Juden aus dem Deutschen Reich: Himmler protestierte gegen Erschießungen in Riga, hatte aber nichts gegen die in Kaunas einzuwenden. Trotz dieser Verworrenheit gibt es aber viele Hinweise, daß die Entscheidung, die deutschen Juden nach Osten zu schicken, ein Wendepunkt war. Im Oktober äußerte Hitler bei seinen Tischgesprächen: »Sage mir keiner: Wir können sie [die Juden] doch nicht in den Morast schicken! Es ist gut, wenn uns der Schrecken vorangeht, daß wir das Judentum ausrotten.«[18] Und es ist klar, daß in jenem Herbst in der NS-Führung auch darüber diskutiert wurde, *alle* Juden im deutschen Machtbereich nach Osten zu schicken.

Mit der Entscheidung zur Deportation der Juden aus dem Reich hatte Hitler einen Kausalzusammenhang geschaffen, der schließlich zu ihrer Vernichtung führen mußte. In der Sowjetunion wurden bereits Männer, Frauen und Kinder von den Tötungseinheiten erschossen. Wenn man jetzt Juden aus dem Reich in genau jene Gebiete deportierte, was würde nach Hitlers Ansicht wohl mit ihnen geschehen? Es war nur eine schmale Trennlinie zwischen der Tötung der ortsansässigen Juden und der Tötung der aus dem Reich ankommenden Juden – wie Jeckelns Aktion in Riga gezeigt hat. Für die NS-Führung im Generalgouvernement wurde die Trennlinie noch undeutlicher, als Ostgalizien, im Osten Polens und angrenzend an die Schlachtfelder in der Sowjetunion, im Kriegsverlauf zusätzlich unter ihre Kontrolle kam. Die Einsatzgruppe hatte seit Wochen galizische Juden ermordet, und es würde den Behörden schwerfallen zu erklären, wieso in einem Teil des Generalgouvernements Juden erschossen wurden und in einem anderen nicht.

Das bedeutet nicht, daß Hitler und die NS-Führung im Herbst 1941 eine eindeutige Entscheidung gefällt hätten, alle Juden unter deutscher Kontrolle zu ermorden. Zum einen gab es noch gar nicht die Kapazitäten, ein solches Verbrechen zu begehen. Die einzigen im Bau befindlichen Tötungseinrichtungen waren ein Gaswagen in Chełmno und eine kleine feste Gaskammer in Bełżec. Etwa zu dieser Zeit wurde auch einer deutschen Firma ein Auftrag zum Bau eines Krematoriums mit 32 Verbrennungskammern in Mogilew in Weißrußland erteilt, was manche als Beweis für die (nicht ausgeführte) Absicht sehen, noch ein Vernichtungszentrum fern im Osten zu bauen. Aber all diese Initiativen kann man erklären mit dem Wunsch der örtlichen Verwaltung, die einheimischen Juden zu töten, entweder um Raum für die ankommenden Juden aus dem Reich zu schaffen oder um diejenigen Juden ihres Bereichs zu ermorden, die nicht arbeitsfähig und ihnen nicht mehr »nützlich« waren. In Auschwitz jedenfalls wurden im Herbst 1941 keine Pläne gemacht, die Tötungskapazitäten im Lager zu steigern. Sicher, es wurde ein neues Krematorium gebaut, aber das solle nur das alte im Hauptlager ersetzen.

Geklärt wurde der verworrene Stand der Dinge durch Ereignisse, die sich auf der anderen Seite der Hemisphäre abspielten. Am 7. Dezember bombardierten die Japaner die amerikanische Pazifikflotte in Pearl Harbor. Nach der darauffolgenden Kriegserklärung der USA an die Japaner erklärte am 11. Dezember Deutschland, als Verbündeter Japans, den USA den Krieg. Für Hitler waren diese Abläufe »Beweise« dafür, daß das »internationale Judentum« einen Weltkrieg angezettelt hatte, und in einer Radiosendung unmittelbar nach der Kriegserklärung sagte er ausdrücklich, »die Juden« manipulierten Präsident Roosevelt genauso wie seinen anderen großen Feind Josef Stalin.

In einer Rede vor Gauleitern und Reichsleitern am folgenden Tag ging Hitler sogar noch weiter. Er verband jetzt den Beginn dieses »Weltkriegs« mit seiner am 30. Januar 1939 im Reichstag geäußerten »Prophezeiung«, wo er gedroht hatte, wenn es den Juden »gelingen sollte, die Völker Europas noch einmal in einen Weltkrieg zu stürzen«, dann würde »die Vernichtung der jüdischen Rasse in Europa«

das Ergebnis sein. Am 13. Dezember schrieb Propaganda-
minister Joseph Goebbels in sein Tagebuch: »Bezüglich der
Judenfrage ist der Führer entschlossen, reinen Tisch zu machen. Er hat den Juden prophezeit, daß, wenn sie noch einmal einen Weltkrieg herbeiführen würden, sie dabei ihre
Vernichtung erleben würden. Das war keine Phrase gewesen. Der Weltkrieg ist da, die Vernichtung der Juden muß
die notwendige Folge sein. Diese Frage ist ohne jede Senti-
mentalität zu betrachten.«

Einen weiteren Beweis, daß in jener Woche alle von
»Vernichtung« redeten, lieferte Hans Frank, Chef des Generalgouvernements, in einer Rede vor höheren NS-Funk-
tionären in Krakau am 16. Dezember: »Ich muß auch als
alter Nationalsozialist sagen: Wenn die Judensippschaft
den Krieg überleben würde, wir aber unser bestes Blut für
die Erhaltung Europas geopfert hätten, dann würde dieser
Krieg doch nur einen Teilerfolg darstellen. Ich werde daher
den Juden gegenüber grundsätzlich nur von der Erwartung
ausgehen, daß sie verschwinden. Sie müssen weg.« Frank
war bei Hitlers Anweisungen am 12. Dezember in Berlin
dabeigewesen und setzte nun hinzu, man habe »in Berlin«
gesagt: »Wir können auch nichts mit ihnen anfangen, liqui-
diert sie selber!«.[19]

Die Entdeckung fehlender Teile von Himmlers Dienstkalender in den neunziger Jahren bietet eine weitere Verbindung zu Hitler in dieser entscheidenden Periode. Am
18. Dezember notiert Himmler nach einem Gespräch mit
Hitler unter vier Augen: »Judenfrage – als Partisanen auszurotten.«[20] Der Hinweis auf Partisanen ist Teil der Tarnsprache, die es den Beteiligten erlaubte, die Ermordung der
Juden hinter notwendiger Sicherungsarbeit im Osten zu
verstecken.

Obwohl kein schriftliches Dokument gefunden worden
ist, das Hitler direkt mit einem Befehl zur Durchführung
der »Endlösung« in Verbindung bringt, zeigt dieses Mate-

rial über jeden vernünftigen Zweifel hinaus, daß er in jenem Dezember die antijüdischen Maßnahmen gefördert, gelenkt und intensiviert hat. Es ist wahrscheinlich, daß auch ohne den Katalysator des Kriegseintritts der USA die Deportationen der Juden nach Osten auf Hitlers Befehl schließlich zu ihrem Tod geführt hätten. Die Wut und Frustration, die Hitler bei der russischen Gegenoffensive vor den Toren Moskaus am 5./6. Dezember empfunden haben muß, hat ihn vermutlich bereits geneigt gemacht, seine Wut weiter an den Juden auszulassen. Pearl Harbor bewirkte dann eine mörderische Klarheit in Hitlers Denken. Die heuchlerischen Ausreden führender Nationalsozialisten, die Juden würden nur deportiert und im Osten in Lagern festgehalten, wurden fallengelassen. So oder so – ihnen drohte jetzt die Vernichtung.

Der Tag nach Pearl Harbor bezeichnet einen weiteren Wendepunkt in der Umsetzung der »Endlösung« in die Praxis, denn am 8. Dezember kamen in Chełmno die ersten Transporte zur Vergasung an. Juden aus Koło, Dąbie, Kłodawa und anderen Dörfern der näheren Umgebung wurden mit Lastwagen ins Lager gefahren. (Später kamen die Opfer mit dem Zug an der nahe gelegenen Station Powiercie an.) Sie wurden zum »Schloß« im Zentrum des Dorfes gebracht und angewiesen, sich zur »Desinfektion« auszuziehen. Dann wurden sie in den Keller geführt, durch einen Gang und auf eine hölzerne Rampe hinaufgetrieben, bis sie sich in einem dunklen Raum wiederfanden. Tatsächlich waren sie im Aufbau eines Lastwagens eingeschlossen.

Anfänglich waren die Gaslastwagen in Chełmno identisch mit denen, die im Jahr zuvor bei der Aktion T 4 verwendet wurden, und das verwendete Gas war Kohlenmonoxid in Stahlflaschen. Doch nach einigen Wochen kamen in Chełmno neue Lastwagen an, bei denen die Abgase des Motors in das Wageninnere geleitet wurden. Da die Vergasungen im Dorf stattfanden und die Lastwagen auf dem

Gelände des »Schlosses« standen, war es unmöglich, die Morde geheimzuhalten. Sofia Szazek, die als Elfjährige nur wenige Meter entfernt vom Schloß spielte und arbeitete, war Zeugin der ersten ankommenden Judentransporte: »[Die Juden] wurden fürchterlich geschlagen. Es war Winter, als sie ankamen, sie hatten Holzschuhe an ... Hier zogen sie sich dann aus. Es gab einen riesigen Haufen mit diesen Kleidern ... Diejenigen, die schon ausgezogen waren, wurden in die Lastwagen gepfercht. Was war das für ein Schreien. Wie entsetzlich sie geschrien haben – es war unmöglich zu ertragen. Einmal waren Kinder dabei, und die Kinder schrien. Meine Mutter konnte es hören. Sie sagte, die Kinder hätten gerufen, ›Mami, Mami, hilf mir!‹«[21]

Nachdem die Juden im Schloß vergast waren, fuhren die Wagen in den vielleicht drei Kilometer entfernten Wald von Rzuchowski. »Als ich sie davonfahren sah, habe ich gedacht, ›da fährt die Hölle!‹«, sagt Zofia Szałek. »Ich habe neben der Straße die Kühe gehütet – natürlich habe ich sie gesehen!« Im Wald wurden die Wagen von Juden entladen, die man anschließend zwang, die Leichen zu begraben. Jeden Abend wurden diese Juden zum Schloß zurückgebracht und über Nacht eingesperrt. Alle paar Wochen wurden auch sie regelmäßig ermordet und Juden aus den neuen Transporten für diese Aufgabe ausgesucht.

Die Zustände im Wald wurden bald unerträglich, wie Zofia aus erster Hand von einem der Deutschen des »Waldkommandos« erfuhr, der die Beseitigung der Leichen beaufsichtigte: »Er war in unserem Haus einquartiert, und er rief mich immer zu sich und sagte: ›Putz mir die Schuhe!‹ Und dann fragte er immer: ›Stinkt es?‹ Und ich sagte: ›Ja.‹ Der Gestank war penetrant. Die Leichen verwesten. Es stank ganz entsetzlich. Sie hatten die Leichen in flachen Gruben begraben, doch dann wurde es warm, und die Leichen begannen zu gären.«

Kurt Moebius war einer der deutschen Wachleute in

Chełmno und kam später wegen Kriegsverbrechen vor Gericht. Während seiner Vernehmung in Aachen im November 1961 gab er Einblicke in die Mentalität der Täter, die an den Morden beteiligt waren: »Hauptsturmführer Lange hatte uns gesagt, daß die Befehle zur Vernichtung der Juden von Hitler und Himmler kamen. Und wir waren als Polizeibeamte so gedrillt, daß wir alle Befehle der Staatsführung als rechtmäßig ansahen. Damals glaubte ich, daß die Juden nicht unschuldig, sondern schuldig waren. Das hat uns die Propaganda doch immer wieder eingebleut, daß alle Juden Verbrecher und Untermenschen sind und daß sie schuld waren an Deutschlands Niedergang nach dem Ersten Weltkrieg.«[22]

Das Vernichtungslager Chełmno war hauptsächlich zur Ermordung der Juden aus dem Ghetto Łódź (Litzmannstadt) errichtet worden, die nicht mehr arbeitsfähig waren, und der erste Transport zu dem neuen Vernichtungslager ging am 16. Januar 1942 von Łódź ab. Lucille Eichengreen, die inzwischen drei Monate im Ghetto von Łódź lebte, beschreibt die Stimmung, die dort herrschte: »Wir wollten nicht weg. Wir dachten uns, das Elend, das wir kannten, sei besser als ein Elend, das wir noch nicht kannten.« Jetzt, da die Juden im Ghetto zusätzlich dem Druck ausgesetzt waren, Selektionen für die Deportationen vorzunehmen, war das Leben dort noch bedrückender geworden.

Chełmno war ein Meilenstein an der Straße zur »Endlösung«, das erste nationalsozialistische Vernichtungslager im besetzten Europa. Doch die Anlage konnte nur deshalb innerhalb so kurzer Zeit in Betrieb genommen werden, weil ein großes Gebäude zur Verfügung stand, das in aller Eile zu einer Todesfabrik umgebaut wurde, und weil die Technik der Gaswagen zur Verfügung stand. Aus der Sicht der NS-Mörder war sie somit von vornherein ineffizient. Der wahre Zweck des Lagers konnte nicht geheimgehalten und die Leichen konnten nicht adäquat beseitigt werden –

»Mängel«, die behoben waren, als das neue Vernichtungslager Bezzec, an dem zur selben Zeit gebaut wurde, schließlich fertiggestellt war.

Inzwischen, am 20. Januar, vier Tage nach dem ersten Judentransport aus dem Ghetto Łódź in das Lager Chełmno,
fand in einer Villa der SS am Berliner Wannsee eine Zusammenkunft statt. Diese Veranstaltung ist als das wichtigste Ereignis in der Geschichte der nationalsozialistischen
»Endlösung« zu einer traurigen Berühmtheit gelangt, die
sie eigentlich nicht verdient hat. Ihr Initiator Reinhard
Heydrich hatte mehrere Staatssekretäre zur Teilnahem an
einer Erörterung von Problemen im Zusammenhang mit
der »Judenfrage« eingeladen. Der Einladung beigelegt war
eine Kopie der »Bestellung« Heydrichs zum »Beauftragten
für die Vorbereitung der Endlösung der europäischen Judenfrage« durch Göring am 31. Juli 1941. (An dieser Stelle
ist noch einmal, wie bereits im 1. Kapitel erörtert, daran zu
erinnern, daß der Begriff »Endlösung« im Juli 1941 aller
Wahrscheinlichkeit nach noch nicht dieselbe Bedeutung
hatte wie im Januar 1942.) Die Villa, in der die Konferenz
stattfand, hatte die Adresse Am Großen Wannsee 56–58
und war ein Gästehaus der SS. Mir erscheint der Hinweis
angebracht, daß die Teilnehmer an der Konferenz hohe
Staatsbeamte einer der großen Nationen Europas waren
und keine Untergrundterroristen, wiewohl ihre Verbrechen monströser sein sollten als alle herkömmlichen »ver-
brecherischen« Handlungen der Menschheitsgeschichte.
Und von fünfzehn Teilnehmern hatten mehr als die Hälfte
den Doktortitel erworben.

Ursprünglich waren die Einladungen im November des
Vorjahrs ergangen, und als Datum wurde der 9. Dezember
genannt, doch der Angriff auf Pearl Harbor hatte eine Verschiebung der Konferenz zur Folge. Eine der vielen unbe-
antworteten Fragen der Geschichte lautet deshalb, wie die
Beratungen der Teilnehmer verlaufen wären, wenn die Ver-

anstaltung zum ursprünglich geplanten Zeitpunkt stattgefunden hätte. Zweifellos hatte bereits da die Absicht bestanden, die »Judenfrage« letztlich mit einem Völkermord zu »lösen«, doch möglicherweise wäre es in der Diskussion eher um eine Nachkriegslösung oder um den ernsthaften Versuch gegangen, für die in den Osten deportierten Juden Arbeitslager zu errichten. Darüber können wir nur Vermutungen anstellen. Fest steht jedenfalls, daß unabhängig vom Eintritt der Vereinigten Staaten in den Krieg die Wannseekonferenz für Himmler und Heydrich eine wichtige Veranstaltung war. Beide verfolgten vor allem das Ziel, diese Mordaktionen zu koordinieren und klarzustellen, daß allein die SS für den gesamten Deportationsprozeß zuständig war.

Die auf der Wannseekonferenz erörterten Fragen sind uns heute hauptsächlich deshalb bekannt, weil eine Kopie des von Obersturmbannführer Adolf Eichmann, dem »Judenreferenten« Heydrich, erstellten Protokolls nach dem Krieg aufgefunden wurde. Dieses Protokoll ist von großer Bedeutung, weil es eines der ganz wenigen Dokumente ist, die ein Licht auf die Überlegungen hinter der »Endlösung der Judenfrage« werfen.

Zum Auftakt der Besprechung wies Heydrich noch einmal auf seine »Bestellung zum Beauftragten für die Vorbereitung der Endlösung der europäischen Judenfrage« durch Göring hin, die seinen Vorsitz bei der Konferenz legitimierte. Danach gab er die formelle Änderung der NS-Politik bekannt, die zweifellos allen Anwesenden bereits bekannt war: »Anstelle der Auswanderung ist nunmehr ... die Evakuierung der Juden nach dem Osten getreten ... Im Zuge dieser Endlösung ... kommen rund 11 Millionen Juden in Betracht«, eine Zahl, in der auch mehrere Millionen Juden inbegriffen waren, die sich noch nicht im Herrschaftsbereich der Nationalsozialisten befanden, wie etwa Irland und England. Nach ihrer Deportation in den Osten

sollten dort »die Juden in geeigneter Weise … zum Arbeitseinsatz kommen … Unter Trennung der Geschlechter werden die arbeitsfähigen Juden straßenbauend in diese Gebiete geführt.« (Dabei dachte Heydrich wahrscheinlich an
Projekte wie die Durchgangsstraße IV, eine Straßen- und
Eisenbahnverbindung vom Reich bis an die Ostfront, an
der bereits gearbeitet wurde.) In dem Protokoll steht nichts
über das weitere Schicksal der arbeitsunfähigen Juden,
doch kann man als sicher annehmen, daß sie sofort ermordet werden sollten. Heydrich war zuversichtlich, daß beim
Straßenbau »ein Großteil durch natürliche Verminderung
ausfallen wird«. Schließlich ging Heydrich auf jene Juden
ein, die auch noch die härtesten Strapazen überleben sollten: »Der allfällig endlich verbleibende Restbestand wird
entsprechend behandelt werden müssen, da dieser, eine
natürliche Auslese darstellend, bei Freilassung als Keim-
zelle eines neuen jüdischen Aufbaues anzusprechen ist.«
Für die Teilnehmer stand anscheinend außer Frage, was mit
»entsprechend behandelt« gemeint war.[23]

Bezeichnenderweise gab es auf der Konferenz keine Mei-
nungsverschiedenheiten über die grundsätzliche Absicht,
die Juden umzubringen. Statt dessen drehte sich die Debatte
zu einem großen Teil um die exakte juristische Definition,
wer als »Jude« zu gelten hatte und damit deportiert werden
mußte und wer nicht. Die Frage, was mit den »Halbjuden«
geschehen sollte, löste wohl einen lebhaften Meinungsaus-
tausch aus. Man regte an, diese Menschen zu sterilisieren
oder sie vor die Wahl zu stellen, sich sterilisieren zu lassen
oder deportiert zu werden. Jemand schlug vor, sie in ein spezielles Ghetto zu schicken – nach Theresienstadt, der tschechischen Stadt Terezin –, wo sie zusammen mit jüdischen
Schwerkriegsbeschädigten, jüdischen Trägern von Kriegs-
auszeichnungen und älteren Juden ab 65 Jahren untergebracht würden, deren sofortige Deportation bei der einfachen deutschen Bevölkerung Unruhe auslösen könnte.

Das Protokoll der Wannseekonferenz ist mit Absicht sehr unbestimmt gehalten. Eichmanns erster Entwurf wurde mehrfach von Heydrich und Gestapochef Heinrich Müller überarbeitet. Da es einem größeren Personenkreis zugänglich gemacht werden sollte, mußte es in einer Tarnsprache gehalten sein: Wem der Kontext geläufig war, der würde genau verstehen, um was es ging, während die verschleiernde Sprache verhinderte, daß die Uneingeweihten einen Verdacht schöpfen würden, falls sie es zu Gesicht bekämen. Trotz alledem ist es der deutlichste Beleg für die Planungen der SS im Hinblick auf die »Endlösung« und der überzeugendste Beweis für die weitreichende staatliche Mittäterschaft an den Morden, die folgen sollten.

Aber bedeutet das auch, daß die Wannseekonferenz ihren Ort im Gedächtnis als die wichtigste Zusammenkunft in der Geschichte des Verbrechens verdient? Diese Frage muß man verneinen. Die falsche Vorstellung von der herausgehobenen Rolle der Wannseekonferenz im allgemeinen Bewußtsein beruht auf der Überzeugung, auf dieser Konferenz sei die »Endlösung der Judenfrage« beschlossen worden. Das war jedoch nicht der Fall. Es war zweifellos eine wichtige Veranstaltung, doch in ihr ging es hauptsächlich um die Bekanntgabe eines Vernichtungsprozesses an einzelne Ministerien, der bereits andernorts zu einer beschlossenen Sache gemacht worden war.

Die Diskussionen in der Villa am Wannsee hatten keine unmittelbare Auswirkung auf Auschwitz. Die Baupläne für Birkenau wurden nicht von heute auf morgen in der Weise geändert, daß neue Gaskammern vorgesehen worden wären, und im Januar wurde das Lager nicht wesentlich anders genutzt als bisher. Seit dem Frühherbst 1941 wurden jedoch die Vergasungsexperimente mit Zyklon B in Auschwitz nicht mehr in Block 11, sondern im Lagerkrematorium durchgeführt, nur wenige Meter entfernt von Höß' Büro und der Hauptverwaltung. Das löste ein Pro-

blem für die Lagerleitung – die Leichen von Block 11 mußten nicht mehr durch das gesamte Lager auf Rollwagen
zum Krematorium gefahren werden, um sie dort zu verbrennen –, doch es schuf dafür ein neues, da die Morde
jetzt nicht mehr im Keller des Gefängnisblocks geschahen,
sondern in einem exponierteren oberirdischen Bereich: in
der Leichenhalle neben den Verbrennungsöfen des Krematoriums.

Anfang 1942 beobachtete Jerzy Bielecki die Ankunft von
sowjetischen Kriegsgefangenen, die im Krematorium vergast werden sollten: »Eines Nachts hörte ich draußen ein
eigenartiges Geräusch und sagte: ›Leute, was ist da los?
Das müssen wir uns ansehen.‹ Wir gingen zum Fenster [un-
serer Baracke] und hörten Schreie und Stöhnen, und man
sah eine Gruppe von Männern, die splitternackt zum Krematorium rannten. Wir sahen auch SS-Männer mit Maschinengewehren rennen. Wir konnten das alles im Licht
der Lampen vor dem Stacheldraht sehen. Es fiel Schnee,
und es war eisigkalt, vielleicht 15 oder 20 Grad unter Null.
Alle stöhnten und schrien wegen der Kälte. Es war ein unglaubliches Geräusch. So etwas hatte ich noch nie gehört.
Nackt gingen sie in die Gaskammer. Es war ein teuflisches,
schauerliches Bild.«

Aber es waren nicht nur sowjetische Kriegsgefangene
und arbeitsunfähige Lagerhäftlinge, die auf diese entsetzliche Art umgebracht wurden. Auch eine kleine Zahl von Juden aus der oberschlesischen Umgebung, die keine schwere
Arbeit verrichten konnten, wurde in die Gaskammer geschickt. Es gibt keine Lagerunterlagen, aus denen die Daten hervorgingen, wann diese Morde geschahen, doch die
Aussagen von Augenzeugen lassen vermuten, daß im Herbst
1941 einige Vergasungen durchgeführt wurden. Hans
Stark, ein SS-Mann, der in Auschwitz arbeitete, machte die
folgende Aussage: »Bei einer späteren Vergasung – ebenfalls noch im Herbst 1941 – erhielt ich von Grabner den Be-

fehl, Zyklon B in die Öffnung zu schütten, weil nur 1 Sanitäter gekommen war und bei einer Vergasung in beide Öffnungen des Vergasungsraumes Zyklon B zu gleicher Zeit hineingeschüttet werden mußte. Es handelte sich bei dieser Vergasung wiederum um einen Transport von 200 bis 250 Juden, und zwar wiederum Männer, Frauen und Kinder. Da dieses Zyklon B – wie bereits erwähnt – körnerförmig war, rieselte dieses beim Hineinschütten über die Menschen. Sie fingen dann furchtbar an zu schreien, denn sie wußten nun, was mit ihnen geschieht. In die Öffnung habe ich nicht geschaut, da nach dem Einschütten des Zyklon B die Öffnungen sofort verschlossen werden mußten. Nach wenigen Minuten war es still. Nach Verlauf einer Zeit, es können 10–15 Minuten gewesen sein, wurde der Vergasungsraum geöffnet. Die Getöteten lagen kreuz und quer durcheinander, es war ein schrecklicher Anblick.«[24]

Auch in den Wochen nach der Wannseekonferenz gingen die Vergasungen »arbeitsunfähiger« Juden aus der Umgebung von Auschwitz weiter. Józef Paczyński, ein Auschwitzhäftling, der in den Büros der politischen Abteilung unmittelbar neben dem Krematorium arbeitete, erlebte die Ankunft einer Gruppe von männlichen Juden, die man in das Lager deportiert hatte, um sie dort umzubringen.[25] Er stieg auf den Dachboden des Gebäudes, hob einen Dachziegel hoch und hatte einen freien Blick auf die Szenerie vor dem Krematorium. »Sie [die SS-Männer] waren sehr höflich gegenüber den Angekommenen«, sagt Paczyński. »›Bitte legen Sie Ihre Kleidung ab, packen Sie Ihre Sachen zusammen.‹« Und diese Leute zogen sich aus, und dann sagten sie ihnen, sie sollten in das Krematorium gehen, und hinter ihnen wurden die Türen geschlossen. Dann stieg ein SS-Mann auf das flache Dach des Gebäudes. Er setzte eine Gasmaske auf, öffnete eine Luke [im Dach], warf das Zeug hinein und machte die Luke wieder zu. Während er damit beschäftigt war, konnte man trotz der dicken Mauern ein großes Geschrei hören.« Da er bereits seit zwei Jahren selbst in dem Lager gelitten hatte, empfand Paczyński kein Mitgefühl, als er sah, wie diese Männer in ihren Tod gingen. »Man wird gleichgültig. Heute du, morgen ich. Man wird gleichgültig. Ein Mensch kann sich an alles gewöhnen.«

Entscheidend für diese neue Methode des Tötens war die Beschwichtigung der Juden, indem man ihnen falsche Tatsachen vortäuschte. Bisher waren die Juden mit Tritten und Schlägen ins Gas getrieben worden, doch jetzt bemühten sich die SS-Führer und die Männer der Sonderkommandos, die Neuankömmlinge davon zu überzeugen, daß man sie erst desinfizieren müsse, bevor sie das Lager beziehen könnten, und daß sie zu diesem Zweck geduscht werden müßten. Das stellte in den Augen der Massenmörder einen wesentlichen Fortschritt dar, die damit auf einen Schlag mehrere Probleme lösten, vor denen die Mordkommandos bisher gestanden hatten. Nicht nur, daß die Opfer jetzt bereitwilliger in die Gaskammern gingen und kaum noch Gewalt angewandt werden mußte, auch für die Mörder selbst war es weniger belastend. Überdies war auch die Verwertung der Habseligkeiten der Opfer vereinfacht worden. In der Anfangszeit wurden die Opfer noch in voller Kleidung in die Gaskammern geschickt, und es hatte sich als schwierig erwiesen, ihnen die Kleider auszuziehen, als sie tot waren. Nunmehr zogen sich die Neuankömmlinge die Kleider selbst aus, legten sie sogar sorgfältig zusammen und verknoteten die Schnürsenkel ihrer Schuhe miteinander.

Perry Broad, ein SS-Mann in Auschwitz, schilderte ausführlich, mit welchen Mitteln die SS die freiwillige Mitwirkung der für die Gaskammern bestimmten Juden erreichte.[26] Er berichtet, wie Maximilian Grabner auf dem Dach des Krematoriums stand und zu den Neuankömmlingen sagte: »Sie werden gebadet und desinfiziert. Wir wollen keine ansteckenden Krankheiten hier im Lager. Danach werden Sie zu Ihren Baracken gebracht, dort gibt es warme Suppe. Sie werden in ihren Berufen arbeiten. Jetzt ziehen Sie sich aus und legen Ihre Kleider vor sich auf den Boden.«[27] Danach redeten die SS-Männer den Neuankömmlingen freundlich zu, in das Krematorium zu gehen, »sie machten Witze und plauderten«. Nach der Aussage von Broad rief einer der SS-Männer durch die Tür, nachdem er sie geschlossen hatte: »Verbrennt euch nicht im Bad.«[28]

Trotz der Vorteile, die mit dieser düsteren Komödie für sie verbunden waren, merkten Höß und seine Mitarbeiter bald, daß die Nutzung des Lagerkrematoriums als Mordstätte für sie neue Probleme aufwarf. Das größte war der starke Lärm, den die Todgeweihten machten. »Um die Schreie zu übertönen«, erinnerte sich Paczyński, »ließen sie Motoren laufen. Zwei Motorräder liefen mit aufgedrehten Motoren, damit man die Schreie nicht hören sollte. Die Menschen schrien, und die Schreie wurden immer schwächer. Sie hatten diese Motorräder laufen lassen, aber es funktionierte nicht.« Der Lärm aus dem Innern der improvisierten Gaskammern wurde durch die beiden Motorräder nie stark genug übertönt, und die Lage des Krematoriums in der Nähe der übrigen Lagergebäude bedeutete, daß man die Morde unmöglich vor den Lagerinsassen verbergen konnte. Deshalb machten sich Höß und andere hohe SS-Chargen im Frühjahr 1942 Gedanken darüber, ob es nicht noch eine wirksamere Tötungsmethode gab. Und auch hier warteten sie nicht einfach auf Befehle ihrer Vorgesetzten, sondern ergriffen selbst die Initiative.

Das Lager Auschwitz begann, sich zu einer einzigartigen Institution des NS-Staats zu entwickeln. Einerseits wurden manche Häftlinge immer noch im Lager zugelassen, erhielten eine Nummer und mußten bestimmte Arbeiten verrichten. Auf der anderen Seite gab es eine Kategorie von Menschen, die innerhalb weniger Stunden oder gar Minuten nach ihrer Ankunft ermordet wurden. Es gab kein zweites nationalsozialistisches Lager, das diesen beiden Funktionen gleichzeitig gedient hätte. Es gab entweder Vernichtungslager wie Chełmno oder Konzentrationslager wie Dachau; aber es gab nur ein einziges Lager wie Auschwitz.[29]

Die Entwicklung dieser Doppelfunktion bedeutete, daß viele Häftlinge in Auschwitz von da an in einer Einrichtung lebten und arbeiteten, manche jahrelang, die gleichzeitig auch Menschen tötete, die gar nicht erst im Lager gelebt hatten. Für die nicht arbeitsfähigen Juden der Umgebung des Lagers bedeutete Auschwitz ein sofortiges Todesurteil; für die Polen, die im Lager von Anfang an überlebt hatten, war Auschwitz dagegen zu einer verqueren Art Heimat geworden. Józef Paczyński, der die Morde im Krematorium des Lagers beobachtet hatte, war seit nunmehr 20 Monaten Häftling in Auschwitz. Nur wenige von denen, die im Sommer 1940 hierhergekommen waren, hatten diese lange Zeit überlebt, wenn es ihnen nicht gelungen war, eine Arbeit in einem der Lagergebäude zu finden, »unter einem Dach«, und Paczyński war keine Ausnahme. Er hatte es geschafft, eine Anstellung im Friseursalon zu bekommen, wo er den SS-Männern die Haare schnitt. Das war eine vergleichsweise privilegierte Stellung, was man daran sehen konnte, daß er als einer der ganz wenigen Lagerhäftlinge in Berührung mit dem Lagerkommandanten persönlich kam: »Der Unterscharführer nahm mich in die Villa von Höß mit, und an der Tür stand dessen Frau. Ich hatte große Angst. Ich ging in den ersten Stock hinauf in das Badezimmer, und dort stand ein Stuhl. Höß kam und setzte sich darauf. Ich stand in Habachtstellung. Höß hatte eine Zigarre im Mund und las eine Zeitung. Ich machte denselben Haarschnitt, den ich an ihm schon zuvor gesehen hatte. Es war nicht besonders schwer. Höß redete kein Wort mit mir, und ich sagte ebenfalls nichts. Ich hatte Angst, und er verachtete die Häftlinge. Ich hatte ein Rasiermesser in der Hand. Ich hätte ihm die Kehle durchschneiden können – es wäre möglich gewesen. Aber ich gebrauche meinen Kopf zum

Denken, und wissen Sie, was passiert wäre? Meine ganze Familie wäre vernichtet worden; das halbe Lager wäre vernichtet worden. Und seinen Platz hätte ein anderer eingenommen.«

Während ein Mord an Höß furchtbare Konsequenzen für Józef Paczyński und seine Angehörigen gehabt hätte, waren kleinere Diebstähle, das »Organisieren«, überlebenswichtig. In seiner Baracke schlief Paczyński neben einem Freund, Stanisław (Staszek) Dubiel, der den Garten der Familie Höß bearbeitete. »Und als ich neben Stasiu lag, sagte ich zu ihm: ›Können wir uns nicht ein paar Tomaten aus seinem Garten nehmen?‹ Und er sagte: ›Das geht.‹« Der Garten von Höß grenzte an das Krematorium, und es gab ein gelockertes Brett im Zaun. »Geh' einfach hier durch in den Garten«, sagte Staszek zu Paczyński, »und du kannst dir Zwiebeln und Tomaten nehmen.«

Am verabredeten Tag gelangte Paczyński durch das lockere Brett im Zaun in den Garten und fand dort Eimer mit Zwiebeln und Tomaten, die wie versprochen für ihn bereitgestellt worden waren. »Ich nahm sie und wollte gerade weggehen, als Höß' Frau mit einer anderen Frau in den Garten kam. Also ging ich wieder zurück und verbarg mich im Gestrüpp. Als ich glaubte, sie seien wieder gegangen, kam ich heraus, aber sie standen immer noch auf einem Weg und unterhielten sich. Ich bückte mich und ging hinter ihnen her, in jeder Hand einen Eimer mit Zwiebeln und Tomaten. Und ich war [aus Angst] ganz naßgeschwitzt. Ich dachte: ›Das ist das Ende. Man hat mich beim Stehlen von Tomaten erwischt, und das ist mein Ende.‹ An diesem Abend warte ich darauf, daß sie mich in den Block 11 bringen, doch niemand rief meinen Namen auf. Staszek kam von der Arbeit zurück und sagte: ›Mach dir keine Sorgen. Die Frau von Höß hat mir alles erzählt, und ich sagte ihr, ich hätte dir alles gegeben.‹«

Das Abenteuer von Józef Paczyński und seinem Freund

in Höß' Garten ist lehrreich, nicht zuletzt weil es wichtige Aspekte der sich entwickelnden Beziehung zwischen den Deutschen und den bevorzugten Häftlingen verdeutlicht. Als Paczyńskis Freund der Frau des Kommandanten erklärte, er selbst habe ihm erlaubt, die beiden Eimer mit Zwiebeln und Tomaten mitzunehmen, stellte er sich als den Schuldigen hin, der für den Diebstahl bestraft werden müsse. Schließlich, wenn man Gärtnern wie ihm erlaubte, sich mit dem Gemüse zu bedienen, warum war es dann nötig, überhaupt den heimlichen Ausflug in diesen Garten zu planen? Doch Stasiu wußte, daß Höß' Frau ihm sehr wahrscheinlich vergeben würde, da sie eine Arbeitsbeziehung miteinander hatten. Natürlich wäre diese von den SS-Männern als eine Beziehung zwischen einer überlegenen »Arierin« und einem minderwertigen »Sklaven« definiert worden, aber es war nichtsdestoweniger eine Beziehung. Wenn sie Stasiu angezeigt hätte, dann hätte sie nicht die Bestrafung eines namenlosen Häftlings verlangt, den sie beim Stehlen ertappt hatte – etwas, das sie ohne weiteres hätte tun können –, sondern das Leiden eines Menschen, mit dem sie eine Zeitlang eng zusammengearbeitet hatte.

Während der Existenz dieses Lagers kam es immer wieder zu einer derartigen Dynamik. Häftlinge schildern, daß die beste Methode, soweit wie möglich das eigene Überleben zu sichern (nachdem man eine Arbeit »unter einem Dach« ergattert hatte), darin bestand, sich bei einem bestimmten Deutschen unentbehrlich zu machen. Wenn dieser Deutsche von einem Häftling abhängig war, dann würde er sich um diesen kümmern und ihn vielleicht sogar vor Strafen oder in bestimmten Fällen sogar vor dem Tod schützen.

Es ging weniger darum, daß es gelegentlich zu einer echten gegenseitigen Sympathie kam, sondern darum, daß der Deutsche es als eine größere Unbequemlichkeit empfinden würde, wenn ein Häftling zur Strafe ermordet wurde und ein neuer Häftling gesucht und eingearbeitet werden mußte, der seinen Platz einnahm.

Das Bemühen um eine Beziehung zu einer mächtigen Persönlichkeit, um das eigene Überleben zu sichern, beschränkte sich nicht auf die Häftlinge im Lager Auschwitz; es war auch ein alltäglicher Aspekt des Lebens im Ghetto. Nur hier konnte das Individuum mit der Macht über Leben und Tod ein Jude oder ein deutscher Nichtjude sein. Während die Monate im Ghetto Łódź dahingingen, sah Lucille Eichengreen, wie ihr Zustand und der ihrer Mutter und ihrer Schwester sich stetig verschlechterte. »Das Essen reichte nicht aus, uns am Leben zu erhalten«, sagt sie. »Es gab keine Milch, es gab kein Fleisch, und es gab kein Obst – es gab überhaupt nichts.« Die einzige Möglichkeit zur Besserung ihrer Lage sah sie darin, sich um eine Stellung zu bemühen, da dies »einen zusätzlichen Teller Suppe beim Essen« bedeutete. Also durchstreifte sie die Straßen des Ghettos von einer Fabrik zur nächsten auf der Suche nach Arbeit.

Im Mai 1942 hatte Lucille Eichengreen noch immer keine Arbeit gefunden, und sie und ihre Angehörigen wurden auf die Deportationsliste gesetzt. »Sie alle [auf der Liste] hatten keine Arbeit, und etwa 90 Prozent von ihnen waren Neuankömmlinge.« Doch sie hatte gegenüber den anderen deutschen Juden auf der Liste einen wesentlichen Vorteil. Sie und ihre Familie hatten durch die Vorfahren des Vaters Verbindungen zu Polen. »Ich ging mit unseren polnischen Pässen von einem Büro zum nächsten, um eine Streichung von der Liste zu erreichen, und schließlich hatte ich Erfolg. Ich weiß nicht, wie, aber es klappte. Und wir konnten bleiben.« Lucille Eichengreen ist davon überzeugt, daß es ihre polnischen Wurzeln waren, was sie und ihre Angehörigen vorläufig gerettet hatte. »Sie wollten, daß alle deutschen Juden auf dem Transport das Ghetto verließen«, sagt sie. »Und ich konnte beweisen, daß wir zwar aus Deutschland kamen, aber keine Deutschen waren. Eigentlich hätte es keine Rolle zu spielen brauchen, schließlich waren wir alle Juden, aber auf der anderen Seite war es dann doch entscheidend.« Zwischen Januar und Mai 1942 wurden insgesamt 55 000 Juden aus dem Ghetto Łódź deportiert und in Chełmno ermordet. Die Deportationen als solche wurden zwar von den Deutschen befohlen, doch durch eine weitere zynische Maßnahme der Besatzer wurde die jüdische Führung des Ghettos gezwungen, an der Entscheidung darüber mitzuwirken, wer deportiert werden sollte.

Für Lucilles Mutter wurde das harte Leben im Ghetto so unerträglich, daß sie »wirklich jegliches Interesse verlor. Sie unternahm kaum noch etwas. Ihr Bauch war vom Hunger angeschwollen, so daß sie nicht mehr richtig gehen konnte. Sie starb am 13. Juli 1942. Im Ghetto gab es einen kleinen schwarzen Wagen mit einem grauen Pferd, der jeden Morgen durch die Straßen fuhr und die Toten aufsammelte, und jetzt auch meine Mutter. Und es verging über eine Woche, was gegen den jüdischen Brauch ist, weil man Tote gleich am nächsten Tag beerdigt, und meine Schwester und ich machten uns auf die Suche nach einer freien Grabstelle [auf dem Friedhof], wo wir ein Grab aushoben, und dort brachten wir sie hin. Es gab keine Särge; es gab lediglich zwei Bretter und einen Strick, der alles zusammenhielt. Und wir mußten sie in einem großen Haus neben dem Friedhof suchen, in dem man nichts als Leichen sah, unbestattete Leichen. Und wir begruben sie und stellten eine kleine hölzerne Gedenktafel auf das Grab, die natürlich bald darauf verschwand. Ich habe 50 Jahre später versucht, das Grab wiederzufinden, aber ich konnte es nicht mehr finden.«

Lucille Eichengreen und ihre jüngere Schwester waren jetzt allein im Ghetto; zwei Waisen, die sich durchschlagen mußten, so gut sie konnten. »Wir empfanden nichts«, sagt sie. »Wir sprachen kein Gebet, wir haben nicht geweint – wir waren abgestumpft, es gab keine Gefühle mehr. Wir gingen zurück in dieses Zimmer, in dieses möblierte Zimmer zu den übrigen Mitbewohnern, und meine Schwester hörte praktisch auf zu reden. Sie sagte einfach nichts mehr. Sie war sehr intelligent, sie war großgewachsen und sehr hübsch, aber es gab nichts mehr zu sagen. Sie war ganz und gar verlassen, und meine Mutter hatte mir das Versprechen abgenommen, daß ich mich um sie kümmern würde – und ich konnte nichts tun. Ich habe alles versucht, aber es war vergeblich.«

Zwei Monate später kamen die Deutschen selbst in das Ghetto, um die Selektionen durchzuführen, und suchten alle aus, die nicht mehr arbeiten konnten: die Alten, Kranken und die ganz Jungen. Mordechai Rumkowski, der Vorsitzende des Ältestenrats in der Stadt, forderte die Mütter im Ghetto auf, zu kooperieren und ihre Kinder den Deutschen auszuliefern. »›Übergebt eure Kinder, so daß wir übrigen leben können‹, [sagte er]. Ich war siebzehn, als ich diese Rede hörte«, sagt Lucille. »Ich konnte nicht verstehen, wie jemand von Eltern ihre Kinder verlangen konnte. Ich kann es bis heute nicht verstehen. Die Menschen fragten empört: ›Wie können Sie das von uns verlangen? Wie könnten wir das tun?‹ Doch er sagte: ›Wenn wir es nicht tun, wird es nur noch schlimmer werden.‹«

Lucille tat alles, was in ihren Kräften stand, um zu verhindern, daß ihre Schwester deportiert wurde: Sie schminkte sie und redete ihr zu, einen kräftigen und gesunden Eindruck zu erwecken. Sie hatte eine gewisse Hoffnung; sie dachte, ihre Schwester könnte sicher sein, weil sie zwölf Jahre alt war und das Höchstalter für die Selektion elf Jahre betrug. Doch als die Deutschen kamen, nahmen sie ihre Schwester trotzdem mit: »Sie haben meine Schwester mitgenommen. Damit hatte ich nicht gerechnet. Ich versuchte, mit ihr zusammen auf den Lastwagen zu kommen, wurde aber von einem Gewehrlauf daran gehindert, und diese Menschen wurden weggefahren.« Selbst als sie verzweifelt hinterhersah, wie ihre junge Schwester weggebracht wurde, hatte Lucille keine Ahnung, daß man sie an einen Ort fahren würde, an dem sie sogleich ermordet wurde. »Es ist uns nie eingefallen, darüber nachzudenken, was sie mit einem so jungen oder einem sehr alten Menschen vorhatten, der nicht arbeiten konnte. Auf diese eine Idee wären wir nie gekommen. Wir nahmen einfach an, daß sie am Leben bleiben würden.«

Nunmehr ganz allein und völlig verzweifelt, zwang Lucille sich dennoch dazu, im Ghetto weiter nach einer Arbeit zu suchen. Als sie schließlich ihre erste Stelle fand, verdankte sie diesen Glücksfall bezeichnenderweise einer der wenigen »Verbindungen«, die sie hatte – einem deutschen Juden aus Hamburg. Er hatte Rumkowski überzeugt, daß das Ghetto »Verbesserungen« benötigte wie Grünanlagen und offene Räume, und Lucille erarbeitete mit ihm zusammen die Pläne. Nach einigen Monaten schloß Rumkowski dieses Büro, doch Lucille hatte inzwischen wertvolle Kontakte geknüpft. Eine neue Bekannte aus Wien arbeitete in einer der Verwaltungsabteilungen im selben Gebäude, und durch ihre Vermittlung fand sie eine neue Stelle: Sie füllte Anträge auf Kohlenlieferungen für den nächsten Winter aus, die bei den Deutschen eingereicht werden mußten. Das Leben im Ghetto war für Lucille eine harte Schule: »Man konnte buchstäblich keinem Menschen trauen, denn wenn ich einer Arbeitskollegin etwas anvertraut hätte, dann hätte sie es zu ihrem eigenen Vorteil ausgenutzt. Man mußte sehr vorsichtig sein. Man mußte immer darauf gefaßt sein, daß andere einem in den Rücken fielen, und es war ja auch verständlich – es war eine Sache auf Leben und Tod.«

Eines Tages erschien Rumkowski im Büro, um Arbeiter für eine neue Fabrik im Ghetto auszusuchen. Lucille war »entsetzt«, ihn zu sehen, da dieser 66jährige Mann trotz seiner großväterlichen Erscheinung in einem üblen Ruf stand. »Ich hatte Gerüchte gehört. Ich wußte, daß er einen schlechten Charakter hatte. Wenn er wütend wurde, nahm er einen Rohrstock und schlug damit zu. Er war ein absoluter Diktator innerhalb der Grenzen, die von den Deutschen gezogen wurden. Ich glaube, die meisten Menschen hatten Angst vor ihm.« Sie versteckte sich im Korridor und versuchte, nicht bemerkt zu werden, doch ihr Name stand auf einer Liste, und schließlich wurde sie zu Rumkowski bestellt. »Er saß auf einem Stuhl. Er hatte weiße Haare und trug eine dunkle Brille. Er hielt sein Stöckchen in der rechten Hand und wirkte auf mich für einen Augenblick wie ein König auf seinem Thron. Er fragte mich, woher ich käme, welche Sprachen ich spräche, welchen Beruf mein Vater habe, wo sich meine Angehörigen befänden, ob ich noch irgendwelche Angehörigen hätte. Ich beantwortete alle seine Fragen, und zum Abschied sagte er: ›Sie werden von mir hören.‹ Ich habe nicht viel darauf gegeben.«

Nach dem Besuch bei Rumkowski versetzte Lucilles Vorgesetzter sie in die statistische Abteilung: »Ich weiß nicht, warum sie mich versetzt haben. Vielleicht wollten sie mich verstecken, weil es ein sehr ruhiges, abgeschiedenes Büro war. Doch dann kam ein Anruf von der Sekretärin Rumkowskis – er wollte Lucille sprechen. Als sie in dem Hauptverwaltungsgebäude vorsprach, fand sie dort eine Reihe anderer Frauen ihres Alters, die bereits warteten. Rumkowski gab ihnen allen Arbeit in einer Küche, die er für »verdienstvolle Arbeiter« einrichten wollte. Einige der jungen Frauen sollten als Kellnerinnen arbeiten und andere, wie Lucille, im benachbarten Büro. »Er sagte, er wolle mich anstellen, und ich müsse beispielsweise ausrechnen, wie viele Portionen wir aus 50 Kilogramm rote Bete zubereiten könnten.« Für ihre Tätigkeit in der neuen Küche sollte Lucille täglich eine extra Mahlzeit bekommen. »Das war sehr wertvoll«, sagt sie. »Wie man heute sagen würde, es war ganz ordentlich.« Als sie ihre neue Stelle in der Küche antrat, bekam sie von ihrem Vorgesetzten zum Abschied eine

Warnung vor Rumowski mit auf den Weg: »«Ich glaube, er benutzte die Bezeichnung ›Schwein‹ auf polnisch.« Er hatte recht damit. In fast allen Ghettos, die von der SS errichtet wurden, verhielt sich der Vorsitzende des Judenrats verantwortungsvoll, aber nicht in Łódź. Rumkowski war bekannt dafür, daß er Menschen auf die Deportationsliste setzte, weil er sich ihrer entledigen wollte, und er verfolgte noch in anderer Hinsicht seine ganz persönlichen Ziele, wie Lucille bald entdecken sollte.

Nach wenigen Tagen ihrer Arbeit in der Küche erkannte Lucille, daß dies eines der Lieblingsprojekte Rumkowskis war. Fast jeden Abend schaute er herein, Besuche, die sie zunehmend fürchtete: »Man hörte, wie er mit einer Pferdekutsche vorfuhr. Er kam in die Küche und prüfte mit seinen Blicken die Kellnerinnen, und wenn eine Schürze nicht ordentlich umgebunden war, schlug er sie mit dem Röhrchen. Er sah nach dem Essen, nahm aber nichts davon – das wäre unter seiner Würde gewesen. Und dann kam er in das Büro, und man konnte im Gang bereits seinen ungleichmäßigen Schritt hören, wie ein leichtes Hinken. Und ich war allein im Büro, und er zog einen Stuhl heran, und wir unterhielten uns. Er redete, ich hörte zu, und er wurde zudringlich. Er nahm meine Hand, legte sie auf seinen Penis und sagte: »Mach's mir«… Ich rutschte von ihm weg und er rutschte mir hinterher, und er flößte mir Angst ein – es war einfach ein Schock für mich. Er wollte, daß ich in eine Privatwohnung ziehe, zu der nur er einen Schlüssel hatte, und ich fing an zu weinen – ich wollte nicht umziehen. Ich konnte nicht verstehen, warum jemand so etwas wollte … Aber Sex im Ghetto war eine sehr wertvolle Ware – mit ihr wurde gehandelt wie mit allem anderen auch.«

Lucille war auf jeden Fall kein freiwilliger Partner bei diesem »Handel«, aber ihr war auch klar, daß wenn sie Rumkowski abwies, ihr »Leben auf dem Spiel stand«. »Wenn ich weggelaufen wäre, hätte er mich auf die Deportationsliste gesetzt. Daran bestand für mich jedenfalls kein Zweifel.«

Nach einigen Wochen wurde die Küche geschlossen, und Lucille kam in eine Lederwarenfabrik im Ghetto, wo sie Gürtel für die deutsche Wehrmacht nähen mußte. Sie sah Rumkowski nicht mehr wieder. Zurückgeblieben war der Schaden, den er angerichtet hatte: »Ich fühlte mich angeekelt und wütend und mißbraucht.« 1944 waren Lucille und Rumkowski unter den Juden aus Łódź, die nach Auschwitz deportiert wurden, nachdem die Deutschen das Ghetto endgültig geschlossen hatten. Rumkowski und seine Angehörigen kamen in den Gaskammern von Birkenau um. Lucille wurde nicht sofort in die Gaskammer geschickt, sondern für eine Arbeit selektiert: Durch die deutsche Niederlage im Mai 1945 wurde sie gerettet.

Es waren fast drei Jahre her, seit Lucille Eichengreen aus Deutschland deportiert worden war, als sie schließlich in Auschwitz ankam. Die ersten Juden aus Ländern außerhalb Polens wurden bereits im Frühjahr 1942 hierher deportiert, und die Geschichte, wie sie in Güterwaggons in das Lager kamen, ist eine der erschütterndsten und erstaunlichsten Episoden in der Geschichte der nationalsozialistischen »Endlösung der Judenfrage«. Sie kamen aus der Slowakei, einem Land, dessen nördliche Grenze weniger als 85 Kilometer von Auschwitz entfernt war. Die Slowakei hatte eine turbulente Geschichte; als unabhängiger Staat existierte sie gerade erst seit drei Jahren und war im März 1939 ins Leben gerufen worden, nachdem Deutschland die benachbarten tschechischen Länder Böhmen und Mähren annektiert hatte. Bis 1939 war die Slowakei ein Teil der Tschechoslowakei, und vor 1918 stand sie unter ungarischer Verwaltung. Staatspräsident der Slowakei war Jozef Tiso, ein katholischer Priester und Führer der von Andrej Hlinka gegründeten ultranationalistischen Slowakischen Volkspartei. Tiso stellte die Slowakei unter den Schutz des Deutschen Reiches, und zwischen den beiden Ländern wurde ein Schutzvertrag geschlossen, der es Deutschland ermöglichte, die slowakische Außenpolitik zu kontrollieren. Die slowakische Regierung ging begeistert gegen die 90 000 Juden im Land vor. In rascher Aufeinanderfolge wurden Verordnungen erlassen, um sich jüdischer Geschäfte zu bemächtigen, eine jüdische Auswanderung voranzutreiben, Juden aus dem öffentlichen Leben auszuschließen und ihnen das Tragen eines gelben Sterns zur Pflicht zu machen. Die Auswirkungen dieser Verfolgung für die jüdische Gemeinschaft in der Slowakei machten sich schnell und brutal bemerkbar.

»Ich bekam zu spüren, daß ich nicht dazugehörte«, sagt Eva Votavová, damals eine vierzehnjährige Gymnasiastin.[30] »Ich war nicht länger eine ›ehrbare Person‹. Ich mußte die höhere Schule verlassen. Es war den Juden verboten, bestimmte Dinge zu besitzen; so durften wir kein Grundeigentum besitzen. Bevor es dazu kam, hatte ich in einem Dorf gelebt, in dem wir alle gemeinsam aufwuchsen und alle gleich waren.« Ein auffälliges Merkmal der Verfolgung der slowakischen Juden war die Schnelligkeit, mit der Freunde zu Feinden wurden. Es gab keinen allmählichen Übergang. Es war, als hätte man plötzlich einen Schalter angeknipst. »Die deutschen Jungen [die Kinder von »Volksdeutschen« in der Slowakei] begannen sich wie die Nazis zu verhalten«, sagt Otto Pressburger, ein slowakischer Jude, der 1939 15 Jahre alt war.[31] »Davor waren sie unsere Freunde. Es gab keine Unterschiede zwischen uns – jüdische und christliche Jugendliche. Als Kinder haben wir immer zusammen gespielt. Dann wurden die Schilder aufgestellt: ›Für Juden und Hunde verboten‹. Wir konnten nicht den Bürgersteig benutzen. Es war furchtbar. Ich durfte in keine Schule gehen, in kein Kino und zu keinem Fußballspiel. Ich mußte daheim bei meinen Eltern sitzen; früher war ich mit meinen Freunden draußen im Freien.« Für Otto

Pressburger war offensichtlich, daß das Hauptmotiv hinter der veränderten Einstellung gegenüber den Juden die Gier war. »Es gab Plakate an den Mauern, die von deutschen Zeitungen übernommen waren und einen Juden mit großer Nase und einem Geldsack über der Schulter zeigten. Auf einem anderen sah man einen Hlinka-Gardisten, der ihm in den Hintern trat, so daß das Geld aus dem Sack herausfiel. Die Stadt war voll von solchen Plakaten.«

Die slowakischen Hlinka-Garden waren die Stoßtrupps bei den judenfeindlichen Aktionen und gingen gegen die Juden in ähnlicher Weise vor wie in Deutschland die SA, und ebenso wie bei diese triefte ihnen der Antisemitismus aus allen Poren. »Die Slowaken haben nur zu gern die [jüdischen] Geschäfte übernommen und sich bereichert«, sagt Michal Kabáč, ein ehemaliges Mitglied der Hlinka-Garde.[32] »Sie [die Juden] hatten immer die Läden und machten krumme Geschäfte. Sie haben nie gearbeitet, sondern wollten nur ein leichtes Leben. Es lag ihnen im Blut. Es war eine Art Politik auf der ganzen Welt, daß die Juden nicht bereit waren zu arbeiten. Selbst Hitler befürchtete, daß sie die Herrscher Europas würden, und brachte sie um. Es war alles Politik.« Es ist ein auffälliges Merkmal der inhärenten Unlogik des antisemitischen Vorurteils, daß Michal Kabáč ebenso wie Hans Friedrich im 1. Kapitel keinen Widerspruch darin sahen, den Juden einen Vorwurf daraus zu machen, daß sie faul und zugleich arbeitsam seien – voller Neid, daß die Juden große und erfolgreiche Unternehmen aufgebaut hatten, und dennoch behaupteten, sie hätten nie gearbeitet. Wenn die Position von Friedrich und Kabáč in irgendeiner Hinsicht schlüssig ist, so darin, daß sie behaupten, die Juden verrichteten keine »wirkliche« Arbeit wie etwa in der Landwirtschaft, sondern zögen es vor, Händler und Ladeninhaber zu sein – Berufszweige, in denen die Juden gerade deshalb überproportional repräsentiert waren, weil man ihnen seit Jahrhunderten in vielen europäischen

Ländern verboten hat, Grund und Boden zu besitzen und »ehrbares« Handwerk auszuüben.

Für die Nationalsozialisten war Auschwitz plötzlich ein verlockender Ort, um slowakische Juden aufzunehmen. Für Himmler war klar, daß keine weiteren sowjetischen Kriegsgefangenen nach Auschwitz geschickt würden. Die Pattsituation zwischen der Wehrmacht und der Roten Armee vor Moskau ließ keinen Zweifel daran, daß der Krieg im Osten nicht so schnell wie erwartet beendet sein würde. Die gefangenen Rotarmisten hielt man jetzt als potentielle Zwangsarbeiter für zu wertvoll, um sie in einem Lager wie Auschwitz verkommen zu lassen, und Göring sollte bald formell bestätigen, daß alle verfügbaren Kriegsgefangenen in Rüstungsfabriken arbeiten müßten. Infolgedessen konnte Birkenau nicht mehr für den ursprünglich gedachten Zweck genutzt werden. Und wer konnte die so entstandene Lücke schließen? Himmler brauchte nicht lange, um die Antwort zu finden: Juden.

Sie waren es nun, an deren Deportation den slowakischen Behörden auf einmal sehr gelegen war. Es gab seit 1940 einen Vertrag, dem zufolge die Slowakei dem Reich 120 000 Arbeiter stellen sollte, dessen Erfüllung die Slowaken jedoch hinauszögerten. Im Januar 1942 bot die Slowakei 20 000 junge, kräftige slowakische Juden an, und die Deutschen akzeptierten, aber anschließend kamen der Slowakei offenbar finanzielle Bedenken. Tiso und die übrige slowakische Regierung hatten allerdings ebensowenig ein Interesse daran, die Frauen und Kinder zu behalten, nachdem deren Ernährer weggegangen waren, wie die Nationalsozialisten an der Ostfront. Es war für die slowakischen Behörden wesentlich einfacher, wenn alle gingen. Doch da die Nationalsozialisten zu diesem Zeitpunkt noch nicht über die erforderliche Vernichtungskapazität verfügten, hatten sie auch nicht den Wunsch, Juden aufzunehmen, die nicht arbeiten konnten. Um dieses Problem zu lösen, fand im Februar 1942 in Bratislava (Preßburg), der slowakischen Hauptstadt, eine Unterredung statt zwischen dem slowakischen Ministerpräsidenten Vojtech Tuka, seinem Amtschef Dr. Izidor Koso und Eichmanns Bevollmächtigtem, SS-Sturmbannführer Dieter Wisliceny. Sowohl Wisliceny als auch Tuka machten nach dem Krieg über den Inhalt der Gespräche eine Aussage, und durch einen Vergleich der beiden Aussagen ist es möglich, über den Inhalt der Gespräche ein Urteil abzugeben.[33] Die Slowaken trugen die Auffassung vor, die Trennung des Ernährers von der restlichen Familie sei »unchristlich«, da nach der Neuansiedlung der jüdischen Arbeiter im Reich die Familien niemanden hätten, der sich um sie kümmere. In der Erinnerung Wislicenys waren die Slowaken weniger an christlichen Grundsätzen interessiert, sondern machten sich Sorgen wegen der finanziellen Belastungen, die auf sie zukommen würden, wenn die Familien ohne ihre Ernährer zurückblieben. Schließlich machten die Slowaken den Vorschlag, die Deutschen für die »Ausgaben« zu entschädigen, die für sie anfallen würden, wenn die jüdischen Zwangsarbeiter auch ihre Frauen und Kinder »mitbrächten«.

Die Angelegenheit wurde in Berlin bereinigt. Die slowakische Regierung erklärte sich bereit, den Deutschen für jeden deportierten Juden 500 Reichsmark zu bezahlen, unter der Bedingung, daß keiner von ihnen in die Slowakei zurückgeschickt würde und daß die Deutschen keine Ansprüche auf Grundeigentum und andere Vermögenswerte stellten, die von den Juden zurückgelassen würden. Die Slowaken, deren Staatsoberhaupt ein katholischer Priester war, bezahlten somit die Deutschen dafür, daß diese ihnen ihre Juden abnahmen.

Die Zwangsdeportation der slowakischen Juden fing noch im März 1942 an. Für die meisten von ihnen begann die Reise mit der Inhaftierung in einem Zwischenlager in der Slowakei. Silvia Veselá war eine von denen, die damals in einem solchen Übergangslager in der Stadt Poprad festgehalten wurden.[34] »Einige dieser slowakischen Soldaten benahmen sich wirklich wie die Verrückten«, erinnert sie sich. »Sie kackten zum Beispiel mit Absicht auf den Boden, und wir mußten ihre Exkremente mit der Hand beseitigen. Sie nannten uns ›Judenhuren‹ und traten uns mit Füßen. Sie benahmen sich wirklich schlecht. Sie sagten zu uns auch: ›Wir bringen euch Juden schon das Arbeiten bei.‹ Aber wir waren alle arme Frauen, die das Arbeiten gewöhnt waren … Es ist wirklich ein demütigendes Gefühl, wenn einem die persönliche Würde genommen wird. Ich weiß nicht, ob Sie das verstehen können. Sie sind plötzlich völlig bedeutungslos. Wir wurden wie Tiere behandelt.«

Es gab reiche Beute für die Hlinka-Gardisten, die in den Auffanglagern arbeiteten. »Wenn die Juden in die Lager kamen«, sagt Michal Kabáč, »nahmen wir ihnen ihre Habseligkeiten und ihre Kleider weg. Der stellvertretende Kommandant hat uns immer aufgefordert, uns die Kleider zu nehmen, die wir brauchten. Jeder nahm sich mit, was er tragen konnte. Ich nahm mir ein Paar Schuhe. Ich wickelte einen Bindfaden darum und trug sie nach Hause. Den Gardisten ging es prima.«

Und es waren nicht nur die Slowaken, von denen die Juden beraubt wurden, bevor man sie deportierte. »Eines Tages kam ein stämmiger SS-Führer«, sagt Silvia Veselá, »und begann uns anzubrüllen. Wir hatten keine Ahnung, warum er so brüllte. Dann sahen wir große Körbe – drei große Körbe –, in die wir all unser Gold, Silber, Bargeld und alle unsere Wertsachen legen mußten. Man sagte uns, wir würden zur Arbeit geschickt und bräuchten diese Wertsachen nicht. Ich war sehr arm. Ich hatte nur eine Uhr, die meine Tante mir geschenkt hatte, und die habe ich ihnen dann gegeben.«

In den Zwischenlagern wurden die Juden nicht nur beraubt, sondern gelegentlich auch brutal mißhandelt. »Unsere Gardisten haben sie [die Juden] verprügelt«, sagt Michal Kabáč. »Es gab eine Sondereinheit, deren Aufgabe es war, die Schuldigen zu bestrafen. Sie führten sie in ein besonderes Zimmer und bestraften sie, indem sie sie mit einem Holzstock auf die Fußsohlen schlugen.« Es waren natürlich die Hlinka-Garden selbst, die darüber entschieden, wer zu den »Schuldigen« gehörte und wer nicht.

Der Aufenthalt im Zwischenlager konnte von mehreren Tagen bis zu einigen Wochen dauern, doch schließlich wurden die slowakischen Juden zu einem nahe gelegenen Bahnhof transportiert, um außer Landes gebracht zu werden. Silvia Veselá erinnert sich noch deutlich an den Weg zum Bahnhof und ihre letzten Stunden in der Slowakei: »Sie spuckten uns an und riefen: ›Ihr Judenhuren, das geschieht euch recht! Jetzt werdet Ihr endlich arbeiten!‹ Sie warfen auch mit Steinen nach uns. Sie nutzten jede Gelegenheit, uns zu demütigen. Es gab auch einige Menschen, die ruhig dastanden und die Demütigungen einfach nur beobachteten. Einige dieser Menschen weinten. Doch die Mehrzahl, die Älteren wie die Jüngeren, demütigte uns. Ich möchte diese Erfahrung niemandem wünschen. Es ist ein entsetzliches Gefühl.«

Auf dem Weg zum Bahnhof wurden die slowakischen Juden von Hlinka-Garden eskortiert. »Ich hatte den Befehl, die jüdischen Frauen in die Waggons zu schaffen und sie zu beaufsichtigen«, sagt Michal Kabáč. »Ich habe mir gesagt: ›Du wolltest nicht arbeiten, du Judensau!‹« Nach wenigen Monaten erfuhren die Mitglieder der Hlinka-Garden wie Kabáč, daß die slowakischen Juden in den Tod geschickt worden waren – eine Nachricht, die bei ihnen kein Mitgefühl auslöste: »Es tat mir leid für sie, andererseits aber auch wieder nicht, wenn ich daran dachte, daß sie die Slowaken bestohlen hatten. Es tat uns nicht besonders leid. Wir glaubten, es sei gut so, daß man sie weggebracht hatte. Auf diese Weise konnten sie uns nicht mehr betrügen. Sie konnten sich nicht mehr auf Kosten der Arbeiterklasse bereichern.«

Kabáč hatte kaum direkten Kontakt zu slowakischen Juden gehabt, bevor er von dem Schicksal erfuhr, das die Deutschen ihnen zugedacht hatten. In seinem Dorf wohnten keine Juden, und er räumt ein, daß er selbst mit den Juden in der Slowakei nie »ein Problem« gehabt hatte. Sein vehementer Antisemitismus beruhte nicht auf persönlichen Erfahrungen mit Juden, sondern auf seinem glühenden Nationalismus: Er war stolz darauf, daß die Slowakei jetzt ein unabhängiges Land war, und die slowakische Führung sagte ihm, »die Juden seien Lügner und beraubten die Slowaken«. Seine Geschichte ist ein erhellendes Beispiel dafür, wie schnell ein Vorurteil Wurzeln schlagen kann, wenn es als Bestandteil eines Ensembles von Werten hingestellt wird, die in ihrer Mehrzahl eine unmittelbarere Anziehungskraft ausüben. Michal Kabáč übernahm den gewalttätigen Antisemitismus, um zu beweisen, daß er ein begeisterter slowakischer Nationalist war, und dabei profitierte er auch finanziell davon, da er jetzt die Juden bestehlen und das Verbrechen als eine Art »rechtmäßige Vergeltung« beschönigen konnte. Silvia Veselá erlebte aus eigener Anschauung, wie schnell sich die herrschende Moral in der Slowakei änderte: »Ich habe immer wieder darüber nachgedacht. Das menschliche Material ist sehr biegsam. Man kann alles damit machen. Wenn es um Geld und Leben geht, begegnen Sie nur selten einem Menschen, der bereit ist, sich für Sie zu opfern. Es tat weh, richtig weh, als ich beispielsweise sah, wie meine Schulkameradin die Faust hob und mir zuschrie: ›Es geschieht dir recht!‹ Seitdem erwarte ich nichts mehr von den Menschen.«

Inzwischen gingen in Auschwitz die Bemühungen weiter, die Vernichtungsanlage des Lagers zu verbessern. Am 27. Februar fand eine Besprechung zwischen Rudolf Höß, dem SS-Architekten Karl Bischoff und Hans Kammler, dem Chef des Amts II im SS-Hauptamt Haushalt und Bauten, statt, in deren Verlauf beschlossen wurde, das für Auschwitz I geplante Krematorium in das neue Lager Birkenau zu verlegen.[35] Die Absicht war, das neue Krematorium in der Nordwestecke des Lagergeländes in der Nähe eines verlassenen Bauernhäuschens zu errichten. Das Innere des Häuschens sollte möglichst schnell mit zwei Gaskammern ausgerüstet werden, indem man die vorhandenen Türen und Fenster vermauerte, das Innere entkernte und zwei abgeschlossene Räume schuf. Neue Eingänge sollten direkt in die Gaskammern führen, und oben in den Außenwänden waren verschließbare Öffnungen vorgesehen, durch die man das Zyklon B in Granulatform einwerfen konnte. Das Bauernhaus, bekannt unter der Bezeichnung »das rote Häuschen« oder »Bunker 1«, wurde erstmals Ende März zur Vernichtung von Menschen eingesetzt, als ein Transport mit Juden aus der Umgebung des Lagers eintraf, die man für das Zwangsarbeitsprogramm als ungeeignet befunden hatte. In dem »roten Häuschen« konnten jeweils etwa 800 Personen gleichzeitig vergast werden, die dichtgedrängt in den beiden Kammern standen.

Höß hatte jetzt eine Tötungsanlage zur Verfügung, die nicht mit den Nachteilen des Krematoriums im Stammlager behaftet war. Jetzt mochten die zum Tod Verurteilten in den Gaskammern noch so laut schreien, der normale Betriebsablauf des Lagers wurde dadurch nicht gestört. Doch Höß wußte, daß es viele Monate dauern würde (tatsächlich länger als ein Jahr), bis in der Nähe ein Krematorium gebaut werden könnte, um die Leichen der Vergasten zu beseitigen. Nachdem eines seiner Probleme gelöst war (die möglichst unauffällige Ermordung der Opfer), trat nun ein neues Problem auf (die Beseitigung der Spuren).

Die Juden der ersten Transporte, die im März 1942 aus der Slowakei eintrafen, wurden bei ihrer Ankunft nicht selektiert – alle wurden im Lager aufgenommen. Doch das hinderte die SS und die Kapos nicht daran, die Neuankömmlinge sogleich zu terrorisieren, wie Otto Pressburger, der sich in einem dieser Transporte befand, gleich zu spüren bekam: »Von der Bahnstation aus mußten wir in Fünfergruppen im Laufschritt [zum Lager Auschwitz I] loslaufen. Sie [die SS-Männer] schrien: ›Schnell laufen! Laufen, laufen, laufen!‹ Und wir liefen. Wer nicht laufen konnte, wurde sofort getötet. Wir hatten das Gefühl, weniger wert zu sein als Hunde. Man hatte uns gesagt, daß wir zur Arbeit, aber nicht in ein Konzentrationslager gehen würden.«

Am nächsten Morgen, nach einer Nacht ohne Essen oder Trinken, mußten Otto Pressburger, sein Vater und die übrigen vom slowakischen Transport aus rund 1000 Menschen vom Stammlager zur Baustelle Birkenau laufen. Unterwegs wurden nach seiner Schätzung 70–80 Menschen getötet. Birkenau, stark verschlammt und verschmutzt, war ein schauderhafter Ort. Perry Broad von der SS erinnerte sich: »Die Bedingungen in Birkenau waren um einiges schlechter als im Hauptlager. Überall war Schlamm. Es gab kaum Wasser zum Waschen.«[36] Die Häftlinge existierten in einer Umgebung äußerster Entwürdigung, bedeckt mit Schmutz und ihrem eigenen Kot.

Kaum in Birkenau angekommen, wurde Otto Pressburger sofort in das brutale Lagerregime eingeführt. Als er sah, wie ein polnischer Junge seinem Vater einen Gürtel stahl, schnappte er sich den Dieb und gab ihm eine Ohrfeige. Ein anderer Häftling machte ihn sofort darauf aufmerksam, daß er einen möglicherweise verhängnisvollen Fehler begangen hatte. Der Junge war ein »Pipel« – im Lagerjargon die Bezeichnung für die »Spieljungs« homosexueller Kapos. »Wir mußten in die Baracken zurücklaufen und uns verstecken«, sagt Otto Pressburger. »Der Kapo des Blocks betrat die Baracke und befahl uns, uns auf den Boden zu legen, das Gesicht zum Mittelgang. Dann kam der ›Pipel‹ und suchte mich. Er erkannte mich nicht. Wir sahen alle gleich aus. Ohne Haare [allen Häftlingen hatte man bei ihrer Ankunft den Kopf kahlgeschoren] und in denselben Kleidern. Ich hatte großes Glück, sonst hätten sie mich umgebracht.«

An diesem ersten Tag der Arbeit in Birkenau wurde Pressburger Zeuge eines weiteren Zwischenfalls, der auf eine noch grausamere Art die verzweifelte Situation, in der er sich nun befand, deutlich machte: »Wir mußten im Straßenbau arbeiten – die Kapos und die SS-Männer hatten die Aufsicht. Es gab einen Juden aus unserer Stadt, ein großer und starker Mann aus einer reichen Familie. Der Kapo sah seine Goldzähne und forderte ihn auf, sie ihm zu geben. Er antwortete, das sei ihm nicht möglich, doch der Kapo bestand darauf, daß er sie ihm geben müsse. Als der Mann immer noch beteuerte, daß ihm dies nicht möglich sei, wurde der Kapo wütend und sagte, wir müßten allen seinen Befehlen Folge leisten. Er nahm seine Schaufel und schlug sie dem Mann mehrfach auf den Kopf, bis dieser zu Boden stürzte. Der Kapo drehte ihn auf den Rücken, setzte ihm die Schaufel auf die Kehle an stellte sich auf das Blatt. Er brach ihm das Genick und brach ihm mit der Schaufel auch die Zähne aus dem Mund. In der Nähe stand ein anderer Jude, der den Kapo fragte, wie er so etwas tun könne. Der Kapo ging auf ihn zu und sagte, das könne er ihm zeigen. Und er brachte ihn auf dieselbe Weise um. Dann sagte er zu uns, wir sollten niemals Fragen stellen und uns um unsere eigenen Angelegenheiten kümmern. An diesem Abend mußten wir auf dem Rückweg in die Baracken zwölf Tote mitnehmen. Er hatte sie einfach so umgebracht. Das alles geschah am ersten Arbeitstag.«

Das mörderische Verhalten der Kapos war von Anfang an charakteristisch für Auschwitz, so daß die Erlebnisse der Neuankömmlinge für sie zwar schrecklich, für die Verhältnisse im Lager jedoch nicht ungewöhnlich waren. Doch die Kultur dieses Orts (soweit man diesen Begriff im Zusammenhang mit Auschwitz gebrauchen kann) sollte mit der Ankunft der slowakischen Juden zwei wichtige Änderungen erfahren.

Zur ersten Änderung kam es, weil jetzt auch Frauen im Lager interniert wurden; bislang war Auschwitz ein reines Männerlager gewesen. Doch die Ankunft der Frauen hatte nicht die geringste »zivilisierende« Wirkung auf die Lagerführung – eher im Gegenteil, wie Silvia Veselá bezeugte. Sie kam kurz nach Otto Pressburger nach Auschwitz, mit einem Transport aus mehreren hundert Frauen und einem einzigen Mann – ein jüdischer Arzt, dem die slowakischen Behörden gestattet hatten, die Frauen zu begleiten. »Als wir nach Auschwitz kamen, wurden wir mit Füßen aus den Güterwaggons getreten«, sagt Silvia Veselá, »und die SS-Männer brüllten auf einmal unseren Arzt an, um herauszufinden, warum er der einzige Mann in dem Transport war. Er antwortete in fließendem Deutsch: ›Ich bin Arzt, und ich wurde von der zentralen jüdischen Konferenz für den Transport abgestellt. Meine Aufgabe war es, den Transport zu begleiten, und man hat mir gesagt, anschließend sollte ich in die Slowakei zurückfahren.‹ Darauf zog ein SS-Mann eine Pistole und schoß ihn nieder. Sie erschossen ihn einfach vor meinen Augen. Nur weil er der einzige Mann unter so vielen Frauen war. Das war der erste Schock für mich.«

Anschließend mußten die Frauen unter SS-Begleitung in das Stammlager Auschwitz marschieren. »Wir sahen hohe Baracken und ein Tor«, sagt Silvia Veselá. »Über dem Tor stand eine Inschrift ›ARBEIT MACHT FREI‹. Deshalb dachten wir, hier müßten wir arbeiten.« Einige der Blöcke im Stammlager waren geräumt und für die Frauen vorbereitet worden, denen man befahl, sich auszuziehen und alle Wertsachen auszuhändigen, die sie nicht schon zuvor abgegeben hatten. »Obwohl die Deutschen uns so haßten, hatten sie keine Hemmungen, unsere Kleider, Schuhe und

Schmucksachen zu nehmen. Können Sie mir das erklären? Ich habe mich das immer wieder gefragt – warum empfanden sie keine Abneigung gegen unsere Sachen?«

Als die Slowakinnen dasaßen, nackt und mit dann kahlgeschorenen Köpfen, betrat ein SS-Führer den Raum und wies fünf von ihnen an, in ein Arztzimmer zu gehen. »Sie wollten jüdische Frauen untersuchen«, sagt Solvia Veselá, »und sehen, ob sie wirkliche Jungfrauen waren. Sie wollten auch wissen, ob Jüdinnen reinlich sind. Nachdem sie ihre Untersuchungen beendet hatten, waren die Ärzte überrascht. Sie wollten es nicht glauben, daß wir uns so sauberhalten. Außerdem waren über 90 Prozent von uns noch Jungfrauen. Es waren alles religiöse Jüdinnen. Sie hätten niemals einem Mann erlaubt, sie vor der Hochzeit zu berühren. Doch im Verlauf der Untersuchung wurden alle Frauen ihrer Jungfräulichkeit beraubt – die Ärzte nahmen ihre Finger. Sie wurden alle defloriert – eine weitere Form der Demütigung. Eine meiner Freundinnen, die aus einer religiösen Familie kam, sagte zu mir: ›Ich wollte meine Jungfräulichkeit für meinen Mann bewahren, und jetzt habe ich sie auf diese Weise verloren!‹«

So furchtbar die Erlebnisse von Otto Pressburger und Silvia Veselá während ihrer ersten Stunden im Lager waren, es war doch nicht die Behandlung der Ankömmlinge an der »Rampe«, für die Auschwitz später so berüchtigt werden sollte. Denn eine der schändlichsten Prozeduren im Zusammenhang mit Auschwitz sollte jetzt erst eingeführt werden – die Selektion gleich nach der Ankunft. Das war die zweite der beiden wichtigen Änderungen des Lagers, die sich aus der Ankunft der slowakischen Juden ergab. Eine periodische Selektion einiger ankommender Transporte hatte bereits zum Ende April begonnen, doch die systematische Selektion begann erst am 4. Juli 1942, als ein Transport aus der Slowakei eintraf, dessen Ankömmlinge von der SS sogleich danach taxiert wurden, ob sie arbeitstauglich waren und ins Lager kamen oder arbeitsuntauglich und für die sofortige Vergasung bestimmt waren. Zwei Jahre, nachdem das Lager die ersten Häftlinge aufgenommen hatte, hatte die Lagerleitung mit dem regelmäßigen Selektionsverfahren sofort nach der Ankunft der Transporte begonnen, das den seelenlosen Terror dieses Orts symbolisieren sollte.

Eva Votavová fuhr gemeinsam mit ihrem Vater und ihrer Mutter in einem der ersten Transporte, bei dem sofort nach der Ankunft selektiert wurde. In dieser Gruppe von slowakischen Deportierten befanden sich alte Menschen ebenso wie Kinder und Menschen wie Eva, die jung und kräftig waren: »Wir kamen am Bahnhof Auschwitz an und mußten uns in Fünferreihen aufstellen. Die quälenden Szenen begannen. Sie trennten die Jungen von den Alten und den Kindern. Sie trennten meinen Vater von meiner Mutter und mir selbst. Von dem Augenblick an hörte ich nichts mehr von meinem Vater. Als ich ihn zum letzten Mal sah, wirkte er bekümmert, traurig und hoffnungslos.«

Inzwischen, einige Wochen nach der Fertigstellung des »roten Häuschens«, war ein weiteres Bauernhaus in einigen hundert Metern Entfernung, das »weiße Häuschen« oder »Bunker 2«, zu einer provisorischen Mordanlage mit einem Fassungsvermögen von 1200 Personen umgebaut worden. Im Bunker 2 wurden vier kleine Räume zu vier Gaskammern umgebaut. Das ermöglichte eine bessere Lüftung als in Bunker 1 (das »rote Häuschen«), so daß das tödliche Gas nach der Vergasung schneller in die Luft entweichen und die »Sonderkommandos« die Leichen schneller aus den Gaskammern herausholen und abtransportieren konnten – ein weiteres Beispiel für die kontinuierlichen Initiativen, die von der Lagerleitung ergriffen wurden, um den Mordprozeß »effizienter« zu machen.

Otto Pressburger sah die Neuankömmlinge aus der Slowakei, die man für den Tod aussortiert hatte, außerhalb der

Bauernhäuschen warten: »Meistens setzten sie sich davor auf den Boden. Wahrscheinlich aßen sie etwas, das sie von zu Hause mitgebracht hatten. Um sie herum standen SS-Männer mit Hunden. Sie [die Opfer] ahnten natürlich nicht, was ihnen bevorstand. Wir wollten es ihnen auch nicht sagen. Es hätte für sie alles nur noch schlimmer gemacht. Wir stellten uns vor, daß die Männer, die diese Menschen hierhergebracht hatten, keine Menschen waren, sondern irgendwelche wilden Bestien aus dem Urwald.« Nach Aussage von Otto Pressburger fanden während dieser Zeit die Vergasungen stets in der Nacht statt: »Sie haben es nie am Tag gemacht; [weil] die Menschen wahrscheinlich geschrien oder versucht hätten, ins Freie zu gelangen. Wir sahen nur die Leichen am nächsten Morgen, die neben den Gruben aufgestapelt lagen.«

Pressburger wurde gezwungen, in einem der »Sonderkommandos« zu arbeiten, deren Aufgabe es war, die Leichen aus den Gaskammern zu beerdigen. »Menschen mit Gas zu töten ist sehr einfach. Man muß nur Türen und Fenster fest verschließen, damit das Gas nicht entweichen kann. Sie verriegelten die Türen, und innerhalb weniger Minuten waren alle tot. Sie [die SS-Männer] brachten sie [die Leichen] zu den Gruben, wo ich arbeitete. Wir haben sie immer am nächsten Morgen begraben. Wir schütteten etwas Kalkmehl und Erde darüber. Gerade so viel, daß man sie nicht mehr sehen konnte.« Es war eine unzureichende Methode zur Beseitigung der Leichen, und mit der Ankunft der heißen Sommermonate gingen die Leichen in Fäulnis über. Pressburgers Arbeit, ohnehin bereits ein schauriger Alptraum, wurde noch entsetzlicher: »Die Körper der Toten wurden wieder lebendig. Sie verfaulten und kamen aus den Gruben heraus. Überall war Blut und Schmutz, und wir mußten sie mit bloßen Händen herausholen. Sie sahen nicht mehr wie Leichen aus. Es war eine einzige faulige Masse. Wir mußten [mit einer Schaufel] in die Masse hineinstechen, und manchmal holten wir einen Kopf heraus, dann wieder eine Hand oder ein Bein. Der Gestank war unerträglich. Ich hatte keine andere Wahl, wenn ich leben wollte. Sonst hätten sie mich umgebracht. Ich wollte leben. Manchmal habe ich mich gefragt, ob dieses Leben lebenswert war.« Nachdem die Leichen wieder ausgegraben waren, befahl die SS den Häftlingen, sie in riesige brennende Gruben zu werfen. Die Lagerleitung war auf diese improvisierte Lösung des Problems verfallen, um die Zeit bis zur Fertigstellung des Krematoriums in der Nähe zu überbrücken. »Wir errichteten einen großen Scheiterhaufen«, sagt Pressburger, »aus Holz und Benzin. Wir warfen sie [die Leichen] einfach hinein. Immer standen zwei von uns da und warfen die Leichen hinein – der eine packte sie bei den Beinen und der andere an den Armen. Der Gestank war entsetzlich. Die SS-Männer tranken den ganzen Tag Wodka oder Cognac oder etwas anderes aus der Flasche. Anders hätten sie es nicht ausgehalten.«

Während er sich dazu zwang, die grauenhafte Arbeit fortzusetzen und die Leichen wieder auszugraben und zu verbrennen, mußte Pressburger auch mit einem seelischen Trauma fertig werden – dem Tod seines Vaters. Die Häftlinge hatten nach ihrer Ankunft bis zum nächsten Tag nichts zu essen und zu trinken bekommen, und sein Vater hatte Regenwasser aus einer der Pfützen getrunken, eine verbreitete Ursache von Krankheit und Tod. »Der Arzt, der mich als Kind behandelt hatte, war ebenfalls in Auschwitz«, sagt Pressburger. »Er riet mir, auf keinen Fall dieses Wasser [aus den Pfützen] zu trinken. Sonst würde ich innerhalb von 24 Stunden sterben. Die Menschen bekamen alle geschwollene Beine, wenn sie es dennoch taten. Das Wasser trat aus ihren Beinen aus.« Doch sein Vater war nicht so selbstbeherrscht, trank das Wasser und starb. Nach der anfänglichen Erschütterung und der Trauer über den Verlust erkannte Pressburger, daß er nur dann überleben würde, wenn er sich bemühte, nichts von dem an sich heranzulassen, was von außen kam – auch den Tod seines Vaters nicht. »Je länger ich leben wollte«, sagt er, »desto eher mußte ich vergessen.«

Indem er sich diese eiserne Selbstdisziplin auferlegte, vor allem in der Bewältigung furchtbarer Qualen durch Hunger und Durst, kam ihm unerwartet die Erinnerung daran zu Hilfe, wie er sich in seiner Kindheit verhalten hatte: »Als ich ein Schulkind war, gaben meine Eltern mir Geld mit, damit ich mir auf dem Weg zur Schule belegte Brote kaufen konnte, aber das habe ich nie gemacht. Statt dessen kaufte ich mir immer Lakritze. Somit hatte ich den ganzen Tag nichts zu essen außer der Lakritze, bis ich nachmittags nach Hause kam.« Während andere Häftlinge in Birkenau »wahnsinnig vor Hunger« wurden, kam er damit zurecht: »Ich war daran gewöhnt, nicht viel zu essen. Das ist bis heute so geblieben.«

Otto Pressburger ist nicht der einzige, der davon überzeugt ist, daß eine frühere Gewöhnung an Entbehrungen wesentlich dazu beigetragen hat, in Auschwitz zu überleben. Wie Jacob Zylberstein im Hinblick auf das Ghetto Łódź gesagt hat, war es für viele der dorthin deportieren deutschen Juden wegen ihrer gutbürgerlichen Herkunft schwierig, sich an das Ghettoleben zu gewöhnen, während er und seine Angehörigen, die in eher ärmlichen Verhältnissen aufgewachsen waren, weitaus weniger Probleme hatten, sich darauf einzustellen. Silvia Veselá beobachtete ein ähnliches Phänomen bei den slowakischen Jüdinnen aus dem gehobenen Bürgertum. Selbst in den Zwischenlagern in der Slowakei, in denen die Verhältnisse weniger schlimm waren als in Auschwitz, war es für diese Menschen weitaus schwieriger als für Frauen aus weniger gut gestellten Familien. Und Pawel Stenkin stellte fest, daß ihm als sowjetischem Kriegsgefangenen in Auschwitz seine harte Kindheit zum Vorteil gereichte. Als Kind hatte er nie viel zu essen gehabt – und jetzt kam ihm dieser Mangel zugute.

Diese Form einer »Selektion« innerhalb der Ghettos und Lager war natürlich genau die Frage, die Heydrich auf der Wannseekonferenz angeschnitten hatte. Die Nationalsozialisten und zumal die SS waren zu sehr auf Darwin und sein Prinzip des Überlebens der Tauglichsten eingeschworen, als daß sie den Juden, die den Schrecken der Lagerhaft getrotzt hatten, das Weiterleben erlaubt hätten. Die Nationalsozialisten konnten sogar aus ihrer Rassentheorie die Lehre ziehen, daß sie jetzt genau die Gruppe ausgesondert hatten, die sie am meisten hätten fürchten müssen. Dieses selbstzerstörerische Beharren darauf, der eigenen verqueren Logik bis zum bitteren Ende zu folgen, ist einer der Faktoren, der die »Endlösung der Judenfrage« durch die Nationalsozialisten von anderen Völkermorden wie etwa Stalins mörderischer Behandlung kleinerer Nationalitäten innerhalb der Sowjetunion unterscheidet. Stalin mochte ganze Nationen verfolgt haben, aber das Sowjetsystem strebte nicht danach, sie in ihrer Totalität zu vernichten.

Als Otto Pressburger vor kurzem nach Birkenau zurückkehrte, um die Grabstätten zu besuchen, erinnerte er sich an die Tausende von Juden, die zusammen mit ihm aus der Slowakei nach Auschwitz verbracht wurden und keine solche Reise mehr machen konnten: »Es ist furchtbar. Ich kann mich erinnern, wie ich [hier] neben meinem Vater stand. Die Mehrzahl der Menschen, die hier gearbeitet haben, stammten aus meiner Stadt. Ich habe sie alle gekannt. Von Tag zu Tag wurden es immer weniger. Sie müssen noch immer hier in der Nähe begraben liegen. Ganze vier von uns haben die drei Jahre überlebt.«

Im Frühjahr und Frühsommer 1942 gingen Tausende von Juden, hauptsächlich aus Oberschlesien und der Slowakei, in Bunker 1 und Bunker 2 in den Tod. Auf dem Weg zu den Gaskammern plauderten SS-Führer wie Gerhard

Palitzsch mit den Juden, fragten sie, welchen Beruf sie ausübten oder was sie gelernt hatten. Rudolf Höß betonte in
seinen Aufzeichnungen, es sei vor allen Dingen wichtig gewesen, »daß bei dem ganzen Vorgang des Ankommens und
Entkleidens möglichst größte Ruhe herrschte.« Es konnte
jedoch vorkommen, wie Höß anmerkte, »daß einige doch
stutzig wurden und von Ersticken, von Vernichten sprachen. Es entstand dann sofort eine Art Panik.« In solchen
Fällen wurden die noch draußen Stehenden so schnell wie
möglich in die Gaskammern hineingetrieben und die Türen
verschlossen. »Bei den nächsten Transporten«, schrieb Höß
weiter, »wurde von vornherein nach den unruhigen Gei-
stern gefahndet und diese nicht aus den Augen gelassen.
Machte sich Unruhe bemerkbar, so wurden die Unruhe-
verbreiter unauffällig hinter das Haus geführt und dort mit
dem Kleinkalibergewehr getötet, das war von den anderen
nicht zu vernehmen.«[37]

Die Konzentrierung der Massentötungen in einer abgelegenen Ecke des Lagers Birkenau bedeutete, daß der
Tagesablauf im Stammlager nicht mehr durch die Morde
unterbrochen wurde. Und während das Leben für die Häftlinge im Stammlager in seiner ganzen Härte weiterging,
wurde es für die SS-Besatzung zu einem Ort, an dem man
sich nach des Tages Arbeit mit einem gewissen Komfort
entspannen konnte, wie Tadeusz Rybacki, der von der Gestapo unter dem Verdacht verhaftet worden war, dem polnischen Widerstand anzugehören, entdeckte.[38]

Nachdem er einige Monate lang verschiedenen Arbeits-
kommandos zugeteilt worden war, erlangte Rybacki schließ-
lich einen der begehrtesten Arbeitsplätze im Stammlager
Auschwitz – die Tätigkeit als Kellner in der SS-Kantine.
Nachdem gleichzeitig mit den slowakischen Jüdinnen im
Frühjahr 1942 der SS unterstellte Aufseherinnen nach
Auschwitz gekommen waren, erlebte er mehrere feucht-
fröhliche Abende in der Kantine. »Es war ein Gangsterfest-

essen« sagt er in Erinnerung an einen bestimmten Abend. »Die Anwesenden sangen, lachten, schlugen sich gegenseitig auf die Schulter und tranken Alkohol in jeder Form. Ich habe ihnen Wein eingeschenkt, und da war eine der SS-Frauen, die mich am Arm faßte, als ich ihr gerade Wein einschenken wollte. Sie sagte zu mir: ›Liebling ...‹, und alle blickten plötzlich in meine Richtung. Die Situation war für mich sehr heikel, und fast hätte ich den Wein verschüttet, doch zum Glück rief ein SS-Mann zu ihr hinüber: ›Halt die Schnauze, du Hure‹, und sie ließ los.« Später an diesem Abend machte eine dieser Aufseherinnen ihm und seinen Kollegen Avancen. »Eine betrunkene, große Frau ging schwankend an uns vorbei, höchstwahrscheinlich zur Toilette, und als sie uns sah, machte sie einige herausfordernde Gebärden. Unsere Gesichter waren wie versteinert, und wir flüsterten uns zu: ›Was will sie, diese Schlampe?‹«

Der Gegensatz zwischen dem Lotterleben der SS und der grausamen Existenz der Häftlinge konnte ihm nicht entgehen: »Nur die Häftlinge mußten Hungers sterben. Der Aufenthalt im Lager war eine Hinrichtung auf Raten, indem die Häftlinge Hunger, Mißhandlungen und schwerer Arbeit ausgesetzt wurden. Doch sie [die SS-Männer] hatten alles. Dort auf dem Fest gab es alles, es gab die verschiedensten Sorten Alkohol, selbst französischen Cognac, und es fehlte an nichts. Es wirkte alles so gräßlich wie ein satanisches Fest. Sie können sich nicht vorstellen, was für ein schauerliches Bild das war.«

Trotz alledem war Rybacki sich bewußt, was für ein Glück er hatte, als Kellner in der Kantine arbeiten zu können. Es war nicht nur eine Arbeit »unter einem Dach« – was ganz wesentlich war, wenn er den Winter überleben sollte –, sondern brachte ihn auch in unmittelbaren Kontakt mit der wichtigsten Ware im Lager: Lebensmittel. Er und die übrigen Häftlinge, die als Kellner arbeiteten, stahlen alles an Lebensmitteln, was ihnen in die Hände fiel, und versteckten es im Dachboden des Gebäudes. Doch mit ihren Aktivitäten gingen sie auch ein hohes Risiko ein. Eines Abends standen mehrere SS-Männer am Büfett, das an die Kantine angrenzte, als Pressburger und seine Kameraden ein lautes Geräusch hörten. Sie blickten zurück in die Kantine, und bei dem Anblick, der sich ihnen bot, »standen uns die Haare zu Berge«. »Wir sahen, wie zwei Beine und ein Unterleib durch die Decke kamen.« Sie wußten sofort, was passiert sein mußte. Einer der Kellner war gerade dabei gewesen, gestohlene Lebensmittel auf dem Dachboden zu verstecken, und hatte einen falschen Tritt getan. »Da oben mußte man aufpassen, daß man nicht neben die Balken trat, sonst brach man durch die dünne Decke dazwischen.« Es war für sie alle eine extrem bedrohliche Situation. Doch zum Glück tranken die SS-Männer nebenan so viel und lärmten so laut, daß keiner von ihnen sich umdrehte, um zu sehen, was los war. Der Häftling auf dem Dachboden konnte sich aus seiner Notlage selbst befreien, und die heruntergefallenen Brocken wurden weggekehrt. Das änderte allerdings nichts an dem Loch in der Decke. Als Häftlinge am nächsten Morgen wieder zur Arbeit gingen, bestachen sie einfach eine der SS-Wachen mit Butter und Wurst, damit er keine unnötigen Fragen stellte. Zwei Tage später war das Loch wieder ausgebessert.

Hätte sich der Vorfall nicht in Auschwitz ereignet, dann wäre Tadeusz Rybackis Erinnerung an seinen Kumpel, dessen Beine hilflos von der Decke herabbaumelten, einfach nur komisch gewesen, und die Geschichte, wie er und seine Kameraden einer Bestrafung entgingen, indem sie einen jungen SS-Mann bestachen, hätte an die Streiche deutscher Kriegsgefangener in den alliierten Gefangenenlagern erinnern können, wie wir sie aus Hollywoodfilmen kennen, in denen das Leben in diesen Lagern im Westen romantisierend verklärt wird. Da sie sich jedoch in Auschwitz abgespielt hat, erweckt die Geschichte keine derartigen Assoziationen. Sie ist vielmehr ein weiteres Indiz dafür, daß Auschwitz sich 1942 in zwei verschiedene Lager aufgespalten hatte – nicht nur geographisch. In dem einen taten Häftlinge wie Tadeusz Rybacki alles, um zu überleben, indem sie die besten Arbeitsplätze im Lager ergatterten und zusätzliche Lebensmittel »organisierten«; in dem anderen wurden Männer, Frauen und Kinder innerhalb weniger Stunden nach ihrer Ankunft umgebracht.

Für Höß war in diesem Sommer klar, daß er seine ganze Aufmerksamkeit und Energie auf dieses zweite Lager und seinen Mordapparat richten mußte. Die Gaskammern in den beiden umgebauten Bauernhäuschen und das Verbrennen der Leichen im Freien stellten nur provisorische Lösungen der mörderischen Aufgabe dar, die sich die SS selbst gestellt hatte, und die Methode der Massenmorde in Auschwitz blieb ineffizient und improvisiert. Als Zentrum des Völkermords steckte Auschwitz noch in den Anfängen, seine Kapazität war stark eingeschränkt. Im Gegensatz zu dem, was Höß und seine Spießgesellen nach dem Krieg aussagen sollten, hatten sie bereits aus eigenem Antrieb vorläufige Methoden entwickelt, Juden und andere in großer Zahl zu ermorden. Doch die größte Aufgabe, deren Verwirklichung ihren traurigen Ruhm begründen sollte, lag noch vor ihnen: die Errichtung einer Todesfabrik.

3. Todesfabriken

Anfang 1942 gab es im gesamten von der deutschen Wehrmacht besetzten Europa nur ein einziges spezialisiertes Todeslager in Betrieb, das Lager Chełmno (Kulmhof). Gleichwohl hielten die Nationalsozialisten an ihrem Programm einer Vernichtung der europäischen Juden fest. Denn im Unterschied zu weniger radikalen Systemen, die zunächst alles sorgfältig planen und dann erst handeln, begannen sie mit den Deportationen der Juden, noch bevor auch nur ein einziges der von ihnen ersonnenen Systeme zu deren Vernichtung erprobt worden oder auch nur fertiggestellt war. Auf dem Fundament der Unordnung, die sich daraus entwickelte, errichteten sie die Apparatur des Völkermords. Und die Geschichte, wie sie diese mörderische Aufgabe organisierten.

Auschwitz sollte bei den Massenmorden 1942 noch nicht die wichtigste Rolle spielen, doch es sollte das Jahr werden, in dem sich die Existenz des Lagers zum ersten Mal auf Westeuropa auswirken sollte. Nur wenige Tage, nachdem die slowakischen Behörden mit den Deutschen vereinbart hatten, ihre Juden nach Auschwitz zu deportieren, schickte ein weiteres europäisches Land den ersten Judentransport dorthin. Und die Umstände, die zu diesem und den folgenden Transporten führten, waren noch komplizierter und unerwarteter als die Ereignisse in der Slowakei, nicht zuletzt, weil der Zug, der am 23. März abgefahren war, aus einem von den Deutschen eroberten Land kam, dem die Besatzer einen großen Spielraum in seiner Verwaltung gelassen hatten: Frankreich.

Nach der schnellen Niederlage im Juni 1940 wurde

Frankreich in eine besetzte und eine freie Zone geteilt. Marschall Pétain, ein Held des Ersten Weltkriegs, wurde Staatsoberhaupt und hatte seinen Regierungssitz in Vichy in der nicht besetzten Zone. Er war eine populäre Persönlichkeit in diesen frühen Jahren des Kriegs (wesentlich populärer, als viele Franzosen nach dem Krieg zugeben wollten), und auf ihn richteten sich die Erwartungen aller Franzosen, er werde die Würde Frankreichs wiederherstellen. Die Deutschen dagegen hatten anscheinend widersprüchliche Ziele – sie wollten die Kontrolle über Frankreich und gleichzeitig eine möglichst geringe Militärpräsenz in diesem Land; alles in allem hatten sie nicht mehr als 1500 Offiziere und Verwaltungsfachleute zurückgelassen. Die deutsche Herrschaft war in hohem Maße auf die Kooperation der französischen Beamten und ihre Verwaltungssysteme angewiesen.

Im Verlauf des ersten Jahrs der Besatzung gab es kaum Konflikte zwischen Franzosen und Deutschen. Der deutsche Militärbefehlshaber, Otto von Stülpnagel, operierte vom Hotel Majestic in Paris aus eher wie ein römischer Statthalter an der Spitze einer halbautonomen Provinz des Reichs und weniger wie ein Nationalsozialist, der alles daransetzte, das von ihm beherrschte Volk zu einer Nation von Sklaven zu machen. Dennoch befanden sich die Juden in Frankreich nicht in Sicherheit. 1940 betrug ihre Zahl rund 350 000, und fast die Hälfte von ihnen hatte keinen französischen Paß. Viele waren in den zwanziger Jahren aus Osteuropa hierhergekommen, während andere erst in jüngerer Zeit nach Frankreich geflohen waren. Ende September gab der deutsche Verwaltungsstab eine »Ersten Judenverordnung« bekannt. Danach durften 1. die Juden im unbesetzten Gebiet dieses nicht mehr verlassen; 2. mußte von französischer Seite ein Judenregister erstellt werden, um alle Juden aus dem besetzten Gebiet entfernen zu können; 3. mußte der jüdische Besitz erfaßt werden.

Während der Durchführung dieser Verordnung kollaborierte die Vichy-Regierung aufs engste mit den Deutschen. Doch die relative Ruhe der Besatzung sollte im Sommer 1941 durch Ereignisse gestört werden, die sich Tausende von Kilometern im Osten abspielten – der deutsche Überfall auf die Sowjetunion. Am 21. August 1941 wurden in Paris Schüsse auf zwei Deutsche abgegeben – einer wurde getötet, der zweite schwer verletzt. Es stellte sich schnell heraus, daß französische Kommunisten hinter dem Anschlag steckten. Ein weiterer Mordanschlag am 3. September verstärkte die Befürchtung der Deutschen, daß ihr bislang ungestörtes Leben in Frankreich beendet sein könnte.

Die deutschen Besatzungsbehörden reagierten auf die Morde mit der Verhaftung von Kommunisten und Erschießungen als Repressalien – unmittelbar nach dem Zwischenfall im September wurden drei Geiseln erschossen. Doch diese Antwort wurde von Hitler für unangemessen milde erachtet, der sich zu dieser Zeit in seinem Hauptquartier in den ostpreußischen Wäldern befand und den blutigen Krieg im Osten lenkte. Feldmarschall Wilhelm Keitel leitete Hitlers Unzufriedenheit nach Paris weiter: »Die Vergeltungsmaßnahme an den drei Kommunisten-Geiseln ist viel zu milde! Ein deutscher Soldat sei [so Hitler] viel mehr wert als drei französische Kommunisten. Der Führer erwartet, daß in solchen Fällen mit den schärfsten Vergeltungsmaßnahmen geantwortet werde ... Beim nächsten Mordanschlag seien mindestens 100 Erschießungen sofort vorzunehmen für einen [getöteten] Deutschen. Ohne solche drakonischen Vergeltungen werde man der Dinge nicht Herr.«[1]

Die deutschen Militärbehörden steckten in einem Dilemma. Wenn sie die von Hitler empfohlene Politik verfolgten, liefen sie Gefahr, die Kooperationsbereitschaft der französischen Bevölkerung zu verlieren – eine Vermutung, die sich anscheinend bestätigte, als es einen Aufschrei der Empörung gab, nachdem die Deutschen zur Vergeltung für die Ermordung eines deutschen Offiziers in Nantes 98 Geiseln erschossen hatten. Für General von Stülpnagel stand außer Frage, daß solche »polnischen Methoden« in Frankreich einfach nicht funktionierten.[2] Doch er war politischer Realist genug, um zu begreifen, daß Hitler seine Meinung nicht einfach ändern und seinem Mann in Frankreich erlauben würde, in einer solchen Lage behutsam vorzugehen. Der Führer war entschlossen. Nur »drakonische Vergeltung« kam in Betracht. Somit versuchten die deutschen Militärbehörden in Frankreich in einem typischen Beispiel für die Art und Weise, wie hohe Funktionsträger im NS-Staat die Lösung von Problemen angingen, Hitlers dogmatische Auffassung zu umgehen, indem sie andere Formen einer »drakonischen Vergeltung« entwickelten, mit denen sie ihr Verhältnis zu den französischen Behörden weit weniger beschädigen würden. Zwei solcher Alternativen wurden sogleich vorgeschlagen: Geldbußen für bestimmte Teile der Bevölkerung und Deportationen. Und da die angebliche »Verbindung« zwischen Kommunisten und Juden für jeden Nationalsozialisten ein Glaubensartikel war, lag für die militärische Führung in Paris nichts näher als der Gedanke, zur Vergeltung für die Ermordung von Deutschen Juden und Kommunisten mit Geldbußen zu belegen und zu deportieren. Die Erschießungen von Geiseln nach Attentaten würden weitergehen, aber in geringerem Umfang und nur als ein kleiner Bestandteil der generellen Politik einer »drakonischen Vergeltung«.

Trotz dieser partiellen Lösung seines Problems war Stülpnagel noch immer der Meinung, er müsse einen erneuten Protest bei seinen Vorgesetzten einlegen, und schrieb im Januar 1942 »Massenerschießungen kann ich ... nicht mehr mit meinem Gewissen vereinbaren, noch vor der Geschichte verantworten«.[3] Es war nur konsequent, daß Stülpnagel bald darauf seinen Posten verließ, doch das von ihm eingeführte Prinzip blieb erhalten. Juden und Kommunisten wurden im Rahmen einer Reihe von Repressalien gegen jegliche französische Widerstandshandlungen »zur Zwangsarbeit in den Osten« deportiert. Der erste dieser Transporte verließ Frankreich im März 1942 mit dem Ziel Auschwitz. Deutsche Wehrmachtsoffiziere, geleitet von dem Wunsch, sich für die Geiselerschießungen nicht eines Tages »vor den Schranken der Geschichte« verantworten zu müssen, hatten diese Menschen gleichwohl der denkbar höchsten Gefahr ausgesetzt. Sie kamen durch Unterernährung, Mißhandlungen und Krankheit um. Von den 1112 Menschen, die in Compiègne den Zug bestiegen, waren fünf Monate später 1008 nicht mehr am Leben.[4] Man nimmt an, daß lediglich 20 von ihnen den Krieg überlebt haben. Demnach starben mehr als 98 Prozent dieses ersten Transports in Auschwitz.

Zu diesem Zeitpunkt fügte sich die Deportation von Juden aus Frankreich zugleich nahtlos in eine weitere, wesentlich umfassendere Vision des Nationalsozialismus ein – die »Endlösung der Judenfrage«. Am 6. Mai besuchte Heydrich persönlich Paris und enthüllte in kleinem Kreis: »Wie über die russischen Juden in Kiew, ist auch über die Gesamtheit der europäischen Juden das Todesurteil gesprochen. Auch über die französischen Juden, deren Deportation in diesen Wochen beginnt.«[5] Die Verantwortung für die praktische Durchführung dieses Programms in Frankreich fiel Theodor Dannecker zu, dessen Vorgesetzter Adolf Eichmann unmittelbar Reinhard Heydrich unterstellt war.

Bei ihrem Bemühen, ein »judenfreies« Frankreich zu schaffen, stießen die deutschen Machthaber auf ein massives Hindernis – die französischen Behörden. Es gab einfach kein ausreichendes deutsches Personal in Frankreich, um die dort lebenden Juden zu registrieren, zusammenzutreiben und zu deportieren; dazu benötigte man die aktive Beteiligung der französischen Verwaltung und Polizei, zumal die Besatzer anfangs verlangten, aus Frankreich müßten mehr Juden deportiert werden als aus jedem anderen Land in Westeuropa. Bei einer Besprechung in Berlin am 11. Juni 1942 unter dem Vorsitz Adolf Eichmanns wurde ein Deportationsplan bekanntgegeben, dem zufolge 10 000 belgische, 15 000 holländische und 100 000 französische Juden nach Auschwitz deportiert werden sollten. Sie mußten zwischen 16 und 40 Jahre alt sein, und der Anteil der »Arbeitsunfähigen« durfte höchstens zehn Prozent betragen. Welche Überlegungen hinter diesen Zahlen und Einschränkungen standen, ist bis heute unklar, doch ist zu vermuten, daß der vorläufige Ausschluß von Kindern und alten Menschen mit der zu diesem Zeitpunkt noch beschränkten Vernichtungskapazität des Lagers Auschwitz zusammenhing. Der stets pflichteifrige Theodor Dannecker sagte zu, alle französischen Juden zu deportieren, die in die vorgegebene Kategorie fielen. Kurz nach dieser Zusammenkunft erstellte Dannecker einen Plan, innerhalb von drei Monaten 40 000 Juden aus Frankreich in den Osten zu schicken.

Es war eine Sache, ein solch ehrgeiziges Versprechen abzugeben, aber eine ganz andere, die Voraussetzungen dafür in einem Land zu schaffen, das sich noch immer weitgehend selbst verwaltete. Bei einer Unterredung am 2. Juli zwischen dem Polizeichef der Vichy-Regierung, René Bousquet, und Vertretern der Besatzungsmacht bekamen die Deutschen den Unterschied zwischen Theorie und Praxis unmittelbar zu spüren. Bousquet trug die Position seiner Regierung vor – in der besetzten Zone könnten nur ausländische Juden deportiert werden, und in der nichtbesetzten Zone werde die Polizei sich an keinen Massenverhaftungen beteiligen. Wörtlich erklärte er: »Auf französischer Seite haben wir nichts gegen die Verhaftungen als solche. Lediglich ihre Durchführung durch französische Polizei würde uns in Verlegenheit bringen. Dies war der persönliche Wunsch des Marschalls [Pétain].«[6] Helmut Knochen, der Leiter der Dienststelle Paris der Sicherheitspolizei und des SD, dem klar war, daß sich die Deportationen ohne die Mitarbeit der Franzosen unmöglich bewerkstelligen ließen, protestierte sogleich und erinnerte Bousquet daran, daß Hitler für die Haltung der Franzosen in einer für ihn so wichtigen Frage kein Verständnis aufbringen werde. Nach dieser versteckten Drohung lenkte Bousquet ein. Die französische Polizei werde die Verhaftungen in beiden Zonen vornehmen, aber nur bei Juden, die keine französische Staatsbürgerschaft hätten. Die französischen Behörden hatten eine klare politische Entscheidung getroffen – sie würden kooperieren, indem sie den Deutschen die ausländischen Juden auslieferten, um so ihre eigenen jüdischen Bürger zu schützen.

Bei einer Zusammenkunft zwischen Dannecker und dem französischen Ministerpräsidenten Pierre Laval zwei Tage später machte dieser (nach Aussage Danneckers) das Angebot, »daß während der Evakuierung jüdischer Familien aus der unbesetzten Zone Kinder unter 16 Jahren ebenfalls abtransportiert werden könnten. Was die jüdischen Kinder in der besetzten Zone angehe, so sei diese Frage für ihn ohne Interesse.[7] Historiker haben über diesen Vorschlag Lavals geurteilt, er gereiche ihm zu »ewiger Schande«[8], und erklärt, dieser Augenblick müsse »für immer in die Geschichte Frankreichs eingeschrieben sein«[9]. Man kann dieser Meinung nur zustimmen, vor allem angesichts der entsetzlichen Leiden, denen diese Kinder entgegengingen, die ihnen zu einem großen Teil von Franzosen auf französischer Erde zugefügt wurden, weil einem französischen Politiker ihr Schicksal gleichgültig war.

Die Verhaftung ausländischer Juden durch die französische Polizei begann in Paris in der Nacht des 16. Juli. An diesem Abend befanden sich Annette Muller, ihr jüngerer Bruder Michel, ihre beiden älteren Brüder und ihre Mutter in der Wohnung der Familie im 10. Arrondissement. Ihr Vater, der aus Polen stammte, hatte Gerüchte gehört, daß etwas in der Luft liege, und die Wohnung verlassen, um sich in der Nähe zu verstecken. Der Rest der Familie war geblieben. Auf den Gedanken, daß ganze Familien in Gefahr seien, wären sie nie gekommen. Annette, damals neun Jahre alt, hat eine deutliche Erinnerung an das, was an jenem Abend geschah. »Wir wurden lautstark geweckt durch Schläge an die Tür, und die Polizei kam herein. Meine Mutter bat sie, wieder zu gehen. Und der Polizeikommissar schob sie zurück und sagte: ›Schnell, beeilen Sie sich, stehlen Sie nicht unsere Zeit!‹ Und das hat mich erschüttert. Jahrelang hatte ich Alpträume, weil meine Mutter, die ich angebetet hatte, sich plötzlich [so benahm]. Ich verstand nicht, warum sie sich vor ihnen demütigte.«[10]

Annettes Mutter breitete in aller Eile ein Bettuch auf dem Boden aus und warf Kleidung und Dörrobst darauf. Minuten später waren sie im Treppenhaus und auf der Straße. Annette stellte fest, daß sie ihren Kamm vergessen hatte, und die Polizei erlaubte ihr, noch einmal nach oben zu gehen und ihn zu holen, wenn sie »sofort zurückkomme«. Sie ging in die Wohnung zurück, in der immer noch die Polizisten waren: »Alles war vollkommen durchwühlt, und ich wollte auch noch meine Puppe mitnehmen, meine Puppe … und sie rissen mir die Puppe aus der Hand und warfen sie auf das ungemachte Bett. Und da verstand ich, daß die ganze Geschichte nicht gut ausgehen würde.«

Wieder draußen auf der Straße, in dem Durcheinander zwischen Polizisten und Juden, sagte ihre Mutter zu den beiden ältesten Jungen, die elf und zwölf Jahre alt waren, sie sollten weglaufen, und sie verschwanden in der Menge. (Beide überlebten den Krieg bei französischen Familien, die sie versteckten.) Dann trieb die Polizei die anderen in Autobusse und fuhren sie zu einem Sammelplatz, dem Vélodrôme d'Hiver, einer überdachten Winterradrennbahn im 15. Arrondissement. Alle Familien, die während dieser

36 Stunden dauernden Großrazzia verhaftet wurden, insgesamt 12 884 Personen, darunter 4115 Kinder, wurden hierhergebracht. Der damals sieben Jahre alte Michel Muller erinnert sich an das, was nun kam, in einer ganzen Serie blitzartiger Erinnerungen: »Die Lampen waren Tag und Nacht an, und es gab große Dachfenster und es war sehr heiß. Die Bullen bekamen wir kaum noch zu sehen. Es gab eine oder zwei Wasserstellen und Toiletten – vielleicht zwei. Und was ich nie vergessen werde, sind die abscheulichen Gerüche. Nach zwei Tagen wurde der Gestank entsetzlich. Die Kinder spielten, denn es gab eine Menge Kinder, die ich kannte. Wir rutschten auf der Rennbahn – sie war aus Holz.«[11]

Annette Muller wurde krank von dem Gestank und wurde auf den Platz im Innern der Rennbahn getragen, wo sie sich hinlegen konnte. »Ich sah einen Mann, der nicht weit von der Rue de l'Avenir wohnte und der gelähmt war. Und wenn wir in sein Haus kamen, hatte er immer eine Decke über den Beinen, und die Kinder dieses Mannes saßen um ihn herum und sprachen mit ihm voller Respekt. Ich erinnere mich daran, daß ich diesen Mann, der mich beeindruckt hatte, dort gesehen habe. Jetzt lag er auf der Erde, nackt – übrigens war es das erste Mal, daß ich einen Mann nackt gesehen hatte –, und er schrie. Seine Augen waren halb geöffnet, und sein Körper war weiß und nackt. Es war ein angsteinflößendes Bild.«

Nach fünf Tagen in der Rennbahn wurden die Familien mit dem Zug in verschiedene Lager auf dem Land gebracht, die Mullers kamen nach Beaune-la-Rolande. »Es ist ein hübsches Dorf«, sagt Michel Muller. »Es war sehr schön und heiß. Es gab eine große Allee, und wir gingen durch das halbe Dorf, und die Menschen sahen uns an – voller Neugier.« Die Mullers waren unter den letzten, die in dem in aller Eile angelegten Lager ankamen, und es gab keine Betten für sie, auf denen sie hätten schlafen können, so daß sie sich mit einem Strohlager auf dem Boden begnügen mußten. Dennoch hatte Michel Muller keine Angst: »Am Anfang machte ich mir keine Sorgen. Ich war nicht besorgt, weil wir bei unserer Mutter waren, und das beruhigte mich. Und ich spielte mit meinen Freunden.« Ihn beschäftigte nur eines: »Wir waren alle gute Schüler, und wir fragten uns – fahren wir früh genug wieder von hier weg, daß wir rechtzeitig wieder in der Schule sind?«

Trotz der schlimmen Zustände in diesem Lager war es für Annette und Michel der größte Trost, bei ihrer Mutter zu sein. »Zu Hause war sie so bekümmert«, sagt Annette, »daß wir nicht mehr wirklich mit ihr sprechen konnten. Im Lager wurde sie anfangs wieder sehr zugänglich. Sie spielte mit uns, wir hängten uns wie die Kletten an sie. Die anderen Frauen schauten uns zu und lachten, wenn sie sahen, wie sie mit uns herumbalgte.« Doch eine Erinnerung an diese frühen Tage im Lager mit ihrer Mutter verfolgte Annette heute noch: »In der ersten Nacht, die wir in den Baracken verbrachten, muß es geregnet haben, und Wasser tropfte auf sie herunter, und mein Bruder und ich überlegten miteinander, daß wir nicht neben ihr schlafen wollten, weil wir dann auch naß würden. Sie sagte etwas Ähnliches wie: ›Eure Angst vor dem Wasser ist größer als euer Wunsch, neben eurer Mami zu schlafen.‹ Und als wir getrennt dalagen, quälte mich das. Ich hatte die Möglichkeit nicht genutzt, in ihrer Nähe zu sein, wenn wir schliefen.« Einige Tage später gelang es der Mutter, einen Gendarm zu bestechen (im Lager sahen sie nur französische Amtspersonen), einen Brief an ihren Mann aufzugeben, ein Schritt, der das Leben ihrer beiden jüngsten Kinder retten sollte.

Bereits nach wenigen Tagen im Lager wurden die Frauen aufgefordert, ihre Wertsachen abzugeben. Doch einige von ihnen zogen es vor, sich von ihren wertvollsten Besitztümern in einer Weise zu trennen, daß ihre Häscher nichts davon hatten. »In der Latrine war ein Graben«, sagt Michel Muller, »ein Graben mit einer Art Holzdiele darüber, und jeder konnte uns sehen, wenn wir auf die Toilette gingen. Das schüchterte mich ein. Es war uns peinlich, auf die Toilette zu gehen, wenn alle uns sehen konnten. Und es gab einige, die tatsächlich ihren Schmuck in die Scheiße warfen.« Später sah Michel einige Dorfbewohner, die man ins Lager geholt hatte, damit sie die Habseligkeiten der Frauen durchsuchten, wie sie mit Stöcken in der stinkenden Brühe herumstocherten. »Das hat mich wirklich verblüfft«, sagt er.

Da die deutsche Verwaltung von den Franzosen verlangt hatte, nur erwachsene und arbeitsfähige Juden für die Deportationen zu bestimmen, und die Kinder erst nachträglich dazugenommen worden waren, um die Quote zu erfüllen, hatte man in Berlin noch keine formelle Entscheidung darüber getroffen, die Familien komplett zu deportieren. Doch obwohl die französischen Behörden wußten, daß diese Beschlüsse höchstwahrscheinlich in den kommenden Wochen gefaßt würden, erklärten sie sich einverstanden, die Eltern von den Kindern zu trennen und zuerst die Erwachsenen zu deportieren. Jean Leguay, der Vertreter der Vichy-Polizei, schrieb an den Präfekten von Orléans: »Die Kinder dürfen nicht in denselben Transporten mitfahren wie ihre Eltern. Während sie auf ihren Abtransport warten, um mit ihren Eltern wieder zusammenzukommen, wird man sie betreuen.«[12] Daß Leguay über die Absichten der Deutschen informiert war, die Kinder in Bälde ebenfalls zu deportieren, ging aus seiner Ankündigung hervor, »die Transporte mit den Kindern beginnen in der zweiten Augusthälfte«.[13] Die französischen Behörden unternahmen somit keinen Versuch, das entsetzliche Leid zu verhindern, das den Eltern und Kindern bevorstand, indem sie den Deutschen vorschlugen, die Deportationen um einige Wochen zu verschieben, bis die Familien vereint das Land verlassen könnten.

Laval hatte früher erklärt, sein Vorschlag, die Kinder in die Deportationen einzubeziehen, sei einem »humanen« Wunsch entsprungen, keine Familien zu trennen. Diese Erklärung, in der sich von Anfang an dieselbe Heuchelei verriet wie bei der slowakischen Entscheidung, die Deutschen zu ersuchen, aus »christlichen« Gründen vollständige Familien zu deportieren, zeigt sich jetzt in ihrer ganzen Verlogenheit. Nichts hätte weniger »human« sein können als das Programm, das jetzt von Leguay skizziert wurde – daß Kinder in den Lagern Beaune-la-Rolande und Pithiviers ihren Eltern entrissen werden sollten. Der Historiker Serge Klarsfeld hat dazu bemerkt: »Leguay schließt seine Augen vor der realen Bedeutung der Deportationen, womit er dazu beiträgt, sie noch unmenschlicher zu machen. Seine Hauptsorge in seinem sonnigen Büro in der Rue de Monceau besteht darin, die Deportationszüge vollzubekommen, die von der Gestapo geplant sind.«[14]

Anfang August kursierten in Beaune-la-Rolande Gerüchte, daß die Erwachsenen möglicherweise woanders hingebracht würden. »Ich kann mich noch daran erinnern, wie meine Mutter mir Geld in die Schulterpolster meines kleinen Anzugs eingenäht hat«, sagt Michel Muller. »Es war mein kleiner Sonntagsanzug mit einer Weste und einer kurzen Hose. Ich glaube, sie sahen wie Golfshorts aus, und ich war sehr stolz darauf. Sie nähte das Geld ein und sagte mir, ich solle gut darauf aufpassen. Am nächsten Tag war es soweit.« Die französische Polizei kam in das Lager und trieb alle zusammen. Nachdem sie angekündigt hatte, die Kinder müßten von den Eltern getrennt werden, brach ein Chaos aus. »Es gab zahlreiche Kinder, die sich an ihren Müttern festklammerten«, sagt Michel. »Es waren wirklich schwierige Augenblicke. Die Kinder hingen an ihren Müttern, brüllten und schrien, und die Gendarmen waren hilflos.« Annette erklärt: »Die Polizei trieb die Frauen mit roher Gewalt zurück. Die Kinder klammerten sich an ihre Klei-

der. Sie (die Gendarmen) spritzten die Menschen klatsch-
naß. Sie zerrissen die Kleider der Frauen. Und überall hörte
man Schreien und Weinen. Es war ein furchtbarer Lärm,
und auf einmal wurde es ganz still.« Die Polizei hatte ein
Maschinengewehr aufgestellt, und die Drohung war un-
mißverständlich. »Vorn standen die Frauen in einer Reihe«,
sagt Annette. »Ich sehe es heute noch vor mir. Und wir Kinder hielten uns aneinander fest. Meine Mutter stand in der
vordersten Reihe, und sie gab uns ein Zeichen mit den Augen, und wir beobachteten sie. Ich hatte den Eindruck, daß
ihre Augen uns zulächelten, als wollte sie uns sagen, daß sie
zurückkommen würde. Michel weinte. Und das ist das
letzte Bild, das ich von meiner Mutter habe.«

Nachdem man ihre Eltern weggebracht hatte, verschlechterten sich die Bedingungen für die Kinder im Lager sehr
schnell. Der Fürsorge ihrer Mütter beraubt, wurden sie
schmutzig und ihre Kleider fleckig. Weil sie nur Wasser-
suppe und Bohnen zu essen bekamen, litten viele unter
Durchfall. Aber am schlimmsten war der emotionale Verlust. »Besonders bedrückend wurde es abends«, erinnert
sich Michel Muller. »Abends erzählte uns Mutter immer
Geschichten, und nachdem sie nicht mehr da war, mußten
wir es selber tun. Annette fügt hinzu: »Nach ihrem Abtransport wollte ich tagelang die Baracken nicht mehr verlassen, weil ich so traurig war. Ich mußte immerzu weinen.
Ich blieb auf dem Strohlager und redete mir ein, es sei meine
Schuld, daß meine Mutter gegangen war, weil ich nicht nett
zu ihr gewesen sei. Ich machte mir wegen allem und jedem
Vorwürfe. Und Michel brachte mich dazu, aufzustehen und
ins Freie zu gehen, denn ich hatte Durchfall, und er half mir
beim Waschen und sorgte dafür, daß ich etwas aß. Und
nach und nach streifte ich mit ihm durch das Lager, und wir
rupften Gras aus, das wir zu essen versuchten«.

Mit seinen sieben Jahren übernahm Michel die Rolle
eines Beschützers seiner Schwester. Doch er stand vor enor-

men Schwierigkeiten. Annette war krank und konnte nicht nach Suppe anstehen, und der Versuch, Gras zu essen – Michel glaubte, es werde so ähnlich wie Salatblätter schmekken –, führte natürlich zu nichts. Sein größtes Problem war jedoch, daß er jünger und kleiner war als die meisten anderen Jungen, die um die Mahlzeiten anstanden. »Ich kann mich noch genau an die Kämpfe erinnern, die ausbrachen, sobald die Suppe ausgeteilt wurde – Kämpfe mit den anderen Kindern. Da ich sehr klein war, konnte ich mich nicht bis zum Suppenkessel durchkämpfen. Manchmal kam ich zurück, und mein Blechnapf war leer. Ich hatte überhaupt nichts. Meine Schwester war die ganze Zeit krank, und so mußten wir in die leeren Töpfe sehen, aus denen die Suppe geschöpft wurde, und wir sahen nach, ob noch etwas übriggeblieben war. Wir redeten viel über das Essen. Wir malten uns Speisen aus, die wir essen würden, obwohl wir zu Hause keine starken Esser gewesen waren, doch in dem Augenblick war der Hunger in uns einfach übermächtig.« Michel erkannte, daß er etwas unternehmen mußte, wenn sie überleben wollten, da er und seine Schwester mit jedem Tag schwächer wurden. Als er schließlich eine Anschlagtafel vor dem Lagerspital gelesen hatte, beschloß er zu handeln: »Darauf stand, daß Kinder unter fünf Jahren in der Krankenbaracke essen könnten. Und da ich lesen und schreiben konnte – ich habe später immer zu meinen Kindern gesagt, ihr müßt Lesen und Schreiben lernen, weil es sehr nützlich ist –, behauptete ich, ich sei fünf Jahre alt, und es klappte prima. So hatte ich zu essen, und meine Schwester bekam auch etwas ab«, weil es Michel gelang, Essen aus der Krankenbaracke hinauszuschmuggeln.

Was dieser Episode ihre besondere Bitterkeit verleiht in einer Geschichte, die voll ist von Grausamkeiten, ist nicht nur die gewaltsame Trennung der Kinder von ihren Eltern, sondern auch die Behandlung der Kinder durch die französischen Behörden, nachdem man sie in ihrer »Obhut«

zurückgelassen hatte. Die Kinder wurden nicht nur vernachlässigt; sie wurden schlecht ernährt und blieben ohne emotionale Zuwendung. In diesem Augenblick ihres Lebens, als sie besonders schutzbedürftig waren, wurden sie obendrein noch gedemütigt. Trotz des Hungers und trotz des Schmutzes waren es die gedankenlosen Demütigungen in Beaune-la-Rolande, unter denen Michel Mulller am meisten litt: »Da die Hygienestandards sehr niedrig waren und wir alle Läuse hatten, haben sie uns das Kopfhaar abgeschnitten. Ich hatte damals volles lockiges Haar, und meine Mutter war sehr stolz auf mein Haar. Als ich an die Reihe kam, hielt mich dieser Gendarm zwischen seinen Beinen fest und sagte: ›Weißt du was, wir machen einen Letzten Mohikaner aus dir.‹ Und er schnitt mir eine Schneise mitten durch meine Haare von vorn nach hinten. Danach hatte ich links und rechts noch Haare, und den mittleren Teil hatte er kahlgeschoren. Ich schämte mich so, daß ich mir eine Baskenmütze klaute, um meinen Kopf zu bedecken.« Der Kopf Michels bot einen so furchtbaren Anblick, daß selbst seine neunjährige Schwester schockiert war. »Ich weiß noch, daß meine Mutter sein Haar so gern gekämmt hat. Er hatte schöne blonde Haare. Sie war stolz auf einen so hübschen kleinen Jungen. Doch nachdem sie ihm das Haar in der Mitte weggeschoren hatten, sah er scheußlich aus. Und ich glaubte zu verstehen, warum die Menschen den Juden aus dem Weg gehen, weil selbst mein eigener kleiner Bruder, wie ich ihn da sah mit seinem ungewaschenen Gesicht und diesen Haaren, mir zuwider war. Er hat einen Ekel in mir ausgelöst.« Nach ein oder zwei Tagen hatten die Gendarmen schließlich allen Kindern die Haare geschoren und schnitten Michel auch die restlichen Haare ab. Sie hatten ihren Spaß gehabt, aber Michel kann diese Demütigung bis heute nicht vergessen.

Inzwischen, es war Mitte August, waren Vorbereitungen getroffen worden, so daß die Franzosen in der Lage waren, diese Kinder zu deportieren und die Quoten zu erfüllen, die sie den Deutschen zugesagt hatten. Es war geplant, die Kinder von Beaune-la-Rolande und Pithiviers in das Sammel- und Internierungslager Drancy zu bringen, das in einer nordöstlichen Vorstadt von Paris lag. Von dort aus sollten die Kinder dann nach Auschwitz deportiert werden, inmitten von Erwachsenentransporten. Sie sollten also in Begleitung von Menschen, die ihnen völlig fremd waren, in den Tod gehen.

Am 15. August machte eine Kolonne von Kindern ihren Weg zurück auf den baumbestandenen Straßen des hübschen Dörfchens Beaune-la-Rolande zum Bahnhof. Sie sahen ziemlich anders aus als die vergleichsweise gesunden und ordentlich angezogenen Jungen und Mädchen, die erst zwei Wochen zuvor gemeinsam mit ihren Müttern das Lager bezogen hatten. »Ich werde nie vergessen, wie die Dorfbewohner uns angesehen haben«, sagt Annette Muller. »Sie sahen uns mit dem gleichen Abscheu an, den ich selbst empfunden hatte. Wir mußten entsetzlich gerochen haben. Unsere Köpfe waren kahlgeschoren und unsere Körper mit Hautabschürfungen überzogen. Und ich sah den angewiderten Blick von Menschen, wenn sie auf uns blickten, so wie man gelegentlich in der Metro guckt, wenn man einen Obdachlosen sieht, der ungewaschen ist und auf einer Bank schläft. Es schien so, als wären wir keine menschlichen Wesen mehr.« Dennoch sangen die Kinder auf dem Weg zum Bahnhof, weil sie fest daran glaubten, wie Annette sagt, »daß wir unsere Eltern wiedersehen würden«. Doch sie waren nicht auf dem Weg nach Hause, sondern nach Drancy, dem Durchgangslager, über das schließlich mehr als 65 000 Menschen in die Todeslager im Osten geschickt wurden, der weitaus größte Teil von ihnen nach Auschwitz.

Odette Daltroff-Baticle, die im August 1942 in Drancy interniert war, hatte es zusammen mit zwei Freundinnen freiwillig übernommen, sich der Kinder aus Beaune-la-Rolande und Pithiviers anzunehmen.[15] » Als sie ankamen, waren sie in einer jämmerlichen Verfassung. Die Kinder wurden von Insekten umschwirrt, sie waren entsetzlich schmutzig und hatten Durchfall. Wir versuchten, sie abzuduschen, aber wir hatten nichts, womit wir sie hätten abtrocknen können. Dann versuchten wir, ihnen Nahrung einzuflößen – diese Kinder hatten seit Tagen nichts gegessen –, was uns große Mühe gekostet hat. Außerdem versuchten wir, eine vollständige Liste mit ihren Namen zu erstellen, doch viele von ihnen wußten ihren Nachnamen nicht und sagten einfach nur so etwas wie ›ich bin der kleine Bruder von Pierre‹. Also bemühten wir uns, ihre Namen herauszubekommen; bei den älteren ging das natürlich, aber bei den jüngeren war es absolut unmöglich. Ihre Mütter hatten ihnen kleine Holzstückchen, auf denen ihr Name stand, an einer Schnur umgehängt, doch viele von ihnen hatten es abgenommen, um untereinander damit zu spielen. «

Odette und die anderen Helferinnen gelangten bei dem erbarmungswürdigen Anblick der Kinder zu dem Schluß, daß ihnen nichts anderes übrigblieb, als zu versuchen, die Kinder mit Worten zu trösten, von denen sie wußten, daß sie nicht der Wahrheit entsprachen. » Wir haben sie angelogen. Wir haben ihnen gesagt: ›Ihr werdet eure Eltern wiedersehen.‹ Und sie haben uns natürlich nicht geglaubt – eigenartigerweise hatten sie eine Witterung dafür, was passieren würde. Viele von ihnen sagten zu meinen Freundinnen oder zu mir, ›Madame, adoptieren Sie mich … adoptieren Sie mich‹, weil sie im Lager bleiben wollten, auch wenn sie es dort schlecht hatten. Sie wollten nicht mehr woanders hingehen. Es gab da einen kleinen Jungen, ein sehr hübsch aussehender kleiner Junge, der dreieinhalb Jahre alt war. Ich sehe ihn noch vor mir, wie er immer wieder sagte, ›Mami, ich kriege Angst, Mami, ich kriege Angst‹. Es war alles, was er sagte. Seltsamerweise wußte er, daß er noch mehr Angst kriegen würde. Sie waren ohne alle Illusionen. Sie wollten lieber die Schrecken des Lagers ertragen. Sie verstanden wesentlich besser als wir, was los war.«

Odette sah, daß die Kinder noch »einige kleine Gegenstände [besaßen], die ihnen sehr wichtig waren«, etwa Fotos ihrer Eltern oder kleine Schmuckstücke. »Da war ein kleines Mädchen, das Ohrringe hatte und sagte: ›Glauben Sie, daß sie mich so kleine Sachen aus Gold behalten lassen?‹« Doch einen Tag, bevor die Kinder abgeholt wurden, kamen Jüdinnen aus einem anderen Teil des Lagers, um die Kinder nach Wertsachen zu durchsuchen. »Diese Frauen wurden tageweise bezahlt, und wir wußten, daß sie etwa die Hälfte von dem, was sie fanden, in die eigene Tasche steckten. Und ich sah, daß sie überhaupt nicht nett zu ihnen waren. Sie hatten überhaupt kein Gespür dafür, wie sie die Kinder behandelten, und das fand ich schon seltsam.«

Michel und Annette Muller empfanden das Leben in Drancy, einem Lager, das in in einer ehemaligen Gendarmeriekaserne eingerichtet worden war als Alptraum. Annette war nicht nur über die Lebensbedingungen entsetzt – sie und ihr Bruder schliefen auf dem Betonboden inmitten von Exkrementen –, sondern auch über die Tatsache, daß die wenigen Erwachsenen, die bereit waren, sich um die Kinder zu kümmern, angesichts ihrer großen Zahl kapitulieren mußten: »Niemand kümmerte sich um uns. Wir waren buchstäblich uns selbst überlassen. Ich kann mich nicht erinnern, daß ein Erwachsener sich um uns gekümmert hätte.« Dann, kurz bevor die Transporte nach Auschwitz abgehen sollten, hörte sie, wie ihr Name und der ihres Bruders von einer Liste aufgerufen wurden. Sie und Michel wurden aus dem mit Stacheldraht eingezäunten Lager hinaus zu einem Polizeiwagen begleitet, der sie erwartete. »Wir dachten, wir würden befreit werden«, sagt Annette. »Wir waren der festen Meinung, daß wir unsere Familie wiedersehen und in die Rue de l'Avenir zurückkehren würden. Und Michel und ich unterhielten uns über einen Plan, wie wir unsere Eltern überraschen würden – wir wollten uns unter dem Tisch verstecken und dann darunter hervorkommen, so daß sie glücklich wären, uns wiederzuhaben. Und an dieser Stelle drehte ich mich um und sah, wie die Polizeibeamten hinter uns Tränen in den Augen hatten, weil sie genau wußten, daß wir nicht nach Hause gebracht werden sollten.«

Annette und Michel kamen in ein anderes Sammellager für ausländische Juden in einem Haus unweit von Drancy – eine ehemalige Pflegeanstalt an der Rue Lamarck auf dem Montmartre. Sie wußten es zwar noch nicht, doch das war der erste Schritt zu ihrer Befreiung. Ihr Vater hatte den Brief erhalten, den seine Frau ihm von Beaune-la-Rolande aus geschrieben hatte. Daraufhin hatte er mehrere Bestechungsgelder bezahlt, zuerst an einen einflußreichen französischen Juden und über ihn an die französischen Behörden. Das bedeutete, daß Annette und Michel trotz ihres jungen Alters als »Pelznäher« eingestuft und aus Drancy abgeholt wurden. Nachdem sie in dem neuen Lager angekommen waren, sorgte ihr Vater dafür, daß sie von Vertretern eines katholischen Waisenhauses abgeholt wurden, wo man sie während des Krieges versteckt hielt.

Die allermeisten jüdischen Kinder, die im Sommer 1942 nach Drancy verbracht wurden, hatten nicht soviel Glück. Zwischen dem 17. und dem 31. August gingen sieben Deportationszüge vom Lager nach Auschwitz ab, in denen die Kinder mitfuhren, die man in Beaune-la-Rolande und Pithiviers von ihren Eltern getrennt hatte. »An dem Morgen vor ihrem Abtransport zogen wir die Kinder so gut an, wie wir konnten«, sagt Odette Daltroff-Baticle. »Die meisten von ihnen konnten nicht einmal ihren kleinen Koffer tragen. Und ihre Koffer waren durcheinandergeraten, wir wußten nicht, was wem gehörte. Sie wollten nicht die Treppe hinunter zum Bus gehen, und wir mußten sie an die Hand nehmen. Nachdem man Tausende von ihnen abgeholt hatte, waren meiner Erinnerung nach vielleicht 80 in der Krankenstation zurückgeblieben, von denen wir hofften, daß wir sie retten könnten – aber kein Gedanke. Eines Tages hat man uns gesagt, daß auch diese 80 abgeholt würden. Und als wir versuchten, sie am Morgen der Deportation die Treppe hinunterzubringen, schrien sie und traten um sich. Sie wollten um keinen Preis hinuntergehen. Die Gendarmen kamen die Treppe hoch und brachten sie schließlich unter großen Schwierigkeiten dazu, daß sie gingen. Einer oder zwei von ihnen schienen etwas traurig über dieses entsetzliche Schauspiel zu sein, das sie mit ansehen mußten.«

Jo Nisenman, damals 18 Jahre alt, verließ Drancy am 26. August in einem dieser Transporte. In dem Zug befanden sich 700 Erwachsene und 400 Kinder, unter ihnen seine zehnjährige Schwester, die »blond und sehr hübsch« war.[16] Unter den etwa 90 Personen in seinem Waggon waren rund 30 Kinder, die ohne ihre Eltern deportiert wurden. Jo erinnert sich, wie »stoisch« die Kinder die lange Fahrt in dem Güterzug nach Auschwitz aushielten. »Nach zwei oder drei Tagen – ich weiß nicht mehr genau, wie lange wir fuhren – kamen wir an der letzten Station vor Auschwitz an. Und sie brauchten ein paar Männer in guter körperlicher Verfassung, da es in der Nähe ein Arbeitslager gab. Also hielten sie den Zug an und holten 250 Männer heraus.« Jo war einer von ihnen. »Sie trieben uns mit Stöcken ins Freie. Sie ließen es nicht zu, daß wir in den Waggons blieben. Ich habe meine Schwester dort zurückgelassen ... Doch trotz allem konnten wir uns nicht vorstellen, was mit ihnen passieren würde ... Ich erinnere mich nicht, daß sie geweint hätten. Ich sah diese Kleinen, einige von ihnen richtig niedlich, und sie wurden vernichtet. Es war grauenhaft.« Seit 60 Jahren erinnert sich Jo Nisenman Tag für Tag an das Leiden seiner Schwester und der übrigen Kinder von Drancy: »An der Rückseite des Hauses, in dem ich wohne, liegt ein Kindergarten, und ich sehe immer die Mütter, die ihre Kinder abholen wollen und Schokoladencroissants für sie dabeihaben. Doch die Kinder damals hatten keine Mütter, und sie bekamen auch keine Schokoladencroissants …«

Von all den unzähligen furchtbaren Episoden aus der Geschichte des Völkermords an den europäischen Juden durch die Nationalsozialisten ist die Geschichte der Ermordung der jüdischen Kinder, die aus Frankreich deportiert wurden, eine der erschütterndsten. Im Zentrum dieser Geschichte steht natürlich das schockierende Bild der Kinder, die von ihren Eltern getrennt werden. Aber es ist nicht einfach die grauenhafte Vorstellung von Kindern, die in Lagern wie Beaune-la-Rolande aus den Armen ihrer Mütter gerissen werden, die uns so verstören. Es ist die Tatsache, daß einige Eltern wie die Mütter, die ihren Kindern bei der ersten Razzia sagten, sie sollten davonlaufen, entgegen ihren natürlichen Impulsen handeln und sich von ihren eigenen Kindern trennen mußten, damit diese eine Chance zum Überleben hatten. Das emotionale Trauma, das mit einem solchen Schritt verbunden war, muß verheerend gewesen sein.

Selbst Höß entging nicht, daß Familien in Auschwitz um jeden Preis zusammenbleiben wollten. Und obwohl bei der Selektion an der Rampe die Männer von den Frauen und verheiratete Paare voneinander getrennt wurden, machten die KZ-Schergen schnell die Erfahrung, daß es in aller Regel ihren eigenen Interessen zuwiderlief, Mütter gewaltsam von ihren Kindern zu trennen. Obwohl sie wertvolle Arbeitskräfte verloren, wenn sie junge, gesunde Mütter mit ihren Kindern in die Gaskammer schickten, war ihnen doch klar, daß eine gewaltsame Trennung der Kinder von ihren Müttern bei der ersten Selektion derart entsetzliche Szenen zur Folge hätte, daß eine effiziente Durchführung des Vernichtungsprozesses fast unmöglich sein würde. Außerdem würde der Aufruhr, der aus dieser Trennung entstehen würde, mindestens so schlimm sein wie die seelische Verstörung der Mordkommandos, die Frauen und Kinder aus nächster Nähe erschießen sollten – gerade das, was mit den Gaskammern auf ein Minimum beschränkt werden sollte.

Nach den Kindertransporten im Sommer 1942 gelangten die französischen Behörden zu demselben Schluß. Nach dem letzten Deportationszug mit elternlosen Kindern, der am 31. August von Drancy abfuhr, erging eine Anweisung, keine weiteren derartigen Transporte durchzuführen. Zumindest in Frankreich sollten bei den Judendeportationen keine Kinder mehr ihren Müttern entrissen werden; von nun an wurden nur noch vollständige Familien nach Auschwitz geschickt. Aus dieser Tatsache sollte man allerdings keine falschen Schlüsse ziehen, denn die französischen Behörden hatten nicht etwa plötzlich ihr Herz für Kinder entdeckt, sondern vielmehr ebenso wie Höß in Auschwitz erkannt, daß es in ihrem eigenen Interesse lag, wenn sie die Kinder nicht von ihren Müttern trennten.

Es gibt noch einen weiteren Aspekt, der diese Geschichte so bedrückend macht: die Mittäterschaft der französischen Behörden in jeder Phase. Wie die Besatzer in Frankreich von Anfang an erkannt hatten, wäre es unmöglich gewesen, die Juden ohne die Kollaboration der Franzosen zu deportieren. Und die französische Entscheidung, »ausländische« Juden auszuliefern und die »französischen« Juden zu retten, verrät ein Maß an Zynismus, das selbst nach so langen Jahren schwer zu ertragen ist (auch wenn dies, wie wir weiter unten noch zeigen werden, eine Entscheidung war, die in den folgenden Jahren von mehreren anderen Ländern in derselben Weise getroffen wurde). Alles in allem wurden bei den Deportationen aus Frankreich während des Kriegs knapp 80 000 Juden getötet, etwa 20 bis 25 Prozent der Juden, die während dieser Zeit in Frankreich gewohnt haben. Diese Zahl, die man auch so ausdrücken kann, daß in Frankreich vier von fünf Juden den Völkermord überlebt haben, wird gelegentlich von Apologeten als Beleg dafür angeführt, daß die französischen Behörden sich unter der deutschen Besatzung relativ anständig aus der Affäre gezogen hätten. Doch das Gegenteil ist der Fall, da aller Wahrscheinlichkeit nach kaum etwas passiert wäre, wenn die Franzosen sich geweigert hätten, ihre »ausländischen« Juden auszuliefern. Selbst nach der Besetzung ganz Frankreichs im November 1942 griff die Besatzungsmacht nicht zu massiven Repressalien, als die französischen Behörden eine Hinhaltetaktik betrieben und die von den Deutschen geforderten Deportationsquoten nicht mehr einhielten.

Nach der Großrazzia in Paris im Juli 1942 und der Deportation der Kinder kam es zu deutlichen Protesten von Kirchenführern gegen das Vorgehen der politischen Führung Frankreichs. Der Erzbischof von Toulouse ließ in seiner Diözese am 23. August einen entsprechenden Hirtenbrief verlesen, und der Erzbischof von Lyon sagte Laval in einem Gespräch am 1. September, er unterstütze sowohl die Protestaktion als auch das Verstecken jüdischer Kinder bei Katholiken. Doch das alles kam zu spät, um jenen zu helfen, die bei der Polizeiaktion im Juli interniert worden waren. Die Mutter von Michel und Annette Muller kam in Auschwitz um. Und während es die Nationalsozialisten waren, die ihre Vernichtung betrieben, waren es die Franzosen, die sie der Gefahr dieser Vernichtung aussetzten. »Am meisten hat mir zu schaffen gemacht«, sagt Michel, »daß es dafür absolut keinen Grund gegeben hat. Die Menschen wurden einzig aus dem Grund verhaftet, weil sie als Juden geboren wurden. Und es waren die Franzosen, die es getan haben – das will mir bis heute nicht in den Kopf. Sechzig Jahre später ist es für mich immer noch unfaßbar.«

Ausnahmslos alle der über 4000 Kinder, die im Sommer 1942 ohne ihre Eltern von Frankreich aus deportiert wurden, starben in Auschwitz. »Als meine beiden Brüder davonliefen«, sagt Annette, »gab es einen Freund von ihnen aus der Schule, dessen Mutter ihm [ebenfalls] gesagt hatte, er solle weglaufen. Und als dieser Junge sich dann allein auf der Straße wiederfand, wollte er eigentlich wieder zurück zu seiner Mutter. Also bat er einen Polizeibeamten, ihn zu seiner Mutter zurückzubringen, und am Ende wurde er in die Gaskammern geschickt. Sie alle waren Kinder, die noch viel vor sich hatten. Sie waren voller Freude – Lebensfreude. Aber weil sie Juden waren, wurden sie in dieser Weise verurteilt. Und wie viele dieser Kinder hatten Fertigkeiten, Talente, gute Eigenschaften?«

Es gibt Augenzeugen für die Trennung der jüdischen Kinder von ihren Eltern, für ihre Leiden in den verschiedenen Internierungslagern, selbst für ihre »stoische« Haltung während der Transporte; doch nachdem sich die Tore von Auschwitz hinter ihnen geschlossen haben, blieb bis heute nur Schweigen. Der Versuch, sich diese oder ähnliche Szenen der Selektion vorzustellen – oder gar der Versuch, sich vorzustellen, wie es für einen Täter gewesen sein mußte, an diesem Vorgang zu beteiligt zu sein –, konnte unmöglich gelingen. Die einzige Möglichkeit, diese Finsternis zu durchdringen, hätte darin bestanden, einen glaubhaften Zeugen zu finden, der der SS angehört und in Auschwitz gearbeitet hatte. Unwahrscheinlicherweise und erst nach einer Suche von vielen Monaten gelang es uns, eine solche Person zu finden und mit ihr ein Gespräch zu führen: Oskar Gröning.

1942 wurde Gröning, damals 21 Jahre alt, nach Auschwitz abkommandiert. Er traf dort wenige Wochen nach den französischen Kindern ein und erlebte fast sogleich die Ankunft eines Transports an »der Rampe«, dem Bahnsteig, an dem die Juden den Zug verließen. »Ich stand an der Rampe«, sagt er, »und ich wurde einer Gruppe zugewiesen, die das Gepäck eines ankommenden Transports beaufsichtigen sollte.«[17] Er sah zu, wie SS-Ärzte zunächst die Männer von den Frauen und Kindern trennten und dann eine Selektion vornahmen, wer arbeitsfähig war und wer sofort vergast werden sollte. »Kranke wurden auf Lkw gehoben«, sagt Gröning. »Lkw mit dem Roten Kreuz – sie haben immer versucht, den Eindruck zu erwecken, daß die Menschen nichts zu befürchten hätten.« Er schätzt, daß zwischen 80 und 90 Prozent der Ankommenden des ersten Transports, den er im September 1942 erlebte, sofort für die Gaskammer ausgewählt wurden. Die Selektion vollzog sich in einer relativ geordneten Weise, sagt er: »Als das vorbei war, es ist wie bei einem Jahrmarkt, liegt viel Unrat rum. Und für den Unrat, in dem Unrat selber, saßen dann Kranke, nicht mehr Gehfähige, und es sind dann Dinge passiert, die mich in Aufruhr gebracht haben, daß ein Kind, das da nackt lag, einfach an den Beinen gefasst wurde und mit 'nem Wuppdich auf den Lkw geschmissen, der es dann weggefahren hat, und wenn es geschrien hat, wie ein krankes Huhn, eben einmal an die Kante des Lkw mit dem Kopf geschlagen, damit es ruhig war.«

Gröning war seiner Aussage zufolge so voller »Zweifel und Empörung«, daß er zu seinem vorgesetzten Offizier ging und ihm sagte, es sei ihm unmöglich, noch weiter dort zu arbeiten. Sein Vorgesetzter hörte sich Grönings Beschwerde ruhig an, erinnerte ihn an den Treueid, den er als SS-Mann geschworen hatte, und sagte, er könne den Gedanken, aus Auschwitz woandershin abkommandiert zu werden, vergessen. Zugleich machte er ihm gewisse Hoffnungen – wenn man es so nennen will. Er sagte Gröning, daß die »Exzesse«, die er an jenem Abend mit angesehen hatte, eine »Ausnahme« seien und daß er persönlich seine Meinung teile, daß Angehörige der SS sich an derartigen »sadistischen« Handlungen nicht beteiligen sollten. Dokumente bestätigen, daß Gröning anschließend ein Gesuch einreichte, an die Front versetzt zu werden, das jedoch abgelehnt wurde. So blieb ihm nichts anderes übrig, als in Auschwitz weiter seine Arbeit zu verrichten.

Bezeichnenderweise beschwerte sich Gröning bei seinem Vorgesetzten nicht über die Ermordung der Juden selbst, sondern lediglich über die Art und Weise ihrer praktischen Durchführung. Wenn er Menschen vor sich sah, von denen er wußte, daß sie in den nächsten Stunden sterben würden, hatte er unentschiedene Empfindungen. Für ihn waren Juden Kriegsgegner, sie zu töten, sei eine Kriegshandlung. Die Propaganda habe ihm das so beigebracht. Auf die Nachfrage, warum auch Kinder getötet wurden, sagt Gröning: »Die Kinder sind noch nicht der Feind. Der Feind ist das Blut in ihnen. Der Feind ist das Nachwachsen zu einem Juden, der gefährlich werden kann. Deswegen sind die Kinder mit beinhaltet.«

Hinweise darauf, wie es möglich war, daß Oskar Gröning in hilflosen Frauen und Kindern »Feinde« sah, die man vernichten mußte, liefert seine Lebensgeschichte, bevor er nach Auschwitz kam. Geboren wurde er 1921 in Niedersachsen als Sohn eines Textilfacharbeiters. Sein Vater war ein traditioneller Konservativer, »stolz auf das, was Deutschland erreicht hatte«. Eine der frühesten Erinnerungen Grönings sind Fotografien seines Großvaters, der in einem Eliteregiment des Herzogtums Braunschweig gedient hatte. »Seine Stellung beeindruckte mich ungeheuer, als ich noch ein Junge war. Er saß auf seinem Pferd und blies in seine Trompete. Es war faszinierend.« Nach der Niederlage Deutschlands im Ersten Weltkrieg trat Grönings Vater in den rechtsgerichteten Stahlhelm ein, eine der vielen ultranationalistischen Organisationen, die nach dem von ihnen so bezeichneten Schmachfrieden von Versailles aufkamen. Die Erbitterung seines Vaters über die Art und Weise, wie Deutschland von den Siegermächten behandelt worden war, nahm noch zu, als seine persönlichen Verhältnisse sich verschlechterten; die Firma, in der er arbeitete, mußte 1929 Konkurs anmelden. In den frühen dreißiger Jahren ging Oskar zur Jugendorganisation des Stahlhelms, der Scharnhorst-Jugend: »Ich trug eine graue Militärmütze mit passendem Hemd und Hosen. Wir sahen ziemlich eigenartig aus, aber wir waren stolz darauf. Und wir trugen Schwarz-Weiß-Rot, die Farben der Reichsflagge unter Kaiser Wilhelm.«

Nichts lag für den inzwischen elfjährigen Oskar Gröning näher, als nach der Machtübernahme Hitlers Anfang 1933 von der Scharnhorst-Jugend in die Hitlerjugend einzutreten. Er übernahm die Wertvorstellungen seiner Eltern und deren Urteil, die Nationalsozialisten seien »die Leute, die das Beste für Deutschland wollten und auch etwas dafür taten«. Als Hitlerjunge beteiligte er sich an der Verbrennung der Bücher, die »von Juden oder anderen Leuten, die entartet waren« geschrieben worden waren. Und er glaubte, auf diese Weise trage er dazu bei, Deutschland von einer nicht zu ihm passenden, »artfremden« Kultur zu befreien. Gleichzeitig war er überzeugt, daß die NSDAP durch ihren Einsatz auch wirtschaftliche Erfolge aufzuweisen hatte: »Innerhalb von sechs Monaten [nach Hitlers Machtantritt] waren die fünf Millionen Arbeitslosen von den Straßen verschwunden, und jeder hatte wieder Arbeit. Dann [1936] marschierte Hitler in das Rheinland ein und besetzte es einfach; niemand hat versucht, ihn aufzuhalten. Wir waren überglücklich darüber – mein Vater spendierte eine Flasche Wein.«

In der Zwischenzeit ging Oskar zur Schule, und obwohl er seiner Meinung nach gelegentlich »ziemlich faul und vielleicht ein bißchen dumm« war, beendete er die Realschule mit guten Noten und begann mit 17 Jahren eine Banklehre. Kurz nachdem er seine Lehre angetreten hatte, wurde der Krieg erklärt; acht von 20 Bankangestellten wurden sofort zur Wehrmacht eingezogen und von jungen Frauen ersetzt. Das bedeutete, daß die verbliebenen Lehrlinge wie Gröning »Stellungen bekamen, in die sie normalerweise nie gelangt wären. Ich zum Beispiel mußte die Kasse übernehmen.« Doch trotz dieser unerwarteten Beförderung an ihrem Arbeitsplatz waren die Banklehrlinge bei den Nachrichten von Deutschlands schnellen Siegen in Polen und Frankreich von einer »Euphorie« erfüllt und empfanden das Bedürfnis, »dabeizusein [und] mitzumachen«.

Oskar Gröning wollte nach dem Vorbild seines Großvaters zu einer »Eliteeinheit« der Wehrmacht gehen. Und für diesen jungen Mann kam nur eine einzige Einheit in Frage: die Waffen-SS. Diese »wurde aus Einheiten der SA gebildet [ein Irrtum Grönings] als es darauf ankam, Leute zu haben, auf die man sich absolut verlassen konnte. Bei den Parteikundgebungen marschierten die Männer mit den schwarzen Hemden immer zuletzt auf, und keiner von ihnen war kleiner als 1,90 Meter – es war so erhebend.« Ohne seinem Vater etwas zu sagen, ging Gröning zu einem Hotel, in dem man sich als Freiwilliger bei der Waffen-SS melden konnte, und wurde angenommen. »Und als ich nach Hause kam, sagte mein Vater, ›ich habe gehofft, sie würden dich als Brillenträger nicht nehmen‹. Und dann sagte er noch, ›es tut mir leid, aber du wirst schon noch sehen, was du davon hast.‹«

Was Oskar Gröning von seiner Mitgliedschaft in diesem Elitekorps hatte, war zunächst eine Stelle innerhalb der SS-Verwaltung als Buchhalter. Er war keineswegs unzufrieden mit diesem Posten. »Ich bin ein Schreibtischmensch. Ich wollte in einer Stellung arbeiten, in der ich sowohl das Leben eines Soldaten führen als auch meine bürokratischen Neigungen befriedigen konnte. Ein Jahr lang arbeitete er als Buchhalter, bis im September 1942 der Befehl erging, daß diensttaugliche, gesunde SS-Leute, die in der Buchhaltung arbeiteten, auf verantwortungsvollere Posten versetzt und die Stellen in der Verwaltung mit Kriegsheimkehrern besetzt werden sollten, die an der Front verwundet worden waren. »In der Annahme, daß wir jetzt einer kämpfenden Einheit zugeteilt würden, zogen 22 von uns mit unserem Marschgepäck los und nahmen einen Zug nach Berlin. Es kam uns ziemlich merkwürdig vor, denn normalerweise hätten wir den Befehl erhalten müssen, uns bei einer Sammelstelle der Wehrmacht zu melden.«

Gröning und seine Kameraden meldeten sich in einem der Wirtschaftsbüros der SS, die in einem »schönen Gebäude« in der Hauptstadt untergebracht waren. Sie wurden in ein Sitzungszimmer geschickt, wo sie von mehreren hochrangigen SS-Führern begrüßt wurden. »Wir mußten einen Vortrag anhören, in dem man uns sagte, daß wir Befehle ausführen müßten, die vertraulich erteilt worden seien – eine Aufgabe, die mit gewissen Schwierigkeiten verbunden sei. Man erinnerte uns daran, daß wir einen Eid geleistet hätten nach dem Motto ›Unsere Ehre heißt Treue‹ und daß wir diese Treue beweisen könnten, indem wir den Auftrag übernähmen, der uns jetzt erteilt würde und dessen Einzelheiten uns später bekanntgegeben würden. Danach sagte ein SS-Unterführer, wir müßten über diesen Auftrag absolutes Schweigen bewahren. Er sei streng geheim, so daß wir mit keinem unserer Verwandten, Freunde oder Kameraden oder sonstigen Personen, die nicht zu der Einheit gehörten, darüber sprechen dürften. Danach mußte jeder einzeln vortreten und eine entsprechende Erklärung unterschreiben.«

Nachdem man sie in den Innenhof des Gebäudes gebracht hatte, wurden Gröning und seine Kameraden in kleinere Gruppen aufgeteilt und zu verschiedenen Berliner Bahnhöfen gebracht, von wo sie mit unterschiedlichem Ziel abfuhren. »Wir fuhren nach Süden«, sagt Gröning, »in die Richtung von Kattowitz. Und unser Truppführer, der die Papiere hatte, teilte uns mit, wir müßten uns beim Kommandanten des Konzentrationslagers Auschwitz melden. Ich hatte bis dahin noch nie etwas von Auschwitz gehört.«

Sie kamen am späten Abend an und wurden von Militärpolizisten zum Hauptlager gebracht, wo sie sich im zentralen Verwaltungsgebäude meldeten und »provisorische« Schlafstellen in den SS-Baracken zugewiesen bekamen. Die anderen SS-Männer, die sie an diesem Abend in den Baracken trafen, waren freundlich und begrüßten sie herzlich. »Wir wurden von den Männern, die dort waren, akzeptiert, und sie sagten: ›Habt Ihr schon etwas gegessen?‹ Wir verneinten, und sie besorgten uns etwas.« Gröning war überrascht, daß es außer den Grundrationen der SS an Brot und Wurst Zusatzrationen gab, Rollmops und Ölsardinen. Ihre neuen Kameraden hatten auch Rum und Wodka, die sie mit den Worten auf den Tisch stellten: »Bedient euch!« »Wir ließen uns nicht lange bitten und fühlten uns schnell wohl. Wir fragten: ›Was für ein Lager ist das hier?‹, und sie sagten, das würden wir schon noch sehen – ein Konzentrationslager besonderer Art. Plötzlich ging die Tür auf und jemand rief: ›Transport!‹, worauf drei oder vier Leute aufsprangen und verschwanden.«

Nachdem sie ausgeschlafen hatten, meldete sich Gröning mit den anderen Neuankömmlingen wieder im zentralen Verwaltungsgebäude. Sie wurden von mehreren hohen SS-Führern über ihren Werdegang vor dem Krieg befragt: »Wir mußten angeben, was wir getan hatten, welche berufliche Tätigkeit, welche Schulbildung. Ich sagte, ich sei Bankangestellter und würde gern in der Verwaltung arbeiten, und einer der SS-Führer sagte: ›Ach, so jemanden kann ich gebrauchen.‹ Also nahm er mich mit, und wir gingen zu einer Baracke, in der das Geld der Häftlinge aufbewahrt wurde. Man sagte mir, wenn sie ihre Häftlingsnummer bekämen, würde ihr Geld hier eingetragen, und wenn sie das Lager wieder verließen, erhielten sie es zurück.«

Bis zu diesem Zeitpunkt hatte Gröning von Auschwitz den Eindruck, daß es ein »normales Konzentrationslager« war, abgesehen von den überdurchschnittlich hohen Lebensmittelrationen für die SS-Männer. Doch als er sich an die Arbeit machte und das Geld der Häftlinge eintragen wollte, erfuhr er zum ersten Mal von der zusätzlichen, »ungewöhnlichen« Aufgabe von Auschwitz: »Die Leute dort [in den Baracken] sagten uns, daß nur ein Teil von diesem Geld den Häftlingen zurückgegeben werde. Es kämen Juden in das Lager, mit denen man anders verfahre. Das Geld, das ihnen hier abgenommen werde, erhielten sie nicht mehr zurück.« Gröning fragte: »Hat das etwas mit dem ›Transport‹ zu tun, der letzte Nacht hier ankam?« Und seine Kollegen erwiderten: »Ach, wußtest du das nicht? So läuft das hier. Judentransporte kommen hier an, und wenn sie nicht arbeitsfähig sind, müssen wir sie loswerden.« Gröning wollte von ihnen wissen, was »loswerden« genau bedeutete, und nachdem man es ihm gesagt hatte, reagierte er mit Erstaunen: »Man kann es sich nicht wirklich vorstellen. Ich konnte es erst dann ernsthaft glauben, als ich während der Selektion auf die Wertsachen und die Koffer aufpassen mußte. Wenn Sie mich dazu befragen – es war ein Schock, den man im ersten Augenblick nicht verkraften kann. Aber Sie dürfen nicht vergessen, daß nicht erst seit 1933, sondern schon vorher die Propaganda, der ich in der Presse, den Medien, der allgemeinen Gesellschaft, in der ich lebte, ausgesetzt war, uns einhämmerte, daß die Juden die Ursache des Ersten Weltkriegs waren und am Ende Deutschland auch den ›Dolchstoß in den Rücken‹ gegeben hätten. Wir waren der festen Überzeugung, das war unsere Weltanschauung – wir Deutschen, wir sind im Grunde genommen betrogen rings von der Welt, und das ist eine große Verschwörung des Judentums gegen uns. Und so wurde auch in Auschwitz geredet – daß wir das verhindern müßten, verhindern müßten, was im Ersten Weltkrieg geschah, daß nämlich die Juden uns ins Elend gestürzt hätten. Die Feinde im Inneren Deutschlands würden notfalls getötet – vernichtet. Und zwischen diesen beiden Kämpfen, offen an der Front und dann an der Heimatfront, bestehe absolut kein Unterschied – und somit vernichteten wir nichts anderes als Feinde.«

Mit Oskar Gröning heute zusammenzutreffen und seinem Versuch zuzuhören, seine Zeit in Auschwitz zu erklären, ist ein eigenartiges Erlebnis. Inzwischen über achtzig Jahre alt, spricht er fast so, als gäbe es noch einen anderen Oskar Gröning, der vor 60 Jahren in Auschwitz eingesetzt war, und im Hinblick auf diesen »anderen« Gröning kann er grausam ehrlich sein. Entscheidend dabei ist, daß er sich davor schützt, die volle Verantwortung dafür zu übernehmen, daß er an dem Vernichtungsprozeß beteiligt war, indem er ständig auf die Macht der Propaganda zu sprechen kommt, der er ausgesetzt war, und die Auswirkung der ultranationalistischen Atmosphäre in der Familie, ihn der er aufwuchs. Erst nach dem Krieg, nachdem er einer anderen Weltanschauung ausgesetzt war – welche die Annahmen der Nationalsozialisten über die »jüdische Weltverschwörung« und die Rolle der Juden beim Ausbruch des Ersten Weltkriegs in Frage stellte –, konnte sich der »neue« Oskar Gröning zeigen, nunmehr imstande, sich dem Leben als nützlicher Bürger in einem modernen, demokratischen Deutschland zu stellen.

Das heißt nicht, daß Gröning versucht hätte, sich auf einen Befehlsnotstand zu berufen. Er stellte sich nicht als einen seelenlosen Automaten dar, der jeden ihm erteilten Befehl ausgeführt hätte. Die Unterstellung, daß er es möglicherweise auch akzeptiert hätte, daß »arische« Kinder ermordet worden wären, weist er vehement zurück. Er straft die bei einigen Historikern anzutreffende Vorstellung Lügen, die SS sei durch ihre Ausbildung so verroht worden, daß sie auf Befehl jeden umgebracht hätte. Nein, die Überlegungen Grönings bei seinen Entscheidungen bewegten sich in wesentlich komplexeren Bahnen. Gewiß, er macht geltend, er sei von der Propaganda seiner Zeit stark beeinflußt worden, aber er hatte dennoch während des Kriegs einige ganz persönliche Entscheidungen getroffen. Er machte in Auschwitz nicht einfach nur deshalb weiter, weil man es ihm befohlen hatte, sondern weil er nach allen »Beweisen«, die man ihm genannt hatte, überzeugt war, das Vernichtungsprogramm sei richtig. Nach Kriegsende bestritt er zwar die Richtigkeit der Beweise, mit denen man ihn konfrontierte, behauptete jedoch nicht, er habe damals so gehandelt, weil er eine Art Roboter gewesen sei. Zeit seines Lebens war er überzeugt, er habe das getan, was in seinen Augen »richtig« war; nur daß das, was damals »richtig« war, sich als etwas herausstellte, was heute nicht mehr »richtig« ist.

Wir sollten nicht zu hart über eine solche Strategie der Selbstrechtfertigung urteilen. Natürlich hätte er sich anders entscheiden können. Er hätte die Werte seiner Gemeinschaft ablehnen und sich widersetzen können. Er hätte von Auschwitz desertieren können (auch wenn bislang nichts darüber bekannt geworden ist, daß ein SS-Mann sich so verhalten hätte, weil er es aus moralischen Gründen ablehnte, in dem Lager zu arbeiten). Aber man hätte ein außergewöhnlicher Mensch sein müssen, um in dieser Weise zu handeln. Und der entscheidende, fast erschreckende Punkt bei Oskar Gröning liegt darin, daß er einer der am wenigsten außergewöhnlichen Menschen ist, denen man wahrscheinlich begegnen wird. Nach einigen Jahren Haft als Kriegsgefangener fand er eine Anstellung in der Personalabteilung einer Glaswarenfabrik, wo er unauffällig bis zu seiner Rente arbeitete. Das einzig Abnormale in Grönings ansonsten ganz und gar normalem Leben war die Zeit, während der er in Auschwitz tätig war.

Eine Untersuchung der historisch-soziologischen Merkmale der SS in Auschwitz auf der Grundlage statistischer Angaben gelangte zu dem Ergebnis, daß »die SS-Lagerbesatzung in ihrer Berufsstruktur und in ihrem Bildungsniveau nicht aus dem Rahmen fiel. Sie war weitgehend ähnlich der Gesellschaft, aus der sie rekrutiert worden war.«[18] Oskar Gröning ist ein perfektes Beispiel für diesen Befund. Er war auch darin typisch, daß er den unteren Rängen der

SS angehörte – der höchste Rang, den er erreichte, war der eines Rottenführers. Rund 70 Prozent der SS-Männer in Auschwitz fielen in diese Kategorie; 26 Prozent waren Unterscharführer (der nächsthöhere Rang nach dem des Rottenführers, vergleichbar dem eines Unteroffiziers der Wehrmacht); und nur 4 Prozent der gesamten SS-Besatzung in Auschwitz hatten einen höheren Rang als den eines Rottenführers. In Auschwitz I (Stammlager) und den zugehörigen Nebenlagern waren zu keiner Zeit mehr als etwa 3000 SS-Männer stationiert.[19] Die SS-Verwaltung des Lagers war in fünf Hauptabteilungen unterteilt: Büros der Lagerleitung, Lazarett der SS, Büros der politischen Abteilung (Gestapo und Kripo), Wirtschaftsbaracken (einschließlich des Magazins für das Eigentum der Ermordeten) und die Büros der Lagerkommandantur (zuständig für die Sicherheit innerhalb des Lagers). Die zuletzt genannte war die mit Abstand größte Abteilung – mehr als 75 Prozent der in Auschwitz stationierten SS-Mannschaften waren mit Sicherheitsaufgaben beschäftigt. Oskar Gröning war nur insofern ungewöhnlich, als er eine vergleichsweise »leichte« Arbeit innerhalb der wirtschaftlichen Verwaltung hatte.

Im Sommer 1942 kamen in Auschwitz Judentransporte aus ganz Europa an, aus der Slowakei, Frankreich, Belgien und den Niederlanden. Die seit Ende 1941 von den Deutschen betriebene Politik, Juden aus dem Westen vor ihrer endgültigen Deportation in Ghettos wie Łódź zu konzentrieren, wo eine weitere Selektion stattfinden konnte, bevor man die »arbeitsunfähigen« Juden umbrachte, wurde aufgegeben. Mit der Selektion in Auschwitz unmittelbar nach der Ankunft wurde der ganze Vernichtungsprozeß gestrafft. Jetzt wurde von der tödlichen Wirkung des Lagers sogar ein Teil des Vereinigten Königreichs erfaßt – die Ferieninseln Jersey und Guernsey, die beiden größten der Kanalinseln. Bei all denen, die fest davon überzeugt sind, daß niemand in England, Schottland oder Wales mit den Nationalsozialisten kollaboriert hätte, falls diese jemals ihren Fuß auf britischen Boden gesetzt hätten, muß die nun folgende Geschichte tiefe Verwirrung auslösen.

Die Kanalinseln, ein kleiner Archipel vor der Nordwestküste Frankreichs, konnten zu keiner Zeit von England verteidigt werden.

Diese Inseln, die stets loyal zur britischen Krone standen, aber eifersüchtig auf ihre Unabhängigkeit von der britischen Regierung bedacht waren, wurden im Juni und Juli 1940 von den Deutschen kampflos besetzt. Ebenso wie in Frankreich zogen es die Deutschen vor, ihr Besatzungsregime soweit wie möglich über die bereits bestehende administrative Struktur auszuüben; diese Besatzung war etwas völlig anderes als das deutsche Vorgehen in Polen oder der Sowjetunion. Dessenungeachtet waren die deutschen Besatzer gegenüber den jüdischen Einwohnern der Kanalinseln ebenso unduldsam wie in Minsk oder Warschau. Im Oktober 1941 wurde in der *Jersey Evening Post* eine Bekanntmachung veröffentlicht, mit der die Juden aufgefordert wurden, sich bei Clifford Orange, dem für Ausländer zuständigen Beamten, registrieren zu lassen. Im selben Monat erschien eine ähnliche Bekanntmachung in der *Guernsey Evening Post*, mit der alle Juden auf der Insel aufgefordert wurden, sich bei der Polizei zu melden.

Da die jüdischen Bewohner der Inseln mit der unmittelbar bevorstehenden Ankunft der Deutschen gerechnet hatten, waren die meisten von ihnen bereits auf das britische Festland entkommen. Nur eine kleine Anzahl von ihnen war aus unterschiedlichen Gründen zurückgeblieben: Zwölf Juden ließen sich auf Jersey registrieren, auf Guernsey waren es vier. Auch hier wie im übrigen Europa war die polizeiliche Erfassung der Juden der erste Schritt zur systematischen Verfolgung. Als erstes mußten jüdische Ladenbesitzer in ihrem Schaufenster ein Schild mit der Aufschrift »jüdisches Geschäft« aushängen; anschließend wurden die Geschäfte »arisiert« und mußten unter Zwang an Nichtjuden verkauft werden. Bei diesem Verfahren leisteten die Behörden der Kanalinseln wertvolle Hilfe: Sie nahmen den Besatzern die Arbeit ab. In einem typischen und herzzerreißenden Brief von einem der Juden auf Jersey, Nathan Davidson, an den Kronanwalt auf Jersey vom 23. Januar 1941 heißt es: »Gemäß Ihren Anweisungen möchte ich Ihnen mitteilen, daß ich die Abwicklung meines Geschäfts beendet …, den Rolladen vor dem Fenster heruntergelassen und ein Schild mit der Aufschrift »CLOSED« von außen daran angebracht habe.«[20] Clifford Orange konnte im Juni 1941 dem Amtmann auf Jersey und über diesen den deutschen Besatzern bestätigen: »Es gibt auf der Insel keine Juden, die als solche registriert wären, die ein Geschäft betreiben.«[21]

Weitere Anordnungen legten genaue Zeiten fest, in denen die Juden auf den Kanalinseln einkaufen durften, und verhängten über sie eine Ausgangssperre. Die einzige diskriminierende Anweisung, gegen die sich die Behörden auf Jersey sträubten, war die Vorschrift, daß die Juden einen gelben Stern tragen müßten. In diesem einen Fall wandten sich der Amtmann und der Kronanwalt an die deutschen Militärbehörden und baten sie, die Anordnung noch einmal zu überdenken. Doch trotz ihrer Proteste verlangte Dr. Casper, der deutsche Kommandant, es müßten spezielle Sterne auf die Insel geschickt werden, die in der Mitte das Wort »Jew« trugen. Anscheinend trafen diese Sterne nie ein. Unter der verhängten Ausgangssperre war es den wenigen Juden auf den Inseln nicht mehr möglich, ihren Lebensunterhalt zu verdienen. Nachdem Nathan Davidson sein Geschäft geschlossen hatte, brach er unter der Last der Verfolgungsmaßnahmen zusammen. Im Februar 1943 wurde er von einer psychiatrischen Klinik auf Jersey aufgenommen und starb ein Jahr später. Ein weiterer Jude auf Jersey, Victor Emmanuel, beging Selbstmord.

Die Vorbereitungen zur endgültigen Vernichtung der Juden auf den Kanalinseln begannen jedoch auf Guernsey. Drei Frauen – Auguste Spitz, Marianne Grunfeld und Therese Steiner – wurden im April 1942 von der Insel abgeholt. Alle drei waren Ausländerinnen; Spitz und Steiner kamen aus Österreich, Grunfeld war Polin. Alle drei kannten den Judenhaß der Nationalsozialisten nur zu gut. Therese Steiner hatte ihr Geburtsland Österreich verlassen, als der dortige Antisemitismus immer mehr zunahm. Schließlich hatte sie eine Stelle als Kindermädchen gefunden und hatte eine Stellung bei einem englischen Ehepaar, das 1939 auf die Insel gekommen war. Im Frühjahr 1940 gingen sie nach England zurück, doch die Behörden der Insel erlaubten ihr die Ausreise nicht, und aufgrund der Bestimmungen des britischen Innenministeriums wurde sie als »Ausländerin« interniert. So fiel sie schließlich gerade denen in die Hände, vor denen sie im Vereinigten Königreich Zuflucht gesucht hatte. Es gelang ihr, eine Stelle als Krankenschwester in einem Krankenhaus auf Guernsey zu finden, wo sie die Bekanntschaft von Barbara Newman machte, die in einem Interview über sie sagte: »Sie sah sehr gut aus und hatte sehr hübsches langes, lockiges Haar und eine jüdische Nase – das war das einzige. Sie sprach sehr schnell, natürlich mit einem Akzent. Sie war ein wenig rechthaberisch, was den Umgang mit ihr etwas schwierig machte. Aber wir kamen wirklich gut miteinander aus.«[22] Und Barbara Newman äußerte sich eindeutig zu Therese Steiners Meinung über die Nationalsozialisten: »Ich hatte den Eindruck, daß sie sie anspucken würde, wenn sie ihnen begegnet wäre.«

Im Frühjahr 1942 befahlen die deutschen Militärbehörden der Regierung auf Guernsey die Auslieferung der drei ausländischen Jüdinnen zur Deportation. Wachtmeister Ernest Plevin von der Polizei auf Guernsey erinnert sich noch daran, wie er Therese Steiner anwies, ihren Koffer zu packen und sich bei den Deutschen zu melden: »Ich kann mich noch gut erinnern, wie Therese in das Büro kam, wo ich ihr die Anweisungen der deutschen Militärbehörden an die Polizei von Guernsey vorlas. Therese wurde tieftraurig, fing an zu weinen und rief aus, ich würde sie nie wiedersehen.«[23]

Barbara Newman begleitete Therese auf ihrem letzten Gang auf Guernsey am Dienstag, dem 21. April 1942, nach Saint Peter Port: »Ich sehe noch das Bild vor mir – ich glaube, wir haben ihren Koffer auf den Gepäckträger eines Fahrrads gestellt und das Rad geschoben. Und wir standen da, sagten uns adieu, und ich sah sie durch die Sperre gehen, von wo sie mir noch einmal zuwinkte … Wir konnten überhaupt nichts daran machen. Man konnte sich auch nicht zuviel damit herumquälen, weil man sonst nicht mehr zurande kam. Man mußte einfach Befehle befolgen und sich daran gewöhnen. Und ich habe mir immer wieder gesagt: ›Wie sollen wir alle nur zurechtkommen, wenn der Krieg beendet ist? Es wird niemand dasein, der uns sagt, was wir tun sollen.‹« Der Gedanke, daß Therese Guernsey verließ, um ihrem gewaltsamen Tod entgegenzugehen, überstieg Barbara Newmans Vorstellungsvermögen: »Das alles hatten wir doch überhaupt noch nie erlebt, oder? So etwas gibt es in England einfach nicht.«

Auguste Spitz, Marianne Grunfeld und Therese Steiner lieferten sich alle drei den Deutschen in Saint Peter Port aus und wurden in einem Boot auf das französische Festland gebracht. Dort mußten sie sich als Jüdinnen registrieren lassen, und Therese Steiner fand vorübergehend eine Stellung als Kindermädchen. Im Juli wurden sie alle von der Polizei ergriffen und im Rahmen der Massendeportationen ausländischer Juden am 20. Juli nach Auschwitz verbracht, wo sie drei Tage später eintrafen. Wir wissen nichts Genaueres darüber, ob eine von ihnen die erste Selektion an der Rampe überlebt hat. Was wir dagegen mit Bestimmtheit wissen, ist, daß bei Kriegsende keine von ihnen mehr am Leben war.

Therese hatte recht gehabt – die Bürger von Guernsey sollten sie nie wiedersehen.

Die restlichen Juden auf den Kanalinseln wurden ein Jahr später, im Frühjahr 1943, deportiert. Doch ihnen stand ein völlig anderes Schicksal bevor. Ihre Deportation – gemeinsam mit anderen aus einem breiten Spektrum der Kanalinselbewohner, darunter »Freimaurer«, »ehemalige Offiziere der Streitkräfte« und »mutmaßliche Kommunisten«[24] – war eine Vergeltungsmaßnahme für den Überfall auf Sark, eine der kleinsten unbewohnten Kanalinseln, durch ein Kommandounternehmen fünf Monate zuvor. Nur ein einziger unter den deportierten Juden von den Kanalinseln wurde von den Deutschen für eine »Sonderbehandlung« ausgesucht – John Max Finkelstein, ursprünglich aus Rumänien, der schließlich in das Konzentrationslager Buchenwald und von dort nach Theresienstadt deportiert wurde. Er überlebte den Krieg.

Die übrigen Deportierten einschließlich der Juden wurden in Internierungslager in Frankreich und Deutschland geschickt, wo ihre Behandlung zwar alles andere als menschenfreundlich, aber nicht mit den Leiden der Insassen von Auschwitz zu vergleichen war. Seltsamerweise wurden die Juden (mit Ausnahme von John Max Finkelstein) nicht von den übrigen deportierten Inselbewohnern getrennt. Wir können nur Vermutungen darüber anstellen, warum sie von ihren Häschern in dieser Weise behandelt wurden – bei der Durchführung der »Endlösung« gab es immer wieder Anomalien. In diesem Fall spielte es möglicherweise eine Rolle, daß sie gemeinsam mit Personen anderer Kategorien deportiert wurden, die von den Deutschen als weniger »gefährlich« eingestuft wurden, und auch daß sie jüdische Staatsangehörige eines Landes waren, das von den Nationalsozialisten als »zivilisiert« angesehen wurde und das sie vielleicht nicht offen brüskieren wollten. (Hierzu würde es passen, daß die im Herbst 1943 aus Dänemark deportierten Juden nicht nach Auschwitz, sondern nach Theresienstadt geschickt wurden.)

Natürlich konnten die Behörden auf den Kanalinseln, die den Deutschen bei der Erfassung und Deportation der Juden behilflich waren, nicht sicher wissen, welches Schicksal diese zu erwarten hatten. Aber ihnen mußte klar sein, daß die Deutschen die Juden ausgesucht hatten, um sie zu verfolgen, und daß sie diesen Menschen sehr wahrscheinlich ein noch schlimmeres Leben zugedacht hatten. Dennoch unternahmen die Behörden nichts, um die Deportationen zu verhindern. Die Polizei und die Beamten arbeiteten im Gegenteil bereitwillig mit den Deutschen zusammen. Zwar haben wir gesehen, daß die Behörden auf Jersey (allerdings nicht auf Guernsey) gegen die Verordnung protestierten, mit der die Juden zum Tragen eines Sterns gezwungen werden sollten. Doch wie Frederick Cohen in seiner bahnbrechenden Untersuchung über die Behandlung der Juden auf den Kanalinseln während der Besatzungszeit feststellt, ist es andererseits sehr bezeichnend, daß die Behörden sich wesentlich stärker dafür verwendeten, die Freimaurer zu schützen, die auf den Inseln lebten.[25] In einem britischen Geheimdienstbericht vom August 1945 heißt es: »Als die Deutschen ankündigten, ihre geplanten judenfeindlichen Maßnahmen in die Tat umzusetzen, wurde von keinem der Beamten auf Guernsey in irgendeiner Weise dagegen protestiert, und sie beeilten sich, die Deutschen in jeder Hinsicht zu unterstützen. Als dagegen Schritte gegen die Freimaurer angekündigt wurden, legte der Amtmann nachdrücklich Protest ein und unternahm alles mögliche, um die Freimaurer zu schützen.«[26]

Wir können nicht mit Sicherheit wissen, was geschehen wäre, wenn die Behörden auf Guernsey vehement gegen die Deportation von Auguste Spitz, Therese Steiner und Marianne Grunfeld protestiert hätten. Wahrscheinlich hätte es kaum einen praktischen Unterschied gemacht – auch wenn es bis zum heutigen Tag ein stolzer Augenblick in der Geschichte Guernseys geblieben wäre –, doch es bleibt immer noch die Möglichkeit, daß ein deutlicher Protest das Leben dieser drei Frauen hätte retten können, die im Vereinigten Königreich Zuflucht gesucht hatten. Die Unterlassung eines solchen Protests ist jedenfalls schon für sich allein ein Schandfleck in der Geschichte der Insel.

Im selben Monat, in dem die drei von Guernsey Deportierten in Auschwitz ankamen, stattete Heinrich Himmler dem Lager einen weiteren Besuch ab. Am 17. Juli fuhr der Reichsführer-SS in das Lager ein, 15 Monate nach seiner ersten Inspektionsreise. Kazimierz Smolén, einer der polnischen politischen Gefangenen, kannte Himmler noch von früher: »Er sah nicht unbedingt wie ein Militär aus. Er trug eine Brille mit Goldrändern. Er war etwas dick und hatte einen kleinen Spitzbauch. Er sah aus wie – es tut mir leid, ich will niemandem zu nahe treten –, er sah aus wie ein Dorfschullehrer.«[27]

Bei seinem Besuch sah der gewöhnlich wirkende Mann mit Brille und einem kleinen Spitzbauch ein völlig verändertes Lager, mit einem völlig neuen, im Bau befindlichen Komplex in Birkenau. Er studierte eingehend die Pläne für die geplante Erweiterung des Lagers und besichtigte das rund 60 Quadratkilometer große Sperrgebiet (»Interessengebiet des K. L. Auschwitz«) rund um das Lager, das unmittelbar der Lagerverwaltung unterstand. Dann verfolgte er die Selektion eines neu eingetroffenen Transports und die anschließende Vergasung im »weißen Häuschen«. Danach wohnte Himmler einem Empfang ihm zu Ehren im Haus von Gauleiter Bracht im nahe gelegenen Kattowitz bei. Am folgenden Tag kehrte er zurück und besichtigte das Frauenlager in Auschwitz Birkenau. Hier war Himmler Zeuge der Bestrafung einer der weiblichen Häftlinge mit 25 Stockhieben, eine Strafe, die er selbst genehmigt hatte. Am Ende war Himmler so befriedigt über das, was er in Auschwitz gesehen hatte, daß er den Lagerkommandanten Rudolf Höß in den Rang eines Obersturmbannführers beförderte.

Mit der Karriere von Höß ging es aufwärts. Der Besuch des Reichsführers-SS war ein enormer Erfolg. Doch es blieb noch ein letztes Problem: Seine SS-Oberen waren besorgt über die große Zahl gelungener Fluchtversuche aus dem Lager. Solche Ausbrüche waren kein neues Phänomen in der Geschichte des Lagers: Der erste, der schriftlich überliefert ist, ereignete sich bereits am 6. Juli 1940. Doch was zu einer Warnung führte, die im Sommer 1942 an alle KZ-Kommandanten weitergegeben wurde, waren die Umstände eines besonders wagemutigen Ausbruchs aus Auschwitz, der sich nur wenige Wochen vor Himmlers Besuch ereignet hatte.

Ausgedacht hatte sich den Plan Kazimiers (Kazik) Piechowski, ein polnischer politischer Gefangener, der sich seit 18 Monaten in Auschwitz befand.[28] Er war sich der damit verbundenen Risiken mehr als bewußt: »Es hatte bereits die verschiedensten Fluchtversuche gegeben, doch die meisten scheiterten, denn sobald beim Morgenappell eine Person vermißt wurde, begannen [die SS-Männer und die Kapos] den Vermißten mit besonders ausgebildeten Hunden zu suchen, und dann fanden sie ihn unter ein paar Brettern oder zwischen Zementsäcken versteckt. Wenn sie ihn dann gefunden hatten, hängten sie ihm ein Schild um den Hals mit der Aufschrift: ›Hurra! Hurra! Ich bin wieder da!‹, und dann mußte er eine große Trommel schlagen, im Lager auf und ab und schließlich zum Galgen gehen. Er ging sehr langsam, als wollte er sein Leben verlängern.« Ein anderer beunruhigender Gedanke für jeden potentiellen Ausbrecher waren die furchtbaren Konsequenzen für die zurückgebliebenen Häftlinge, wenn sich herausstellte, daß jemand aus ihrem Block geflohen war. Wie im Fall von Pater Maksymilian Kolbe wurden zehn Häftlinge aus dem Block des Entflohenen ausgesondert, die zum Tod durch Verhungern verurteilt wurden. »Das rief bei manchen Häftlingen eine regelrechte Lähmung hervor«, sagt Piechowski, »doch andere wollten nicht darüber nachdenken, was passieren würde. Sie wollten um jeden Preis dieser Hölle entrinnen.«

Bevor Piechowski vor diesem doppelten Problem stand, aus dem Lager auszubrechen und gleichzeitig Repressalien gegen die Zurückgebliebenen zu vermeiden, mußte er zunächst ein näher liegendes Hindernis überwinden, das darin bestand, einfach zu überleben. Zunächst arbeitete er im Freien im Schnee in einem der schlimmsten Kommandos überhaupt: »Die Arbeit war schwer und das Essen miserabel. Ich war auf dem besten Weg, ein ›Muselmann‹[29] zu werden – so haben die SS-Männer Häftlinge bezeichnet, die jeden Kontakt zur Realität verloren hatten. Ich fühlte mich hilflos.« Dann wurde er der Nutznießer eines unerwarteten Glücksfalls. Er wurde für ein anderes Arbeitskommando ausgewählt: »Ich schloß mich diesem Kommando an, und während wir durch das Lagertor gingen, fragte ich den Mann neben mir: ›Wo gehen wir hin?‹ Und er sagte: ›Du weißt es nicht? Na, du hast gewonnen! Weil wir im Magazin arbeiten. Es ist Schwerarbeit, aber du bist wenigstens nicht draußen in der Frostkälte. Du hast ein Dach über dem Kopf.‹ Ich fühlte mich wie im siebten Himmel.« Piechowski stellte zudem fest, daß das Arbeiten im »Himmel« des Magazins noch einen besonderen Vorteil hatte: »Meine Kameraden sagten mir, wenn wir einen Wagen mit Mehl beladen müßten, sollte ich den Sack beschädigen, so daß das Mehl auslief. Die Wache würde uns dann befehlen, ihn auf den Müll zu werfen. Aber das haben wir nicht gemacht. Wir haben das Mehl mit Wasser verrührt und Ravioli daraus gemacht.« Nach dieser glücklichen Wendung schöpfte Piechowski neue Hoffnung, doch noch »überleben zu können«.

Eines Tages, kurz nachdem er der Kolonne für das Magazin zugeteilt worden war, hatte er ein Gespräch mit einem ukrainischen Häftling namens Eugeniusz (Genek) Bendera, der in der nahe gelegenen SS-Werkstatt als Mechaniker arbeitete. »Er ging morgens gemeinsam mit uns zur Arbeit und abends wieder zurück, und eines Tages vertraute er mir an, er habe erfahren, daß er auf der Todesliste stehe – es gab immer wieder Selektionen. Er sagte zu mir: ›Kazik, was soll ich tun? Ich stehe auf der Todesliste!‹ Ich sagte ihm: ›Da kann ich gar nichts machen.‹ Aber er ließ nicht locker und sagte: ›Kazik, warum versuchen wir nicht, von hier wegzukommen?‹ Für mich war das ein Schock – wie sollten wir das schaffen? Und er sagte: ›Na, mit einem Wagen. Ich kann jederzeit an einen Wagen kommen.‹ Und ich begann darüber nachzudenken, ob es eine Möglichkeit gab. Und ich sagte Genek, wir bräuchten auch ein paar Uniformen – SS-Uniformen.«

An diesem Punkt kamen die Gedanken an eine Flucht nicht weiter. Wie sollten sie jemals an SS-Uniformen herankommen? Doch wieder stand ihnen das Glück zur Seite. Piechowski erhielt von seinem Kapo den Auftrag, in den zweiten Stock des Magazins zu gehen, in dem sie arbeiteten, um ein paar leere Kartons zu holen. Während er oben einen Gang entlangging, sah er auf einer der Türen die deutsche Aufschrift »Uniformen«. Er drückte vorsichtig die Klinke herunter, aber die Tür war verschlossen. Doch an einem der folgenden Tage wurde er von seinem Kapo wieder nach oben geschickt, und diesmal stand die Tür einen Spalt weit offen. »Da hatte ich nur noch den einzigen Gedanken«, sagt Piechowski, »reinzugehen und zu sehen, was passieren würde. Ich öffnete also die Tür ganz, und im Zimmer stand ein SS-Mann, der gerade etwas in einem Regal verstaute und sofort auf mich losging und nach mir trat. Ich stürzte zu Boden. ›Du Schwein!‹ sagte er. ›Du polnisches Schwein, du Hund, was hast du hier zu suchen? Du meldest dich sofort im Hauptbüro, du polnisches Schwein!‹ Und ich machte mich schleunigst davon.«

Doch Piechowski wußte, daß es für ihn die Zuteilung zum Strafkommando und den sicheren Tod bedeuten würde, wenn er meldete, daß er das Zimmer betreten hatte. Also unternahm er nichts und hoffte das Beste, und das Beste trat tatsächlich ein. Er entging jeglicher Bestrafung, weil der SS-Mann, den er aufgestört hatte, den Zwischenfall nicht weiterverfolgte – eine weitere glückliche Wendung in einer Serie glücklicher Zufälle. Er hatte gesetzt und gewonnen, da er zudem erspähen konnte, was sich eigentlich in dem Zimmer befand: Uniformen, Handgranaten, Munition, Stahlhelme, eigentlich alles, was er und sein Kamerad für die Flucht benötigten.

Der beste Tag für ein Fluchtunternehmen war ein Samstag, da die SS an Wochenenden in diesem Bereich des Lagers nicht arbeitete. Und Piechowski dachte sich eine Möglichkeit aus, sich einen Zugang zum Magazin zu verschaffen, indem er eine Schraube an einer Bodenklappe entfernte, hinter der sich eine Luke zum Kohlenkeller befand. Vom Kohlenkeller aus gelangte man in das übrige Gebäude. Jetzt war Piechowski entschlossen, den Ausbruch zu versuchen, bis ihn in seiner Schlafkoje ein »Donnerschlag« traf. Ihm kam urplötzlich zu Bewußtsein, daß »für jeden Flüchtling zehn Häftlinge getötet werden. Ich konnte die ganze Nacht nicht schlafen – dieser Gedanke quälte mich«, sagt er, »bis mir im Bruchteil einer Sekunde die Lösung einfiel. Es gab eine Möglichkeit: Ein fiktives Arbeitskommando.« Piechowskis Plan sah vor, daß vier von ihnen das Hauptlager als ein vorgebliches »Rollwagenkommando« verließen und einen Wagen schoben. Danach würden sie sich aus der inneren Sicherheitszone offiziell abmelden und sich in der äußeren Sicherheitszone befinden, in der viele Häftlinge arbeiteten. Wenn sie anschließend verschwanden, war es möglich, daß allein der Kapo für ihren Block zur Rechenschaft gezogen wurde, da man annehmen würde, daß er das Kommando genehmigt hatte.

Es war ein verwegener Plan, und zu seiner Verwirklichung mußten sie zwei weitere Häftlinge finden, die bereit waren, das Risiko auf sich zu nehmen, weil ein Rollwagenkommando aus vier Männern bestand. Bendera gewann sofort einen der Priester in seinem Block für das Unternehmen, Jósef Lempart, doch dann trat eine neue Schwierigkeit auf. Piechowski offenbarte sich einem seiner engsten Freunde, doch dieser sagte, er werde sich nur beteiligen, wenn er noch einen Zweiten mitbringen könne. Das war unmöglich, weil zu einem Rollwagenkommando nur vier Leute gehörten. Der nächste Freund, den Piechowski ansprach, sagte: »Vielleicht gibt es eine Chance, aber sie ist äußerst gering« und lehnte ab. Schließlich erklärte sich ein Jugendlicher aus Warschau bereit mitzumachen, ein ehemaliger Pfadfinder namens Stanisław Jaster, auch wenn ihm klar war, daß das Vorhaben »hochriskant« war.

Jaster erkannte sofort den am wenigsten berechenbaren Punkt, von dem das Gelingen des ganzen Plans abhing – ob die SS-Wachen am Tor der äußeren Sicherheitszone sie durchlassen würden, ohne daß sie irgendwelche Papiere vorzeigen mußten. Falls die Wachen nach Vorschrift handelten und den Wagen anhielten, waren sie erledigt. In einem solchen Fall, darin waren die vier sich einig, würden sie nicht auf die Wachen schießen, sondern ihre Waffen gegen sich selbst richten. Sie befürchteten, daß wenn auch nur ein einziger SS-Mann von ihnen während des Unternehmens getötet würde, das Lager unter furchtbaren Vergeltungsmaßnahmen zu leiden hätte; wahrscheinlich würden 500 oder 1000 Häftlinge getötet.

Samstag, der 20. Juni 1942, war das Datum, das sie für ihren Fluchtversuch festgelegt hatten. Am Morgen legten zwei von ihnen Armbinden an, um den Eindruck von Kapos zu erwecken, und dann schoben alle vier einen mit Abfall beladenen Karren durch das Tor mit der Inschrift »ARBEIT MACHT FREI« in die dahinter liegende äußere Sicherheitszone. »Am Tor«, sagt Piechowski, »sagte ich zur Wache auf deutsch, ›Häftling 918 und drei andere auf dem Weg zum Magazin.‹ Der Mann notierte es in seinem Buch und ließ uns durch.« Nachdem sie das Tor passiert hatten, begab sich Eugeniusz Bendera zur SS-Werkstatt, um den Wagen vorzubereiten, während die drei anderen durch die Kellerluke in das Magazin gelangten. Dann entdeckten sie, daß die Tür vor dem Gang zur Kleiderkammer mit einer schweren Eisenstange verriegelt war, doch Stanisław nahm eine Spitzhacke zu Hilfe und öffnete die Tür »mit aller Kraft«. Hastig suchten sie vier passende Uniformen für sich und Bendera zusammen. Außerdem nahmen sie vier leichte Maschinengewehre und acht Handgranaten mit.

Die drei, nunmehr in der Uniform von SS-Männern, wollten gerade das Magazin wieder verlassen, als sie hörten, wie sich draußen zwei Deutsche unterhielten. »Ich wußte nicht, was ich machen sollte«, sagt Piechowski. »Was, wenn sie hereinkamen? Aber dann geschah ein neues Wunder, wenn Sie an Wunder glauben. Die Männer redeten miteinander, ohne das Magazin zu betreten, und gingen einfach wieder weg.«

Durch das Fenster des Magazins gaben sie Bendera ein Zeichen, daß er den Wagen bis wenige Meter vor den Eingang fahren solle. Dann stieg er aus dem Wagen und nahm vor seinen drei Freunden in SS-Uniform stramme Haltung an. »Alle 60 oder 70 Meter stand ein Wachturm«, sagt Piechowski, »und die Wache sah zu uns hinüber, »aber wir kümmerten uns nicht darum, weil wir unserer Sache sicher waren. Genek nahm seine Mütze ab, sagte etwas zu mir, und ich zeigte auf das Magazin, und dort legte er seine Häftlingskleidung ab und zog die SS-Uniform an.«

Jetzt waren die vier bereit, die gefährlichste Phase ihrer Flucht in Angriff zu nehmen: »Wir fuhren los. Und nach der ersten Kurve sahen wir zwei SS-Männer. Genek sagte: ›Aufpassen!‹ Wir fuhren an ihnen vorbei, und sie sagten ›Heil

Hitler!‹, und wir taten dasselbe. Wir fuhren vielleicht drei- oder vierhundert Meter und stießen auf einen weiteren SS-Mann, der sein Fahrrad reparierte. Er sah uns an und sagte: ›Heil Hitler!‹, und wir grüßten zurück. Jetzt fuhren wir auf das Haupttor zu, und die Frage war, ob sie uns wohl ohne irgendwelche Papiere durchlassen würden – wir hielten das für möglich. Das Tor war geschlossen, und rechts davon stand ein SS-Mann mit einem Maschinengewehr, und links stand ein Tisch mit einem Stuhl, auf dem ein SS-Mann saß. Noch 80 Meter, und Genek schaltete in den zweiten Gang, dann noch 50 Meter, und die Schranke war immer noch unten. Sie konnten den Wagen sehen und uns vier in SS-Uniform, und trotzdem ging die Schranke nicht hoch. Etwa 20 Meter davor sah ich Genek an und konnte die Schweißtropfen auf seiner Stirn und seiner Nase sehen. Nach weiteren fünf Metern dachte ich, ›jetzt bringe ich mich um‹, so wie wir es verabredet hatten. In diesem Augenblick knuffte mich der Priester auf dem Rücksitz in den Rücken – ich wußte, daß sie auf mich rechneten. Also brüllte ich die SS-Männer an: ›Wie lange sollen wir hier noch warten!‹ Ich habe sie beschimpft. Und dann sagte der SS-Mann im Wachturm etwas, und der Mann am Tisch ließ die Schranke hochgehen, und wir fuhren durch. Das war die Freiheit.«

In Hochstimmung fuhren die vier Männer dann durch die polnischen Dörfer, und nach wenigen Minuten lag Auschwitz ein ganzes Stück weit hinter ihnen. Mit Hilfe von Freunden besorgten sie sich Zivilkleider; den Wagen ließen sie irgendwo stehen und tauchten in der polnischen Bevölkerung unter. Der erste Teil ihres Plans – ihre erfolgreiche Flucht – war erfolgreich abgeschlossen.

In Auschwitz selbst ging auch der zweite Teil des Plans auf. Kazimierz Piechowskis List mit dem falschen Arbeitskommando rettete alle bis auf einen der in seinem Block zurückgebliebenen Häftlinge vor schweren Vergeltungsmaßnahmen. Es war allein sein Kapo, der bestraft und in die Hungerzelle von Block 11 geschickt wurde.

Doch wie die weitere Geschichte zeigt, bedeutete eine gelungene Flucht aus Auschwitz nicht zwangsläufig, daß die Leiden der Menschen, die dem Lager entronnen waren, damit ein Ende gehabt hätten. Stanisław Jaster mußte mit der furchtbaren Nachricht fertig werden, daß seine Eltern zur Vergeltung verhaftet, nach Auschwitz geschickt wurden und dort umkamen. Er selbst verlor sein Leben in Warschau während der Besatzung.[30] Józef, der Priester, war durch seine Erlebnisse in Auschwitz so stark traumatisiert, daß er nach Aussage Piechowskis »wie in Trance herumlief«. Nach dem Krieg wurde er von einem Bus überfahren und tödlich verletzt. Eugeniusz Bendera, der Mann, der überhaupt die Idee zu der Flucht hatte, nachdem sein Name auf der Todesliste stand, mußte bei seiner Heimkehr feststellen, daß seine Frau ihn verlassen hatte. Er wurde zum Trinker und starb bald darauf. Heute ist von den vieren nur noch Kazimierz Piechowski am Leben, und auch er sagt, er befinde sich noch immer in einem »psychischen Aufruhr« als Folge der erlittenen Leiden. In seinen Träumen wird er von SS-Männern mit Hunden angegriffen und erwacht danach »schweißgebadet und mit einem Chaos im Kopf«.

Doch trotz aller Widrigkeiten, denen alle vier nach ihrer dramatischen Flucht aus dem Lager Auschwitz ausgesetzt waren, zweifelte keiner von ihnen jemals daran, daß es für sie die richtige Entscheidung war, alles auf eine Flucht zu setzen. Und wenn sie gewußt hätten, was in Himmlers Kopf vorging, als er im Juli 1942 das Lager besuchte, dann wären sie sich ihrer Sache doppelt so sicher gewesen. Denn das Morden in Polen sollte zunehmen. Am 19. Juli befahl Himmler, daß die »Umsiedlung der gesamten jüdischen Bevölkerung des Generalgouvernements bis zum 31. Dezember durchgeführt und beendet ist.«[31] In diesem Kontext war »Umsiedlung« ein Tarnwort für »Ermordung«. Damit gab Himmler preis, daß er ein Datum für die Vernichtung von Millionen polnischer Juden festgesetzt hatte.

Die Worte Himmlers waren allerdings weniger ein Befehl für die Zukunft als eine abschließende Erklärung. Denn sie waren das Endresultat eines kumulativen Prozesses von Entscheidungen, der bis in eine Zeit noch vor dem Überfall auf die Sowjetunion zurückreichte, das letzte Glied in einer Kausalkette, die wir erst in der Rückschau erkennen können. Jede der wesentlichen Entscheidungen, die dieser Erklärung vorangingen – die Entscheidung, die polnischen Juden in Ghettos zu konzentrieren, der Befehl hinter den Massenerschießungen im Osten und die anschließenden Vergasungsexperimente, die Entscheidung, die deutschen Juden zu deportieren und dann nach einer Methode zu suchen, »arbeitsunfähige« Juden in den Ghettos zu töten, um Platz für die deutschen Juden zu schaffen –, alle diese Aktionen und noch einiges andere standen in einem Zusammenhang mit Himmlers Erklärung vom 19. Juli 1942. Die Planungsphase war beendet; die fundamentale Entscheidung war bereits Monate zuvor getroffen worden. Die Nationalsozialisten hatten sich entschlossen, die Juden zu ermorden. Jetzt ging es nur noch um die praktische Umsetzung dieses Entschlusses. Und die SS-Männer waren davon überzeugt, daß sie auf praktischem Gebiet Hervorragendes leisteten.

Im Verlauf des Jahres 1942 sollten die Deutschen das Tempo, in dem sie bei der Verfolgung der »Endlösung der Judenfrage« die Juden Europas umbrachten, enorm steigern. Doch die Tötungskapazität von Auschwitz beschränkte sich auf die Gaskammern des »roten« und des »weißen Häuschens« (nachdem regelmäßige Vergasungen im Krematorium des Stammlagers infolge der im 2. Kapitel erörterten Schwierigkeiten abgebrochen worden waren). Deshalb sollte Auschwitz trotz seiner späteren Bekanntheit bei der Ermordung der polnischen Juden im Jahr 1942 nur eine untergeordnete Rolle spielen.

Himmler konnte seiner Sache – die Ermordung aller polnischen Juden bis Ende 1942 – nicht deshalb so sicher sein, weil es Auschwitz gab, sondern weil er wußte, daß die Mehrzahl der Massenmorde in drei neuen Lagern durchgeführt würde, die bereits in den Wäldern Polens errichtet waren: drei Orte, die im Unterschied zu Auschwitz kaum in das Bewußtsein der Allgemeinheit eingedrungen sind – Bełżec, Sobibór und Treblinka. Daß diese Lager heute nicht in einem Atemzug mit Auschwitz erwähnt werden, ist eine Art schwarze Ironie, da die Nationalsozialisten selbst ihre Namen aus der Geschichte getilgt sehen und sichergehen wollten, daß alle materiellen Spuren von ihnen beseitigt wurden, nachdem sie ihre mörderische Aufgabe erfüllt hatten. Lange vor Kriegsende hatte die SS die Lager zerstört, und das Gelände konnte wieder aufgeforstet oder landwirtschaftlich genutzt werden. Dagegen wurde von der Lagerbesatzung in Auschwitz kein Versuch unternommen, das Lager als einen physischen Ort zu zerstören. Sein Vorgänger war ein bewährtes Vorkriegsmodell innerhalb des NS-Systems – das Konzentrationslager –, und diese Vorläufer der Vernichtungslager sollten ursprünglich bewußt nicht den Blicken der Öffentlichkeit entzogen werden. Ein Lager wie Dachau wurde an den Rändern einer Kleinstadt errichtet, und das hatte für das Regime einen propagandistischen Vorteil, weil es mit einem solchen Lager seinen Willen demonstrieren konnte, Personen zu inhaftieren und »umzuerziehen«, die es als seine Gegner betrachtete. Erst nachdem in Auschwitz erstmals Menschen massenhaft ermordet wurden, trat das Schizophrene seiner Aufgabe deutlicher hervor – eine geistige Verfassung, welche die Lagerbesatzung dazu bewog, vor dem Verlassen des Lagers die Gaskammern in die Luft zu sprengen, den übrigen massiven Komplex jedoch weitgehend unversehrt zu hinterlassen.

Etwas völlig anderes entstand während des Jahrs 1942 in Bełżec, Sobibór und Treblinka. Für die Existenz dieser Lager gab es im NS-Staat keine Vorbilder, und es dürfte in der gesamten Menschheitsgeschichte keine Vorbilder dafür gegeben haben. Ihre Anlage orientierte sich an keinem früheren Modell, und in vieler Hinsicht verkörpern ihre Geschichte und ihr Betrieb die Einzigartigkeit der »Endlösung der Judenfrage« durch den Nationalsozialismus vollkommener als Auschwitz.

Bełżec, das als erstes gebaut werden sollte, war das einzige Lager, dessen Anfänge vor 1942 liegen. Im November 1941 begannen die Bauarbeiten an einem kleinen Lager etwa 500 Meter entfernt vom Bahnhof Bełżec, einer abgelegenen Stadt im Südosten des besetzten Polen. Zunächst hatte die SS beabsichtigt, mit diesem Lager ein lokales Problem an Ort und Stelle zu lösen – »arbeitsfähige« Juden aus der Umgebung zu töten. Ebenso wie in Chełmno die Gaswagen ursprünglich primär dazu gedacht waren, die Juden aus dem Ghetto Łódź zu töten, so sollten in Bełżec ursprünglich »unerwünschte« Juden aus dem Gebiet Lublin getötet werden.

Im Dezember 1941 kam SS-Hauptsturmführer Christian Wirth nach Bełżec, um den Posten des Lagerkommandanten anzutreten. Er war 56 Jahre alt. Ursprünglich gelernter Tischler, Frontsoldat im Ersten Weltkrieg, wo er sich durch Tapferkeit auszeichnete, trat 1931 in die NSDAP ein und war in den dreißiger Jahren bei der Kriminalpolizei in Stuttgart tätig. 1939 wurde er Mitarbeiter im Euthanasieprogramm und war einer der Organisatoren der Ermordung von Behinderten durch Kohlenmonoxid. 1941 wurde er in den Distrikt Lublin versetzt, wo er den Auftrag hatte, im Rahmen der »Aktion Reinhardt« Vernichtungslager zu errichten, in denen die im Euthanasieprogramm entwickelten Methoden eingesetzt wurden. Wirth war ein Sadist. Einmal wurde er dabei beobachtet, wie er eine Jüdin mit der

Peitsche in die Gaskammer trieb, und er ermordete Juden mit seinen eigenen Händen.

In Bełżec hatte dieser furchtbare Mann die Möglichkeit, alle seine bisherige Erfahrung im Massenmorden an einem einzigen Ort einzusetzen. Er beschloß, als Mittel zu diesem Zweck Kohlenmonoxid zu verwenden, das nicht wie beim Euthanasieprogramm aus Gasflaschen kam, sondern aus einem normalen Verbrennungsmotor, wie Widmann ihn wenige Monate zuvor in der Sowjetunion benutzt hatte. Die drei Gaskammern selbst wurden in einem Ziegelsteingebäude untergebracht und sollten den Eindruck von Duschräumen erwecken; das Kohlenmonoxid wurde durch die Duschköpfe an der Decke eingeleitet.

Mit der Verwendung von Kohlenmonoxid aus einem Motor und den angeblichen Duschen übernahm Wirth frühere Tötungstechniken. Doch jetzt betrat er mit dem Entwurf für die Anlage dieses Lagers völlig neuen Boden und orientierte sich nicht mehr an den bisherigen Anlagen von Konzentrationslagern. Als erstes erkannte er, daß in der weitaus größten Mehrzahl der Fälle zwischen der Ankunft der deportierten Juden und ihrer Ermordung nur wenige Stunden vergehen würden, was einen ausgedehnten Gebäudekomplex wie in Auschwitz oder Dachau entbehrlich machte. Das Vernichtungslager benötigte im Gegensatz zum Konzentrationslager nur eine geringe Zahl unterschiedlicher Einrichtungen und nur eine geringe Grundstücksfläche. Diese betrug für das Lager Bełżec weniger als 300 Meter im Quadrat.

Die Besucher der ehemaligen Vernichtungsstätten Bełżec, Sobibór und Treblinka (deren Zahl wesentlich geringer ist als die der Besucher von Auschwitz) sind in der Regel verblüfft darüber, wie klein diese Vernichtungslager waren. In diesen drei Lagern wurden insgesamt rund 1,7 Millionen Menschen vergast – 600 000 mehr als in Auschwitz –, und dennoch hätten sich alle drei bequem auf dem Gelände von

Auschwitz-Birkenau unterbringen lassen, und es wäre immer noch Platz übriggeblieben. Bei einem Massenmord, der auf fast jeder Ebene eine Verletzung der Menschenwürde darstellt, liegt eine der größten Kränkungen darin – und das kann wahrscheinlich nur jemand verstehen, der einmal selbst dort gewesen ist –, daß so viele Menschen auf einer so kleinen Fläche umgebracht wurden. Irgendwie verbindet unser Denken eine Tragödie von derart monumentalen Ausmaßen mit einem monumentalen Raum – vielleicht ein weiterer Grund, warum Auschwitz heute so viel bekannter ist als diese drei Vernichtungslager. Die große Ausdehnung von Birkenau läßt dem Denken Raum bei dem Versuch, sich eine Vorstellung von der Monstrosität des Verbrechens zu machen, etwas, das den Besuchern eines Orts wie Bełżec verweigert wird. Wie kann sich unser Gehirn vorstellen, daß 600 000 Menschen, die geschätzte Zahl der hier Ermordeten, auf einer Fläche von weniger als 300 mal 300 Metern umgebracht wurden?

Und auf diesem relativ kleinen Gelände waren nicht nur ein, sondern zwei Lager untergebracht. Wirth wußte, daß der reibungslose Ablauf seiner Todesfabrik wesentlich davon abhing, daß den Neuankömmlingen der wahre Zweck des Lagers möglichst lange verborgen blieb. Deshalb brachte er die Gaskammer in einem eigenen, umzäunten Bereich des Lagers unter, das sogenannte Lager 2, versteckt hinter Bäumen und mit Zweigen begrünten Drahtzäunen. Dieser Bereich war mit dem übrigen Lager nur durch den »Schlauch« zu erreichen, ein Durchgang durch den elektrisch geladenen Zaun. Lager 1 – der übrige Teil von Bełżec – bestand aus dem Aufnahmebereich neben den Schienen, mehreren Baracken (in denen die Neuankömmlinge sich auszogen und wo ihre Habe gelagert werden konnte, bevor sie abtransportiert wurde) und einem Appellplatz.

In Bełżec und anschließend in den beiden anderen Vernichtungslagern arbeiteten drei Kategorien von Menschen.

Die erste bestand aus Juden. Wirth hatte schnell erkannt, daß der Einsatz von Juden bei dem Tötungsprozeß nicht nur seinen Männern eine psychische Belastung ersparen würde, sondern auch bedeutete, daß für den Betrieb des Lagers weniger Deutsche benötigt würden. So wurden einige hundert arbeitsfähige Juden aus den ankommenden Transporten ausgesucht und mußten die Leichen beerdigen, die Gaskammern reinigen und die riesigen Mengen an Kleidern und anderen Habseligkeiten sortieren, die sich rasch in dem Lager anhäuften. In der ersten Zeit wurden diese Juden bereits nach wenigen Tagen selbst getötet, doch das brachte für die SS-Besatzung bald Probleme mit sich. Nicht nur, daß man diese Arbeitskräfte nicht mehr über den wahren Zweck der Duschräume täuschen konnte, wenn man sie dorthin schickte, sondern nach ihrer Ermordung mußten neue Arbeitskräfte ausgesucht und eingearbeitet werden. Wenn man sie andererseits länger am Leben ließ, hatte man es mit einer eigenen Gruppe von Häftlingen zu tun, die nichts zu verlieren hatten, da sie wußten, daß sie irgendwann einmal selbst umgebracht würden. Sie hatten also Zeit, über ihr Schicksal und über Möglichkeiten eines Widerstands nachzudenken. An diesem Dilemma für die Lager-SS ließ sich nichts ändern: Wie überwachte man Menschen, die wissen, daß sie eines Tages von den Menschen getötet werden, in deren Macht sie sich befinden?

Die zweite Kategorie von Arbeitern waren ukrainische Kriegsgefangene (»Trawnikis«). Etwa 100 von ihnen, aufgeteilt in zwei Züge, mußten einfache Aufsichtsfunktionen im Lager übernehmen. Berüchtigt für ihre Brutalität, hatten viele dieser Ukrainer früher in der Roten Armee gekämpft, waren von der SS in einem Lager in Trawniki, südöstlich von Lublin, ausgebildet worden und konnten auf diese Weise den entsetzlichen Bedingungen der Kriegsgefangenenlager entkommen. Und dann gab es natürlich noch die Deutschen, die dritte Kategorie. Doch Wirth hatte den Betrieb seiner Todesfabrik so elegant an »fremdvölkische« Arbeiter delegiert, daß nur etwa 20 deutsche SS-Männer zur Bedienung der Tötungsmaschine in Bełżec erforderlich waren. Bis zum März 1942, mit der Ankunft des ersten Transports in Bełżec, hatte Wirth den Traum Himmlers verwirklicht. Er hatte ein Vernichtungslager errichtet, das es ermöglichte, Hunderttausende Juden zu ermorden, und das von einer Handvoll Deutschen geführt werden konnte, die jetzt nicht mehr den seelischen Belastungen ausgesetzt waren, unter denen die Erschießungskommandos im Osten gelitten hatten.

Im selben Monat, in dem das Lager Bełżec seinen Betrieb aufnahm, im März 1942, begannen die Deutschen mit der Errichtung eines weiteren Vernichtungslagers: Sobibór, unmittelbar nördlich von Bełżec, aber ebenfalls im östlichen Polen. Die Anlage und der Betrieb des Lagers Sobibór folgte dem Vorbild Bełżecs. Ebenso wie Wirth hatten auch Franz Stangl, der Kommandant dieses Lagers, und die meisten der dort eingesetzten SS-Männer an der Aktion T 4 mitgewirkt. Und ebenso wie in Bełżec waren dort rund 100 Trawnikis, die meisten wiederum ehemalige Kriegsgefangene, als Lagerwachen eingesetzt. Auch dieses Lager war winzig im Vergleich zu Auschwitz-Birkenau (wenngleich es mit einer Fläche von 400 mal 600 Metern mehr als doppelt so groß war wie Bełżec) und ursprünglich ebenso wie Bełżec in zwei innere Lager aufgeteilt, eine Aufnahmezone und eine Vernichtungszone, untereinander verbunden durch einen Korridor (»Schlauch«). Da die SS-Männer jedoch nicht wie in Bełżec in konfiszierten Häusern der Umgebung untergebracht werden konnten, wurde ein drittes Lager mit Unterkünften für die SS und die Trawnikis geschaffen.

Die Überlegungen hinter dieser Anlage von Sobibór waren dieselben wie bei Bełżec. Die Neuankömmlinge sollten den Eindruck haben, es handle sich um einen Zwischenaufenthalt zur Desinfektion, und man werde sie präventiv gegen mögliche Krankheiten behandeln, und sollten anschließend möglichst schnell durch den Korridor in die Gaskammern getrieben werden. Ebenso wie in Bełżec waren die drei Bereiche innerhalb des Gesamtlagers durch Flechtzäune voneinander getrennt, so daß die Ankommenden das Schicksal, das sie erwartete, erst ahnen konnten, wenn es zu spät war. Der erste Transport kam im Mai 1942 in Sobibór an, und hier wurden im Lauf von etwas mehr als einem Jahr eine Viertelmillion Menschen ermordet.

Ebenfalls im Mai 1942 begannen die Bauarbeiten am dritten und letzten großen Vernichtungslager, Treblinka. Es war kein Zufall, daß hier mehr Menschen umkamen als in einem der übrigen Vernichtungslager, da dieses Lager von den Erfahrungen der SS in Bełżec und Sobibór profitierte. Die Zahl der in Treblinka Umgekommenen – schätzungsweise zwischen 800 000 und 900 000 Menschen – ist fast so hoch wie die der Opfer in Auschwitz. Treblinka lag nordwestlich von Sobibór, eine kurze Eisenbahnreise von Warschau entfernt. Das Warschauer Ghetto stellte eine der größten Ansammlungen von Juden im Generalgouvernement dar, und das Lager Treblinka diente in erster Linie dem Zweck, auch diese Juden zu ermorden.

Trotz der großen Zahl der Ermordeten innerhalb eines kurzen Zeitraums gingen die Morde in keinem der Vernichtungslager reibungslos vor sich. Es sei noch einmal daran erinnert, daß die Nationalsozialisten ein Projekt in Angriff nahmen, das noch nie jemand vor ihnen versucht hatte – die mechanisierte Vernichtung von Millionen Männern, Frauen und Kindern innerhalb weniger Monate. So grauenhaft die Analogie sein mag, die Deutschen hatten drei Todesfabriken errichtet, und wie bei jedem industriellen Betrieb mußten deren sämtliche Komponenten zeitlich genau aufeinander abgestimmt sein, um das gewünschte Endergebnis zu erzielen. Wenn die Judentransporte nicht pünktlich an den Rampen ankamen, wenn die Gaskammern für die Masse der Neuankömmlinge zu klein waren, wenn es irgendwo im System zu Engpässen kam, dann konnte ein blutiges Chaos ausbrechen. Und in der ersten Zeit sollte genau das passieren.

In Bełżec zeigte sich bald, daß die Kapazität der Gaskammern für die geplante Zahl der Menschen, die dorthin transportiert werden sollten, nicht ausreichte, weshalb das Lager im Juni für etwa einen Monat geschlossen wurde, damit neue Gaskammern gebaut werden konnten. In Sobibór bereiteten sowohl die Größe der Gaskammern als auch die lokalen Transportverbindungen Probleme. Zwischen August und Oktober stellte das Lager seinen Betrieb ein, während die SS sich bemühte, die Schwierigkeiten zu beheben. Doch die größten Probleme für die SS tauchten in Treblinka auf, und das hatte wahrhaft grauenhafte Szenen zur Folge.

Zunächst lief in Treblinka für die SS alles mehr oder weniger nach Plan: Täglich kamen hier 6000 Juden an, die sogleich getötet wurden. Doch bis zum August hatte sich die Zahl der Ankömmlinge verdoppelt, und der Betrieb des Lagers brach innerhalb kurzer Zeit zusammen. Dennoch weigerte sich der Lagerkommandant, Dr. Irmfried Eberl, es zu schließen. Eberl hatte den Ehrgeiz, so August Hingst, ein SS-Mann aus Treblinka, möglichst viele Juden auf einmal zu töten und dabei alle anderen Lager zu überflügeln. Deshalb, so Hingst, seien viele Transporte angekommen, die von den Leuten in der Aufnahmebaracke und an den Gaskammern nicht mehr abgefertigt werden konnten.[32] Infolgedessen wurden viele Opfer einfach im unteren Lager erschossen, doch das deckte natürlich das Täuschungsmanöver auf, die Grundlage für einen möglichst reibungslosen Betrieb des Lagers – niemand glaubte mehr, daß es sich um eine Desinfektionsanlage handelte, nachdem man die Leichen auf dem Boden herumliegen sah. Aus diesem Grund hielten die Züge etwa 3 Kilometer vor dem Lager auf dem

Bahnhof Treblinka und warteten dort, bis im Lager wieder alles aufgeräumt war. Die Verhältnisse in den Güterwaggons der Züge wurden so entsetzlich, daß viele bereits dort starben. Oskar Berger kam mit einem Transport Ende August in Treblinka an, als das Chaos seinen Höhepunkt erreicht hatte: »Als wir ausstiegen, bot sich uns ein entsetzlicher Anblick: Hunderte Leichen lagen überall herum. Haufen von Bündeln, Kleidern, Koffern, alles durcheinander. SS-Männer und Ukrainer standen auf den Dächern der Baracken und schossen wahllos in die Menge. Männer, Frauen und Kinder stürzten blutend zu Boden. Die Luft war erfüllt von Schreien und Weinen.«[33] Unter solchen Bedingungen war es unmöglich, die tatsächlichen Vorgänge im Lager vor den Polen, die in den Weilern und Dörfern in der Umgebung wohnten, geheimzuhalten. »Der Gestank der verwesenden Leichen war einfach entsetzlich«, sagt Eugenia Samuel, damals ein Schulmädchen aus der Gegend. »Wegen dem Gestank konnte man weder ein Fester öffnen noch ins Freie gehen. Sie können sich einen solchen Gestank nicht vorstellen.«[34]

Inmitten dieses entsetzlichen Chaos gelang es der Lagerbesatzung, eine kaum glaubliche Zahl von Juden umzubringen. Innerhalb eines guten Monats, von Ende Juli bis Ende August 1942, kamen in Treblinka schätzungsweise 312 500 Menschen um.[35] Das bedeutet, daß während dieses einen Monats in Treblinka täglich etwa 10 000 Menschen vergast oder erschossen wurden, soviel wie in keinem anderen Vernichtungslager – bis zum Höhepunkt der Ungarn-Aktion in Auschwitz 1944, als die vier Krematorien in Birkenau bis an die Grenze ihrer Leistungsfähigkeit beansprucht wurden. Doch der Preis für diese unvorstellbare Vernichtungsrate war für Eberls Vorgesetzte zu hoch. Sie erhielten Berichte über die täglich chaotischer werden Zustände im Lager. Es kam noch hinzu, daß das Reich dadurch um bestimmte Einnahmen gebracht wurde. Die Besitztümer der ermordeten Juden blieben über das ganze Lager verstreut, und es wurde behauptet, einige Wertsachen seien von den Deutschen und den Trawnikis geplündert worden.

Christian Wirth, der Schöpfer von Bełżec, wurde in diesem August zum Inspekteur der drei Vernichtungslager ernannt. Und einer seiner ersten Aufträge bestand darin, zusammen mit seinem Vorgesetzten, dem SS- und Polizeiführer im Distrikt Lublin, Odilo Globocnik, nach Treblinka zu fahren und die dortigen Verhältnisse zu untersuchen. Josef Oberhauser, der unter Wirth arbeitete, sagte später aus, in Treblinka habe Chaos geherrscht. Eberl sei sofort entlassen worden, und Globocnik habe ihm mit Verhaftung gedroht. Nachdem Eberl entlassen worden war wurden die Deportationen nach Treblinka vorübergehend eingestellt. Franz Stangl, der früher mit Wirth beim Euthanasieprogramm gearbeitet hatte und jetzt das Vernichtungslager Sobibór befehligte, wurde zum neuen Kommandanten von Treblinka ernannt.

Eberl hatte offenbar nicht richtig verstanden, was seine Vorgesetzten von ihm wollten. Er hatte ihnen eine exorbitant hohe Tötungsquote geliefert, aber er hatte die Morde nicht »richtig« organisiert. Einer der bemerkenswertesten Aspekte seiner Entlassung ist die Äußerung Globocniks, er werde ihn wegen seiner Führung des Lagers Treblinka vor ein »Polizeigericht« bringen. In der pervertierten Moral der oberen SS-Chargen verdiente Eberl eine strafrechtliche Verfolgung, weil er den Massenmord an Männern, Frauen und Kindern nicht effektiver organisiert hatte. Wie wir es heute sehen, bestand das Vergehen Eberls in den Augen seines Vorgesetzten darin, daß er das Verbrechen des Massenmords nicht »gut genug« verübt hatte.

Ein entscheidender Bestandteil des Tötungsprozesses war die Anlieferung von Juden an die neuen Vernichtungslager. Diese Fabriken brauchten Material – und in gigantischen

Mengen. Infolgedessen wurde im Sommer und Herbst 1942 überall im besetzten Polen eine ganze Reihe von »Umsiedlungsaktionen« durchgeführt. Himmler hatte in seinem Befehl vom 19. Juli bewußt alle Juden im Generalgouvernement eingeschlossen. Er befürchtete, die ganze Operation könnte scheitern, falls lokale Funktionsträger die Möglichkeit hätten, nach eigenem Ermessen zu handeln. Offenbar rechnete er damit, daß zwar in der Theorie alle Nationalsozialisten an die Notwendigkeit einer Lösung der »Judenfrage« glaubten, einzelne aber dennoch versuchen könnten, den einen oder anderen zu retten, der in ihren Augen ein »guter Jude« war. Ein Fall macht die von Himmler befürchtete Gefahr besonders deutlich – die Wirkung des Deportationsbefehls auf einen Deutschen mit einem stark entwickelten Humanitätsgefühl.

Albert Battel war als deutscher Wehrmachtsoffizier im südpolnischen Przemyśl stationiert. Mit seinen über 50 Jahren war er älter als die meisten Wehrmachtsoffiziere und hatte vor dem Krieg lange als Rechtsanwalt gearbeitet. Obwohl er der NSDAP angehörte, hatte er keine makellose Vergangenheit als Nationalsozialist, da man beobachtet hatte, daß er in den dreißiger Jahren Juden mit Anstand behandelt hatte. Im Juli 1942 war Battel und der deutschen Wehrmacht in Przemyśl eine Gruppe jüdischer Arbeiter zugeteilt worden. Viele von ihnen arbeiteten in der Rüstungsindustrie und lebten in einem nahe gelegenen Ghetto; sie betrachteten sich im Vergleich zu vielen anderen polnischen Juden als privilegiert und geschützt. Gegen Ende des Monats ging das Gerücht, die SS werde in Bälde in der Stadt eine »Umsiedlungsaktion« durchführen, wobei die Juden in das Vernichtungslager Bełżec gebracht werden sollten. Doch die Juden, die für die deutsche Wehrmacht arbeiteten, nahmen diese Nachrichten mit einem gewissen Gleichmut auf, weil jeder von ihnen einen von der Wehrmacht ausgestellten Ausweis besaß, der sie in ihren Augen vor jeder SS-Aktion schützte. Außerdem sagten sie sich, daß sie ja für die deutsche Kriegswirtschaft arbeiteten und es deshalb sinnlos sein würde, sie zu deportieren. Aber sie hatten nicht mit der dogmatischen Weltanschauung hinter Himmlers Befehl gerechnet – *alle* Juden sollten sterben, ohne Ausnahme.

Am Samstag, dem 25. Juli, hörten die Juden von Przemyśl ein Gerücht, daß die SS am folgenden Montag mit den Deportationen beginnen werde und daß ihre deutschen Ausweise fast alle wertlos würden. Einem der Juden, Samuel Igiel, gelang es, am Sonntag früh Battel zu erreichen und ihn vor der bevorstehenden Aktion zu warnen.[36] Battel rief den Chef der lokalen Gestapodienststelle an und wollte wissen, was vor sich ging, doch dieser knallte statt einer Antwort den Hörer auf die Gabel. Aufgebracht suchte Battel seinen Vorgesetzten auf, Major Max Liedtke, und ließ anschließend mit seinen Soldaten die Brücken über den San besetzen, der durch die Stadt verlief, womit er den Zugang zum Ghetto versperrte. Auf Anweisung des SS- und Polizeiführers in Kraków, Julian Scherner, gab die Gestapo in Przemyśl nach und machte ein Zugeständnis: 2500 Juden der Stadt erhielten Ausweise, die sie bis auf weiteres vor einer Deportation bewahrten. Um sicherzugehen, daß alle Juden, die für ihn arbeiteten, gerettet wurden, schickte Battel Lastwagen in das Ghetto, die sie und ihre Angehörigen abholten, und brachte sie anschließend im Kellergeschoß der Kommandantur der Stadt unter. Insgesamt wurden auf diese Weise 240 Juden aus dem Ghetto herausgeholt.

Die »Umsiedlungsaktion« der SS gegen die Juden von Przemyśl ging am 27. Juli planmäßig weiter, und die große Mehrzahl von ihnen wurde nach Bełżec transportiert, doch die Intervention Battels hatte mehrere tausend Juden vor einer unmittelbaren Deportation bewahrt. Einige Wochen später wurde Battel aus Przemyśl versetzt, und die SS leitete geheime Ermittlungen wegen seines Eingreifens ein.

Die Ergebnisse gelangten schließlich zu Himmler, der dazu vermerkte, Battel solle nach Beendigung des Kriegs zur Rechenschaft gezogen werden. Battel wurde anschließend aus gesundheitlichen Gründen aus der Wehrmacht entlassen, in den letzten Kriegsmonaten in seiner Heimatstadt Breslau (Wrocław) zum Volkssturm eingezogen und geriet in sowjetische Kriegsgefangenschaft.

Die verschiedenen Motive, die für Battels Rettung einer größeren Zahl der Juden in Przemyśl ausschlaggebend waren, dürften sich schwer voneinander trennen lassen. Doch während es sicherlich außer Zweifel steht, daß ihn seine Vorgesetzten in der Wehrmacht hauptsächlich unterstützten, um den Verlust ausgebildeter Arbeitskräfte zu verhindern, war Battel offenbar von dem Gefühl getrieben, daß die Deportationen in die Vernichtungslager schlicht ein Unrecht waren. Battel wurde 1981, lange nach seinem Tod, in Yad Vashem in Israel als ein »Gerechter unter den Völkern« geehrt.

Es gab noch andere deutsche Offiziere wie Battel, die im Sommer und Herbst 1942 gegen die Judendeportationen protestierten, doch sie stellten nur eine winzige Minderheit innerhalb der deutschen Besatzungsmacht in Polen dar. Und ihr Handeln hatte so gut wie keinen Einfluß auf die Judentransporte zu den Vernichtungslagern. Trotzdem *wurde* eine kleine Gruppe von Juden gerettet, und es ist wichtig zu erkennen, daß sich nicht alle Deutschen willig den neuen Realitäten einfügten, wenn sie aufgefordert wurden, sich an dem Verbrechen zu beteiligen.

Oskar Gröning dagegen gehörte mit ziemlicher Sicherheit zur Mehrheit derer, die ihre Rolle bei der Ermordung der europäischen Juden im Jahr 1942 akzeptierten. Nachdem er einige Monate in Auschwitz gearbeitet hatte, war seine Arbeit für ihn zu einer »Routineangelegenheit« geworden. Er sortierte die Münzen und Banknoten verschiedener Währungen, die man den Neuankömmlingen abgenommen hatte, zählte das Geld und schickte es nach Berlin. Er wohnte immer noch den Selektionen bei, nicht um mit zu entscheiden, wer vorläufig am Leben bleiben sollte und wer nicht – diese Entscheidung wurde von den SS-Ärzten getroffen –, sondern um zu gewährleisten, daß die Habseligkeiten der Juden weggebracht und sicher verwahrt wurden, bis man sie sortieren konnte. Das geschah in einem Bereich des Lagers, der im Lauf der Zeit die Bezeichnung »Kanada« erhielt, da dieses Land zu einem Ziel der Häftlingsträume geworden war, einem Land, in dem Milch und Honig flossen.

Gröning hatte sich auf diese Weise die Dinge so zurechtgelegt, daß er in Auschwitz ein für ihn erträgliches Leben führen konnte. In seinem Büro war er von der Brutalität abgeschottet, und wenn er durch das Lager ging, konnte er seine Augen von allem abwenden, was ihm unangenehm war. Unter normalen Umständen hatte er nichts mit dem rohen mechanischen Ablauf des Tötungsprozesses zu tun; es gab in der Regel keinen Grund für ihn, dorthin zu gehen, wo die Vergasungen stattfanden. Die einzige Erinnerung daran, daß Menschen der verschiedensten Nationalitäten hierhergebracht wurden, waren die vielen verschiedenen Währungen, die über seinen Tisch gingen – französische Francs, tschechische Kronen, polnische Złoty (und immer wieder US-Dollar) –, sowie ein Sortiment scharfer Getränke, die sie den Neuankömmlingen abgenommen hatten: griechischer Ouzo, französischer Cognac oder italienischer Sambuca. Gröning erzählt: »Da hat der Alkohol eine große Rolle gespielt. Wir kriegten ein gewisses Quantum jeden Tag, das wir gar nicht mehr abholten, und manchmal abholten und ein großes Saufgelage machten.« Sie seien »so disziplinlos [gewesen], daß wir uns besoffen ins Bett gelegt haben und wir hatten – da es ja Partisanengebiet war, es waren ja keine Wachposten mehr da in Birkenau – am Bett unsere Koppel mit der Pistole hängen, und wenn je-

222

mand zu faul war, das Licht auszumachen, wurde es ausgeschossen, ganz einfach. Hat auch kein Spieß was gesagt, wenn da Löcher oben in der Decke waren.«

Auch wenn Gröning nicht das Wort »genießen« gebrauchte, um seine Zeit in Auschwitz zu schildern, dürfte dies dennoch eine treffende Bezeichnung dafür sein, wie er diese Zeit empfunden hatte: »Auschwitz, das Stammlager war eine kleine Stadt. Es war eine kleine Stadt mit seinem Klatsch und Tratsch. Es war eine Stadt, die einen Gemüseladen hatte, wo man Knochen kaufen konnte, aus denen man sich noch eine Brühe fertigen konnte. Es gab eine Kantine, es gab ein Kino, es gab ein Theater mit regelmäßigen Vorführungen, es gab einen Sportverein, in dem ich auch war. Es war Jubel, Trubel, Heiterkeit – wie eine Kleinstadt.« Und dann gab es noch eine zweite »positive« Seite des Lebens in Auschwitz für Oskar Gröning – seine Kameraden: »Ich muß sagen, daß viele, die dort gearbeitet haben, keine Dummköpfe waren, sondern intelligent.« Als er das Lager 1944 schließlich wieder verließ, ging er mit einem gewissen Bedauern: »Die besondere Situation in Auschwitz hat zu Freundschaften geführt, von denen ich heute noch sage, ich sehe mit Freude darauf zurück.«

In einer Nacht allerdings, gegen Ende 1942, wurde Grönings gemütliches Leben in Auschwitz durch einen unerwartet freigegebenen kurzen Blick auf den Alptraum des realen Tötungsbetriebs gestört. Während er in seiner Baracke im SS-Lager am Rand von Birkenau schlief, wurden er und seine Kameraden von Lärm geweckt. Man sagte ihnen, mehrere Juden, die man in die Gaskammern führen wollte, seien geflohen und in den nahe gelegenen Wald gerannt. »Man sagte uns, wir sollten unsere Pistolen mitnehmen und den Wald durchsuchen«, sagt Gröning. »Wir fanden niemanden.« Dann schwärmten Gröning und seine Kameraden aus und bewegten sich auf den Vernichtungsbereich des Lagers zu. »Wir gingen in Sternformation auf dieses Bauernhaus zu. Es wurde von außen in ein diffuses Licht getaucht, und an der Vorderseite lagen sieben oder acht Leichen vor der Tür. Es waren Männer, die wahrscheinlich zu fliehen versucht hatten, und man hatte sie gefunden und erschossen. Vor dem Eingang des Bauernhauses standen mehrere SS-Männer, die uns sagten: ›Es ist Schluß. Ihr könnt euch wieder schlafen legen.‹«

Von Neugier getrieben, beschlossen Gröning und seine Kameraden, sich nicht schlafen zu legen, sondern sich statt dessen noch ein wenig im Freien herumzutreiben. Dann beobachteten sie, wie ein SS-Mann eine Gasmaske anlegte und eine Büchse durch eine Öffnung in der Seitenwand des Gebäudes entleerte, in dem sich die Gaskammer befand. Aus dem Inneren der Kammer kam ein summendes Geräusch, das eine Minute lang »in Schreien umschlug«, worauf es still wurde. »Dann ging ein Mann, ich weiß nicht, ob er ein SS-Führer war, zu der Tür mit einem Guckloch, schaute hinein und prüfte, ob alles in Ordnung war und die Leute alle tot waren.« Gröning schildert seine Empfindungen in diesem Augenblick, als er die banalen Verrichtungen des Mordes aus nächster Nähe mit ansah, »wie wenn Sie zwei Lastwagen sehen, die auf einer Straße aufeinander zufahren und zusammenstoßen. Und Sie fragen sich: ›Muß das so sein? Ist das nötig?‹ Und natürlich ist das durch die Tatsache beeinflußt, die man zuvor konstatiert hat, ›ja, es ist eben Krieg‹, und wir sagten: ›Sie waren unsere Feinde.‹«

Später erlebte Gröning das Verbrennen der Leichen. »Dieser Kamerad sagte: ›Komm mit, ich will dir was zeigen.‹ Ich war so schockiert, daß ich nicht näher heranging – vielleicht 70 Meter von den Feuern entfernt. Das Feuer flammte auf, und der Kapo dort erzählte mir anschließend nähere Einzelheiten von der Verbrennung. Und es war widerlich – entsetzlich. Er machte sich darüber lustig, daß die Leichen, die zu Beginn des Verbrennens anscheinend Gase in den Lungen oder sonstwo entwickeln, sich aufzubäumen schienen

1 Heinrich Himmler und Rudolf Höß (rechts), Kommandant von Auschwitz, während Himmlers Besuch des Lagers im Juli 1942

2 Der Mord an den europäischen Juden folgte Adolf Hitlers Vision ihrer Vernichtung, auch wenn er sich an den konkreten Planungen nicht beteiligte.

3 Reinhard Heydrich, Himmlers Stellvertreter

4 Hans Friedrich, 1. SS-Infanerie-Brigade. Er war an den Erschießungen von Juden in der Ukraine beteiligt.

5 Eine Exekution – irgendwo im Osten. Während der deutschen Besatzung war dies ein alltäglicher Anblick.

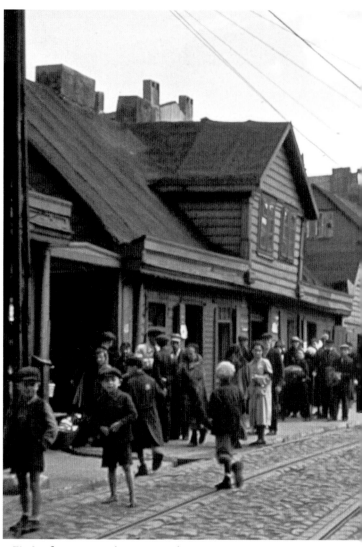

6 Ein Straßenszene im Ghetto von *Łódź* (Litzmannstadt). Die überwiegende Mehrheit der Menschen auf diesem Photo wurden bis zum
Herbst 1944 ermordet.

7 Mordechai Chaim Rumkowski (rechts), Vorsitzender des Ältestenrates im Ghetto von *Łódź,* eine kontroverse, wenn nicht berüchtigte Person

8 Rumkowski, mit weißem Haar, spricht mit Himmler während dessen Besuch im Ghetto.

9 Jüdische Männer und Frauen flechten Körbe in einer provisorischen Werkstatt im Ghetto von *Łódź*.

10 Auch Kinder mußten im Ghetto arbeiten – keine Beschäftigung zu haben, erhöhte das Risiko, deportiert zu werden.

11 An einem heißen Sommertag 1942 inspiziert Himmler Pläne für eine große Gummi-Fabrik in Monowitz (Monowice), der größten Industrieanlage im Gesamtkomplex Auschwitz.

12 Himmler äußerte sich zufrieden über die Fortschritte in Auschwitz und beförderte anschließend Höß zum SS-Obersturmbannführer.

13 Auschwitz-Häftlinge in einer der vielen Werkstätten im Umkreis des Lagers

14 Auschwitz-Häftlinge heben Entwässerungsgräben in Birkenau aus.

15 »Kanada«, die Sammelstelle in Birkenau, wo Häftlinge die Habseligkeiten der Neuankömmlinge sortierten

16 Oskar Gröning, der im Herbst 1942 nach Auschwitz kam

17 Kazimierz Piechowski, ein polnischer »politischer« Häftling, der an einer der spektakulärsten Fluchtversuche aus Auschwitz teilnahm

18 Therese Steiner (dritte von links), die aus Österreich auf die Kanalinsel Guernsey floh, von dort nach Frankreich und schließlich nach Auschwitz deportiert wurde

19 Helena Citrónavá, eine Jüdin aus der Slowakei, die sich an ihrem ersten Tag in »Kanada« mit dem SS-Wachmann Franz Wunsch anfreundete

20 Ein Transport mit ungarischen Juden kommt im Frühsommer 1944 in Auschwitz-Birkenau an. Die Schornsteine der Krematorien 2 und 3 sind im Hintergrund rechts und halb links zu sehen.

21 Nach ihrer Ankunft werden die ungarischen Juden nach Geschlecht getrennt.

22 Nach der Geschlechtertrennung wird nun die berüchtigte Selektion beginnen.

23 Diese jüdischen Männer werden von einem Arzt begutachtet. In einem Augenblick entscheidet er über Tod und Leben.

24 Eine jüdische Familie aus Ungarn, die nach ihrer Selektion in der Nähe der Krematorien 4 und 5 wartet

25 Die Öfen der Krematorien von Auschwitz

26 Krematorium 4. Die Gaskammern waren hier oberirdisch; das Zyklon B wurde durch Öffnungen in der Wand hineingeworfen.

27 Krematorium 3, in der Nähe der Rampe von Birkenau. Hier war die Gaskammer im Keller.

28 Rudolf Höß in Gefangenschaft

und die Geschlechtsteile der Männer sich plötzlich in einer Weise aufrichteten, die er zum Lachen fand.« Der Anblick der Vergasungsanlage und die brennenden Scheiterhaufen des Krematoriums erschütterten vorübergehend das behagliche Leben, in dem sich Oskar Gröning in Auschwitz eingerichtet hatte. So sehr, daß er noch einmal zu seinem Vorgesetzten ging, einem SS-Untersturmführer, »ein Österreicher und im Grunde ein anständiger Kerl«, und machte seinen Gefühlen Luft. »Er hörte mich an und sagte: ›Mein lieber Gröning, was wollen Sie dagegen unternehmen? Wir sitzen alle im selben Boot. Wir haben uns verpflichtet, das zu akzeptieren – nicht einmal darüber nachzudenken.‹« Die Worte seines Vorgesetzten noch im Ohr, machte Gröning sich wieder an seine Arbeit. Er hatte einen Treueid geschworen, er glaubte, die Juden seien der Feind Deutschlands, und er wußte, daß er sein Leben im Lager immer noch so einrichten konnte, daß er die schlimmsten Schrecken nicht mit ansehen mußte. Also blieb er da.

Als einfacher SS-Mann wohnte Gröning mit mehreren seiner Kameraden zusammen in einer komfortablen Baracke. Doch das Leben für die höheren SS-Führer war noch besser. Viele wohnten mit ihren Angehörigen in konfiszierten Häusern im Zentrum der Stadt Auschwitz oder in unmittelbarer Nachbarschaft zum Lager an der Soła und erfreuten sich eines Lebensstandards, der alles übertraf, was sie hätten erreichen können, wenn man sie zur kämpfenden Truppe abkommandiert hätte. Sie lebten als Eroberer, und als Eroberer benötigten sie Sklaven, die ihnen ihr Essen kochten, ihre Häuser putzten und sich um ihre Kinder kümmerten. Doch das stellte sie vor ein Problem. In der nationalsozialistischen Rassenideologie waren jüdische und polnische Häftlinge den Deutschen gegenüber viel zu minderwertig, um ideale Hausangestellte abzugeben, denen man einen vertraulichen Zugang zum eigenen komfortablen Privatleben erlauben konnte. Außerdem mußte man

befürchten, daß sie die Gelegenheit, außerhalb der Lager-
umzäunung (wenn auch immer noch innerhalb des bewach-
ten Interessengebiets des Konzentrationslagers Auschwitz)
zu arbeiten, dazu nutzen würden, einen Fluchtversuch zu
unternehmen oder gar Anschläge auf die deutschen Familien, bei denen sie arbeiteten, zu verüben.

Nie um eine Antwort verlegen, fanden die SS-Männer
auch für dieses Problem eine Lösung. Sie beschäftigten eine
Kategorie von Häftlingen, die überwiegend Deutsche waren und bei denen man sicher sein konnte, daß sie nie versuchen würden, sich gegen ihre Herren zu erheben oder zu
fliehen: Angehörige der Glaubensgemeinschaft der Zeugen
Jehovas. In Deutschland bis 1931 unter der Bezeichnung
»Ernste Bibelforscher« bekannt, hatten die Zeugen Jehovas 1933 erklärt, im großen und ganzen hätten sie kaum
etwas gegen den nationalsozialistischen Staat; weltan-
schaulich waren sie ebenfalls Gegner der Juden und Kommunisten (wenn auch nicht in der offen feindseligen Weise
wie die Nationalsozialisten). Ernsthafte Schwierigkeiten
traten erst auf, als sie sich weigerten – da sie Pazifisten waren –, in die deutschen Streitkräfte einzutreten, worauf sie
in Konzentrationslagern interniert wurden.

Else Abt war eine von mehreren hundert deutschen Zeugen Jehovas, die nach Auschwitz deportiert wurden.[37] 1914
in Danzig geboren, wuchs sie als Lutheranerin auf und
wurde später von Freunden in den neuen Glauben eingeführt. Sie heiratete einen Glaubensbruder, brachte 1939
eine Tochter zur Welt und versuchte so friedlich wie möglich zu leben. Doch ihre Probleme begannen, als ihr Mann
sich weigerte, als Ingenieur in der deutschen Rüstungsindustrie zu arbeiten. Er wurde verhaftet, und sie entging
einer Verhaftung nur, weil sie ihr Kind noch stillte. Doch als
ihre Tochter zweieinhalb Jahre alt war, stand plötzlich die
Gestapo vor ihrer Tür. In einer herzzerreißenden Szene, in
der ihr Töchterchen rief: »Laßt meine Mami los, laßt meine

Mami los!« und sich an die Hosen des Gestapobeamten hängte, wurde Elsa Abt abgeführt und ihr Kind Freunden in Pflege gegeben.

Als sie in Auschwitz ankam, bemerkte sie einen Transport mit jüdischen Frauen: »Sie wurden schlimmer als Tiere behandelt, soweit wir das feststellen konnten. Diese SS-Männer kamen und behandelten uns menschlich, aber die Jüdinnen wurden nicht menschlich behandelt – das war erschütternd.« Vor Auschwitz war Else Abt kaum Juden begegnet. »Ich bin nie in jüdische Geschäfte gegangen«, sagt sie, »und es gefiel mir nicht, wenn ich hörte, daß meine Mutter dort einkaufte, weil sie immer hohe Preise hatten. Deshalb habe ich nie in einem jüdischen Geschäft eingekauft, weil sie immer höhere Preise hatten und dann einen Rabatt gaben, und die Dummen glaubten, sie bezahlten nur die Hälfte. Das ist wahr, ich habe es in Danzig erlebt – sie haben die Preise immer so kalkuliert. Das ist meine persönliche Meinung. Aber ich habe nichts gegen die Juden. Als wir im Lager waren und ich krank wurde, kam eine Jüdin und wollte meinen Unterrock waschen. Sie wollte mir etwas Gutes tun.«

Nachdem man sie nach Auschwitz gebracht hatte, sagte man Else Abt, sie könne aus dem Lager entlassen werden, wenn sie ihrem Glauben abschwöre. Doch die Mehrzahl der Zeugen Jehovas verweigerte die entsprechende Unterschrift. Viele von ihnen, zu denen auch Else Abt gehörte, hielten die Lager für eine göttliche Prüfung: »Ich habe in der Bibel die Geschichte von Abraham gelesen. Und ihm hatte Gott aufgetragen, seinen Sohn zu opfern. Und in der Bibel steht, daß er dazu bereit war. Doch als unser Schöpfer Jehova sah, daß er dazu bereit war, hat er es ihm nicht erlaubt. Er wollte nur seinen Glauben prüfen. Und daran habe ich damals gedacht.«

Und so wurden die weiblichen Zeugen Jehovas die perfekten Hausangestellten für die SS-Führer in Auschwitz –

den Polinnen bei weitem vorgezogen, die nur dann angestellt wurden, wenn es nicht anders ging. Else Abt arbeitete
im Haus eines der hohen SS-Führer, seiner Frau und seiner
kleinen Tochter. Sie machte den Hausputz, kochte das Essen und betreute das kleine Mädchen. Sie verrichtete ihre
Pflichten gewissenhaft und mitfühlend und pflegte sogar
die kleine Tochter, als diese krank wurde, wofür die Eltern
ihr sehr dankbar waren.

Es konnte kaum wundernehmen, daß die Zeugen Jehovas die Lieblingshäftlinge von Rudolf Höß waren, und dies
nicht nur, weil sie keinerlei Schwierigkeiten machten. Er
war zum ersten Mal Ende der dreißiger Jahre in Sachsenhausen mit einer größeren Zahl von ihnen in Kontakt gekommen, als die Männer in Konzentrationslager geschickt
wurden. Höß berichtet in seinen autobiographischen Aufzeichnungen von der außergewöhnlichen Kraft ihres Glaubens, die einen tiefen Eindruck bei ihm hinterlassen hatte.
Wenn diese Menschen die Prügelstrafe erdulden mußten,
weil sie sich nicht an die Regeln des Lagers (damals noch
Sachsenhausen) gehalten hatten, dann baten sie nicht um
Gnade, sondern um weitere Strafen, um so ihren Glauben
noch besser bekennen zu können. Er erlebte die Erschießung von zwei besonders fanatischen Zeugen Jehovas, die
kurz vor ihrem Tod die Hände zum Himmel erhoben und
mit verzückten Gesichtern ihr Schicksal erwarteten. Höß
stellte sich vor, daß die frühen christlichen Märtyrer in einer
ähnlichen Haltung in den Tod gegangen waren.

Auch die Vorgesetzten von Höß waren von dieser Glau-
bensfestigkeit beeindruckt. »Bei vielen Gelegenheiten«,
schreibt er, »wiesen Himmler sowie Eicke immer wieder
auf diesen gläubigen Fanatismus der Bibelforscher hin als
Vorbild. Genauso fanatisch, so unerschütterlich wie der Bibelforscher an Jehova glaubt, genau so müsse der SS-Mann
an die Idee des Nationalsozialismus, an Adolf Hitler glauben. Erst wenn alle SS-Männer solch gläubige Fanatiker

ihrer Weltanschauung geworden wären, wäre der Staat Adolf Hitlers auf die Dauer gesichert.«[38]

In Auschwitz beschäftigten Höß und seine Frau zwei dieser »Bibelforscherinnen« in ihrem Haus und waren gerührt, wie liebevoll diese sich um die Kinder kümmerten. Höß beschreibt einige der Zeugen Jehovas als »wunderliche Geschöpfe«. Höß vermerkte außerdem, daß die Zeugen Jehovas alle überzeugt waren, »daß die Juden nun gerechterweise zu leiden und zu sterben hätten, weil ihre Vorväter einst Jehova verrieten.[39] Diese Meinung wurde allerdings von Else Abt nicht vertreten. Sie war überzeugt, daß die SS-Männer ein Unrecht begingen – einem »Teufel« dienten –, wenn sie die Juden umbrachten. Sie war persönlich der Meinung, sie müsse ihren Glauben durch ihre »Haltung« kundtun. Das hatte eine eigenartige Lage zur Folge. Sie kümmerte sich gewissenhaft, fast liebevoll um die Tochter eines SS-Führers in Auschwitz, während die Gestapo sie von ihrem eigenen Töchterchen weggerissen hatte. Sie erklärt, wie sie versucht hatte, ihre Haltung mit Vernunftgründen zu rechtfertigen, indem sie sich sagte, sie müsse »für irgend jemanden etwas Gutes tun«, auch wenn es SS-Männer waren. Sie räumt sogar ein, daß sie selbst im Haus Hitlers pflichtgetreu gearbeitet hätte, wenn man es ihr befohlen hätte. Was die ganze Sache noch komplizierter machte, war der Umstand, daß sie jederzeit das Lager hätte verlassen und zu ihrer Tochter zurückkehren können, wenn sie einen Revers unterschrieben hätte, daß sie ihrem Glauben abschwören wolle. Doch einen solchen Revers hat Else Abt nie unterschrieben: »Das wäre ein Kompromiß gewesen, und den bin ich nie eingegangen.«

Als Else Abt schließlich bei Kriegsende in ihren Heimatort zurückkehren konnte, stellte sie fest, daß ihr Töchterchen von einem der wenigen Zeugen Jehovas versorgt worden war, der seinem Glauben entsagt hatte, um aus dem Konzentrationslager freizukommen. »Wir besuchten ihn und seine Frau, weil sie sich unserer Tochter angenommen hatten, und er weinte wie ein kleines Kind, weil er ein Feigling war.« Else Abt zeigte ihm gegenüber keine besondere Dankbarkeit, daß er und seine Frau sich um ihre Tochter gekümmert hatten: »Ich hätte mir [wegen ihr] keine Sorgen gemacht. Es hätte immer Menschen gegeben, die geholfen hätten. Wir waren nicht auf eine bestimmte Person angewiesen. Unser Schöpfer in seiner Weisheit schickt uns das Notwendige, wenn wir es brauchen, und wird stets eingreifen.« Ihre Tochter wurde später selbst eine Zeugin Jehovas. Else Abt sagt von ihr: »Sie wußte es und war froh darüber, daß ich treu geblieben war – nicht einem Menschen, sondern unserem Schöpfer Jehova, da er seine Hand über uns hält, wie ich während meiner Zeit in Auschwitz gespürt habe. Er kann alle Menschen ändern. Menschen, die uns gehaßt haben, begannen nachzudenken und hörten auf, uns zu hassen.« Menschen, denen die Glaubensgewißheit von Else Abt nicht vergönnt ist, muß es schwerfallen zu akzeptieren, daß ein Schöpfer seine Hand über die beiden Zeugen Jehovas gehalten hat, deren Erschießung Höß in Sachsenhausen miterlebte. Und offenbar hat Er seine Hand auch nicht über die Polen, sowjetischen Kriegsgefangenen, die Kranken, Juden und zahllose andere gehalten, die in Auschwitz auf so grausame Weise ihr Leben verloren. Doch es gehört zu den verwirrenden Aspekten der von Else Abt eingenommenen theologischen Position, daß solche Greuel für sie unmittelbar erklärt werden können, schlicht als ein Beweis für den Willen einer höheren Macht, deren Wege unerforschlich sind, zu der wir jedoch absolutes Vertrauen haben müssen. Wenn Gott zuläßt, daß dies oder jenes geschieht, dann gibt es dafür einen Grund; unser Verstand reicht lediglich nicht aus, um zu erkennen, welches der Grund dafür ist.

Man sollte sich davor hüten, wie Himmler voreilige Vergleiche zwischen dieser Geisteshaltung und dem Fanatismus seiner Männer zu ziehen, nicht zuletzt deshalb, weil sich die Zeugen Jehovas im Unterschied zu den SS-Männern den Grundsatz zu eigen gemacht hatten, mit Menschen freundlich und einfühlsam umzugehen. Trotz alledem, wenn man in der Erklärung von Else Abt »Jehova« durch »Hitler« ersetzt, gewinnen ihre Worte eine verblüffende Ähnlichkeit mit der weltanschaulichen Position von SS-Männern wie Höß.

Bis zum Jahresende 1942 hatte die SS in Auschwitz für sich eine eigene kleine Welt aufgebaut. Die Männer hatten ihre Bediensteten und ihre feste Stellung, und sie hatten zum größten Teil eine funktionierende Methode entwickelt, sich von den Morden zu distanzieren. Und nicht nur in Auschwitz fand dieser Prozeß statt, aus einem Massenmord eine geregelte Beschäftigung zu machen; während derselben Zeit geschah dasselbe auch in Treblinka. Franz Stangl hatte den unfähigen Eberl als Kommandanten im September 1942 abgelöst und sofort damit begonnen, das Lager neu zu organisieren. Alle Transporte wurden gestoppt, bis die Leichen, die überall herumlagen, beseitigt waren und das Lager aufgeräumt worden war. Stangl und Wirth erkannten außerdem sofort das Hauptproblem, vor dem Eberl gestanden und das einen reibungslosen Ablauf der Tötungsmaschine verhindert hatte: die Kapazität der Gaskammern. Daraufhin wurden sofort mehr und größere Gaskammern gebaut – in einem Ziegelgebäude mit einem Mittelgang, von dem links und rechts jeweils vier getrennte Gaskammern abgingen. Jede dieser Kammern war auch von außen zugänglich, was bedeutete, daß der Abtransport der Leichen wesentlich einfacher war als vorher. Die neuen Gaskammern hatten ein Fassungsvermögen von insgesamt über 3000 Menschen, das Sechsfache der früheren Gaskammern. Neben dem Bau der neuen Gaskammern, die im Oktober einsatzbereit waren, führte Stangl eine Reihe von Maßnahmen ein, die alle darauf berechnet waren, den Argwohn der ankommenden Juden zu zerstreuen. Die Selektionsbaracke hinter dem Bahnsteig, an dem die Transporte einliefen, wurde so angestrichen, daß sie wie ein normaler Bahnhof wirkte samt Hinweisen auf Wartesäle. Es gab Blumen in Blumenkübeln, und der gesamte Ankunftsbereich war so sauber und ordentlich wie möglich gehalten.

Bis vor kurzem wußte niemand genau, wie viele Menschen 1942 in Vernichtungslagern wie Treblinka umgekommen waren. Die SS vernichtete alle schriftlichen Unterlagen, denen man die Wahrheit hätte entnehmen können, und infolgedessen gingen die Schätzungen weit auseinander. Doch vor einigen Jahren entdeckte man im Public Record Office in London ein Dokument, mit dem eine Wissenslücke geschlossen werden konnte.[40] Es ist der Text eines deutschen Funkspruchs, der von den Engländern abgefangen und dechiffriert wurde und statistische Angaben über die Zahl der Ermordeten in den Vernichtungslagern der Operation Reinhardt bis zum 31. Dezember 1942 enthält.

Der deutsche Funkspruch enthüllte, daß Treblinka, Bełżec, Sobibór und Majdanek (ein Vernichtungslager mit wesentlich kleinerer Kapazität im Distrikt Lublin) bis zum genannten Zeitpunkt insgesamt 1 274 166 Menschen getötet hatten. Dabei entfielen auf Majdanek 24 733, auf Sobibór 101 370 und 434 508 auf Bełżec. Die in dem abgefangenen Funkspruch genannte Zahl von 71 355 für Treblinka ist offensichtlich ein Verschreiber, denn um die angegebene Gesamtsumme zu erreichen, hätte diese Zahl 713 555 lauten müssen. Treblinka war demnach im Jahr 1942 offiziell das Vernichtungslager mit der größten Zahl von Ermordeten. Auschwitz lag weit dahinter.

Das sollte sich allerdings bald ändern.

4. Korruption

Das Jahr 1943 brachte für Auschwitz und die »Endlösung« eine entscheidende Wende. Während sich 1941 die Vernichtungspolitik auf die besetzte Sowjetunion konzentrierte, wo man mobile Erschießungskommandos einsetzte, und 1942 auf die Lager der »Aktion Reinhard«, sollte nun, drei Jahre nach seiner Errichtung, Auschwitz ins Zentrum rücken. Die Gründe für diese Entwicklung sind vielfältig und komplex.

Anfang 1943 unternahm Himmler eine Inspektionsreise nach Treblinka und Sobibór, um sich persönlich von der Effizienz seiner Todesfabriken zu überzeugen. Bis zu diesem Zeitpunkt hatte man in den Lagern der »Aktion Reinhard« bereits 1,65 Millionen Menschen ermordet (97 Prozent der insgesamt 1,7 Millionen Opfer dieser Vernichtungsaktion).[1] Angesichts dieses »Erfolges« ordnete Himmler am 16. Februar die Räumung des Warschauer Ghettos an, für dessen Bestehen er nun keine Notwendigkeit mehr sah. Im April dann geschah das Unvorstellbare – zumindest aus Sicht der Nationalsozialisten: Die Juden im Warschauer Ghetto wehrten sich. Zum ersten Mal sahen sich die Nationalsozialisten dem organisierten bewaffneten Widerstand einer großen Zahl entschlossener Juden gegenüber – und das an einem so exponierten Ort wie dem Zentrum der Hauptstadt Polens.[2]

Die ersten Deportationen im Sommer 1942 aus dem Warschauer Ghetto, dem größten, das die Nationalsozialisten je eingerichtet hatten, waren ohne Zwischenfälle verlaufen. Etwa 300 000 Juden waren nach Treblinka deportiert worden, was die Einwohnerzahl des Ghettos auf rund

60 000 reduziert hatte. Doch seit die Ghettobewohner wußten, daß die Deutschen vorhatten, sie alle zu töten, schloß sich eine immer größere Zahl von ihnen der im Juli 1942 im Ghetto gegründeten Jüdischen Kampforganisation (Zydowska Organizacja Bojowa) an. Gemeinsam mit dem Jüdischen Militärverband (Zydowski Zwiazek Wojskowy) planten sie, sich gegen weitere Deportationsversuche zur Wehr zu setzen.

Bereits im Januar 1943, als es so aussah, als wollten die Deutschen das gesamte Ghetto räumen lassen, kam es zu ersten Widerstandsaktionen, die jedoch die Deportation einiger tausend Juden nicht verhindern konnten. Dennoch glaubte die jüdische Führung, daß ihr Einsatz die vollständige Räumung des Ghettos abgewendet hatte. Heute weiß man allerdings, daß die Nationalsozialisten ohnehin nur die Deportation von ungefähr 8000 Juden geplant hatten. Die Aufständischen fühlten sich jedoch darin bestärkt, daß sie in der Lage waren, die Pläne der Deutschen zu durchkreuzen, und rüsteten sich für den nächsten Einsatz: Sie rechneten damit, daß die Deutschen sehr bald versuchen würden, das Ghetto vollständig aufzulösen.

Ahron Karmi[3], damals 21 Jahre alt, gehörte zu den jüdischen Widerstandskämpfern im Warschauer Ghetto. Er war im Vorjahr auf wundersame Weise dem Tod entronnen, als er aus dem Zug gesprungen war, der seinen Vater und ihn nach Treblinka bringen sollte. »Mein Vater sagte: ›Geh! Denn wenn ich dich rette, rette ich ein ganzes Universum.‹ Und dann sagte er noch: ›Wenn einer von euch überlebt, soll er für uns blutige Rache nehmen.‹ Dann mußten wir uns voneinander verabschieden. Und wir wußten, daß es ein Abschied für immer war.«

Karmi und die anderen Widerstandkämpfer organisierten, was immer sie an Waffen auftreiben konnten, und errichteten aus Möbeln provisorische Verteidigungsstellungen; andere Ghettobewohner hoben unterirdische Bunker aus. Doch trotz dieser fieberhaften Vorbereitungen gab sich niemand der Illusion hin, daß die Deutschen geschlagen werden könnten. »Wir rechneten nicht damit, daß wir sie besiegen würden«, sagt Karmi. »Es ging lediglich darum, nicht in die Züge zu steigen, wenn sie es von uns verlangten. Wenn wir einen Tag lang durchhielten, dann würden wir es am nächsten Tag wieder probieren.«

Karmi ging mit fünf oder sechs seiner Kameraden im dritten Stock eines Hauses in Stellung, von wo aus sie die Ghettomauer überblicken konnten. Eine deutsche P38 umklammert, wartete er auf den Anmarsch der Deutschen. Es ging das Gerücht, daß das Ghetto bis zum 20. April, Hitlers Geburtstag, geräumt werden solle – gewissermaßen als Geschenk an den Führer. Und es war tatsächlich Hitlers Geburtstag, als Karmis Einheit ihren ersten Einsatz hatte: »Wir hörten, wie die Deutschen anrückten, an die 300 Mann – in militärischer Formation, als würden sie an die Front marschieren. Sie kamen direkt auf unsere Stellung zu.«

Im selben Moment warf der Anführer seiner Gruppe zwei Handgranaten kurz hintereinander in Richtung der Deutschen, als Signal für Karmi und die anderen, das Feuer zu eröffnen: »Sofort schoß ich mit meiner Pistole auf die Soldaten. Die Deutschen schrien »Hilfe!« und gingen hinter einer Mauer in Deckung. Das war das erste Mal, daß wir Deutsche wegrennen sahen. Sonst waren wir es immer gewesen, die vor ihnen weggelaufen waren. Sie hatten nicht damit gerechnet, daß Juden kämpfen konnten. Ich sah ihr Blut und konnte mich nicht daran satt sehen. Ich dachte: ›Deutsches Blut.‹ Und ich erinnerte mich an die Worte meines Vaters: ›Wenn einer von euch überlebt, soll er für uns blutige Rache nehmen.‹ Dann brüllte der Kommandeur der [deutschen] Einheit seine Männer an: ›Was? Ihr versteckt euch? Weg von Mauer!‹ Als sie hinter der Mauer hervorkamen, sahen sie, wo die Schüsse herkamen, und schossen zurück. Aber das war mit unserem Feuer nicht zu vergleichen – wir hatten ja nur Handgranaten und ein paar Pistolen. Als sie losfeuerten, gingen sämtliche Fensterscheiben zu Bruch, und die Luft war voller Rauch und Glas.«

Die Deutschen, die unter dem Befehl von SS-Brigadeführer Jürgen Stroop standen, hatten mit diesem entschlossenen Widerstand nicht gerechnet. Zehntausende von Juden hatten sich versteckt, die meisten von ihnen in unterirdischen Bunkern. Die Straßen waren menschenleer – man würde das ganze Ghetto nach Juden durchkämmen müssen. Doch die Deutschen fanden eine einfache und grausame Lösung für ihr Problem: Sie würden die Juden ausräuchern. Straße für Straße, Häuserblock für Häuserblock setzten sie das Ghetto in Brand. Angesichts der militärischen Übermacht der Deutschen und des sich rapide ausbreitenden Feuers traten Ahron Karmi und seine Mitkämpfer den Rückzug an. Sie flüchteten sich in die Kanalisation, kamen an der Ghettomauer wieder nach oben, krochen unter dem Stacheldraht hindurch und entkamen bis an den Stadtrand Warschaus, wo sie allerdings kaum weniger in Gefahr waren: »Nach zwei Jahren waren von den 80 Leuten, die sich in die Wälder geflüchtet hatten, noch ganze elf am Leben.«

Laut Stroops Bericht über den Einsatz – die wichtigste schriftliche Informationsquelle über den Ghettoaufstand aus jener Zeit – wurden im Laufe der Aktion 56 065 Juden gefangengenommen. Seinen Angaben zufolge waren während der Kämpfe etwa 7000 Juden und weniger als 20 deutsche Soldaten umgekommen – wobei er zweifellos die Verluste der Deutschen nach unten korrigiert hatte und die der Juden nach oben.

Trotz Stroops Versuche, den Aufstand im Warschauer Ghetto zu verharmlosen, war sich Himmler über die Bedeutung der Ereignisse durchaus im klaren. Mit ihrem großangelegten organisierten Widerstand hatten die Warschauer Juden ein Zeichen gesetzt, das möglicherweise Signalwirkung hatte. Himmler sah darin nur die Bestätigung, daß die Ghettos im Grunde nicht zu kontrollieren waren. Allerdings hatten sie ihre wesentliche Funktion ohnehin erfüllt. Himmler hatte bereits neue Pläne zur »Umsetzung« der »Endlösung« ins Auge gefaßt, und der Schlüssel lag in Auschwitz.

Im März 1943, nur wenige Wochen vor dem Ghettoaufstand in Warschau, fand in Auschwitz ein Ereignis von enormer Tragweite statt: In Birkenau wurde das erste Krematorium in Betrieb genommen. Die Anlage war das Ergebnis eines langwierigen Planungsprozesses. Im Oktober 1941 sollte der Neubau zunächst das alte Krematorium im Stammlager ersetzen, dann verlegte man den geplanten Standort nach Birkenau. 1942 wurde das ursprüngliche Konzept umgeworfen, worauf der SS-Architekt Walter Dejaco einen neuen Entwurf vorlegte: Den Kellerräumen, die ursprünglich als Leichenhallen konzipiert waren, wurden zwei neue getrennte Funktionen zugewiesen: Ein Raum sollte als Entkleidungsbereich dienen, der andere, der rechtwinklig zum ersten verlief, als Gaskammer. Mit Zyklon B gefüllte Büchsen sollten durch spezielle Luken im Dach in die Gaskammer eingeführt werden. Im Erdgeschoß befand sich das Krematorium mit fünf großen Öfen, jeder mit drei Ofentüren ausgestattet. Mittels eines kleinen Aufzugs sollten die Leichen von der Gaskammer zum Krematorium befördert werden.

Es ist nicht bekannt, an welchem Tag die SS-Führung die Umgestaltung des Gebäudes anordnete. Doch der nachträgliche Funktionswandel läßt sich anhand einer Reihe von Anweisungen aus der Bauabteilung von Auschwitz nachvollziehen. Beispielsweise sollte in die Türen der Gaskammer »Spione« eingebaut werden; außerdem wurde veranlaßt, daß sich die Türen entgegen der ursprünglichen Planung nach außen öffneten (um zu vermeiden, daß nach der

Vergasung die Leichen die Türen blockierten). Weitere Maßnahmen waren die Entfernung einer Leichenrutsche und der Einbau weiterer Treppen in den Keller, ein deutliches Indiz dafür, daß die Opfer nun selbst in die anfänglich als Leichenhallen geplanten Kellerräume gehen sollten.

Anfangs hatte man nur ein Krematorium geplant, doch im Zuge dieser Neuerungen wurde beschlossen, weitere solcher Anlagen zu bauen. Im Sommer 1943 waren in Auschwitz-Birkenau insgesamt vier Krematorien mit angeschlossenen Gaskammern in Betrieb. Zwei von ihnen (Krematorien 2 und 3) basierten auf dem ursprünglichen Bauplan, der die Gaskammern im Keller vorsah, und lagen keine 100 Meter von der geplanten neuen »Rampe« in Birkenau entfernt (die erst im späten Frühjahr 1944 endgültig fertiggestellt wurde). Die beiden anderen Krematorien (Krematorien 4 und 5) befanden sich an einer entlegenen Stelle Birkenaus, in die Nähe der ursprünglichen provisorischen Gaskammern »Rotes Häuschen« und »Weißes Häuschen«. Die Gaskammern der Krematorien 4 und 5 waren nicht im Keller, sondern im Erdgeschoß, also auf derselben Ebene wie die Verbrennungsöfen – aus Sicht der Planer offensichtlich eine technische »Verbesserung«, da die Leichen nun nicht mehr vom Keller ins Erdgeschoß transportiert werden mußten. Die Krematorien selbst verfügten über einen großen Verbrennungsofen mit acht Türen. Die Kapazität aller vier Krematorien reichte aus, um pro Tag insgesamt 4700 Menschen umzubringen und deren Leichen zu entsorgen. Bei voller Ausnutzung der neugeschaffenen Tötungsanlagen konnte man innerhalb eines Monats 150 000 Menschen in Auschwitz ermorden.

Die soliden Ziegelsteingebäude der kombinierten Krematorien und Gaskammern veranschaulichen die perfide Seite der nationalsozialistischen »Endlösung«: Das Morden fand nun nicht mehr in umfunktionierten Bauernhäusern statt, sondern in fabrikähnlichen Anlagen, die die

Menschenvernichtung in industriellem Maßstab ermöglichten. In der Geschichte ist es immer wieder zu entfesselten Massakern an Frauen und Kindern gekommen, aber dies war etwas völlig Neues: die sorgfältige Errichtung von Anlagen, in denen Menschen kaltblütig und planmäßig getötet werden sollten. Der nüchterne, systematische Charakter dieses Tötungsprozesses findet seinen sichtbaren Ausdruck in den akkuraten roten Ziegelsteinmauern der Krematorien von Birkenau.

Die Krematorien in Auschwitz wurden freilich erst in Betrieb genommen, als die Massentötungen ihren Höhepunkt überschritten hatten. 1942 wurden rund 2,7 Millionen Juden ermordet (etwa 200 000 von ihnen in Auschwitz und 1,65 Millionen in den Lagern der »Aktion Reinhardt«; 850 000 weitere wurden von mobilen Exekutionskommandos im Osten erschossen); 1943 hingegen wurden insgesamt etwa 500 000 Juden umgebracht, ungefähr die Hälfte von ihnen in Auschwitz.

Dennoch spielte Auschwitz eine immer wichtigere Rolle für das nationalsozialistische Regime. Jahrelang hatte man sich nicht darüber einigen können, ob man die Arbeitskraft der Juden für das Reich nutzen oder sich der Juden lieber ganz entledigen sollte. Auf der Wannseekonferenz im Januar 1942 unterbreitete Reinhard Heydrich einen Vorschlag, wie man diese beiden scheinbar unvereinbaren Ziele in Einklang bringen könne: Man müsse nur dafür sorgen, daß die Juden sich zu Tode arbeiteten. Doch vor allem, nachdem Himmler die Ermordung der Juden im Generalgouvernement angeordnet hatte, gerieten diese beiden Zielsetzungen in der Praxis immer wieder in Konflikt. Wie Leutnant Battel in Przemyśl erlebte, wurden nach wie vor arbeitsfähige Juden nach Bełżec in den Tod geschickt.

Im Frühjahr 1943 war Himmler klar, daß es im gesamten Reichsgebiet nur einen Ort gab, an dem sich die beiden Ziele Arbeit und Vernichtung perfekt vereinbaren ließen:

Auschwitz. Damit wurden die neuen Tötungsanlagen in Birkenau zum Zentrum eines riesigen halbindustriellen Lagerkomplexes. Hier konnte man die selektierten Juden zunächst in eines der zahlreichen nahe gelegenen Nebenlager zum Arbeitseinsatz schicken, um sie einige Monate später, wenn sie halbtot geschunden waren, »auszusortieren« und in den nur wenige Kilometer entfernten Vernichtungsanlagen von Auschwitz-Birkenau umzubringen.

Nicht nur aus ideologischen, sondern auch aus praktischen Gründen bot Auschwitz für Himmlers Vorhaben ideale Voraussetzungen. Das Lagersystem versprach ein hohes Maß an Flexibilität: Je nach Arbeitskräftebedarf konnte man die Kriterien für die »Arbeitsfähigkeit« der Insassen beliebig variieren. Und was angesichts der Ereignisse in Warschau vielleicht noch wichtiger war: Die SS konnte innerhalb des Lagerkomplexes einen weit höheren Grad an Kontrolle gewährleisten, als es in den Ghettos möglich war.

Es gab 28 zu Auschwitz gehörende Nebenlager[4], die sich in unmittelbarer Nähe verschiedenster, in ganz Oberschlesien verstreuter Industrieanlagen befanden: vom Zementwerk Golleschau [Goleszów] bis zur Rüstungsfabrik Eintrachthütte, vom Kraftwerk Energieversorgung Oberschlesien bis zu den Buna-Werken der I. G. Farben, für das man eigens das riesige Arbeitslager Monowitz [Monowice] eingerichtet hatte. Dort waren bis zu 10 000 Häftlinge untergebracht (unter ihnen der italienische Wissenschaftler und Schriftsteller Primo Levi, der nach dem Krieg in seinen Büchern die Unmenschlichkeit des nationalsozialistischen Regimes zu verarbeiten suchte). 1944 wurden über 40 000 Lagerhäftlinge[5] in den oberschlesischen Industriebetrieben als Zwangsarbeiter eingesetzt. Man schätzt, daß Auschwitz dem deutschen Reich einen Reingewinn von rund 30 Millionen Reichsmark[6] einbrachte, indem es Zwangsarbeit an Privatunternehmen verkaufte.

In den Nebenlagern herrschten oft ebenso menschenunwürdige Verhältnisse wie im Stammlager Auschwitz oder in Auschwitz-Birkenau. Besonders berüchtigt war das bei einem Kohlenbergwerk errichtete Lager Fürstengrube. Benjamin Jacobs[7] wurde im Frühherbst 1943 zum Arbeitseinsatz nach Fürstengrube geschickt, was normalerweise einem Todesurteil gleichkam. Die Lebenserwartung in den Kohlenbergwerken rings um Auschwitz ließ sich in Wochen bemessen. Doch Jacobs besaß Kenntnisse, die ihm das Leben retteten: Er hatte eine zahnmedizinische Ausbildung. Seine Geschichte verdeutlicht, mit welcher Menschenverachtung die Nationalsozialisten die Juden vor und sogar nach ihrem Tod ausbeuteten.

Dank seiner zahnmedizinischen Kenntnisse durfte Benjamin Jacobs seine Mitgefangenen und später sogar führende SS-Leute behandeln: »Ich kümmerte mich um SS-Führer, Ärzte und andere hohe Tiere im Lager, und sie waren wirklich hilfsbereit. Wenn sie zu mir kamen, waren sie richtig nett. Meistens brachten sie etwas Brot oder Wodka mit. Sie ließen die Sachen einfach da. Sie schenkten sie mir nicht ausdrücklich, sondern ließen sie ›aus Versehen‹ auf dem Stuhl liegen. Und so kam ich an besseres Essen … Ich hatte wirklich das Gefühl, daß sie mich besser behandelten. Und das machte mich stolz. Ich war schon in einer ziemlich privilegierten Position.« Nur »einmal« habe ihm seine Aufgabe als Lagerzahnarzt »zu schaffen« gemacht, sagt Benjamin Jacobs. Man habe ihm befohlen, toten Lagerinsassen die Goldzähne zu entfernen. Er mußte in einen Raum gehen, in dem die Leichen der Häftlinge lagen, die während der Arbeit erschossen worden oder im Bergwerk umgekommen waren. Dort habe er »Unglaubliches« zu Gesicht bekommen, berichtet Benjamin Jacobs. Die Toten hätten »grotesk« ausgesehen. Er mußte sich dicht neben die Leichen knien und ihnen »mit Gewalt den Mund öffnen«. Jedesmal, wenn er ihnen mit einem speziellen Instrument Ober- und Unterkiefer auseinanderdrückte, gab es ein

»knackendes Geräusch«. Sobald Jacobs den geöffneten Mund des Toten fixiert hatte, zog er die Goldzähne: »Das war wirklich nichts, worauf ich stolz sein könnte. Aber ich war damals völlig gefühllos. Ich wollte überleben. Auch wenn dieses Leben nicht gerade angenehm war, hat man sich doch daran geklammert.«

Das Gold aus den Zähnen der toten Arbeiter wurden eingeschmolzen und zu Schmuck weiterverarbeitet – ein Prozeß, der eine Vorstellung vom »Nützlichkeitsdenken« in Auschwitz vermittelt: Nichts, was den Häftlingen persönlich gehörte, war zu intim, um nicht irgendeiner weiteren Verwendung zugeführt zu werden. Von diesem Prinzip zeugten auch die als »Kanada« bezeichneten Sortierbaracken im Stammlager Auschwitz und in Auschwitz-Birkenau. Linda Breder[8] war 19 Jahre alt, als sie 1943 zum erstenmal in »Kanada« im Stammlager arbeitete. Sie war im Jahr zuvor mit einem der ersten Frauentransporte aus der Slowakei nach Auschwitz gekommen. Nachdem sie anfangs in einem Landwirtschaftskommando schwere Feldarbeit verrichten mußte, wurde sie später in die Sortierbaracken versetzt. Dort wurde die persönliche Habe, die man den Neuankömmlingen abgenommen hatte, gesichtet und sortiert: »Die Arbeit in ›Kanada‹ hat mir tatsächlich das Leben gerettet, denn dort hatten wir zu essen, bekamen Wasser und durften sogar duschen.« Die Aufgabe, die man Linda Breder zugeteilt hatte, war vielleicht weniger grausig als die von Benjamin Jacobs, aber in beiden Fällen ging es um das gleiche Prinzip: die größtmögliche wirtschaftliche Ausnutzung jener, die man vernichtete. »Alles, was die Ermordeten bei sich hatten, wurde in Auschwitz gesammelt. Wir mußten die Kleider nicht nur zusammenlegen, sondern auch nach Wertsachen durchsuchen. Jedes Teil mußte untersucht werden – auch die Unterwäsche, alles. Und wir fanden jede Menge Juwelen, Gold, Münzen, Dollars – Geld aus ganz Europa. Wenn wir etwas fanden, mußten wir es in eine Holzkiste tun, die in der Mitte der Baracke stand und oben einen Schlitz hatte ... Außer uns wußte niemand etwas von den ganzen Kostbarkeiten und den Kleidern, die dort ankamen. Nur wir. Wir waren ungefähr 600 Mädchen, die dort arbeiteten.«

Die Linie der Lagerleitung von Auschwitz – wie auch der SS im gesamten Reich – war klar: Alle Wertgegenstände, die man den Neuankömmlingen abgenommen hatte, waren Eigentum des Reichs. Doch die Praxis sah ganz anders aus. Da weder die Gefangenen noch die SS den Versuchungen »Kanadas« widerstehen konnten, wurde regelmäßig gestohlen: »Wir konnten immer etwas Kleidung herausschmuggeln«, erzählt Linda Breder. »Schuhe, Höschen, Unterwäsche – wir verschenkten die ganzen Sachen, weil wir sie selbst nicht brauchten.« Und da Linda Breder und die anderen Arbeiterinnen unter dem fremden Eigentum auch versteckte Lebensmittel fanden, konnten sie sich besser ernähren als beinah jede andere jüdische Häftlingsgruppe in Auschwitz. »Natürlich haben wir die Lebensmittel gegessen. Das war unsere Rettung. Sogar Tiere fressen sich gegenseitig auf, wenn sie Hunger haben ... Wir wollten leben. Wir wollten überleben. Hätten wir die Sachen wegwerfen sollen? Wir haben niemanden umgebracht. Wir haben nur ihr Essen genommen. Sie waren ja schon tot ... Ewas zu essen, Wasser und genug Schlaf – das war alles, worauf es uns ankam. Und das gab es alles in ›Kanada‹.«

Doch wer natürlich weit mehr von »Kanada« profitierte, waren einzelne SS-Angehörige. »Die Deutschen haben sich unglaublich bereichert«, berichtet Linda Breder. »Alles, was für uns übrigblieb, war der Tod ... Alle [die SS] haben sie gestohlen. Sie kamen nach ›Kanada‹, weil es dort alles gab und weil sie sich dort ungehindert bedienen konnten.« Rudolf Höß räumte ein, daß »die Wertgegenstände, die die Juden mitbrachten, zu unvermeidlichen Problemen führten«, da die SS-Leute, die für ihn arbeiteten »nicht immer stark genug waren, um der Versuchung zu widerstehen. Sie brauchten ja nur die Hand auszustrecken.«[9] Oskar Gröning bestätigt die Ansicht des Lagerkommandanten: »Natürlich bestand die Gefahr [des Diebstahls], denn es ist nicht schwer, aus einem großen Haufen von Sachen etwas zu stehlen und damit Geschäfte zu machen, was in Auschwitz ständig vorkam.« Da er in in der Verwaltung arbeitete, wußte er, daß »viele« mit den Wertgegenständen »in Berührung kamen«, die von der Gepäcksammelstelle auf der Selektionsrampe in die Sortierbaracken wanderten und schließlich in Holzkisten in sein Büro gebracht wurden: »Und ganz sicher sind eine Menge dieser Sachen in Kanäle umgeleitet worden, für die sie nicht bestimmt waren.«

Erstaunlicherweise war die Kontrolle innerhalb der SS in Auschwitz »tatsächlich sehr lasch«, wie Gröning bestätigt. Er gibt zu, daß auch er an der im Lager weitverbreiteten Korruption beteiligt war. Er unterschlug einen Teil der Gelder, die durch seine Hände gingen, um auf dem florierenden Schwarzmarkt in Auschwitz Waren zu kaufen. Als er es beispielsweise leid war, sich jedesmal aus der Waffenkammer eine Pistole abzuholen, um sie am Ende seiner Schicht dort wieder abzugeben, wandte er sich an »Leute mit Beziehungen« mit der Bitte: »Ich brauche eine Pistole mit Munition, mein Freund.« Und da Gröning, zu dessen Aufgaben es gehörte, das beschlagnahmte Geld zu zählen und zu sortieren, als »Dollarkönig« bekannt war, einigte man sich auf einen Preis von 30 US-Dollar. Es war ein Kinderspiel für ihn, diese Summe von dem Geld »abzuzweigen«, das täglich über seinen Schreibtisch wanderte. Er zahlte die 30 Dollar und erhielt die Pistole.

Grönings heimliche Transaktion war nur eine von Tausenden ähnlicher illegaler Geschäfte, die Woche für Woche in Auschwitz abgewickelt wurden. Angesichts so vieler Reichtümer, die das Lager förmlich überschwemmten, einer so geringen Kontrolle und so vieler sich bietender Gelegenheiten, kann man davon ausgehen, daß so gut wie jeder SS-Mann in das korrupte System verstrickt war: vom einfachen SS-Sturmmann, der ein neues Radio wollte, bis hin zum SS-Führer, der mit gestohlenem Schmuck handelte.

Auf seiner berüchtigten Rede in Posen im Oktober 1943 sprach Himmler das überaus heikle Thema der Korruption innerhalb der SS an. »Ich will hier vor Ihnen in aller Offenheit auch ein ganz schweres Kapitel erwähnen«, sagte er vor den anwesenden SS-Gruppenführern. »Unter uns soll es einmal ganz offen ausgesprochen sein, und trotzdem werden wir in der Öffentlichkeit nie darüber reden. ... Ich meine jetzt die Judenevakuierung, die Ausrottung des jüdischen Volkes. ... Von euch werden die meisten wissen, was es heißt, wenn 100 Leichen beisammenliegen, wenn 500 daliegen oder wenn 1000 daliegen. Dies durchgehalten zu haben, und dabei – abgesehen von Ausnahmen menschlicher Schwächen – anständig geblieben zu sein, das hat uns hart gemacht. Dies ist ein niemals geschriebenes und niemals zu schreibendes Ruhmesblatt unserer Geschichte Die Reichtümer, die sie hatten, haben wir ihnen abgenommen. Ich habe einen strikten Befehl gegeben, den SS-Obergruppenführer Pohl durchgeführt hat, daß diese Reichtümer selbstverständlich restlos an das Reich abgeführt wurden. Wir haben uns nichts davon genommen. Einzelne, die sich verfehlt haben, werden gemäß einem von mir zu Anfang gegebenen Befehl bestraft, der androhte: Wer sich auch nur eine Mark davon nimmt, der ist des Todes. Eine Anzahl SS-Männer – es sind nicht sehr viele – haben sich dagegen verfehlt, und sie werden des Todes sein, gnadenlos. Wir hatten das moralische Recht, wir hatten die Pflicht gegenüber unserem Volk, dieses Volk, das uns umbringen wollte, umzubringen. Wir haben aber nicht das Recht, uns auch nur mit einem Pelz, mit einer Uhr, mit einer Mark oder mit einer Zigarette oder mit sonst etwas zu bereichern. Wir wollen nicht am Schluß, weil wir einen Bazillus ausrotteten, an dem Bazillus krank werden und sterben. Ich werde niemals zusehen, daß hier auch nur eine kleine Fäulnisstelle entsteht oder sich festsetzt. Wo sie sich bilden sollte, werden wir sie gemeinsam ausbrennen. Insgesamt aber können wir sagen, daß wir diese schwerste Aufgabe in Liebe zu unserem Volk erfüllt haben. Und wir haben keinen Schaden in unserem Inneren, in unserer Seele, in unserem Charakter daran genommen.«

Himmler versuchte also eine klare Trennungslinie zu ziehen zwischen den Morden, die gerechtfertigt waren und dem Wohl des Reichs dienten, und der persönlichen Bereicherung, die ein Vergehen darstellte. Dabei beschwor er das Bild einer »harten« und »unbestechlichen« SS. Es ist klar, weshalb er diese Unterscheidung machte. Er hatte zwei Jahre zuvor mit eigenen Augen gesehen, welche psychischen Schäden die Erschießung von Juden bei seinen Männern hinterlassen hatte. Die neu entwickelte Tötungsmaschinerie der Gaskammern hingegen gewährleistete einen gewissen Grad an emotionaler Distanz. Himmler versuchte nun seinen Männern moralischen Halt zu geben, indem er den »anständigen«, aber »harten« Verteidiger des Reichs von dem charakterlosen Opportunisten, der nur auf seinen eigenen Vorteil bedacht war, abgrenzte. Damit sie ihr Handeln akzeptieren und sich vielleicht sogar ihre Mitwirkung an der »Endlösung« »verzeihen« konnten, mußte er ihnen klarmachen, daß sie zwar Frauen und Kindern ermordet, aber doch ihre Ehre bewahrt hatten. Und dies erreichte er, indem er sie daran erinnerte, daß sie von den Morden nicht persönlich profitiert hatten.

Dies alles war natürlich eine Lüge. Nicht nur, weil die SS in Wirklichkeit in großem Umfang an Unterschlagung, Diebstahl und Korruption in Auschwitz beteiligt war, sondern auch, weil die »Endlösung« keinerlei Trennung zwischen der »ehrenhaften« Ermordung hilfloser Zivilisten und schierer Bestialität zuließ. Nichts verdeutlicht diese

Tatsache mehr als die Rolle der SS-Ärzte in Auschwitz. Diese ausgebildeten Mediziner wirkten auf allen Ebenen des Vernichtungsprozesses mit, angefangen bei der ersten Selektion auf der Rampe bis hin zur Ermordung einzelner selektierter Häftlinge. Die durch ein rotes Kreuz als Krankenwagen getarnten Wagen, in denen das Zyklon B zu den Gaskammern gebracht wurde, veranschaulichen mit erschreckender Deutlichkeit ihre tiefe Verstrickung. Die Lagerärzte in Auschwitz standen vor einem schwerwiegenden Dilemma, das sich am besten in der Frage zusammenfassen läßt: Wie kann man die eigene Beteiligung am Massenmord mit dem hippokratischen Eid vereinbaren, der Ärzte zur Heilung von Kranken verpflichtet?

Um zu verstehen, weshalb die Ärzte in Auschwitz in keinerlei Gewissensnöte gerieten, muß man wissen, daß die Beteiligung von Medizinern am Massenmord schon lange fester Bestandteil nationalsozialistischer Politik war. Seit der Machtergreifung 1933 verfocht die nationalsozialistische Führung die Idee, daß bestimmte »Rassen«, ja sogar bestimmte Individuen, ein größeres »Lebensrecht« genossen als andere. Welche praktischen Folgen eine solche Auffassung hatte, zeigte sich in der Einführung der Zwangssterilisation für geistig Behinderte in den dreißiger Jahren.

Auf die engen Verbindungen zwischen dem Euthanasieprogramm, das die Nationalsozialisten im Herbst 1939 einleiteten, und dem Führungspersonal der Todeslager der »Aktion Reinhard« wurde bereits in den vorangegangenen Kapiteln eingegangen. Wirth und Stangl, die Pioniere jener Vernichtungslager, hatten sich beide zu Beginn ihrer blutigen Karrieren an der Ermordung Behinderter beteiligt. Aufschlußreich ist in diesem Zusammenhang die Tatsache, daß die Selektion im Rahmen des Euthanasieprogramms von Ärzten durchgeführt wurde – eine Praxis, die sich in Auschwitz fortsetzte. Damit war die Verquickung von Medizin und Massenmord bereits in einer Ideologie angelegt, die die

Beseitigung »unwerten Lebens« zur höchsten Pflicht der Ärzteschaft erhob. Dieser perversen Logik war es auch zu verdanken, daß ein praktischer Arzt, Dr. Eberl, Kommandant des Vernichtungslagers Treblinka werden konnte, ohne daß dies irgend jemanden befremdet hätte.

Zu dem Zeitpunkt, als Eberl seine Arbeit in Treblinka aufnahm, hatte man natürlich den Begriff des »lebensunwerten Lebens« bereits auf die Juden ausgedehnt. In ihrem Versuch, die Ermordung der Juden zu rechtfertigen, griffen die SS-Ärzte auf die frühe Propagandalüge der Nationalsozialisten zurück, die besagte, daß die Juden einen verderblichen Einfluß auf das Gemeinwesen hätten. »Natürlich bin ich Arzt, und ich will Leben erhalten«, sagt der ehemalige SS-Arzt Fritz Klein. »Aus Ehrfurcht vor dem menschlichen Leben würde ich einen eiternden Blinddarm aus einem kranken Körper entfernen. Der Jude ist der eiternde Blinddarm im Körper der Menschheit.«[10]

Aus der puristischen Sicht der Nationalsozialisten waren Auschwitz und die anderen Todeslager deshalb eine gesundheitspolitische Maßnahme: Man beseitigte Menschen, die dem Allgemeinwohl schadeten oder das Gemeinwesen bedrohten. Folglich wurden die ersten als nicht arbeitsfähig eingestuften Häftlinge in Block 10, dem Krankenbau, umgebracht – mittels einer Phenol-Injektion. Es war die exakte Umkehrung der medizinischen Ethik: Der Patient wurde nicht geheilt, sondern getötet.

Als 1942 das System der Selektion eingeführt wurde, übernahmen die SS-Ärzte eine Schlüsselrolle im Vernichtungsprozeß. Sie waren es, die eine für den Betrieb des Lagers zentrale Entscheidung trafen: Wer von den Neuankömmlingen sollte leben, und wer sollte sterben. Die aktive Teilnahme von Ärzten am Selektionsprozeß war für die Nationalsozialisten sowohl aus praktischen als auch aus ideologischen Erwägungen unabdingbar. Der praktische Grund lag auf der Hand: Man ging davon aus, daß Ärzte am geeignetsten waren, um auf einen Blick (jede Selektion dauerte nur ein paar Sekunden) die Arbeitsfähigkeit eines Menschen festzustellen. Der ideologische Grund war weniger offensichtlich, dafür aber weit bedeutsamer: Indem man die Ärzte in den Selektionsprozeß einbezog, stellte sich das Töten nicht als Akt reiner Willkür dar, sondern als wissenschaftliche Notwendigkeit. In Auschwitz wurden keine Menschen wahllos abgeschlachtet, sondern man leistete einen wohlüberlegten Beitrag zur Volksgesundheit.

Auf dem Gebiet der medizinischen Forschung sollten sich die Ärzte von Auschwitz von einer besonders grausamen Seite zeigen. Der Einsatz von Häftlingen für diese Zwecke entsprach dem nationalsozialistischen Grundsatz, daß Staatsfeinde ihren »Beitrag« für das Reich zu leisten hätten – wenn nicht durch Zwangsarbeit, dann durch ihren Tod im Dienste der »medizinischen Wissenschaft«. Für einen Arzt, der in der Forschung Karriere machen wollte und sich weder durch Mitleid noch moralische Skrupel behindern ließ, war Auschwitz ein einzigartiges Experimentierfeld. Dr. Clauberg und Dr. Schumann betrieben in Auschwitz »medizinische Forschung« auf dem Gebiet der Sterilisation. Schumann verfügte bereits über einige Erfahrung im Töten; er hatte im Rahmen des Euthanasieprogramms als Arzt im Vernichtungszentrum Sonnenstein gearbeitet, wohin man im Juli 1941 kranke und geschwächte Häftlinge aus Auschwitz gebracht hatte.

Silvia Veselá[11], eine der ersten slowakischen Frauen in Auschwitz, mußte Clauberg und Schumann assistieren. Sie arbeitete als Krankenschwester in Block 10 im Stammlager, wo zahlreiche Experimente durchgeführt wurden: »In einem Teil des Blocks war die Röntgenabteilung. Dort standen riesige Röntgengeräte mit großen Röhren, die Dr. Schumann bei den Sterilisationen einsetzte. Der andere Teil des Gebäudes war Dr. Claubergs Bereich. Er führte die Sterilisationen mit Hilfe von ätzenden Subtanzen durch, die er in die Eierstöcke der Frauen injizierte, damit sie verklebten. Das Hauptziel dieser Versuche war es, herauszufinden, wieviel von der Substanz nötig war, um eine Sterilisation zu erreichen.«

Himmler verfolgte diese Experimente in Auschwitz mit besonderem Interesse, denn natürlich war die Sterilisation eine der Maßnahmen, mit denen die Nationalsozialisten ihr selbstgeschaffenes »Judenproblem« zu lösen gehofft hatten, ehe die Gaskammern entwickelt wurden; auf der Wannseekonferenz hatte man diese Methode sogar als mögliche Alternative zur Deportation deutscher Juden gemischter Herkunft erwogen. Doch trotz der Versprechungen führender medizinischer Experten wie Dr. Clauberg wartete Himmler noch immer darauf, daß man ihm eine billige und effiziente Sterilisationstechnik lieferte.

Da Silvia Veselá die Frauen, die diesen schmerzhaften Experimenten unterzogen wurden, gern hatte, versuchte sie, das Geschehen nicht zu sehr an sich »herankommen zu lassen«: »Das Beste, was man machen konnte, war, gar nicht darüber nachzudenken. Es wurde auch die Wirkung unterschiedlicher Röntgendosen auf den Dünndarm getestet. Es war schlimm. Die Frauen mußten sich ständig übergeben. Es war wirklich schrecklich.« Die Röntgenstrahlen wurden entweder zur Sterilisation selbst eingesetzt oder um die Wirkung der in die Gebärmutter injizierten Substanzen zu überprüfen: »Die Frauen wurden mit gespreizten Beinen auf den Röntgentisch gelegt. Dann spritzte ihnen der Arzt ein Kontrastmittel in die Eileiter. Von einem Monitor aus konnte er kontrollieren, ob er die Spritze richtig ansetzte. Nach jeder Untersuchung und Injektion belichtete ich die Röntgenaufnahmen, damit man sehen konnte, ob die Eierstöcke verklebt waren und die Sterilisation geklappt hatte. ... Für sie waren wir keine Menschen. Wir waren Tiere. Verstehen Sie das? Wir waren keine Menschen. Wir waren einfach nur Nummern und Versuchstiere.«

Auch Silvia Veselá entging dem Forscherdrang Dr. Claubergs in Block 10 nicht: »Als ich krank war, machten sie auch an mir Versuche … Leider bin ich nach dem Krieg, als ich verheiratet war, trotz dieser Experimente schwanger geworden. Ich mußte eine scheußliche Abtreibung vornehmen lassen. Die Ärzte sagten: ›Einmal reicht! Werden Sie bloß nicht noch einmal schwanger.‹«

In Block 10 führten nicht nur Schumann und Clauberg ihre Sterilisationsexperimente durch, sondern auch Dr. Wirths, der ranghöchste Militärarzt in Auschwitz, mißbrauchte Frauen für seine »Erforschung« des Gebärmutterhalses. In Block 28 des Stammlagers wurden medizinische Experimente an Männern durchgeführt. Dazu zählte eine Versuchsreihe, bei der man auf die Haut der Häftlinge giftige Wirkstoffe auftrug, um möglichen Tricks auf die Spur zu kommen, mit denen sich Wehrpflichtige vor dem Armeedienst drücken wollten.

Es wurden sogar Häftlinge an die Firma Bayer, Teil der I. G. Farben, »verkauft«, wo sie als Versuchskaninchen für die Erprobung neuer Medikamente eingesetzt wurden. In einem Schreiben von Bayer an die Lagerleitung von Auschwitz heißt es: »Der Transport mit 150 Frauen traf in guter Verfassung hier ein. Allerdings gelang es uns nicht, verläßliche Ergebnisse zu erzielen, weil sie während der Tests starben. Wir möchten sie daher bitten, uns eine weitere Gruppe Frauen gleicher Größe und zum gleichen Preis zu schicken.«[12] Diese Frauen, die bei einer Versuchsreihe mit Narkosemitteln starben, hatten Bayer 170 Reichsmark pro Person gekostet.

Doch so schrecklich das Leid der Betroffenen auch war, so sind es nicht die Namen Clauberg, Schumann, Wirth oder Bayer, die gemeinhin mit den menschenverachtenden medizinischen Experimenten in Auschwitz in Verbindung gebracht werden, sondern der eines 32jährigen gutaussehenden Kriegsveteranen und Trägers des Eisernen Kreuzes, der im März 1943 nach Auschwitz kam: Dr. Josef Mengele. Mehr als irgend jemand sonst ist Mengele zum Synonym für Auschwitz geworden. Dies ist zum einen auf seine Persönlichkeit zurückzuführen, denn Mengele genoß die Macht, die er in Auschwitz ausübte, und nutzte sie bei seinen »Forschungen« hemmungslos aus; zum anderen spielten aber auch äußere Umstände eine Rolle, denn er kam genau zu dem Zeitpunkt ins Lager, als die Krematorien in Birkenau fertiggestellt waren und Auschwitz im Begriff war, in seine zerstörerischste Phase einzutreten.

Die Häftlinge lernten Mengele als zwiespältige Persönlichkeit kennen. Wenn er in seiner tadellosen SS-Uniform vor ihnen stand, konnte er lächeln und charmant sein – oder aber unbeschreiblich grausam. Zeugen beobachteten, wie er eine Mutter und ihr Kind auf der Rampe erschoß, weil sie sich ihm widersetzten, aber andere erinnern sich, daß er nur freundliche Worte für sie hatte. Die tschechoslowakische Gefangene Vera Alexander[13] erlebte die Widersprüchlichkeit seines Wesens aus nächster Nähe, als sie Kapo eines Blocks war, in dem polnische und Zigeunerkinder wohnten: »Mengele kam jeden Tag ins Lager – er brachte immer Schokolade mit … Wenn ich mit den Kindern schimpfte, bekam ich oft zu hören: ›Wir erzählen dem Onkel, wie böse du bist.‹ Mengele war für sie der ›liebe Onkel‹.« Aber Mengele hatte für dieses Verhalten einen Grund: Die Kinder waren für ihn nichts weiter als Rohmaterial für seine Experimente. Vera Alexander erlebte, wie Kinder nach einem Besuch beim »lieben Onkel« schreiend vor Schmerzen ins Lager zurückgebracht wurden.

Mengele, der sich auf Erbbiologie spezialisiert hatte, beschäftigte sich intensiv mit der Zwillingsforschung. Im Lager kursierte das Gerücht, daß er die genauen Gründe für die Entstehung von Mehrlingsschwangerschaften untersuche, um Methoden zu entwickeln, mit denen deutsche Frauen in kürzerer Zeit mehr Kinder zur Welt bringen könnten. Doch wahrscheinlicher ist, daß er sich vor allem für die Rolle der Erbanlagen bei der körperlichen und charakterlichen Entwicklung interessierte, ein Thema, von dem die nationalsozialistischen Wissenschaftler besessen waren.

Eva Mozes Kor[14] war 1944 zehn Jahre alt und wurde gemeinsam mit ihrer Zwillingsschwester Miriam für Mengeles Forschungszwecke mißbraucht: »Mengele kam jeden Tag nach dem Appell herein. Er wollte wissen, wieviel Versuchskaninchen er noch hatte. Dreimal in der Woche wurden mir die Arme eingeschnürt, um den Blutfluß zu vermindern, und dann nahmen sie mir eine Menge Blut aus dem linken Arm ab, manchmal so viel, daß ich ohnmächtig wurde. Jedesmal, wenn sie mir links Blut abnahmen, gaben sie mir mindestens fünf Spritzen in den rechten Arm. Nach so einer Injektion wurde ich schwer krank, und am nächsten Morgen kam Dr. Mengele mit vier anderen Ärzten ins Zimmer. Er sah sich meine Fieberkurve an und sagte mit einem sarkastischen Lachen: ›Zu schade, daß sie so jung ist. Sie hat nur noch zwei Wochen zu leben.‹ Ich verlor ständig das Bewußtsein. In diesem Dämmerzustand sagte ich mir immer wieder: ›Ich muß überleben, ich muß überleben.‹ Sie warteten nur darauf, daß ich starb. Wenn ich gestorben wäre, hätten sie meine Zwillingsschwester Miriam sofort in Mengeles Labor geholt und mit einer Injektion ins Herz getötet, und dann hätte Mengele eine vergleichende Autopsie vorgenommen.«

Der Häftlingsarzt Myklos Nyiszli[15], der Mengele genau beobachtete, bemerkte: »So etwas hatte es in der Geschichte der Medizin noch nie gegeben: Zwei Brüder starben zur gleichen Zeit, so daß man an beiden eine Autopsie durchführen konnte. Wo findet man unter normalen Umständen Zwillingsbrüder, die zur gleichen Zeit am selben Ort sterben?«

Eva Moses Kor überstand den Fieberanfall und rettete

damit nicht nur ihr eigenes Leben, sondern auch das ihrer Schwester: »Jemand hat mich mal gefragt: ›Sie sind wohl sehr stark, nicht?‹ Darauf sagte ich: ›Ich hatte keine andere Wahl. Entweder ich hielt durch oder ich ging zugrunde.‹«
Ihr erschütterndes Schicksal führt uns vor Augen, worin Mengeles Macht in Auschwitz bestand: Er konnte anderen Menschen antun, was immer er wollte. Es gab keinerlei Beschränkungen für Art und Umfang seiner »medizinischen Experimente«. Er verfügte über die grenzenlose Macht, andere zu quälen und zu töten, um seine sadistische Neugier zu befriedigen. Er experimentierte nicht nur mit Zwillingen, sondern auch mit Kleinwüchsigen und mit Häftlingen, die unter Wangenbrand litten – eine Infektionserkrankung, die im Zigeunerlager in Birkenau aufgrund der miserablen Lebensbedingungen weit verbreitet war. Doch Mengele hätte jederzeit beschließen können, seine Forschungen auf drei oder auch dreißig weitere Gebiete auszuweiten. Bevor er nach Auschwitz kam, war von dem sadistischen, machtgierigen Menschen noch nichts zu spüren. Nach allem, was man hörte, zeichnete er sich an der Ostfront durch besondere Tapferkeit aus; unter anderem rettete er zwei Soldaten aus einem brennenden Panzer. Vor dem Krieg hatte er Medizin studiert und als Assistent am Frankfurter Institut für Erbbiologie und Rassenhygiene ein relativ unauffälliges Leben geführt. Es waren die besonderen Umstände in Auschwitz, die jenen Mengele zum Vorschein brachten, den die ganze Welt kennenlernen sollte – was wieder einmal zeigt, wie schwer es vorauszusagen ist, wie sich ein Mensch unter außergewöhnlichen Bedingungen entwickelt.

Mengele war in vieler Hinsicht der Prototyp des SS-Führers in Auschwitz. Der stets perfekt gekleidete Arzt empfand für die Lagerinsassen nichts als Verachtung. Jede Form des vertrauten Umgangs mit den Gefangenen wäre ihm zuwider gewesen, allein der Gedanke an sexuellen Kontakt unvorstellbar. Diese Haltung stand in völligem Einklang mit der nationalsozialistischen Ideologie, denn nach der deutschen »Rassenlehre« stellten die Lagerinsassen eine Gefahr für die Volksgesundheit dar, weshalb sexuelle Beziehungen zwischen SS-Angehörigen und Häftlingen ausdrücklich verboten waren. Wer gegen dieses Verbot verstieß, beging »Rassenschande«. Tatsächlich bestand einer der Unterschiede zwischen den Greueltaten der Nationalsozialisten und vielen anderen Kriegsverbrechen im 20. Jahrhundert in der klaren Ablehnung sexueller Gewalt – nicht aus Menschlichkeit, sondern aus ideologischen Gründen. Sexuelle Gewalt gegen die Frau des »Feindes« war in vielen Kriegen an der Tagesordnung gewesen: Man denke nur an das türkische Massaker an den Armeniern im Ersten Weltkrieg, den japanischen Eroberungskrieg in China Anfang der dreißiger Jahre oder den serbischen Angriffskrieg gegen Bosnien in den neunziger Jahren. Die bosnischen Vergewaltigungslager, die Verschleppung christlicher Armenierinnen in Harems und die chinesischen Zwangsprostituierten in der japanischen Armee sind nur einige von zahlreichen Beispielen für männliche sexuelle Gewalt. Doch für die Nationalsozialisten war der Konflikt im Osten eine besondere Art von Krieg. Während es auf den Kanalinseln oder in Frankreich durchaus vorkam, daß deutsche Soldaten Beziehungen zu einheimischen Frauen unterhielten, sahen die Deutschen in der jüdischen und slawischen Bevölkerung im Osten eine Bedrohung ihrer »Rassereinheit«. Die nationalsozialistische Propaganda erklärte es zu einer der höchsten Pflichten jedes Soldaten, die »Reinheit des deutschen Bluts« zu erhalten. Slawinnen und Jüdinnen (besonders Letztere) waren daher absolut tabu. Man hatte sogar vor dem Krieg ein Gesetz erlassen, daß die Ehe zwischen Juden und Nichtjuden untersagte.

All dies bedeutete, daß es in Auschwitz keine sexuelle Beziehungen zwischen Angehörigen der SS und jüdischen

Häftlingen hätte geben dürfen. Während es eine heilige ideologische Pflicht war, Jüdinnen zu töten, war es ein Verbrechen, mit ihnen zu schlafen. Allerdings räumt Oskar Gröning ein: »Wenn die privaten Interessen stärker sind als die Einstellung gegenüber dem jüdischen Volk in seiner Gesamtheit – na, dann kann so etwas schon passieren. Wenn man tagtäglich 20 junge Frauen beaufsichtigt und für eine von ihnen eine besondere Sympathie hat, eine, die einem den Kaffee kocht und so etwas, dann sind diese Dinge, diese Propagandageschichten nicht mehr wichtig ...« Und so wunderte es Gröning nicht, daß SS-Angehörige, die weibliche Gefangene beaufsichtigten, mit diesen Zärtlichkeiten austauschten »oder sie zum Geschlechtsverkehr zwangen.«

Für SS-Männer, die bereit waren, ihre ideologischen Überzeugungen über Bord zu werfen, um sich ihre sexuelle Befriedigung gewaltsam zu holen, war »Kanada« das ideale Terrain. Die meisten Frauen in Auschwitz hatten kahlrasierte Schädel, waren unterernährt und anfällig für Krankheiten. Dagegen waren die Arbeiterinnen in »Kanada« dank der Lebensmittel, die sie unter den fremden Besitztümern fanden, nicht nur relativ gut genährt, sondern sie durften sich auch die Haare wachsen lassen. Hinzu kam, daß die SS-Männer in den Sortierbaracken ein und aus gingen, nicht nur, um sie zu beaufsichtigen, sondern auch um Wertsachen zu stehlen. Daher waren Vergewaltigungen in »Kanada« keine Seltenheit, wie Linda Breder bestätigt: »Als wir nach ›Kanada‹ kamen, gab es dort kein fließendes Wasser. Aber dann ließ der zuständige SS-Führer von ›Kanada‹ hinter dem Gebäude Duschen bauen. Obwohl das Wasser eiskalt war, konnte ich mich nun regelmäßig waschen. Einmal ging ein Mädchen aus Bratislava duschen. Sie war eine hübsche Frau, kein bißchen mager. Und dann kam ein SS-Führer und mißbrauchte sie in der Dusche – er vergewaltigte sie.« Der SS-Mann wurde nicht bestraft, sondern lediglich aus »Kanada« versetzt. Ein weiterer SS-Mann, von dem man wußte, daß er mit jüdischen Gefangenen Sex gehabt hatte, wurde ebenfalls sehr milde behandelt: Gerhard Palitzsch[16], Rapportoffizier in Birkenau, wurde zunächst verhaftet, aber höchstwahrscheinlich dank seiner guten Beziehungen zu Höß nicht bestraft, sondern lediglich in ein Nebenlager versetzt.

Es kam auch zu Vergewaltigungen in einem Bereich Birkenaus, in dem die Frauen ihre eigene Kleidung tragen durften und sich den Kopf nicht rasieren lassen mußten. Es war das sogenannte Familienlager, ein abgetrenntes, eingezäuntes Areal, in dem seit September 1943 Juden aus dem Ghetto Theresienstadt untergebracht waren. Rund 18 000 Männer, Frauen und Kinder waren hier inhaftiert, bis man das Lager im Juli 1944 schließlich auflöste. Diese Juden waren bei ihrer Ankunft der Selektion entgangen, da die Nationalsozialisten sie für »Propagandazwecke« einzusetzen gedachten. Man befahl ihnen, Postkarten nach Hause zu schreiben, auf denen sie von ihrer guten Behandlung berichten sollten. Mit dieser Maßnahme wollte man Gerüchte zerstreuen, daß Auschwitz ein Vernichtungslager sei. Anders als im Zigeunerlager (der einzige andere Ort in Birkenau, wo Familien zusammenlebten) waren im Familienlager die Männer und Jungen getrennt von den Frauen und Mädchen untergebracht.

Ruth Elias[17] gehörte zu den Gefangenen, die in den Frauenbaracken des Familienlagers lebten. Zweimal hatte sie beobachtet, wie betrunkene SS-Männer Frauen aus den Baracken holten: »Die Mädchen kamen weinend zurück. Man hatte sie vergewaltigt. Sie waren in einer furchtbaren Verfassung.«

Die Tatsache, daß Angehörige der SS in Auschwitz jüdische Frauen vergewaltigten, ist bei näherer Betrachtung, wenn auch schrecklich, so doch nicht verwunderlich. Die SS hatte diese Frauen in ihrer Gewalt und ging davon aus, daß sie früher oder später umgebracht würden. Der Alkohol und die Gewißheit, daß das Verbrechen unentdeckt bleiben würde, fegten etwaige ideologische Bedenken hinweg. Genausowenig erstaunt es vielleicht, daß diese Sexualverbrechen in der älteren Auschwitz-Literatur kaum Erwähnung finden. Schließlich handelt es sich um ein äußerst tabuisiertes Thema, über das die Mißbrauchsopfer lieber Stillschweigen bewahren. Wie Kriminologen seit langem wissen, liegt die Dunkelziffer bei Vergewaltigungen höher als bei allen anderen Verbrechen.

Es scheint, als würden die Vergewaltigungen in Auschwitz unser Bild vom brutalisierten Soldaten, der die Frau des »Feindes« schändet, letztlich doch bestätigen, gäbe es da nicht den Fall eines SS-Manns, der sich in eine jüdische Lagerinsassin verliebte. Die Liebesbeziehung zwischen Helena Citrónavá[18] und Franz Wunsch gehört zu den außergewöhnlichsten Episoden in der Geschichte von Auschwitz. Im März 1942 kam Helena mit einem der ersten Transporte aus der Slowakei nach Auschwitz. Ihre anfänglichen Erfahrungen im Lager bestanden in dem alltäglichen Elend aus Hunger und körperlicher Mißhandlung. In den ersten Monaten arbeitete sie in einem Außenkommando, riß Wände ein und schleppte Schutt. Sie schlief auf einer dünnen Lage Stroh, in dem es von Flöhen wimmelte, und beobachtete mit Entsetzen, wie die anderen Frauen ringsum nach und nach alle Hoffnung aufgaben und starben. Eine ihrer engsten Freundinnen war die erste, die ihr Leben verlor. Sie »sah das alles um sie herum und sagte: ›Ich will keine Minute länger leben.‹ Dann fing sie hysterisch an zu schreien, bis die SS sie abholte und umbrachte.«

Helena wurde bald klar, daß sie eine Arbeit in einem weniger anstrengenden Kommando finden mußte, wenn sie überleben wollte. Sie kannte eine Slowakin, die in »Kanada« arbeitete und ihr schließlich folgenden Vorschlag machte: Sie solle das weiße Kopftuch und das gestreifte Kleid einer gerade verstorbenen Sortiererin anziehen und sich am nächsten Morgen mit ihnen in die Sortierbaracke schmuggeln. Genau das tat Helena auch. Doch die Anweiserin kam ihr auf die Schliche und teilte ihr mit, daß sie am nächsten Tag in die Strafkompanie versetzt würde. Helena wußte, daß dies einem Todesurteil gleichkam. »Aber es war mir egal, denn ich dachte: ›Na, wenigstens muß ich heute nicht im Freien arbeiten.‹«

Wie es der Zufall wollte, fiel Helenas erster (und wie sie glaubte auch letzter) Arbeitstag in »Kanada« auf den Geburtstag eines der SS-Männer, die die Arbeit in der Sortierbaracke beaufsichtigten: Franz Wunsch. Helena erzählt: »In der Mittagspause fragte die Anweiserin uns, wer ein Lied singen oder ein Gedicht aufsagen könnte, weil es der Geburtstag des SS-Manns wäre. Es gab da ein Mädchen aus Griechenland namens Olga, und die sagte, sie könnte tanzen, und so tanzte sie auf den großen Tischen, auf denen wir die Kleider zusammenlegten. Ich hatte eine sehr schöne Stimme. Deshalb fragte die Anweiserin mich: ›Stimmt es, daß du deutsche Lieder singen kannst?‹ ›Nein‹, sagte ich, weil ich auf keinen Fall dort singen wollte. Aber sie zwangen mich dazu. Also sang ich mit gesenktem Kopf für Wunsch – ich wollte seine Uniform nicht sehen. Und mir liefen die Tränen übers Gesicht. Als ich fertig war, hörte ich ihn auf deutsch sagen: ›Bitte‹. Er bat mich leise, noch einmal zu singen …‹ Und die Mädchen meinten: ›Sing doch. Vielleicht darfst du dann hierbleiben.‹ Also sang ich das Lied noch mal von vorn, ein deutsches Lied, das ich [in der Schule] gelernt hatte. So bin ich ihm aufgefallen, und in diesem Moment hat er sich wohl in mich verliebt. Das hat mich gerettet – das Singen.«

Wunsch teilte der Anweiserin mit, daß das Mädchen, das für ihn gesungen hatte, in Zukunft in »Kanada« arbeiten würde, und rettete Helena damit das Leben. So blieb ihr die Strafkompanie erspart, und sie gehörte bald zum festen Personal »Kanadas«. Während Franz Wunsch ihr seit ihrer ersten Begegnung zugetan war, »verabscheute« Helena ihn anfangs. Sie hatte gehört, daß er ein brutaler Mensch sei; unter den Insassen kursierte das Gerücht, daß er einen Häftling beim Schmuggeln erwischt und umgebracht hätte. Doch im Laufe der folgenden Tage und Wochen erlebte sie, daß er ihr gegenüber gleichbleibend freundlich war. Als er in Urlaub ging, schickte er ihr Schachteln mit Keksen, die ihr ein Pipel – einer der Jungen, die für die Kapos arbeiteten – heimlich überbrachte. Nach seiner Rückkehr nahm sein Liebeswerben immer gewagtere Züge an; er schrieb Helena kleine Botschaften: »Als er in die Baracke kam, in der ich arbeitete, ging er an mir vorbei und steckte mir einen Zettel zu. Ich mußte ihn natürlich sofort vernichten, aber ich las noch die Worte: ›Liebste, ich habe mich in Dich verliebt.‹ Ich war entsetzt. Ich dachte, ich wäre lieber tot, als mich mit einem SS-Mann einzulassen.«

Wunsch, der in »Kanada« ein eigenes Büro hatte, suchte verzweifelt nach Vorwänden, um mit Helena allein zu sein. Einmal verlangte er von ihr, ihm die Nägel zu maniküren. »Wir waren allein in seinem Büro«, erzählt Helena, »und da sagte er zu mir: ›Mach mir die Nägel, damit ich dich ein wenig anschauen kann.‹ Und ich antwortete: ›Auf keinen Fall. Ich habe gehört, daß Sie jemanden getötet haben, einen jungen Mann, am Zaun.‹ Er bestritt das immer … Und dann sagte ich: ›Rufen Sie mich nicht mehr in dieses Zimmer … keine Maniküre oder sonstwas. Ich mache keine Maniküren.‹ Dann drehte ich mich um und sagte: ›Ich gehe jetzt, ich kann Sie nicht mehr länger ansehen.‹ Da verwandelte er sich von einem Moment zum nächsten in einen typischen SS-Mann und brüllte: ›Wenn du durch diese Tür gehst, wirst du's nicht überleben!‹ Dann zog er seine Pistole und bedrohte mich damit. Er liebte mich, aber seine Ehre, sein Stolz war verletzt. »Du willst also diesen Raum ohne meine Erlaubnis verlassen?‹ Und ich rief: ›Na los, schießen Sie doch. Erschießen Sie mich! Lieber sterbe ich, als daß ich diese Komödie länger mitspiele.‹ Natürlich hat er mich nicht erschossen, und ich bin hinausgegangen.«

Aber im Laufe der Zeit erkannte Helena, daß sie, so unglaublich ihr das anfangs auch erschienen war, auf Franz Wunsch bauen konnte. Das Wissen, daß er sie liebte, gab ihr ein »Gefühl der Sicherheit. Ich dachte: ›Dieser Mensch wird es nicht zulassen, daß mir irgend etwas passiert.‹« Dieses Gefühl wurde zur Gewißheit, als Helena eines Tages nach der Arbeit durch eine andere Slowakin erfuhr, daß ihre Schwester Rózinka und ihre beiden kleinen Kinder im Lager eingetroffen waren und zum Krematorium gebracht wurden. Als Helena dies hörte, verließ sie trotz der Ausgangssperre Hals über Kopf ihre Wohnbaracke in Birkenau und rannte zum nahe gelegenen Krematorium. Franz Wunsch, der über den Vorfall sofort informiert worden war, lief Helena nach und holte sie ein. Er rief den anderen SS-Männern zu, daß sie eine seiner »besten Arbeiterinnen« sei, riß Helena zu Boden und begann auf sie einzuschlagen. Er mußte sie wegen ihres Verstoßes gegen die Ausgangssperre bestrafen, sonst hätten die SS-Leute Verdacht geschöpft. Da er bereits wußte, daß Helena wegen ihrer Schwester zum Krematorium gelaufen war, raunte er ihr zu: »Schnell, sag mir den Namen deiner Schwester, bevor es zu spät ist!« Helena sagte ihm, daß sie Rózinka heiße und zwei kleine Kinder bei sich habe. »Kinder überleben hier nicht«, murmelte Wunsch und rannte ins Krematorium.

Dort fand er Rózinka und konnte sie unter dem Vorwand, daß sie eine seiner Arbeiterinnen sei, noch rechtzeitig hinauszerren. Doch ihre Kinder kamen in der Gaskammer um. Wunsch sorgte dafür, daß Rózinka gemeinsam mit Helena in »Kanada« arbeiten konnte. »Meine Schwester begriff nicht, wo sie war«, sagt Helena. »Man erzählte ihr, daß sie arbeiten müßte und daß ihre Kinder im Kindergarten wären – dieselbe Geschichte, die man uns allen aufgetischt hatte. Sie fragte mich: ›Wo sind die Kinder?‹ Und ich

sagte ihr: ›Hinter diesen Gebäuden gibt es ein Kinderheim.‹
Und dann wollte sie wissen: ›Kann ich sie besuchen?‹ Und
ich antwortete: ›Nur an bestimmten Tagen.‹

Als die anderen Frauen in »Kanada« sahen, wie sehr Helena die ständigen Fragen ihrer Schwester quälten, herrschten sie Rózinka eines Tages an: »Hör endlich auf damit! Die
Kinder sind tot. Siehst du das Feuer? Da verbrennen sie die
Kinder!« Rózinka fiel in einen Schockzustand. Sie wurde
völlig apathisch und »wollte nicht mehr leben«. Ohne
Helenas Beistand und Fürsorge hätte sie die nächsten Monate nicht überlebt.

So verzweifelt Rózinka auch über die grauenvolle Er-
kenntnis war, daß man ihre Kinder getötet hatte, so konnte
sie sich dennoch glücklich schätzen: Sie war am Leben geblieben. Und unter der Obhut ihrer Schwester sollte sie
auch den Krieg überleben. Die anderen Frauen in »Kanada« begegneten den beiden mit gemischten Gefühlen.
»Meine Schwester lebte, und ihre Schwestern waren tot«,
erzählt Helena. »Rózinka kam ins Lager, und er [Wunsch]
rettete ihr das Leben. Warum hatten sie nicht so ein Wunder erlebt, sie, die alles verloren hatten – Brüder, Eltern,
Schwestern? Selbst die Frauen, die sich mit mir freuten,
freuten sich nicht wirklich. Ich konnte mich meinen Freundinnen nicht anvertrauen. Ich hatte Angst vor ihnen. Sie
waren alle neidisch – sie beneideten mich. Eine von ihnen,
eine sehr schöne Frau, sagte einmal zu mir: ›Wenn Wunsch
mich zuerst gesehen hätte, hätte er sich in mich verliebt,
nicht in dich.‹«

Nachdem Franz Wunsch ihrer Schwester das Leben gerettet hatte, änderten sich Helenas Gefühle für ihn von
Grund auf: »Irgendwann liebte ich ihn wirklich. Er riskierte
mehr als einmal sein Leben [für mich].« Doch es kam nie zu
einer intimen Begegnung zwischen ihnen – was man von
anderen Liebespaaren in Auschwitz allerdings nicht behaupten konnte: »Die jüdischen [männlichen] Häftlinge

verliebten sich während der Arbeit in alle möglichen Frauen. Ab und zu verschwanden sie in die Baracken, in denen die Kleider zusammengelegt wurden, und schliefen miteinander. Sie hatten immer jemanden, der Schmiere stand und sie warnte, wenn die SS vorbeikam. Bei mir ging das nicht, weil er [Wunsch] selber zur SS gehörte.« Und so beschränkten sich ihre Liebesbezeugungen auf verstohlene Blicke, hastige Worte und heimliche Briefchen: »Er sah sich nach beiden Seiten um, und wenn er sicher war, daß niemand zuhörte, flüsterte er: ›Ich liebe dich.‹ Das tat mir gut in dieser Hölle. Es machte mir Mut. Auch wenn es nur Worte waren, auch wenn es nur eine verrückte Liebe war, die nicht die geringste Chance hatte. Es war unmöglich, Pläne für die Zukunft zu machen. Es war völlig unrealistisch. Aber es gab Momente, da vergaß ich, daß ich Jüdin war und er kein Jude. Wirklich. Ich liebte ihn. Aber es konnte einfach nicht sein. Dort war alles möglich, Liebe und Tod – aber meistens Tod.« Doch da irgendwann »ganz Auschwitz« über sie Bescheid wußte, war es nur eine Frage der Zeit, bis sie jemand »verpfiff«, wie Helena es ausdrückte. Ob es ein Häftling oder ein SS-Mann war, kam nie heraus.

Als sie eines Tages nach der Arbeit zum Lager zurückgeführt wurden, befahl ihr ein Kapo, vorzutreten. Sie wurde zum Strafbunker in Block 11 gebracht. »Jeden Tag holten sie mich und drohten mir, mich auf der Stelle zu töten, wenn ich ihnen nicht erzählte, was zwischen mir und diesem SS-Mann vorgefallen wäre. Ich beteuerte immer wieder, daß zwischen uns nichts passiert war.« Franz Wunsch war zur gleichen Zeit verhaftet und ebenfalls vernommen worden. Auch er hatte jede Beziehung zwischen ihnen abgestritten. Nachdem man die beiden fünf Tage lang verhört hatte, ließ man sie wieder frei. Zur »Strafe« wurde Helena von den anderen Sortiererinnen getrennt und mußte in einem abgeteilten Bereich der Baracke arbeiten. Franz Wunsch mußte nun in seinem Umgang mit Helena äußerste Vorsicht walten lassen. Wie wir jedoch in Kapitel 6 sehen werden, hielt er weiterhin seine schützende Hand über Helena und ihre Schwester, bis der Alptraum Auschwitz vorüber war.

Die Liebesgeschichte zwischen Helena und Franz Wunsch ist von nicht zu unterschätzender Bedeutung. Es gibt so viele Geschichten über Auschwitz, die von Mord, Diebstahl und Verrat erzählen – von der ganzen Palette menschlicher Verrohung –, und so wenig über die Liebe. Die Tatsache, daß sich unter diesen Bedingungen so etwas wie Liebe entwickeln konnte, noch dazu zwischen einer Jüdin und einem SS-Aufseher, ist mehr als erstaunlich. Würden diese Ereignisse in einem Roman beschrieben, man würde sie schlicht für unglaubwürdig halten.

Allerdings spielten äußere Faktoren in dieser Liebesgeschichte eine nicht zu unterschätzende Rolle. Wunsch würde sich kaum in Helena verliebt haben, wenn sie noch im Abrißkommando gearbeitet hätte. Weder hätte sich die Gelegenheit für eine persönliche Begegnung geboten, noch hätte Wunsch die Möglichkeit gehabt, Helena zu schützen. Und natürlich wäre es nie dazu gekommen, daß Helena Franz Wunsch mit ihrem Gesang bezaubert hätte. In »Kanada« dagegen kamen die SS-Männer nicht nur mit jüdischen Frauen in Berührung, sondern es ergab sich auch die Gelegenheit, eine Bekanntschaft zu vertiefen. Es überrascht nicht, daß in Auschwitz proportional gesehen mehr Frauen aufgrund ihrer Arbeit in »Kanada« überlebten als irgendwo sonst.

Die Beziehung zwischen Franz Wunsch und Helena war natürlich auch ein Indiz dafür, wie weit sich die Verhältnisse in Auschwitz von Himmlers Vorstellungen entfernt hatten. Er hätte in Wunschs Verhalten ein weiteres Beispiel für die »mangelnde Disziplin« im Lager gesehen. Im Herbst 1943 wurde SS-Obersturmbannführer Konrad Morgen nach Auschwitz entsandt, um der Lagerführung »auf die Finger zu klopfen«. Morgens Inspektionsbesuch sollte schwerwiegende Folgen haben, denn er war kein gewöhnlicher SS-

Führer, sondern ein zum Reichskriminalpolizeiamt abkommandierter SS-Richter. Seine Mission war Teil einer konzertierten Aktion höherer SS-Dienststellen mit dem Ziel, die Korruption in den Lagern zu untersuchen.

Oskar Gröning und seine Kameraden waren sich über die Gründe für Morgens Besuch durchaus im klaren: »Ich glaube, die Korruption hatte dermaßen überhandgenommen, daß sie sich sagten: ›Das darf so nicht weitergehen. Wir müssen dem Einhalt gebieten.‹« Dennoch wurden sie von der Durchsuchung, die Morgen in ihren Baracken in Birkenau durchführte, völlig überrumpelt. Als Gröning von einer Dienstreise nach Berlin zurückkehrte, mußte er feststellen, daß zwei seiner Kameraden im Gefängnis saßen: »Man hatte in dem Spind des einen Füllfederhalter und eine Büchse Sardinen gefunden. Was sie in dem Spind des anderen fanden, weiß ich nicht, aber er hat sich später erhängt. Und mein Spind war versiegelt.«

Morgen und seine Mitarbeiter hatten Grönings Spind noch nicht geöffnet, da er nur im Beisein seines Besitzers durchsucht werden sollte. Das sei seine Rettung gewesen, bekannte Gröning später. Es war unmöglich, die versiegelte Spindtür zu öffnen, ohne daß es bemerkt wurde, doch Gröning und seine Kameraden waren gerissener, als Morgen ahnte: »Wir zogen den Spind vor und nahmen die Rückwand ab – was bei Sperrholz kein Problem ist – und holten Seife und Zahnpasta heraus, die dort nichts zu suchen hatten. Dann setzten wir die Rückwand wieder ein und fixierten sie mit Nägeln. Anschließend ging ich zur Gestapo und beschwerte mich: ›Hören Sie mal, was soll denn das? Ich kann nicht an meinen Spind!‹ ›Das wissen wir‹, bekam ich zur Antwort. ›Wir müssen ihn aber durchsuchen.‹ Sie kamen mit, entfernten die drei Siegel und öffneten den Spind. Als sie nichts fanden, klopften mir auf die Schulter und sagten: ›Alles klar bei Ihnen. Nichts für ungut.‹«

Gröning hatte Glück gehabt. Allerdings fand Morgen bei

seinen Kameraden genügend Beweise, die keinen Zweifel daran ließen, daß in Auschwitz Diebstahl und Korruption weit verbreitet waren. Er sagte später aus: »[Ich] nahm eine Durchsuchung vor. Und wie ich mir es gedacht hatte, kam dann da einiges zum Vorschein: goldene Ringe, Münzen, Ketten, Kettchen, Perlen, so ziemlich sämtliche Währungen der Welt. Bei dem einen wenig »Souvenirs«, wie der Betreffende sagte, bei dem anderen ein kleines Vermögen. Was ich aber nicht erwartet hatte, war, daß aus einem der zwei Spinde mir die Geschlechtsteile frisch geschlachteter Bullen entgegenfielen. Ich war zunächst völlig entgeistert und konnte mir also den Verwendungszweck nicht vorstellen. Bis mir der betreffende Spindinhaber errötend – tatsächlich, das gab es – dann gestand, daß man sich das besorge zur Auffrischung der eigenen sexuellen Potenz.«[19]

Was die SS-Führung möglicherweise noch mehr beunruhigte, war die Tatsache, daß Morgen nicht nur Fälle von Diebstahl, Unterschlagung und Bestechlichkeit aufdeckte, sondern auch auf Hinweise für sexuelle Vergehen stieß. Am schockierendsten war wohl die Nachricht, daß sogar Lagerkommandant Rudolf Höß eines solchen Vergehens bezichtigt wurde. Morgen war ein hartnäckiger Ermittler und ging den Beschuldigungen gegen Höß über ein Jahr lang nach. Im Oktober 1944 vernahm er in einem Gefängniskrankenhaus in München eine Zeugin: die ehemalige Auschwitz-Gefangene Eleonore Hodys.

Die Österreicherin war im März 1942 mit den ersten Frauentransporten nach Auschwitz gebracht worden. Da sie eine politische Gefangene war und als »Reichsdeutsche« eingestuft wurde, räumte man ihr von Anfang an eine privilegierte Stellung im Lager ein. Höß stellte sie als Dienstmädchen an. Im Mai 1942, als seine Frau einmal nicht zu Hause war, näherte sich der Hausherr Hodys und versuchte sie zu küssen. Erschrocken lief sie fort und schloß sich in der Toilette ein. Als sich Höß einige Woche später im Krankenhaus von einem Reitunfall erholte, berichtete Hodys weiter, bestellte Frau Höß sie zu sich, um ihr mitzuteilen, daß sie entlassen sei. Es ist durchaus möglich, daß Frau Höß Verdacht geschöpft hatte und verhindern wollte, daß ihr Mann mit Hodys anbändelte. Kurz darauf wurde Hodys inhaftiert; allerdings wurde sie nicht in Block 11 untergebracht, sondern in einem Sondergefängnis im Keller der Lagerhauptverwaltung, das hauptsächlich für SS-Soldaten bestimmt war, die sich schwerer Vergehen schuldig gemacht hatten. Es war merkwürdig, daß man einen gewöhnlichen Lagerhäftling dort unterbrachte. Doch Hodys war kein gewöhnlicher Lagerhäftling; man hatte sie aus einem ganz bestimmten Grund in das SS-Gefängnis überstellt.

Eines Morgens, so erzählte sie Morgen, sei Höß plötzlich in ihre Zelle gekommen, als sie noch schlief. Er habe sie zur Ruhe ermahnt, sich auf das Bett gesetzt und schließlich versucht, sie zu küssen. Nach ihrer Weigerung habe er gefragt, warum sie sich so ziere. Schließlich sei er gegangen.[20] Nach längerer Befragung gestand Hodys schließlich, daß Höß noch mehrere Male nachts in ihre Zelle gekommen sei und daß sie schließlich auch Verkehr gehabt hätten. Um die SS-Wachen zu umgehen, war Höß nicht wie üblich von seinem Büro aus in das Gefängnis hinuntergegangen, sondern hatte einen »Schleichweg« durch seinen Garten und einen unterirdischen Luftschutzraum genommen, der direkt an den Keller angrenzte. Nachdem Hodys Widerstand gebrochen war, hatte Höß mehrmals mit ihr geschlafen. Hodys erzählte sogar, daß einmal mitten in der Nacht ein Alarm losgegangen und der Kommandant nackt aus dem Bett gesprungen sei, um sich in einer Ecke der Zelle zu verstecken.

Nach einigen Wochen wurde Hodys in Block 11 verlegt. Dort machte sie eine schlimme Entdeckung: Sie war schwanger. Sie berichtete, daß Höß sie gezwungen habe, eine schriftliche Erklärung zu unterschreiben, in der sie bekannte, mit einem anderen Lagerhäftling geschlafen zu haben. Sie unternahm einen Abbruchversuch, der jedoch mißlang. Nachdem man sie einige Monate später ins Frauenlager in Birkenau entlassen hatte, gelang es ihr schließlich, »etwas« zu organisieren, um den Fötus abzutreiben.

Die Tatsache, daß Hodys die einzige Zeugin für die von ihr geschilderten Vorfälle ist, stellt zweifellos ein Problem dar. Doch Morgan schien ihr geglaubt zu haben, und er war schließlich ein erfahrener Jurist. Zudem hätte Hodys keinen wirklichen Vorteil aus einer erfundenen Affäre mit Höß ziehen können, vor allem, da sie zum Zeitpunkt ihrer Vernehmung bereits aus Auschwitz entlassen worden war. Höß bekannte sich nie zu seinem Verhältnis mit Hodys, doch seine widersprüchlichen Aussagen über seine Ehe sprechen nicht unbedingt für ihn. Bei seiner Vernehmung durch den amerikanischen Gerichtspsychologen Dr. Gilbert in Nürnberg gestand er, daß er und seine Frau kaum noch miteinander geschlafen hätten, nachdem sie erfahren hatte, worin seine Arbeit in Auschwitz bestand. In seinen Lebenserinnerungen jedoch schwärmt er in höchsten Tönen von seiner Ehe und spricht von seiner Frau als der Partnerin, die er sich immer »erträumt« habe.

Morgens Ermittlungen im Fall Höß verliefen ergebnislos. Als er im Oktober 1944 Hodys verhörte, war die Rote Armee bereits auf dem Vormarsch, und es wurde klar, daß nicht nur Auschwitz, sondern auch das gesamte Deutsche Reich bedroht war. Was seine Untersuchungen im Vorjahr in Auschwitz betraf, hatte Morgen allerdings beachtliche Erfolge aufzuweisen: Er brachte nicht nur einzelne SS-Soldaten wegen Korruption vor Gericht, sondern auch den Mann, der für die Greuel in Block 11 verantwortlich war: Maximilian Grabner. Das Bizarre an dem Fall war allerdings, daß Grabner vorgeworfen wurde, er habe Häftlinge hinrichten lassen, ohne die erforderliche »Genehmigung« in Berlin eingeholt zu haben. Es erscheint absurd, daß Morgen mit aller Härte gegen Grabner vorging, während er die

Morde in den Gaskammern von Birkenau ignorierte. Aber vermutlich waren die Massentötungen von höchster Stelle »abgesegnet« worden. Grabner sagte zu seiner Verteidigung, daß Höß ihm die Erlaubnis erteilt hätte, in Block 11 »aufzuräumen«, indem er Gefangene erschießen ließ. Höß selbst wurde nie angeklagt, was er höchstwahrscheinlich seinen Gönnern in der SS-Führung zu verdanken hatte. Grabner hingegen, der über keinerlei »Beziehungen« verfügte, mußte sich vor einem SS-Gericht verantworten. Das Verfahren wurde jedoch eingestellt. Nach dem Krieg wurde Grabner von den Alliierten der Kriegsverbrechen angeklagt und hingerichtet.

Es ist schwierig, sich ein klares Bild von den Hintergründen der gesamten Untersuchungsaktion und den Motiven aller Beteiligten zu machen. Die Männer, die sich nach dem Krieg bereit erklärten, darüber auszusagen – Höß, Grabner und Morgen selbst – hatten dafür ihre ganz persönlichen Gründe: Für Grabner war es die Tatsache, daß Höß ihn zu seinem Vorgehen ermächtigt hatte; Morgen wiederum sah sich als unbestechlicher Wahrheitssucher; und für Höß zählte, daß er trotz seiner bereitwilligen Beteiligung am Vernichtungsprogramm in Auschwitz Himmlers Grundsatz stets treu geblieben war und nie etwas für sich genommen hatte. Festzustehen scheint, daß es für einige Maßnahmen, die Morgans Ermittlungen nach sich zogen, SS-interne Gründe gab, darunter die Entscheidung im Herbst 1943, Höß seines Amtes als Lagerkommandant zu entheben. Höß' Entlassung wurde als »Beförderung« getarnt, indem man ihn auf einen ranghöheren Posten im Wirtschafts- und Verwaltungshauptamt in Berlin versetzte. Doch Höß wollte nicht gehen. Briefe zwischen Hitlers mächtigem Sekretär Martin Bormann und Himmler belegen, daß Bormann sich für Höß einsetzte. Doch Himmler ließ sich nicht umstimmen: Höß würde aus dem Lager abgezogen werden.[21]

Eines der letzten größeren Projekte, die Höß in Auschwitz realisierte, ist zugleich eines seiner ungewöhnlichsten, schien es doch mit dem ursprünglichen Konzept des Lagers völlig unvereinbar zu sein. Er ließ im Stammlager ein Bordell für privilegierte Häftlinge bauen. Der Standort hätte kaum exponierter sein können: Block 24, der sich unmittelbar neben dem Haupttor mit der Inschrift »Arbeit macht frei« befand. Allerdings war Auschwitz nicht das erste Konzentrationslager, das ein Bordell bekam; tatsächlich hatten bereits vier andere Lager eine solche Einrichtung. Himmler war zu der Ansicht gekommen, daß die Bereitstellung von Bordellen die Produktivität in den Konzentrationslagern erhöhen würde, da sie den »schwer arbeitenden« Gefangenen (jedoch nicht den Juden) einen Anreiz boten, noch härter zu arbeiten. Nachdem er im Mai 1941 eine Inspektionsreise nach Österreich unternommen hatte, veranlaßte er den Bau von Bordellen in Mauthausen und Gusen (die im Sommer 1942 eröffnet wurden). Nach einem Besuch in Buchenwald im März 1943 ordnete er für dieses und weitere Lager ebenfalls die Einrichtung von Bordellen an. Im Mai desselben Jahres gab der ihm treu ergebne Oswald Pohl die notwendigen Befehle an die Kommandanten der Konzentrationslager heraus.[22]

Der Pole Jósef Paczyński[23], einer der politischen Gefangenen, die im Sommer 1943 in Block 24 wohnten, mußte laut lachen, als er die Neuigkeit erfuhr. Doch es war kein Witz. Er und seine Mitgefangenen wurden aus Block 24 verlegt, und in den folgenden Tagen konnte er beobachten, wie Zimmermanns- und Maurerkommandos den großen leeren Raum im ersten Stock der Baracke in kleine Zimmer unterteilten: »Dann strichen sie die Wände in schönen Farben, stellten Betten hinein und hängten sogar Vorhänge auf. Und als wir eines Tages von der Arbeit zurückkamen, konnten wir hinter den Gardinen Gesichter von Frauen erkennen. Aber sie durften nicht zu nah an die Fenster gehen, und wir durften eigentlich nicht hinschauen.«

Ein paar Tage später wurde das »Freudenhaus« offiziell eröffnet. Und Paczyński war dabei: »Da ich ein langjähriger Häftling war und mein Kapo zwei Gutscheine [für das Bordell] bekommen hatte, schenkte er mir einen. Also machte ich mich fein und ging hin.« Wie Paczyński bei seiner Ankunft jedoch feststellen mußte, hatte sich jeder potentielle »Kunde« erst einmal von einem SS-Arzt untersuchen zu lassen, was mit militärischer Routine vonstatten ging. Hatte man diese peinlich genaue Untersuchung erfolgreich hinter sich gebracht, bekam man einen Stempel auf die Hand gedrückt und wurde in einen weiteren Raum im Erdgeschoß geschickt. Dort nahmen die Männer an einer Art Verlosung teil, die darüber entschied, in welcher Reihenfolge sie in welches Zimmer (und damit zu welcher Prostituierten) im ersten Stock gehen durften. Paczyński erinnert sich, daß er »der zweite für Zimmer Nr. 9« war. Alle 15 Minuten ertönte ein Klingelsignal, das den »Schichtwechsel« ankündigte. Paczyński, der es kaum erwarten konnte, endlich an die Reihe zu kommen, stürmte beim ersten Klingelzeichen in Zimmer Nr. 9, wo er seinen Vorgänger dabei überraschte, wie er sich hektisch die Hose anzog. Zu seiner Enttäuschung »konnte« Paczyński dann aber nicht, doch er nutzte die ihm zugestandene Zeit, um mit einem »schicken, gutaussehenden Mädchen« auf dem Bett zu sitzen und zu plaudern.

Der Lagerhäftling Ryszard Dacko[24] kam ebenfalls in den Genuß der »Freuden« des Bordells. 1943 war er 25 Jahre alt und arbeitete im Stammlager als Feuerwehrmann, eine begehrte Tätigkeit, da Feuerwehrleute sich relativ frei in Auschwitz bewegen konnten und es somit leicht hatten, Schmuggelware zu »organisieren«. Außerdem schätzten die Deutschen sie, was sich Dacko damit erklärte, daß Feuerwehrleute in Deutschland »geachtet« waren. Folglich erhielten die Mitglieder der Feuerwehr von Auschwitz ein Kontingent an Gutscheinen für das Lagerbordell, das Dacko schließlich auch besuchte. Er war bei einem Mädchen namens Alinka: »Ich wollte ihr so nah wie möglich sein, sie umarmen. Ich war seit dreieinhalb Jahren inhaftiert. Ich hatte seit dreieinhalb Jahren keine Frau mehr gehabt.« Laut Dacko war Alinka ein »sehr nettes Mädchen, die keine falsche Scham kannte. Sie gab einem, was man wollte«.

Die Zimmer, in denen die Mädchen ihrer Arbeit nachgingen, gibt es noch heute; sie dienen mittlerweile als Archivräume. Das Verblüffendste an ihnen sind die mit Sichtfenstern ausgestatteten Türen. »Sie [die SS] wollten alles unter Kontrolle behalten«, erklärt Ryszard Dacko. »Falls ein Häftling ein Mädchen würgte oder so. Also schauten sie einfach durch die Gucklöcher. Natürlich war es auch männlicher Voyeurismus. Die meisten Männer sehen andern gern beim Geschlechtsverkehr zu.« Die visuelle Überwachung der Häftlinge beim Geschlechtsverkehr sollte außerdem sicherstellen, daß es zu keinen »perversen« sexuellen Handlungen kam (laut Jósef Paczyński durften die Häftlinge nur in der Missionarsstellung Verkehr haben) und daß sich keine persönlichen Beziehungen zwischen den Prostituierten und ihren Kunden entwickelten (in den Bordellen der anderen Konzentrationslager war es den Häftlingen sogar verboten, mit den Frauen zu sprechen).

Doch in den frühen Morgenstunden überwachte die SS das Bordell nicht mehr so streng, und genau dann gab es so manchen Ärger. Dacko erzählt, daß es einem Mitgefangenen gelungen war, den Schlüssel des Bordells nachzumachen, so daß er nachts seine Favoritin besuchen konnte. Das Problem war nur, daß andere Häftlinge die gleiche Idee hatten, und so kam es im Flur des erstens Stocks immer wieder zu handgreiflichen Auseinandersetzungen.

Die Vorstellung, daß sich Lagerhäftlinge in einem von der SS bereitgestellten Bordell vergnügen, mag zunächst aberwitzig erscheinen. Doch dieses Phänomen veranschaulicht die ausgeklügelte Gefangenenhierarchie, die sich mittlerweile im Lager herausgebildet hatte. Wie Jósef Paczyński erläutert, wäre es undenkbar gewesen, daß Juden das Bordell besuchten. Sie gehörten einer niederen Klasse von Gefangenen an und hatten mit einer weit schlechteren Behandlung zu rechnen als ihre polnischen oder deutschen nichtjüdischen Mithäftlinge.

Die Nationalsozialisten wußten, daß der reibungslose Ablauf des Lagerbetriebs wesentlich von der Kooperation jener Insassen abhing, die relativ privilegierte Positionen erlangt hatten; die meisten von ihnen waren politische Gefangene, die bereits seit Jahren im Lager lebten. Sie blieben grundsätzlich von den regelmäßigen Selektionen verschont, die die anderen Häftlinge über sich ergehen lassen mußten. Doch die Deutschen suchten nach effektiveren Methoden, um ihren Arbeitseifer anzuspornen. Der Besuch eines Bordells, der an die Zuteilung von Gutscheinen durch die Lagerleitung geknüpft war, diente als Belohnung für vorbildliches Verhalten (in deren Genuß etwa 100 dieser privilegierten Häftlinge kamen) und als Anreiz, sich in Zukunft noch mehr anzustrengen.[25] Ein weiterer Grund für die Einrichtung des Bordells könnten auch die weitverbreiteten homosexuellen Aktivitäten im Lager gewesen sein. Jósef Paczyński erinnert sich, daß sich »führende« Häftlinge ältere Jungen als »Diener« hielten und es zwischen ihnen häufig auch zu sexuellen Kontakten kam. Er vermutet deshalb, daß die Deutschen das Bordell einrichteten, »um die homosexuellen Aktivitäten abzustellen«.

Das Thema Prostitution in Auschwitz ist natürlich heikel, besonders auch die Frage, welche Haltung die Häftlinge selbst dazu einnahmen. Die meisten von ihnen hatten anscheinend keine moralischen Skrupel, die Dienste der Prostituierten in Anspruch zu nehmen. Diese Frauen waren zum großen Teil in Birkenau selektiert worden (im Gegensatz zu den anderen KZ-Bordellen hatte man sie nicht aus Ravensbrück geholt) und wurden gezwungen, täglich mit durchschnittlich sechs Männern Sex zu haben. Ihre Erfahrungen gehören zu den geheimen Leidensgeschichten von Auschwitz, in mancher Hinsicht vergleichbar mit dem Schicksal der koreanischen »Trostfrauen«, die von japanischen Soldaten zur Prostitution gezwungen wurden. Doch in Auschwitz wurden die Frauen, die im Bordell arbeiteten, eher beneidet als bemitleidet. »Die Mädchen wurden sehr gut behandelt«, erzählt Ryszard Dracko. »Sie bekamen gutes Essen. Sie durften spazierengehen. Sie mußten nur ihre Arbeit machen.«

Dackos scheinbar so gefühllose Bemerkung, daß sie »nur ihre Arbeit machen« müßten, verdeutlicht, welchen immensen Einfluß die äußeren Lebensumstände auf die »Moral« eines Menschen haben. Denn vor dem Hintergrund des Lagerlebens in Auschwitz, wo Folter und Mord an der Tagesordnung waren, konnte er das Leben einer Frau im Bordell nur als »gutes« Leben empfinden. Und da er von so viel Leid umgeben war, wäre er nie auf den Gedanken gekommen, sich zu fragen: »Ist es richtig, mit dieser Frau zu schlafen?« Statt dessen hatte er nur seine eigene Situation vor Augen: daß er seit »dreieinhalb Jahren keine Frau mehr gehabt« hatte und sich ihm nun endlich die Chance bot, sich für den Verzicht zu entschädigen.

Die Existenz eines Bordells in Auschwitz wirft jedoch noch ein ganz anderes Problem auf. Holocaust-Leugner und Verteidiger des nationalsozialistischen Regimes führen das Vorhandensein eines Bordells als Beleg dafür an, daß Auschwitz ganz anders gewesen sei, als es die Literatur darstellt. Dabei verweisen sie auch auf das sogenannte Schwimmbad im Stammlager Auschwitz. In Wirklichkeit handelte es sich dabei um ein Löschwasserbecken, über dem Feuerwehrleute ein improvisiertes Sprungbrett angebracht hatten und in dem natürlich auch ausgewählte Häftlinge baden durften. »Es gab ein Schwimmbecken in Auschwitz für die Feuerwehr«, bestätigt Ryszard Dacko.

»Sogar ich durfte darin baden.« Das ist natürlich Wasser auf die Mühlen der Holocaust-Leugner: »Das soll ein Vernichtungslager gewesen sein? Mit einem Schwimmbad für die Häftlinge? So ein Blödsinn!« würden sie sagen. Doch in Wirklichkeit hatte die Bereitstellung eines »Schwimmbads« dieselbe Funktion wie die eines Bordells – beide dienten der Stabilisierung des unterdrückerischen Lagersystems. Sie widerlegen also keineswegs, daß Auschwitz ein Zentrum des Massenmords gewesen ist, was es unbestreitbar war.

Indem sich die Holocaust-Leugner auf solche scheinbaren Anomalien konzentrieren, übersehen sie die Komplexität der »Institution« Auschwitz mit ihren vielen unterschiedlichen Hierarchien und Funktionen, die eine Bandbreite an Phänomenen hervorbrachte: vom »Schwimmbad« und dem Bordell an einem Ende des Spektrums bis zu den Krematorien und der Ermordung von Kindern am anderen. Es war genau jene Komplexität, die Auschwitz 1943 für Himmler so interessant machte.

Während Auschwitz 1943 stetig ausgebaut und erweitert wurde, verloren die Vernichtungslager der »Aktion Reinhard« an Bedeutung. Als es im Herbst 1943 im Todeslager Sobibór in Ostpolen zu einem Aufstand kam, war dies für Himmler nur die Bestätigung, daß die Zukunft des nationalsozialistischen Vernichtungsprogramms in Auschwitz lag. Bezeichnenderweise war es die weitverbreitete Korruption unter den Lageraufsehern, die den Aufstand überhaupt erst ermöglichte. Im Mai 1942 nahm das Todeslager Sobibór seinen Betrieb auf; im September 1943 hatte man einen Großteil der im Generalgouvernement lebenden Juden – rund 250 000 Menschen – in die Gaskammern geschickt. Toivi Blatt war aus der Kleinstadt Izbica in Ostpolen nach Sobibór deportiert worden. Die Geschichte seines Überlebens ist bestürzend und ermutigend zugleich.

Vor dem Krieg hatten in seiner Heimatstadt etwa 3600 Juden gelebt. Es gab dort wenig offenen Antisemitismus, vor allem nicht für den heranwachsenden Toivi. Sein Vater hatte in der polnischen Armee gedient und war verwundet worden, was der Familie einen gewissen Status in der Stadt verlieh. Doch sobald die deutsche Armee eintraf, änderte sich das Klima schlagartig: »Die [polnische] Bevölkerung merkte auf einmal, daß die Juden Menschen zweiter Klasse waren und daß man mit ihnen machten konnte, was man wollte ... Zum Schluß fürchtete ich mich mehr vor meinen eigenen Nachbarn – sie waren Christen – als vor den Deutschen, denn die Deutschen wußten nicht, daß ich Jude war, meine Nachbarn schon.«

Die Deutschen deportierten die Juden Izbicas nicht in einem einzigen Großeinsatz, sondern in einer Reihe von »Aktionen« im Laufe von mehreren Jahren. Sie rückten gewöhnlich bei Tagesanbruch an und holten eine bestimmte Anzahl von Juden ab, anfangs, um sie als Zwangsarbeiter einzusetzen, ab dem Frühjahr 1942 dann, um sie direkt in die Gaskammern von Sobibór zu schicken. Zwischen diesen Einsätzen konnten die zurückbleibenden Juden relativ unbehelligt ihr Leben weiterführen. Im April 1943 jedoch kamen die Deutschen, um sämtliche Juden in der Stadt zu deportieren. Aber der fünfzehnjährige Toivi, ein kräftiger, sportlicher Junge, versuchte ihnen zu entkommen. Als er die Straßen entlangrannte, sah er seinen alten Schulfreund Janek, einen katholischen Polen, und rief ihm zu: »Janek! Bitte rette mich!«[26] »Klar!« antwortete Janek. »Lauf zur Scheune gleich hinter unserem Haus.« Und so rannte Toivi zur Scheune, entdeckte aber, daß an der Tür ein Schloß hing. »Also ging ich um die Scheune herum. Und da kam plötzlich eine kleine polnische Frau angelaufen und rief: ›Lauf, Toivi, lauf weg! Janek kommt!‹ Wenn Janek kam, wieso sollte ich dann weglaufen? Er würde mir doch das Tor aufschließen. Aber warum war sie dann so aufgeregt? Und als ich mich umdrehte, sah ich Janek mit einem Deutschen auf mich zukommen, der sein Gewehr auf mich gerichtet hatte. Janek sagte zu ihm: ›Das ist der Jude.‹ Ich rief entgeistert: ›Janek, sag ihm, daß du Witze machst!‹ Aber Janek sagte nur: ›Er ist ein Jude. Nehmen Sie ihn mit.‹ Und dann verabschiedete sich Janek mit einem Satz, der mir selbst heute nur schwer über die Lippen kommt ... Er sagte: ›Mach's gut, Toivi. Ich seh dich im Seifenladen wieder.‹ Das war also sein Abschiedsgruß – man erzählte sich damals nämlich, daß die Nazis aus Leichen Seife herstellen würden.« Während Toivi den Freund, der ihn verraten hatte, ungläubig anstarrte, überfiel ihn die Angst: »Ich hatte Angst, daß dies der letzte Tag meines Leben sein könnte. Wenn man jung ist, wenn man fünfzehn Jahre alt ist ... da sieht man die Bäume, man sieht die Blumen und man möchte leben.«

Toivi wurde zum Marktplatz zurückgebracht, wo seine Mutter, sein Vater und sein jüngerer Bruder mit ein paar hundert weiteren Juden standen, von bewaffneten SS-Leuten bewacht. Sie wußten, daß man sie in den Tod schicken würde; seit Monaten gab es Gerüchte über einen Ort namens Sobibór und über das, was dort geschah. Doch als sie an jenem schönen Frühlingsnachmittag um drei Uhr in die Güterwagen stiegen, hatten sie immer noch Hoffnung: »Wenn alles verloren ist und man nichts mehr hat, dann bleibt immer noch die Hoffnung – die Hoffnung bleibt bis zum Schluß ... Im dunklen Güterwagen wurde viel geredet: ›Die deutsche Armee wird uns nicht umbringen – sie schaffen uns in ein Konzentrationslager.‹« Doch als der Zug die Abzweigung passierte, die zum Arbeitslager Trawniki führte, und immer weiter Richtung Sobibór fuhr, nahmen die Gespräche einen kämpferischen Ton an: »Ich hörte Leute, die sagten: ›Wir sollten uns wehren!‹ Und ich hörte Leute wie meinen Vater, die meinten: ›Nein, wir sterben ja sowieso.‹«

Einige Stunden später erreichten sie Sobibór, und Toivi erlebte seinen ersten Schock: »Ich hatte mir Sobibór als einen grausigen Ort vorgestellt, weil sie dort Menschen verbrannten und vergasten. Aber was ich jetzt sah, waren richtig nette Häuser und die Villa des Kommandanten, grün gestrichen, mit einem kleinen Zaun und Blumen. Auf der anderen Seite war eine Plattform, die man für einen Bahnsteig halten sollte – die war für die Juden aus Holland oder Frankreich gedacht, denn sie wußten nicht, wo man sie hinbrachte und was mit ihnen passieren würde ... Aber wir polnischen Juden wußten es.«

Sobald die Neuankömmlinge die Güterwagen verlassen hatten, wurden sie getrennt: Frauen und Kinder in eine Gruppe, die Männer in die andere. Mit seinen fünfzehn Jahren war Toivi ein Grenzfall, da er aber kräftig und gut gebaut war, wurde er den Männern zugeordnet: »Ich stand bei meiner Mutter und nahm in einer Weise von ihr Abschied, die mich bis heute quält – und mich wahrscheinlich bis zu meinem letzten Tag quälen wird. Statt sie in die Arme zu nehmen, wie es die anderen Leute taten, die sich von ihren Frauen und Kindern verabschiedeten, sagte ich zu ihr: ›Mama, du hast gesagt, daß ich nicht die ganze Milch austrinken soll, damit noch etwas für morgen bleibt.‹ Es klang wie ein Vorwurf. Jedenfalls antwortete sie: ›Ist das alles, was du mir zu sagen hast?‹ ... Die Sache war nämlich die: Am Tag, bevor wir nach Sobibór gebracht wurden, hatte ich Durst und fragte meine Mutter, ob ich etwas Milch haben dürfte. Und sie erlaubte es mir. Und dann habe ich wohl zuviel getrunken, denn sie ermahnte mich: ›Toivi, laß noch etwas für morgen übrig.‹ Und das war es, woran ich meine Mutter erinnerte, als sie auf dem Weg in die Gaskammer war.«

Wie in allen Vernichtungslagern der »Aktion Reinhard« wurde in Sobibór bei der Ankunft grundsätzlich keine Selektion durchgeführt. Alle wurden ausnahmslos in die Gaskammern geschickt. Doch gelegentlich kam es vor, daß die Deutschen neue Arbeitskräfte für das Lager benötigten und aus den Neuankömmlingen eine kleine Zahl von Juden auswählten. Toivi hatte Glück, denn heute war es wieder soweit. Als sie sich alle in einer Reihe aufstellen mußten, wußte er, daß die Deutschen einige von ihnen verschonen würden – vielleicht Schuster oder Schneider: »Ich hatte keinerlei Ausbildung, aber ich wollte leben und schickte ein Stoßgebet zum Himmel – damals betete ich noch. Und in Gedanken beschwor ich diesen Deutschen ›Bitte nimm mich!‹ … und ich glaube heute noch, daß ich mit meiner starken Willenskraft irgendwie zu ihm durchdrang, als er vor unserer Reihe auf und ab ging. Und dann spürte ich seinen Blick auf mir und dachte nur: ›Lieber Gott, hilf mir!‹ Und da sagte er: ›Tritt vor, Kleiner!‹ Mein Glück war, daß sie zu diesem Zeitpunkt wirklich Leute brauchten. Sie suchten 40 Männer aus. Und so habe ich in Sobibór angefangen zu hoffen.«

Toivis Vater wurde mit den anderen zur Gaskammer geführt. Toivi versuchte ihn zu retten, indem er den Deutschen zurief: »Er ist Gerber!«. Doch »sie brauchten Zimmerleute, sie brauchten vielleicht Schneider, aber ihn brauchten sie nicht.« Als er zusah, wie sein Vater seinem Tod entgegenging, habe er »nichts gefühlt«, gesteht Toivi. »Das beschäftigt mich noch immer. Wissen Sie, wenn mein Vater oder meine Mutter früher gestorben wäre – meinetwegen nur zwei Tage früher –, wäre das für mich ein schreckliches Unglück gewesen. Ich hätte Tag und Nacht geweint. Und nun verlor ich in derselben Stunde, in derselben Minute, meinen Vater, meine Mutter und meinen zehnjährigen Bruder, und ich vergoß keine Träne. Das war mir in diesem Moment nicht einmal bewußt. Später, als ich die anderen im Lager beobachtete, fiel mir auf, daß niemand weinte. Bis dahin hatte ich gedacht: ›Vielleicht stimmt mit mir etwas nicht.‹ Als ich nach dem Krieg andere Überlebende traf, habe ich sie gefragt: ›Hast du geweint?‹ ›Nein, nie‹, war die Antwort. Es ist, als ob uns unser Instinkt schützt, als ob er unsere Gefühle von uns abtrennt. Denn stellen Sie sich einmal vor, ich hätte wirklich gedacht: ›Mein Vater, meine Eltern, sind gerade in der Gaskammer.‹ Ich wäre zusammengebrochen und dann hätte man mich umgebracht ... Wenn ich nur eine Träne vergieße, werde ich getötet.«

Kurz nach der Selektion traf Toivi einen Freund wieder – Józek, der bereits mit einem früheren Transport nach Sobibór gekommen war. Er und sein Vater waren der Gaskammer entronnen, weil sein Vater Zahnarzt und er sein »Gehilfe« war. Toivi erzählt: »Wir gingen hinter die Baracken, und dort sah ich Männer mit einer Geige und einer Mundharmonika und einige tanzten. Ich sagte zu Józek: ›Ich verstehe das nicht. Ihr seid hier in einem Todeslager. Wie könnt ihr das bloß tun? Wir könnt ihr tanzen?‹ Und da sagte er: ›Wir leben von geliehener Zeit, Toivi. Wir werden so oder so sterben. Hier ist Schluß. Siehst du den Rauch? Dein Vater, dein Bruder, deine Mutter sind in Rauch aufgegangen. Wir werden auch in Rauch aufgehen. Was macht es also aus? Sollen wir alle schwarze Armbinden tragen? Wir würden keinen Tag überleben!‹«

Toivis Leben in Sobibór glich in vieler Hinsicht dem der Arbeiterinnen in »Kanada«. Es waren genügend Lebensmittel vorhanden – vieles stammte aus dem Besitz der Juden, die vergast worden waren –, und die Arbeiter wurden weder geschoren, noch mußten sie Häftlingskleidung tragen. Doch anders als in »Kanada« kamen die Arbeiter in Sobibór mit der todbringenden Funktion des Lagers in engen, um nicht zu sagen, intimen Kontakt.

Toivi Blatt erfuhr bald, worin seine Rolle im Arbeitsablauf des Lagers bestand: »Es kam ein Transport aus Holland mit etwa 3000 Juden an. Der Zug wurde in Gruppen von acht bis zehn Waggons unterteilt, die dann auf ein spezielles Nebengleis geschoben wurden. Dort öffneten die Leute vom sogenannten Bahnhofskommando – ebenfalls Juden – die Türen der Waggons und nahmen das schwere Gepäck entgegen. Ich stand bei den anderen jüngeren Männern, und wir mußten den Ankömmlingen auf holländisch Anweisungen geben. Ich sagte ihnen, daß sie ihr Gepäck abstellen sollten. Die Frauen hatten immer noch ihre Handtaschen bei sich. Und so wurde ihnen befohlen, sie auf einen Haufen zu werfen. In diesem Moment sah ich, wie ihre Augen einen seltsam angespannten Ausdruck annahmen. Sie bekamen Angst. Manche wollten ihre Taschen nicht hergeben und wurden von einem Deutschen mit einer Peitsche geschlagen. Dann gingen sie in einen großen Hof, wo ein Deutscher, den wir den ›Todesengel‹ nannten, eine honigsüße Ansprache hielt. Er entschuldigte sich für die anstrengende dreitägige Reise und sagte, daß sie ja nun an einem schönen Ort wären, und Sobibór war ja wirklich schön. Und dann sagte er: »Aus hygienischen Gründen müssen Sie jetzt erst einmal alle duschen, und später wird man Sie dann weiterschicken.‹ Da klatschten einige und riefen ›Bravo!‹, und alle zogen sich folgsam aus und gingen durch einen langen Raum von vielleicht 60 Metern hindurch zu einer Baracke. Und da stand ich dann wieder und wartete auf sie. Schließlich kamen die ersten Frauen, vollkommen nackt. Kleine Mädchen, ältere Mädchen, alte Frauen. Ich war ein schüchterner Junge und wußte nicht, wo ich hinsehen sollte. Dann drückte man mir eine lange Schere in die Hand. Ich hatte keine Ahnung, was ich damit machen sollte. Mein Freund, der schon etwas Erfahrung hatte, erklärte mir: »Schneide ihnen die Haare ab. Du mußt es dicht am Kopf abschneiden.‹ Aber sie baten mich, ein bißchen was stehen zu lassen, besonders die jungen Mädchen; sie wollten nicht, daß ich soviel abschneide. Sie wußten nicht, daß sie in ein paar Minuten sterben würden. Dann befahl man ihnen, noch ein paar Schritte weiter zur Gaskammer zu gehen. Das Täuschungsmanöver funktionierte so perfekt, daß viele wirklich geglaubt haben müssen, es ginge nur zum Duschen. Wahrscheinlich hielten sie sogar das ausströmende Gas noch für einen technischen Defekt.«

Der Prozeß, an dem Toivi Blatt mitwirkte, war so effizient und so zuverlässig gegen jedwede Störfälle abgesichert, daß innerhalb von weniger als zwei Stunden 3000 Menschen in Empfang genommen, ihrer Besitztümer und Kleider entledigt und getötet werden konnten. »Ich weiß noch, was ich dachte, als die Arbeit getan war, als man sie schon aus den Gaskammern geholt hatte, um sie zu verbrennen; ich dachte, was es doch für eine schöne Nacht wäre mit all den Sternen – und so still … 3000 Menschen waren gestorben. Und nichts war passiert. Die Sterne standen noch an derselben Stelle.«

Die holländischen Juden, die in Sobibór eintrafen, waren so ahnungslos, daß sie sich widerstandslos in die Gaskammern führen ließen; doch nicht so die polnischen Juden. Die Mehrzahl von ihnen ließ sich nicht vorgaukeln, daß dies nur eine »hygienische Maßnahme« sei. ›Wie kannst du das bloß tun?‹ fragte eine Polin mittleren Alters Toivi, als er ihr das Haar abschnitt. »Sie werden auch dich umbringen. Deine Zeit wird kommen!« Toivi, für den diese Worte »wie ein Fluch« klangen, erwiderte nichts. »Mich beherrschte nur ein Gedanke: Wie kann ich überleben – wie? Ich würde zwar sterben, aber heute lebte ich noch, und heute wollte ich noch nicht sterben. Und dann kam der nächste Tag, und auch an dem wollte ich noch nicht sterben.«

Natürlich war sich Toivi der Tatsache bewußt, daß er, wenn auch unfreiwillig, zum reibungslosen Arbeitsablauf im Lager beitrug. Und ihm war auch klar, daß es Juden waren, die Haare abschnitten, Kleider sortierten, Gepäck aus den Zügen holten und das Lager säuberten – also die meisten der für einen funktionierenden Lagerbetrieb notwendigen praktischen Arbeiten verrichten: »Ja, natürlich war mir das bewußt«, sagt er. »Aber niemand tat etwas. Ich war erst fünfzehn Jahre alt und war von so vielen erfahreneren

Erwachsenen umgeben, aber keiner unternahm etwas. Menschen verändern sich in bestimmten Situationen. Ich bin gefragt worden: ›Was hast du gelernt?‹, und ich denke, für mich steht nur eines fest – niemand kennt sich selbst. Der nette Mensch auf der Straße, den du fragst: ›Wo ist die Nordstraße?‹, und der einen halben Block mit dir geht und sie dir zeigt und nett ist und freundlich. Dieser selbe Mensch könnte unter anderen Umständen ein richtiger Sadist sein. Niemand kennt sich selbst. Wir können alle gut oder schlecht sein in unterschiedlichen Situationen. Manchmal denke ich, wenn jemand richtig nett zu mir ist: ›Wie ist der in Sobibór?‹«

Viele, die die Schrecken der Lager durchlebt haben, teilen Toivi Blatts Ansicht, daß sich Menschen in bestimmten Situationen verändern. Und es steckt mehr dahinter als die banale Tatsache, daß Menschen ihr Verhalten den äußeren Umständen anpassen – etwas, was wir alle tagtäglich tun. Es versteht sich von selbst, daß wir uns auf einem Rockkonzert anders verhalten als auf einer Beerdigung. Was Toivi meint, ist eine grundlegende Veränderung unter extremen Bedingungen, die weniger das Verhalten als das Wesen eines Menschen betrifft.

Das Beunruhigende ist allerdings, daß meiner Erfahrung nach viele Täter dieses Erklärungsmodell zu ihrer Rechtfertigung heranziehen. Ich erinnere mich noch, daß ein ehemaliges loyales NSDAP-Mitglied auf meine insistierende Frage, warum denn so viele Deutsche das verbrecherische Regime gestützt hätten, verärgert antwortete: »Das Problem heutzutage ist doch, daß sich Leute, die nie etwas Vergleichbares erlebt haben, ein Urteil über Menschen erlauben, die mit dieser Situation zurechtkommen mußten.« Eine Aussage, der Toivi Blatt zweifellos beipflichten würde.

Natürlich bedeutet das nicht, daß die Erfahrungen im Lager zwangsläufig nur das Negative im Menschen hervorkehren mußten. Man hat immer eine Wahl. Deshalb gab es auch in Sobibór Menschen, die über sich selbst hinauswuchsen, wie Toivi Blatt zu berichten weiß: »Als wir einmal den Sandweg rechten, der zu den Gaskammern führte, merkte ich irgendwann, daß ich mit dem Rechen anstellen konnte, was ich wollte, daß immer noch irgendwelche kleinen Fetzchen im Sand zurückblieben. Als ich meinen Freund fragte, was das denn wäre, sagte er: ›Das ist Geld.‹ Und ich weiß noch, daß ich dachte: ›Meine Güte, da sind Leute, die genau wissen, daß sie in den Tod gehen, und die haben die ganze Zeit noch ein paar Dollar oder Rubel in der Hand. Und als ihnen klar wird, daß es gleich zu Ende geht, machen sie sich die Mühe, ihr Geld in kleine Fetzchen zu zerreißen, damit sie nicht dem Feind in die Hände fallen. In meine Augen ist das Heldentum – ein Heldentum der Seele.«

Als Toivi Blatt darüber nachdachte, ob er sich an Widerstandsaktionen gegen die Deutschen beteiligen würde, hatte er mit etwas zu kämpfen, das er als »umgekehrten« Rassismus bezeichnete. Beim ersten Mal, als er deutsche Soldaten mit ihren Stahlhelmen und schneidigen Uniformen gesehen hatte, war ihm tatsächlich der Gedanke gekommen, sie könnten die »besseren« Menschen sein. »Am anderen Ende der Skala sah ich nur verängstigte Juden und Polen, die wegrannten und sich versteckten.« Genau dieses Unterlegenheitsgefühl wollten die Deutschen natürlich unter jenen erzeugen, die sie unterdrückten. Dies war auch einer der Gründe, weshalb Dr. Mengele stets in tadelloser SS-Uniform und blankpolierten Stiefeln auf der Rampe in Auschwitz erschien. Denn die Deutschen waren nicht nur davon überzeugt, daß ihre Gegner »Untermenschen« waren, sondern sie versuchten dies auch durch ihren »Herrenmenschen-Habitus« zu suggerieren.

Unter diesen Umständen überrascht es kaum, daß die Initiative zum Widerstand in Sobibór von Menschen ausging, die diesem »umgekehrten Rassismus« weniger ausgesetzt gewesen waren: Juden, die der Roten Armee angehört hatten. »Wir trafen am 21. oder 22. September 1943 in Sobibór ein«, berichtet Arkadiy Vasjpapir[27], einer der sowjetischen Kriegsgefangenen, die mit einem Transport aus Minsk ins Lager kamen. »Wir waren drei Tage lang in geschlossene Waggons eingesperrt – Viehwaggons. Drei Tage ohne Essen und Licht.« Wie es das Schicksal wollte, beschlossen die Deutschen, aus diesem Transport Zwangsarbeiter rekrutieren. »Sie fragten, ob Zimmerleute oder Bauarbeiter unter uns wären«, erzählt Vajspapir. »Und dann wollten sie wissen, wer von uns 75 Kilo heben könnte.« Zum Zeitpunkt ihrer Selektion wußten die sowjetischen Kriegsgefangenen nichts über die Funktion des Lagers: »Wir hatten keine Ahnung, was vor sich ging. Wir dachten, es wäre ein Arbeitslager. Aber abends kamen die anderen Häftlinge zu uns und sagten: ›Eure Freunde brennen.‹ Da begriffen wir, was für eine Art von Lager das war.«

Unter den etwa 80 sowjetischen Kriegsgefangenen, die man als Zwangsarbeiter ausgewählt hatte, befand sich ein charismatischer Offizier der Roten Armee namens Alexander (»Sascha«) Pechersky. »Er war ein sehr gut aussehender, attraktiver Mann«, sagt Vajspapir, »groß und kräftig gebaut. Wir hatten alle Respekt vor ihm. Sein Wort war Gesetz.« Pechersky hatte großen Einfluß im Lager und war bald der Kopf einer geheimen Widerstandsbewegung. Vor der Ankunft der sowjetischen Kriegsgefangenen hatten immer wieder Häftlinge zu fliehen versucht, meist bei Arbeitseinsätzen außerhalb des Lagers. Doch fast alle Fluchtversuche schlugen fehl. »Wo soll man hingehen, wenn man es schließlich bis in den Wald geschafft hat?« fragt Toivi Blatt. »Praktisch jeden Tag lieferten Bauern aus der Umgebung im Lager Juden ab, die sich irgendwo auf den Feldern versteckt hatten«, und kassierten dafür »fünf Pfund Zucker und eine Flasche Wodka«. Doch Pechersky und seinen Kameraden gelang es, die fatalistische Stimmung im Lager umzukehren. Sie schlossen sich mit Leon Feldhendler zusammen, der bis dahin die kleine Widerstandsgruppe in Sobibór angeführt hatte, und schmiedeten gemeinsam Pläne für eine Massenflucht.

Nur zwei Wochen nach ihrem Eintreffen im Lager begannen sie einen Fluchttunnel zu graben – ein Unternehmen, das man einige Tage später wieder abbrach, da der Schacht überflutet wurde. Doch da Pechersky wußte, daß es ohnehin so gut wie unmöglich gewesen wäre, sämtliche der über 600 Häftlinge innerhalb einer Nacht sicher durch den Tunnel zu bringen, ließ er den Plan endgültig fallen. Er kam zu dem Schluß, daß ein bewaffneter Aufstand erfolgversprechender war, sofern sie nicht zu lange damit warteten: Wenn in wenigen Wochen der erste Schnee fiel, würden die Deutschen mühelos ihre Spur im Wald verfolgen können. Und so nahm der Fluchtplan, in den auch wichtige Kapos eingeweiht wurden, innerhalb kürzester Zeit Gestalt an. »Die erste Phase bestand darin, Waffen zu sammeln«, erzählt Toivi Blatt. »Messer und Äxte, wovon es in den Werkstätten der Zimmerleute reichlich gab.« In der zweiten Phase würden sie einzelne Deutsche in einen Hinterhalt locken, sie töten und ihnen die Waffen abnehmen. Die dritte und letzte Phase war der offene Aufstand.

In der zweiten Oktoberwoche erfuhr die Widerstandsgruppe, daß wichtige Mitglieder der Lagerleitung – darunter Gustav Wagner, der stellvertretende Kommandant – nach Deutschland auf Heimaturlaub gegangen waren. Damit war die Position der Deutschen im Lager deutlich geschwächt. Die verbliebenen SS-Leute sollten mit persönlichen Gefälligkeiten geködert und in die Schneider- und Schuster-Werkstätten gelockt werden; damit hing der Erfolg des Aufstands entscheidend von der Bestechlichkeit der Lageraufseher ab. Pechersky erhielt von Vajspapir den Befehl, sich in der Schusterei zu verstecken und den SS-Aufseher, der zum Anpassen seiner neuen Schuhe kam, mit der

Axt zu töten. »Ich war sehr aufgeregt«, erzählt Vajspapir. »Uns war klar, daß unser Leben auf dem Spiel stand.« Andere Aufseher sollten mit einem neuen Ledermantel geködert und in die Schneiderei gelockt werden. Danach würden die Häftlinge durch das Haupttor fliehen. Man hoffte darauf, daß die ukrainischen Wachposten, die unter der Knute der Deutschen standen, weder genügend Munition noch den Willen hatten, sie daran zu hindern.

Der Aufstand begann am 14. Oktober. Um halb vier Uhr nachmittags versteckte sich Vajspapir gemeinsam mit Yehuda Lerner, einem jüdischen Kameraden aus Minsk, im hinteren Teil der Schusterwerkstatt. »Der Deutsche kam herein, um sich neue Schuhe anpassen zu lassen. Er setze sich direkt vor mich. Da trat ich vor und schlug zu. Ich wußte nicht, daß man dafür das stumpfe Ende der Axt benutzt. Ich hatte mit der Schneide zugehauen. Wir schleppten ihn in eine Ecke und deckten ihn mit einem Tuch zu. Und dann kam noch ein Deutscher herein. Als er den anderen auf dem Boden liegen sah, trat er mit dem Fuß gegen ihn und sagte: ›He, was ist los? Was soll der Unsinn?‹ Und als er begriff, was passiert war, hieb ich mit der Axt auf ihn ein. Dann nahmen wir die Pistolen und rannten weg. Hinterher zitterte ich am ganzen Körper. Ich konnte mich lange Zeit nicht beruhigen. Mir war übel. Ich war mit Blut bespritzt.«

Außer den beiden Deutschen, die Lerner und Vajspapir in der Schusterwerkstatt getötet hatten, wurden noch drei weitere in der Schneiderei umgebracht; einige Männer, die man nicht hatte hinauslocken können, wurden in ihren Büros ermordet. Um fünf Uhr nachmittags hatte man die meisten SS-Leute im Lager getötet, insgesamt neun; doch beunruhigenderweise war der Kommandant noch am Leben. Die Häftlinge versammelten sich wie gewöhnlich zum Appell. »Und dann«, erzählt Toivi Blatt, »ungefähr um Viertel vor sechs, sprang Sascha [Pechersky] auf einen Tisch und hielt eine Rede. Ich erinnere mich noch gut daran. Er sprach über sein Vaterland, die Sowjetunion, und darüber, daß eine Zeit kommen würde, in der alles anders wäre, in der es Frieden geben würde. Und er sagte, daß jeder von uns, der überlebt, die Pflicht hätte, der ganzen Welt zu berichten, was hier geschehen war.«

Dann zogen die Häftlinge wie geplant zum Haupttor. Doch plötzlich wurde von den Wachtürmen auf sie geschossen. Der Lagerkommandant Frenzel kam aus seiner Baracke gelaufen und eröffnete ebenfalls das Feuer. Damit war eine Flucht durch das Haupttor unmöglich geworden. Also versuchten sie, den Stacheldrahtzaun auf der Rückseite des Lagers zu durchbrechen, obwohl das dahinter liegende Gelände vermint war. Als Toivi Blatt sich mit dem Stacheldraht abmühte, während hinter ihm die Schüsse knallten, spürte er, wie der Zaun plötzlich nachgab und ihn mit seinem ganzen Gewicht zu Boden preßte. »Mein erster Gedanke war: ›Das ist das Ende!‹. Die anderen stiegen über mich hinweg, und die Spitzen des Stacheldrahts bohrten sich in meinen Mantel. Aber da kam mir der rettende Einfall. Ich wand mich aus dem Ledermantel heraus und rannte los. Ich fiel ein paarmal hin. Jedesmal dachte ich, ich wäre getroffen, aber ich stand immer wieder auf, und mir war nichts geschehen. Ich rannte weiter, bis ich den Wald erreichte.« Während er weglief, sah Toivi Blatt vor sich »Körper durch die Luft fliegen«, die von den explodierenden Minen zerfetzt wurden, und da wurde ihm klar, daß es sein »Glück« gewesen war, zu den Letzten gehört zu haben, die das Lager verließen.

Ungefähr die Hälfte der 600 Häftlinge von Sobibór schaffte es, aus dem Lager zu entkommen. Toivi Blatt führt diesen Erfolg vor allem auf einen Umstand zurück: »Sie [die Deutschen] trauten uns so etwas einfach nicht zu. In ihren Augen waren wir bloß Vieh. Sie rechneten nicht damit, daß Juden jemals um ihr Leben kämpfen würden, da sie erlebt hatten, wie Tausende von uns einfach so in den Tod gegangen waren.« Natürlich war die Massenflucht aus Sobibór ganz wesentlich den sowjetischen Kriegsgefangenen zu verdanken, die sämtliche Härten des Lagerlebens solidarisch meisterten. Sie waren noch keine vier Wochen im Lager, als sie bereits losschlugen. Denn obwohl sie in anderen deutschen Gefangenenlagern schon einiges durchgemacht hatten, waren sie bald fest entschlossen, dem Grauen in diesem Lager so schnell wie möglich zu entkommen. Ihre militärische Disziplin und die außergewöhnliche Persönlichkeit Sascha Pecherskys waren für den Erfolg des Unternehmens von entscheidender Bedeutung.

Die Mehrzahl der 300 aus Sobibór entkommenen Häftlinge überlebte den Krieg jedoch nicht. Viele irrten ziellos umher, verliefen sich im Wald und wurden binnen weniger Stunden gefaßt; andere wurden irgendwann von Polen verraten und den Deutschen übergeben. Sascha Pechersky und eine Handvoll seiner Kameraden stießen auf eine Gruppe kommunistischer Partisanen und schlossen sich später mit ihnen den vorrückenden sowjetischen Truppen an. Toivi Blatt erlebte noch einige riskante Abenteuer, geriet ein paarmal in lebensgefährliche Situationen, aus denen er sich nur dank hilfsbereiter Polen retten konnte, während andere ihm jede Unterstützung verweigerten. Nach dem Krieg beschloß er, in Amerika ein neues Leben anzufangen.

Himmler war durch die Revolte in Sobibór so alarmiert, daß er kurz darauf die Ermordung der Juden in den Lagern Trawnik, Poniatowa und Majdanek anordnete. Diese Vernichtungsaktionen, die am 3. November anliefen, gehörten zu den blutigsten der »Endlösung«. Ungefähr 43 000 Menschen wurden im Verlauf der Aktion »Erntefest« ermordet. In Majdanek stellten die Nationalsozialisten den traurigen Beweis an, daß es keiner technisch ausgefeilten Methoden bedurfte, um innerhalb kürzester Zeit eine große Zahl von Menschen zu töten: Allein an einem Tag wurden dort 17 000 Juden erschossen.

Die Massentötungen im November 1943 fanden zu einem Zeitpunkt statt, als der ursprüngliche Grund für die »Endlösung« hinfällig geworden war. Im Herbst 1941 und im Frühjahr 1942 verfolgte man mit dem Vernichtungsprogramm zumindest zum Teil das Ziel, neuen »Raum« für das neue deutsche Reich im Osten zu schaffen. Aber im Winter 1943, als sich abzeichnete, daß der Krieg verloren war, trat ein anderes Motiv in den Vordergrund: Rache. Nun ging es den Deutschen vor allem darum, zu verhindern, daß ihre größten Feinde vom Krieg profitierten, ganz gleich, wie er ausging. Natürlich stand hinter der Planung und Umsetzung der »Endlösung« immer auch das ideologisch begründete Ziel, die Juden auszurotten. Die Tatsache, daß auch die Juden Westeuropas in die Vernichtungspläne miteinbezogen wurden, beweist, daß es den Deutschen nicht nur um ihren wirtschaftlichen Gewinn und neuen »Lebensraum« ging. Doch erst jetzt, als sich der Traum von einer neuen »nationalsozialistischen Ordnung« im Osten zerschlug, lebten die Führer des Dritten Reichs ihren abgrundtiefen Haß in der Massenvernichtung der Juden aus.

Allerdings bereitete es den Deutschen zunehmende Probleme, die »Endlösung« außerhalb ihres unmittelbaren Machtbereichs umzusetzen. Während die bulgarische Regierung den Deutschen bereits 11 000 Juden aus den besetzten Gebieten Thrakien und Makedonien überlassen hatte, sperrte sie sich 1943 gegen die Forderung, Juden aus dem Kernland Bulgarien zu deportieren. Selbst der rumänische Führer Jion Antonescu, der sich an der Ermordung und Deportation der Juden Bessarabiens, Transnistriens und der Bukowina beteiligt hatte, weigerte sich nun, die verbliebene jüdische Bevölkerung Rumäniens in die Gaskammern von Belżec zu schicken. In Italien hatte Mussolini zwar eine Reihe von antisemitischen Maßnahmen eingeleitet, hatte es aber bisher abgelehnt, die italienischen Juden auszuliefern.[28] Viele Verbündete Deutschlands glaubten nicht mehr daran, daß sie auf der Seite der Sieger standen. Solange sie davon ausgegangen waren, daß es ihren eigenen Interessen nützte, hatten sie die Nationalsozialisten bei der Judenverfolgung bereitwillig unterstützt; da dies nun nicht mehr der Fall war, begannen sie sich von der deutschen Judenpolitik zu distanzieren. Dieser Sinneswandel rührte also weniger von einem erwachenden Gewissen als von einem zynischen Pragmatismus her.

Von allen europäischen Ländern unter deutscher Besatzung blieb nur eines von der moralischen Zersetzungskraft der »Endlösung« unberührt: Dänemark. In einem beispiellosen Akt der Solidarität gelang es der dänischen Bevölkerung, 95 Prozent der Juden im Land vor den Deutschen in Sicherheit zu bringen. Die faszinierende Geschichte von der wunderbaren Rettung der dänischen Juden ist jedoch komplizierter, als es zunächst den Anschein hat.

Als Deutschland am 9. April 1940 Dänemark besetzte, zeigte sich sofort, daß die Dänen eine völlig andere Art von Besatzung erleben würden als das übrige Europa. Die wichtigsten dänischen Institutionen – Monarchie, Parlament und Polizei – blieben weitgehend unangetastet. Außerdem verlangten die Deutschen von den Dänen nicht, daß sie antisemitische Gesetze erließen, wie es andernorts der Fall war. Aus der Sicht der dänischen Regierung waren die 8000 Juden vollwertige Bürger ihres Landes und würden es auch bleiben. »Es gab nicht die geringste Diskriminierung«, berichtet der Däne Knud Dyby[29], der damals Polizist war. »Die Juden waren völlig assimiliert. Sie hatten ihr Geschäfte und ihre Häuser wie jeder andere auch. Ich bin sicher, daß es in Dänemark viele Mischehen gab. Ein Mitglied meiner Familie heiratete zum Beispiel ein jüdisches Revuegirl.« Selbst gläubige Juden, die unter der deutschen Besatzung weiterhin ihre Religion aktiv ausübten, blieben unbehelligt. Bent Melchior[30], der damals ein Schuljunge war, machte sich Sorgen, als die Deutschen kamen, denn sein Vater, ein Rabbi, hatte sich offen gegen die National-sozialisten ausgesprochen. Doch auch sein Vater bekam keinerlei Unannehmlichkeiten: »Wir gingen zur Schule, in die Synagoge, zu unseren kulturellen Veranstaltungen – unser ganzes Leben lief weiter wie bisher.«

Bent Melchior erinnert sich an eine außergewöhnliche Begebenheit, die veranschaulicht, welches Maß an Toleranz in der dänischen Gesellschaft herrschte. Sein Vater hatte einen schmalen Band mit Kommentaren zu den fünf Büchern Mose verfaßt, und da er wie alle Dänen den König sehr verehrte, beschloß er, diesem eine eigens für ihn gebundene Ausgabe zum Geschenk zu machen. Am Silvesterabend 1941 bat er Bents ältere Schwester, das Buch im Palast in Kopenhagen abzugeben. Genau in dem Moment, in dem sie dort eintraf, trat die Königin vor die Tür. Als sie Bents Schwester sah, fragte sie: »Ist das für meinen Mann?« »Ja, Eure Majestät«, antwortete das junge Mädchen und überreichte der Königin das Buch. Noch am selben Abend setzte König Christian X. ein Dankschreiben an Bents Vater auf, in dem er ihm und der jüdischen Gemeinde alles Gute für das neue Jahr wünschte. »Der Brief kam am 1. Januar 1942 an«, erzählt Bent Melchior. »Er machte auf die ganze Gemeinde einen großen Eindruck – unfaßbar, daß der König einem kleinen Rabbi, der ihm ein Buch geschenkt hat, einen Brief schreibt.«

Angesichts der antisemitischen Verfolgungen der Nationalsozialisten im übrigen Europa ist es kaum zu glauben, daß die Deutschen die tolerante Haltung der Dänen gegenüber ihren jüdischen Landsleuten duldeten. Doch dafür gab es gute Gründe: Zum einen wollten sie sicherstellen, daß die Lebensmittellieferungen aus Dänemark nicht beeinträchtigt wurden. Zum anderen erkannten sie den propagandistischen Nutzen, den die »vorbildliche« Besetzung eines »arischen« Nachbarlandes hatte, und nicht zuletzt waren sie an einem friedlichen Dänemark interessiert, das mit einem Minimum an Soldaten zu kontrollieren war. Diese Haltung sollte sich im Sommer und Herbst 1943 allerdings ändern. Mit der Niederlage von Stalingrad und dem Rückzug der deutschen Armee wuchs in Dänemark der Widerstand gegen die deutsche Besatzung: Es kam zu Sabotageakten und Massenstreiks. Daraufhin verlangten die Deutschen von der dänischen Regierung, drastische Gegenmaßnahmen zu ergreifen. Als diese sich weigerte, riefen die Deutschen am 28. August den militärischen Ausnahmezustand aus und zwangen die Regierung zum Rücktritt.

Der deutsche Reichsbevollmächtigte Dr. Werner Best befand sich nun in einem Dilemma: Was sollte mit den dänischen Juden geschehen? Bests politischer Werdegang ließ nicht erwarten, daß er Erbarmen mit den Juden haben würde. Der ausgebildete Jurist war seit 1930 Mitglied der NSDAP und seit 1931 Angehöriger der SS. Als juristischer Berater der Gestapo hatte er direkt unter Reinhard Heydrich gearbeitet. Während seiner Tätigkeit im Reichssicherheitshauptamt war er für die Ermordung polnischer Intellektueller mitverantwortlich gewesen. In Frankreich hatte er die Verfolgung und Unterdrückung der französischen Juden mitinitiiert. Dieser überzeugte Nationalsozialist entschloß sich nun zu einem Schritt, den man nie von ihm erwartet hätte: Er würde die dänischen Juden warnen, indem er sie über Mittelsmänner von der beabsichtigten Verhaftungswelle benachrichtigte.

Der Großeinsatz war für die Nacht vom 1. auf den 2. Oktober 1943 geplant. Nur wenige Tage zuvor hatte Best eine Besprechung mit dem deutschen Marineattaché Georg Duckwitz und informierte diesen über die bevorstehenden Massenverhaftungen. Best setzte darauf, daß Duckwitz, der bekanntermaßen mit den Dänen sympathisierte, die Information an dänische Politiker weitergab und daß diese ihrerseits führende Mitglieder der jüdischen Gemeinde benachrichtigten. Damit waren die Weichen für die Rettung der dänischen Juden gestellt.

»Es war an einem Dienstagabend [28. September]«, erinnert sich Bent Melchior, »als eine Frau an unserer Wohnungstür klingelte und meinen Vater sprechen wollte. Sie erzählte ihm, daß der Einsatz in der Nacht des kommenden Freitags stattfinden würde.« Da der folgende Tag ein jüdischer Feiertag war, hatten sich am nächsten Morgen mehr Menschen als gewöhnlich in der Synagoge versammelt: »Mein Vater unterbrach den Gottesdienst und erklärte, daß er etwas Wichtiges zu sagen hätte. Dann gab er die Nachricht weiter, die man ihm übermittelt hatte. ›Seid Freitagnacht nicht zu Hause‹, schärfte er ihnen ein. Dann sagte er noch, daß der Gottesdienst am nächsten Morgen ausfallen würde. Aber damit durften wir uns natürlich nicht zufriedengeben. Jeder von uns war nun gefordert, Familienmitgliedern, Freunden und Leuten, die ganz zurückgezogen lebten, Bescheid zu sagen, also zu versuchen, soviel Leute wie möglich zu erreichen.«

Der Exodus begann noch am selben Tag, dem 29. September. Auch Rudy Bier[31] und seine Familie brachen auf. Sie verließen ihre Wohnung in Kopenhagen, um etwa 15 Kilometer außerhalb der Stadt bei Geschäftsfreunden von Rudys Vater Unterschlupf zu suchen: »Es war eine sehr nette Familie mit drei Töchtern, die ein bißchen älter waren als wir. Sie wohnten in einer Villa, und es gab einen Garten, was völlig neu für uns war, weil wir ja nur eine Wohnung hatten. Sie kümmerten sich ganz rührend um uns.«

Während sich Familie Bier in ihrem neuen Zuhause außerhalb Kopenhagens einlebte, sickerte die Nachricht von den bevorstehenden Deportationen auch zur dänischen Polizei durch. »Ich war gerade auf dem Revier, als ich die Neuigkeiten erfuhr«, berichtet Knud Dyby. »Ein Kollege erzählte mir, daß ihn sein jüdischer Nachbar angesprochen hätte, ein Kaufmann namens Jacobson. Er und seine Familie wären sehr beunruhigt und bräuchten Hilfe.« Wenn man bedenkt, wie sich die französische oder slowakische Polizei unter deutscher Besatzung verhielt, ist es bemerkenswert, daß Dyby und seine Kollegen sich spontan entschlossen, ihren jüdischen Mitbürgern zu helfen. Dyby erklärte sich bereit, die Jacobsons bei der Flucht über die Meerenge zwischen Dänemark und dem neutralen Schweden zu unterstützen – es war die erste von vielen Rettungsaktionen, an denen Dyby beteiligt war: »Wir sagten ihnen, daß sie entweder mit der Straßenbahn oder mit dem Nahverkehrszug zum Bahnhof in der Nähe des Osthafens kommen sollten. Von da nahmen wir mehrere Taxis zum Hafen hinunter. Die Taxifahrer wußten Bescheid und waren sehr hilfsbereit. Manche wollten nicht einmal Geld für die Fahrt nehmen. Am Hafen versteckten wir uns in einem der Schuppen, in dem die Deutschen Netze und Geräte unterbrachten.«

Sobald die jüdischen Familien in Sicherheit waren, machte sich Knud Dyby auf die Suche nach Fischern, die das Risiko auf sich nehmen würden, die Flüchtlinge in der Nacht nach Schweden zu bringen. »Ich sagte den Fischern, wieviel Leute ich dabeihätte, und wir einigten uns auf einen Preis. Wir hatten uns das ganze Geld zusammenleihen müssen, um sie bezahlen zu können – denn wir wollten sie ja alle auf das Boot bekommen.« Es war ein äußerst riskantes Unternehmen: »Ich war mit drei jüdischen Männern unterwegs, als plötzlich eine deutsche Patrouille auf uns zukam. Wir sprangen in einen tiefen Graben, und da blieben wir, bis wir hörten, daß die Deutschen vorbeigegangen waren. Ich hatte die ganze Zeit meine geladene Pistole in der Hand, denn ich hätte uns vier verteidigt ... Ich wollte ja nicht erwischt werden und in einem Konzentrationslager landen.«

Es waren nicht nur dänische Polizisten, die den Juden zur Flucht verhalfen; auch Angehörige anderer Institutionen trugen zu ihrer Rettung bei, angefangen bei der dänischen

Küstenwache, die nicht so genau hinsah, wenn zahllose kleine Boote nachts die Häfen verließen, bis hin zu dänischen Geistlichen, die den Juden auf ihrer Flucht beistanden. Am 3. Oktober wurde in den Kirchen ein Hirtenbrief des Bischofs von Kopenhagen verlesen, der die klare Position der Kirche zum Ausdruck brachte: »Wo immer Juden aus rassischen oder religiösen Gründen verfolgt werden, ist es die Pflicht der christlichen Kirche, den Verfolgten Schutz zu gewähren ... Ungeachtet unserer unterschiedlichen religiösen Überzeugungen werden wir für das Recht unserer jüdischen Brüder und Schwestern kämpfen, die Freiheit zu bewahren, die wir höher schätzen als das Leben selbst.«[32]

Mittlerweile fühlte sich Rudy Biers Familie bei ihren Freunden auf dem Land nicht mehr sicher, und auch sie traten die Reise nach Schweden an: »Wir mußten mitten durch das Zentrum von Kopenhagen fahren. Und da passierte dieser unangenehme kleine Zwischenfall: Unser Fahrer bog falsch ab und blieb direkt vor dem deutschen Hauptquartier stehen. Erst waren wir ein bißchen erschrocken, aber dann wendete er, fand den richtigen Weg, und fort waren wir.« Man brachte die Biers an einen Ort, der 40 Kilometer südlich von Kopenhagen lag, da dort die Entfernung zwischen der dänischen und schwedischen Küste am größten war. Man hielt dies für den sichersten Ausgangspunkt für die Überfahrt. Nicht weit vor der Küste lagen zwei Schiffe, von denen jedes 200 Personen aufnehmen konnte. Die Biers wurden zu einem von ihnen mit dem Ruderboot gebracht, und um 23 Uhr fuhren sie los. »Wir waren auf dem offenen Deck«, erinnert sich Rudy. »Meine kleinen Geschwister bekamen irgendein leichtes Mittel, damit sie nicht weinten, und sie schliefen bald ein.« Nach einer ruhigen Überfahrt erreichten sie Schweden: »Als wir an Land kamen, war alles so anders. In Dänemark hatten wir Verdunkelung gehabt, aber in Schweden waren die Straßen hell erleuchtet. Und wir wurden so herzlich aufgenommen. Es wurde ge-

sungen – die schwedische und die dänische Nationalhymne – und alle waren so glücklich, daß sie endlich außer
Gefahr waren.« Die Schweden zeigten sich überaus hilfsbereit. Sie schickten beleuchtete Boote hinaus, damit die
Flüchtlinge sicher die Küste erreichten, und am 2. Oktober
hatte man im schwedischen Rundfunk bekanntgegeben,
daß man alle dänischen Juden in Schweden willkommen
heißen werde.

Rudy Biers Schicksal war keine Ausnahme: Die große
Mehrheit der dänischen Juden entkam nach Schweden. Bei
ihrem Großeinsatz in der Nacht des 1. Oktober nahmen die
Deutschen 284 Juden fest[33]; in den darauffolgenden Wochen faßten sie weniger als 200 Menschen auf der Flucht
nach Schweden. Von den insgesamt 8000 dänischen Juden
wurden also nicht mehr als 500 deportiert. Die Gefangenen
wurden jedoch nicht nach Auschwitz, sondern in das
Ghetto Theresienstadt in der Tschechoslowakei gebracht,
wo sie zwar ein hartes, entbehrungsreiches Leben führten,
aber der Selektion und dem Tod entgingen. Über 80 Prozent der deportierten dänischen Juden kehrten nach dem
Kriegsende nach Hause zurück.

Angesichts der zahllosen Fälle von Verrat und Rache, die
mit den Massendeportationen der Juden in anderen Ländern einhergingen, ist die Rettung der dänischen Juden
natürlich eine wunderbare Geschichte. Doch wie die am-
bivalente Haltung der Deutschen zur Deportation der dänischen Juden beweist, verhielt sich die Sache komplizierter, als es zunächst scheint. Am deutlichsten zeigt sich dies
natürlich an dem ungewöhnlichen Verhalten Werner Bests,
der nicht nur die dänischen Juden warnte, sondern auch die
Deportationspläne ausgesprochen halbherzig umsetzte.
Abgesehen von einigen rigorosen Maßnahmen – darunter
die Verhaftung von jüdischen Flüchtlingen in Helsingør
durch Hans Juhl (»Gestapo-Juhl«) – ließen es die deutschen
Sicherheitskräfte an der gewohnten Gewissenhaftigkeit

und Einsatzbereitschaft fehlen. Rudy Bier bemerkt dazu: »Ich bin mir sicher, daß es für die Deutschen ein Kinderspiel gewesen wäre, das ganze Unternehmen auffliegen zu lassen, wenn sie es wirklich gewollt hätten. Die Wasserstraße zwischen Dänemark und Schweden ist nicht so breit und nicht so lang, daß man nicht mit vier oder fünf Torpedobooten der Sache hätte ein Ende setzen können.« Doch keines der Flüchtlingsboote wurde von deutschen Booten gestoppt.

Eine mögliche Erklärung für Werner Bests widersprüchliches Verhalten findet sich in einem Bericht, den er am 5. Oktober nach Berlin schickte: »Da das sachliche Ziel der Judenaktion in Dänemark die Entjudung des Landes und nicht eine möglichst erfolgreiche Kopfjagd war, muß festgestellt werden, daß die Judenaktion ihr Ziel erreicht hat.«[34] Damit nimmt Best für sich in Anspruch, Dänemark »judenfrei« gemacht zu haben, und zwar mit Mitteln, die dem Besatzungsregime eine Menge Arbeit und Ärger erspart hatten. Die Tatsache, daß sich die Juden in Sicherheit gebracht hatten, statt sich deportieren zu lassen, hatte noch einen anderen Vorteil: Sie erhöhte die Kooperationsbereitschaft der dänischen Regierung.

Es gibt einen weiteren Aspekt, mit dem sich die jüngere Forschung in diesem Zusammenhang beschäftigt hat. Er betrifft die Frage der »Selbstlosigkeit« jener, die sich an der Rettung ihrer Landsleute beteiligten. Wir wissen beispielsweise, daß viele der ersten Juden, die sich zur Flucht entschlossen, den Fischern beachtliche Summen zahlen mußten. »Leider ließen einige Flüchtlinge eine Menge Geld springen, um als erste aufs Boot zu kommen«, erzählt Knud Dyby. »Und die Fischer waren ja wirklich ziemlich arme Leute. Sie verdienten kaum etwas. Deshalb bin ich sicher, daß so mancher über einen Zusatzverdienst froh war.« Aber ist die Haltung der dänischen Fischer wirklich so unverständlich? Schließlich verlangte man von ihnen, daß sie ihre Existenz – wenn nicht gar ihr Leben – aufs Spiel setzten, um den Juden zur Flucht zu verhelfen. Kann man es ihnen da verdenken, daß sie möglichst viel Geld dafür verlangten? Zumal anfangs niemand wußte, ob nicht vor der Küste deutsche Boote warteten, um sie abzufangen. Vor diesem Hintergrund wäre es verwerflicher gewesen, wenn die Fischer die Sache als zu riskant abgelehnt hätten, egal, was man ihnen dafür bot. Tatsächlich kam es jedoch kein einziges Mal vor, daß dänischen Juden die Überfahrt verwehrt wurde, weil sie nicht genug Geld hatten.

Natürlich kamen den dänischen Rettern auch äußere Umstände zu Hilfe, auf die sie keinerlei Einfluß hatten; beispielsweise die geographische Lage Dänemarks: Im Gegensatz zu den Niederlanden oder Belgien hatten sie einen neutralen Staat als nächsten Nachbarn. Darüber hinaus waren dank des relativ laxen Besatzungsregimes bis zum Sommer 1943 wichtige Institutionen wie Polizei und Küstenwache weitgehend in dänischer Hand geblieben. Dann spielte natürlich auch der Zeitfaktor eine Rolle: Wie bereits erwähnt, zeichnete sich im Herbst 1943 ab, daß Deutschland den Krieg verlieren würde, und als die deutschen Besatzer die Deportation der dänischen Juden beschlossen, war den Dänen bereits klar, daß sie sich mit ihrem Engagement für die Juden auf die Seite der Sieger stellten. Man sollte auch nicht vergessen, daß die deutsche Besatzung in Dänemark bei weitem nicht so rigoros und unmenschlich war wie beispielsweise in Polen; niemand kann sagen, wie sich die Dänen verhalten hätten, wenn ihre jüdischen Mitbürger grausam verfolgt worden wären und wenn jeder, der ihnen geholfen hätte, mit drakonischen Strafen hätte rechnen müssen. Ebensowenig können wir aus der Rettungsaktion schließen, daß die Dänen ein besonders humanes Volk sind, nicht zuletzt, weil sich Dänemark in den dreißiger Jahren sehr zurückhielt, als es darum ging, eine größere Anzahl von jüdischen Flüchtlingen aus Deutschland aufzunehmen. Wie skeptisch man die Haltung der Dänen auch immer sehen mag, an einer Tatsache kommen wir nicht vorbei: Als es in den Jahren 1940 und 1941 so aussah, als würden die Deutschen den Krieg gewinnen, hielten die Dänen an ihren moralischen Prinzipien fest und verfolgten ihre jüdischen Landsleute nicht, obwohl sie sich damit ihren deutschen Besatzern hätten gefällig erweisen können.

Auch sollte die Tatsache, daß der skrupellose Best von Anfang an beabsichtigt hatte, eine große Zahl von dänischen Juden entkommen zu lassen, unsere Anerkennung für den Einsatz der dänischen Bevölkerung nicht schmälern. Als die Dänen sich entschlossen, ihre jüdischen Landsleute vor der Deportation zu retten, wußten sie nichts von Bests Absichten. Jeder Däne, der einem Juden half, mußte davon ausgehen, daß er gegen die Interessen der Deutschen handelte und damit ein hohes persönliches Risiko einging. Folglich fällt es schwer, Knud Dyby nicht beizupflichten, wenn er sagt: »Was die Dänen getan haben, taten sie aus tiefstem Herzen, aus Mitgefühl. Es war schlichte Menschlichkeit. Es war schlichte Güte und Anständigkeit. Und so hätten alle in ganz Europa handeln sollen.« Es konnte keinen größeren Gegensatz zwischen der heldenhaften Rettungsaktion der Dänen geben und dem, was sich in einem anderen europäischen Land im Frühjahr und Sommer 1944 ereignete, dem Jahr des größten Mordens in der Geschichte von Auschwitz.

5. Hemmungsloses Morden

Aufgrund der Ereignisse von 1944 wurde Auschwitz zum Schauplatz des größten Massenmords in der Geschichte der Menschheit. Bis zum Frühjahr lag die Zahl der Todesopfer noch mehrere Hunderttausend unter der von Treblinka. Aber im Frühsommer 1944 erlebte das Lager ein hemmungsloses Morden von ungeahntem Ausmaß. Der Großteil der Juden, der ihm zum Opfer fiel, stammte aus Ungarn.

Es gibt mehrere Gründe, warum sich gegen Ende des Kriegs so viele ungarische Juden plötzlich in Zügen nach Auschwitz wiederfanden. Ungarns Verhältnis zu den Nationalsozialisten war schon immer ambivalent gewesen. Hin- und hergerissen zwischen der Angst, von dem übermächtigen Nachbarn vereinnahmt zu werden, und dem Wunsch, auf der Seite des Siegers zu stehen, hatte die ungarische Führung zu taktieren versucht. Erst im Oktober 1940 entschloß sich Ungarn, sich mit den Achsenmächten zu verbünden, und trat dem Dreimächtepakt bei. Inzwischen hatte man sich, durch Vermittlung von Reichsaußenminister Ribbentrop, darauf verständigt, das zu Rumänien gehörende Nordtranssilvanien Ungarn zuzuschlagen. Dieser Landstrich, auf den Ungarn schon lange ein Auge geworfen hatte, sowie die Erwartung, daß die Nationalsozialisten den Krieg gewinnen würden (eine »kluge« Position im Sommer und Herbst 1940), gaben den Ausschlag für eine politische und strategische Annäherung Ungarns an das nationalsozialistische Deutschland.

Im Frühjahr 1941 unterstützte Ungarn Hitler bei seinem Einmarsch in Jugoslawien und stellte im Juni Truppen für den geplanten Einmarsch in die Sowjetunion zur Verfügung. Aber als die sowjetische Kapitulation ausblieb und sich der Krieg länger als erwartet hinzog, merkte Ungarn, daß es die falsche Seite unterstützt hatte. Im Januar 1943 durchbrach die Rote Armee den von ungarischen Einheiten gehaltenen Frontabschnitt und fügte der ungarischen Armee herbe Verluste zu: Etwa 150 000 ungarische Soldaten wurden getötet, verwundet oder gefangengenommen. In den Augen der ungarischen Führung war nun der Zeitpunkt gekommen, eine neue »kluge« Position einzunehmen und sich von den Nationalsozialisten zu distanzieren. 1943 fanden geheime Gespräche mit den westlichen Verbündeten statt, und man einigte sich darauf, daß Ungarn die Seiten wechseln sollte, sobald das Land durch den Vormarsch der Alliierten bedroht würde.

Im Frühjahr 1944 beschloß Hitler, gegen seinen wankelmütigen Nachbarn vorzugehen. In der traditionellen Geschichtsschreibung wird seine Entscheidung als die Tat eines von ideologischen Erwägungen und weniger von praktischen Überlegungen bestimmten Mannes gesehen. Aber jüngste wissenschaftliche Untersuchungen[1] legen das Gegenteil nahe. Statt aus Rache einem abtrünnigen Verbündeten einen Denkzettel zu verpassen, basierte das Handeln der nationalsozialistischen Machthaber auf politischem Kalkül. Ungarn war eins der wenigen Länder Osteuropas, die bislang von ihren Plünderungen verschont geblieben waren. Das Land verfügte über große Reichtümer, und in Hitlers Augen war jetzt der Zeitpunkt gekommen, sich diese anzueignen.

Natürlich hatten es die Nationalsozialisten vor allem auf die Juden abgesehen. Die 760 000 ungarischen Juden – das entsprach fast fünf Prozent der Bevölkerung – hatten zwar die Auswirkungen einer antisemitischen Gesetzgebung zu spüren bekommen, lebten aber noch in intakten Gemeinschaften und waren auch noch größtenteils im Besitz ihres

Hab und Guts. Ungarische Juden im wehrpflichtigen Alter waren zum Arbeitseinsatz in Lagern an der Ostfront herangezogen worden, wo viele tausend umkamen. Aber die jüdische Gemeinde hegte dennoch die Hoffnung, der Verfolgung entgehen zu können, eine Hoffnung, die mit der Besetzung des Landes durch die Nationalsozialisten mit einem Schlag zunichte gemacht wurde. Die deutsche Armee marschierte am 19. März 1944 in Ungarn ein, und bereits am nächsten Tag nahm SS-Obersturmbannführer Adolf Eichmann die Enteignung und Deportation der jüdischen Bevölkerung in Angriff. Bezeichnenderweise beschlagnahmte Eichmann als erstes die herrschaftliche Villa Aschner auf dem noblen Rosenhügel in Budapest, die er zu seinem neuen Domizil erklärte.

Inzwischen war die »Endlösung« der Nationalsozialisten in eine neue Phase getreten. Eichmann wurde im Gegensatz zu seinen Kollegen im Generalgouvernement 1942 in Polen nicht nur mit der Ausrottung der jüdischen Bevölkerung beauftragt. Aufgrund der ernsten militärischen Lage und des zunehmenden Bedarfs an Zwangsarbeitern sollten diejenigen Juden, die die deutschen Kriegsanstrengungen durch ihre Arbeitskraft unterstützen könnten, ausgesondert werden. Aus Sicht der Nationalsozialisten war Auschwitz dafür der ideale Ort, da inzwischen Dr. Mengele und seine Kollegen auf dem Gebiet der Selektion hinreichend Erfahrung gesammelt hatten. Auschwitz sollte als eine Art riesiges menschliches Sieb diejenigen Ungarn aussondern, die als Zwangsarbeiter in den Fabriken im Reich eingesetzt würden.

Zunächst schien Eichmanns Initiative in Ungarn dem allzu bekannten judenfeindlichen Vorgehen der nationalsozialistischen Machthaber zu entsprechen. Er versicherte sich für die bevorstehenden Deportationen erfolgreich der Kooperation der ungarischen Polizei und half mit bei der Organisation der Ghettoisierung der jüdischen Bevölkerung außerhalb von Budapest. Die Deutschen hatten ursprünglich gefordert, daß 100 000 ungarische Juden »ins Reich« geschickt werden sollten, aber nach der Ghettoisierung der Juden sagten die ungarischen Behörden zu, daß die restliche jüdische Bevölkerung folgen könnte. Wie anderen vor ihnen, vor allem den Slowaken, erschien es ihnen am »einfachsten«, die jüdischen Familien, die jetzt ohne Ernährer dastanden, den Deutschen zu überlassen. Eichmann konnte es nur recht sein.

Parallel dazu verfolgte Eichmann noch einen zweiten Kurs. Am 25. April 1944 traf sich Eichmann im Hotel Majestic in Budapest mit Joel Brand, einem ungarischen Juden und Gründer des »Jüdischen Rettungskomitees«, einer Hilfsorganisation, die Juden bei ihrer Emigration aus dem Deutschen Reich unterstützte. Brand war mit Eichmann und anderen SS-Führern bereits mehrmals zuvor zusammengekommen, um zu versuchen, Juden freizukaufen und zur Ausreise aus Ungarn zu verhelfen. Diesmal sagte Eichmann zu ihm: »Sie wissen, wer ich bin? Ich habe die Aktionen im Reich, in Polen, in der Tschechoslowakei durchgeführt. Und jetzt kommt Ungarn an die Reihe. Ich habe Sie kommen lassen, um Ihnen ein Geschäft vorzuschlagen ... Ich bin also bereit, Ihnen eine Million Juden zu verkaufen. Alle werde ich Ihnen nicht verkaufen. So viel Geld und Waren können Sie nicht aufbringen. Aber eine Million, das wird gehen. Ware für Blut – Blut für Ware ... Was wollen Sie gerettet haben? Zeugungsfähige Männer, gebärfähige Frauen? Greise? Kinder? Setzen Sie sich und reden Sie.«[1] Eichmanns Angebot kam für Brand überraschend. Er erwiderte, er könne in Ungarn keine Waren beschaffen. Aber Eichmann riet ihm, ins Ausland zu gehen, direkt mit den Alliierten zu verhandeln und mit einem konkreten Angebot zurückzukommen.[2]

Dies war ein außergewöhnlicher Moment in der Geschichte der »Endlösung« der Nationalsozialisten. Was veranlaßte einen Mann, dessen Werdegang so eng mit der Vernichtung der Juden verknüpft war, einen für ihn scheinbar so untypischen Vorschlag zu machen? Ein Hinweis darauf gibt die verwirrende politische Lage, in der sich Eichmann befand: Bei seiner Ankunft in Budapest mußte er feststellen, daß er nicht der einzige SS-Führer war, den man in Ungarn mit Spezialaufträgen betraut hatte; zwei weitere, SD-Chef und Rüstungsbevollmächtigter des Reichsführers-SS Gerhard Clages und SS-Obersturmbannführer Kurt Becher befanden sich ebenfalls in der Stadt. Clages war mit »nachrichtendienstlichen« Aufgaben beschäftigt, während Becher versuchte, die Familie Weiss, Besitzer des größten Industrieunternehmens Ungarns, unter Druck zu setzen, damit sie ihre Firmenanteile der SS übertrug. Dafür sollte ihr eine sichere Ausreise garantiert werden. Eichmann war sich darüber im klaren, daß sich der Tätigkeitsbereich seiner SS-Kollegen, die zudem denselben Rang innehatten, mit seinem überschnitten. Die Reichtümer Ungarns lagen wie ein Stück rohes Fleisch vor diesen Schakalen, und Eichmann begriff, daß er kämpfen mußte, um die Oberhand zu gewinnen.

Zu dem Zeitpunkt, als sich Eichmann mit Brand traf, wußte er bereits, daß es Becher gelungen war, Anteile der Manfred-Weiss-Werke auf die Nationalsozialisten übertragen zu lassen. Im Gegenzug erhielten 50 Mitglieder der Familie Weiss die Erlaubnis, in ein neutrales Land auszureisen. Bechers Aufstieg schien ungebremst: Er war in die ehemalige Villa eines Mitglieds des Weiss-Klans gezogen, die noch luxuriöser war als Eichmanns. Während der Kriegsverbrecherprozesse 1961 gab sich Eichmann edelmütig und behauptete vor Gericht, daß es in seinem Sinn gewesen sei, daß Brand mit den Alliierten verhandelte, aber wahrscheinlicher ist, daß seine Motive am 25. April profanerer Natur waren und er vielmehr Becher ausbooten wollte. Wenn Himmler, sein Vorgesetzter, diese neue Richtung im Umgang mit den Juden billigte, dann würde er, Eichmann, nicht zurückstehen, selbst wenn es seinem Instinkt widersprach. Vermutlich schätzte Eichmann auch die Chancen, daß das Geschäft zustande kam und die Alliierten tatsächlich den nationalsozialistischen Machthabern Material lieferten, das diese gegen die Rote Armee im Osten einsetzen konnten, als äußerst gering ein. Indem er mit Brands Mission einverstanden war, zeigte er Himmler, daß er sich den veränderten Umständen anpassen konnte; er gewann Becher gegenüber an Boden und könnte sich außerdem seinem Lieblingsprojekt, der Selektion und Vernichtung von Juden, widmen.

Bei den nächsten beiden Zusammenkünften zwischen Eichmann und Brand nahm der Plan Gestalt an. Brand sollte als Unterhändler nach Istanbul reisen, um dort mit Vertretern der zionistischen Führung über das Angebot der Nationalsozialisten zu verhandeln, eine Million Juden im Austausch für 10 000 Lastwagen auswandern zu lassen. Brand schlug Eichmann vor, bereits im Vorfeld einige Juden freizulassen, um seinen »guten Willen« zu zeigen, und wies darauf hin, daß das »Jüdische Rettungskomitee« 600 Ausreisebescheinigungen besorgt habe. Dabei handelte es sich um Papiere, die dem Inhaber zumindest theoretisch erlaubten, nach Palästina zu emigrieren. Eichmann lehnte jedoch nicht nur Brands Vorschlag ab, sondern bestand auch darauf, daß dessen Frau Hansi als Geisel ins Hotel Majestic gebracht wurde.

Beim letzten Treffen im Hotel Majestic waren auch Clages, Becher und andere Nazi-Größen anwesend. Es schien, als wollte sich jede deutsche Dienststelle in der Stadt an dieser Mission beteiligen. Clages war besonders daran interessiert, daß ein gewisser Bandi Grosz Brand nach Istanbul begleitete. Grosz war ein Agent der Abwehr gewesen, jenem Geheimdienst der Deutschen, der seine Arbeit in Ungarn kurz zuvor eingestellt hatte und jetzt Clages unterstellt war. Grosz' Mission unterschied sich erheblich von Brands, was aber erst in den darauffolgenden Monaten bekannt werden sollte. Am 17. Mai 1944, bei Einbruch der Dunkelheit, wurden die beiden Männer über die Grenze nach Österreich gebracht, um von dort nach Istanbul zu fliegen. Brand erinnert sich noch daran, daß er zu Grosz hinübersah, der etwas schmuddelig und unrasiert neben ihm saß und verstohlen eineinhalb Seiten maschinengeschriebener Anweisungen auswendig zu lernen versuchte.[3] Dies war der Beginn einer mysteriösen und unheilvollen Mission.

Der Plan, Juden gegen Lastwagen einzutauschen, änderte nichts an Eichmanns Absicht, die ungarischen Juden zu deportieren, oder an den speziellen Vorbereitungen, die in Auschwitz getroffen wurden. In Erwartung des enormen Zustroms gab es Änderungen an der Lagerspitze. Arthur Liebehenschel, der im November 1943 die Lagerkommandatur übernommen hatte, wurde nach Majdanek in der Provinz Lublin versetzt. Kein anderer als Rudolf Höß wurde Kommandant der SS-Garnison in Auschwitz. Die Kommandanten von Auschwitz 1 und Auschwitz-Birkenau berichteten nun an ihn. Höß konnte es kaum erwarten, seinen neuen Posten anzutreten; angesichts der ungeheuren Aufgabe, die vor ihm lag, hatte ihm die Führung der SS jegliche Vergehen, die er in der Vergangenheit begangen haben mochte, verziehen.

Am 9. Mai, gerade einen Tag nach seiner Rückkehr ins Lager, ordnete Höß an, die Vorbereitungen für die Ankunft der ungarischen Juden zu beschleunigen. Seinem Vorgänger Liebehenschel hatte man Inkompetenz und mangelnde »Härte« vorgeworfen. Höß war entschlossen, andere Seiten aufzuziehen. Gerade erst hatte man den Schienenstrang, der Birkenau mit der knapp zwei Kilometer entfernten Hauptstrecke verband, fertiggestellt, so daß die Transporte direkt ins Lager, zu einer nur 100 Meter von den beiden Krematorien 2 und 3 entfernten Rampe, gelangten. Höß befahl außerdem, umgehend die Schornsteine des Krematoriums 5 instand zu setzen und fünf Gruben auszuheben, in denen die Leichen verbrannt werden sollten.[4] Er wußte aus Erfahrung, daß die Ermordung der Juden wenig Probleme bereiten würde; schwieriger würde es sein, sich Hunderttausender von Leichen auf einmal zu entledigen.

Höß war ganz erpicht darauf, nach Auschwitz zurückzukehren. Tatsächlich hatte er auch nach seiner Versetzung Ende 1943 nach Berlin die Beziehungen zum Lager nicht abgebrochen, zumal seine Familie weiterhin im Haus des Kommandanten am Rand des Stammlagers Auschwitz wohnte (vielleicht weil es im Süden Polens für eine deutsche Familie sicherer war als in der Hauptstadt, dem Ziel der alliierten Bombenangriffe). Jetzt stürzte er sich mit großem Eifer auf seine neue Aufgabe. Die intuitive Annahme, daß es wohl kaum etwas Schlimmeres als die Leitung des Lagers Auschwitz geben könnte, widerlegt Höß' Beispiel. Er hatte um diesen Posten gekämpft, bevor man ihn im November 1943 versetzte, und war deshalb über seine Rückkehr sechs Monate später um so glücklicher. In Höß' Memoiren findet sich nichts über seine wahren Gefühle, aber man kann sich genug Gründe vorstellen, warum er gewiß gern wieder die Leitung von Auschwitz übernahm. Erstens hatte er vermutlich eine persönliche Beziehung zu diesem Lager, das er mit aufgebaut hatte, und zweitens wußte er, daß die ungarischen Juden vergleichsweise reich waren und er persönlich von ihrer Vernichtung profitieren würde. Außerdem würde es sich hierbei um eine bedeutende Operation handeln, und Höß, der von der Notwendigkeit einer »Endlösung« überzeugt war, nahm diese Herausforderung sicher mit Freuden an.

Für die meisten Juden in Ungarn war dies der Beginn eines Alptraums. Der Wechsel von relativer Freiheit und Wohlstand zu Gefangenschaft, Armut und Hoffnungslosigkeit geschah viel abrupter als in jedem anderen Land, in dem die »Endlösung« der Nationalsozialisten umgesetzt werden sollte. Anfang März 1944 ahnte Alice Lok Cahana[5], die mit ihrer Familie in Sárvár, einer Kleinstadt unweit der österreichischen Grenze, lebte, noch nicht, daß ihre behütete Kindheit ein jähes Ende nehmen würde. Ihr Großvater besaß eine große Teppichweberei, und die Familie war relativ wohlhabend. Aber nach dem Einmarsch der Nationalsozialisten wurden die Fabrik und das Haus der Familie innerhalb weniger Wochen für einen Dollar an einen Mann namens Krüger verscherbelt. Kurz darauf wurde die Familie wie Hunderttausende anderer ungarischer Juden auch in Züge nach Auschwitz verfrachtet. Als die fünfzehnjährige Alice zusammen mit ihrer zwei Jahre älteren Schwester Edith sowie der restlichen Familie unter Bewachung zum Bahnhof ging, kamen sie an ihrem ehemaligen Haus vorbei und sahen Herrn Krüger am Fenster sitzen. »Es war mir so peinlich«, erzählt Alice Lok Cahana. »Mir fiel die Szene vom Auszug aus Ägypten ein. Da saß Herr Krüger und beobachtete uns, wie wir vorbeigingen, ohne das geringste Mitgefühl, eher schadenfroh, der Besitzer unserer Fabrik, der Besitzer unseres Hauses. Und im selben Augenblick sprang unser Hund hoch, erkannte uns und begann zu bellen.«

Als sie sich dem Bahnhof näherten, wurde Alice noch schmerzlicher bewußt, daß sich ihr Leben schlagartig verändert hatte: »Der Bahnhof war mir immer in liebevoller Erinnerung gewesen, weil Vater ein Büro in Budapest hatte und wir ihn montags immer zum Bahnhof begleiteten und donnerstags, wenn er zurückkam, dort auf ihn warteten, und er uns immer etwas mitbrachte.« Jetzt erkannte sie diesen Ort, mit dem sie so glückliche Erinnerungen verband, kaum wieder. »Da standen Güterwaggons! Ich sagte zu meiner Schwester: ›Das muß ein Mißverständnis sein! Die können uns doch nicht im Ernst in Güterwaggons transportieren wollen. Großvater kann auf keinen Fall auf dem

Fußboden sitzen!‹« Aber natürlich handelte es sich um kein Mißverständnis. Sie stiegen in den Zug, die Türen wurden zugeschlagen, und dann drang nur noch ein schwacher Lichtschein durch die engen Holzschlitze des Waggons. Im Halbdunkel konnten sie ihren Großvater erkennen, der versuchte, es sich auf dem Gepäck bequem zu machen, neben ihm ihre Mutter. Es war entsetzlich heiß. Nach kurzer Zeit stank es nach Schweiß und den Exkrementen aus einem Eimer in der Ecke, der ihnen als Toilette diente. Erst nach vier Tagen erreichten sie Auschwitz.

»Als wir ankamen«, erinnert sich Alice, »sagte ich zu Edith, daß es dort kaum schlimmer sein konnte als in diesem Viehwagen. Ich war mir sicher, daß sie uns arbeiten lassen würden und daß es für die Kinder besseres Essen geben würde.« Als sie dann auf der Rampe in Birkenau warteten, schickte Edith ihre jüngere Schwester zu den anderen Kindern, da beide davon überzeugt waren, daß man die Kinder besser als die Erwachsenen behandeln würde. Schließlich, so argumentierten sie, kamen die Nationalsozialisten aus einem zivilisierten Land. Also gesellte sich Alice, die groß für ihr Alter war, zu den anderen Kindern und ihren Müttern – jene Gruppe, die die nationalsozialistischen Machthaber in ihrer perfiden Logik zuerst umbringen wollten. Dr. Mengele, der die Selektion an diesem Tag durchführte, wurde auf Alice aufmerksam: War sie ein besonders großes Kind oder eine sehr junge Mutter? »Haben Sie Kinder?« fragte er sie. Alice, die in der Schule Deutsch gelernt hatte, erwiderte, daß sie erst 15 sei. Mengele befahl ihr, sich in einer anderen Reihe, der der Erwachsenen und Jugendlichen, die nicht für die sofortige Tötung vorgesehen waren, aufzustellen. Kurz darauf wurde sie zum Duschen in die »Sauna« von Birkenau gebracht, wo man ihr den Kopf rasierte und alte Kleider gab, die drei Nummern zu groß waren.

Alice wurde dem Frauenlager von Birkenau zugeteilt.

Ihre Mutter, ihren Vater, ihren Großvater und ihre Schwester: ihre gesamte Familie hatte sie aus den Augen verloren. Verzweifelt löcherte sie die anderen Frauen im Block nach ihrem Verbleib. Sie ließ nicht locker, wollte wissen, wohin man ihre restliche Familie, vor allem Edith, gebracht hatte. Aber dann kam die Blockälteste auf sie zu und versetzte ihr eine Ohrfeige. »Hier werden keine Fragen gestellt!« brüllte sie. »Ab sofort hältst du den Mund!«

Aber Alice war entschlossen, nicht den Mund zu halten. Koste es, was es wolle, sie mußte ihre Schwester finden. Am nächsten Morgen, als alle in ihrem Block um vier Uhr geweckt wurden und den Befehl erhielten, gemeinsam die Latrinen aufzusuchen, packte sie die Gelegenheit beim Schopf. Hier im Dämmerlicht, inmitten von Schmutz und dem Gestank nach Urin und Kot, erkundigte sie sich erneut, ob jemand wüßte, wohin man den letzten Transport aus Ungarn gebracht hatte. Schließlich meinte eine Frau, daß er sich möglicherweise im Lagerabschnitt direkt neben ihnen befand. Aber Alice wußte immer noch nicht, wie sie Kontakt zu ihrer Schwester aufnehmen könnte. Auschwitz-Birkenau war durch Zäune in eine Reihe kleinerer Nebenlager unterteilt, und es war schwierig, von einem zum anderen zu gelangen. Dann erzählte ihr eine andere Insassin, daß jeden Morgen dieselbe Frau in beiden Lagern den fauligen Ersatzkaffee verteilte. Wenn Alice ein paar Zeilen schrieb, könnte sie diese Frau vielleicht überreden, die Nachricht zu überbringen. Falls Edith gefunden würde, könnte sie vielleicht die Erlaubnis erhalten, in ihre Baracke zu wechseln.

Alice lernte schnell, daß man in Auschwitz Gefälligkeiten bezahlen mußte, und so tauschte sie ihre Brotration gegen einen Fetzen Papier und einen Bleistift. Sie schrieb an Edith: »Ich bin in Block 12 Lager C« und überredete die Frau, die den Kaffee brachte, den Zettel zu überbringen. Ein paar Tage später bekam sie »wie durch ein Wunder«, wie Alice es beschrieb, ihren Zettel zurück mit den Worten: »Ich komme – Edith.« Eines Morgens war Edith unter den Frauen, die ihre leeren Kaffeetassen zurückbrachten. »Ich hielt nur ihre Hand«, erzählt Alice, »und wir waren wieder zusammen. Und wir schworen uns gegenseitig, daß man uns nie wieder trennen würde.«

Alice Lok Cahana und ihre Schwester Edith waren nur zwei von über 400 000 ungarischen Juden, die nach Auschwitz gebracht wurden. Der Prozentsatz der Zwangsarbeiter variierte je nach Transport: Manchmal betrug er nur 10 Prozent, ein anderes Mal 30. Die überwiegende Mehrheit wurde jedoch in die Gaskammern geschickt. Das Lager hatte nie zuvor eine Massenvernichtung diesen Ausmaßes erlebt: In weniger als acht Wochen wurden mehr als 320 000 Menschen umgebracht. Damit vergleichbar waren höchstens die Ermordungen in Treblinka, die Dr. Eberl seinen Posten kosteten.

Um mit den eintreffenden Transporten Schritt halten zu können, wurde die Zahl der Sonderkommando-Häftlinge, die in den vier Krematorien arbeiteten, von 200 auf fast 900 erhöht. Diesen Sonderkommandos fiel die grauenhafteste Arbeit im Lager zu: Sie mußten die Neuankömmlinge auf ihrem Weg in die Gaskammern beruhigen und anschließend dort saubermachen.

Dario Gabbai[6] und Morris Venezia[7], Cousins aus Thessaloniki in Griechenland, waren zwei Gefangene, die versehentlich als Mitglieder eines Sonderkommandos rekrutiert wurden. Sie trafen im April 1944 in Auschwitz ein und meldeten sich freiwillig, als die Deutschen fragten, ob es Barbiere unter den Neuzugängen gebe. Morris' Vater hatte einen Friseurladen besessen, und obwohl Dario nichts von diesem Gewerbe verstand, hob er auf Morris' Geheiß hin ebenfalls die Hand. Wie viele in Auschwitz fühlten sie sich zu zweit ihrem Schicksal eher gewachsen.

Morris und Dario wurden in eins der Krematorien in Birkenau gebracht, wo man ihnen riesige Scheren, wie für eine Schafschur, gab und sie in einen Raum voller nackter Leichen führte. »Wir trauten unseren Augen nicht«, sagt Morris. »Die sahen aus wie Sardinen in einer Büchse!« Der Kapo, der sie begleitete, kletterte über die Frauen und begann, ihnen in Windeseile die Haare abzuschneiden. Er bedeutete Morris und Dario, seinem Beispiel zu folgen. Aber die beiden trauten sich nicht, auf die Körper zu treten, und gingen vorsichtig um die toten Frauen herum, woraufhin sie der Kapo, der sich über ihre Langsamkeit ärgerte, mit Stockhieben traktierte. Sie versuchten, schneller zu arbeiten, aber als Dario versehentlich auf den Bauch einer Toten trat, entwich ihrem Mund Gas, und der Leiche entfuhr ein Stöhnen. »Dario hatte solche Angst«, sagt Morris, »daß er sofort von der Toten heruntersprang.« Niemand hatte sie über die Art ihrer Tätigkeit aufgeklärt; sie wurden ohne Vorbereitung direkt in diese Hölle geschickt. »Es war unvorstellbar!«, sagt Morris. »Wie konnte ich etwas fühlen? Niemand hat eine Vorstellung davon, was wirklich geschah und was uns die Deutschen antaten.« Sie wußten damals nicht, daß das Wirtschaftsverwaltungshauptamt der SS im August 1942 die Führung von Auschwitz und anderen Konzentrationslagern angewiesen hatte, »Menschenschnitthaar« zu sammeln, damit es »der Verwertung zugeführt wird«. In dem Schreiben von SS-Obergruppenführer Oswald Pohl hieß es weiter: »Menschenhaare werden zu Industriefilzen verarbeitet und zu Garn versponnen. Aus ausgekämmten und abgeschnittenen Frauenhaaren werden Haargarnfüßlinge für U-Boot-Besatzungen und Haarfilzstrümpfe für die Reichsbahn angefertigt.«[8]

Dario und Morris lernten, daß sie sich, um zu überleben, schnellstens anpassen mußten. Während ein Transport nach dem anderen in den Keller des Krematoriums gebracht wurde, eigneten sie sich eine gewisse Routine an. Die Neuankömmlinge wurden in den langen unterirdischen

Entkleidungsraum geführt, und während die Deutschen »Schnell, schnell!« brüllten, mußten sie sich ausziehen und wurden angehalten, sich zu merken, wohin sie ihre Kleidung gelegt hatten, da sie diese nach der Dusche wieder anziehen würden. Viele Frauen riefen: »Schande! Was für eine Schande!«, als sie gezwungen wurden, nackt zur Gaskammer zu rennen. »Manche begriffen, daß etwas nicht mit rechten Dingen zuging«, sagt Dario Gabbai, »aber niemand konnte etwas tun. Der Ablauf war vorgegeben, wissen Sie. Die Deutschen hatten alles in der Hand. Sie hatten alles seit vielen Jahren geplant; also verlief alles reibungslos.«

Die Gaskammern der Krematorien 2 und 3 befanden sich unter der Erde, was die Zufuhr von Zyklon B erleichterte. Sobald die Kammer voll war, wurden die Türen fest verschlossen. Dann öffneten Mitglieder der SS, die auf dem Dach der Gaskammer standen, die Luken, die ihnen Zugang zu den Schächten boten, die in die darunterliegenden Kammern führten. Anschließend wurden die Kanister mit Zyklon B hinuntergelassen; sobald das Gas unten angekommen war, wurden die Luken wieder verschlossen. Von der anderen Seite der verriegelten Tür hörten Dario Gabbai und Morris Venezia Kinder und ihre Mütter weinen und an den Wänden kratzen. Morris kann sich noch genau an die Rufe erinnern, die aus der Gaskammer drangen, in der etwa tausend Menschen zusammengepfercht waren: »›O Gott, lieber Gott.‹ Wie eine Stimme aus den Katakomben. Ich höre sie noch immer.« Wenn die Stimmen verstummt waren, wurden starke Ventilatoren angestellt, um das Gas zu entfernen, und dann begannen Morris, Dario und die anderen Sonderkommando-Häftlinge mit der Arbeit. »Wenn sie die Tür öffneten«, erzählt Dario, »sah ich diese Menschen, die eine halbe Stunde vorher in die Gaskammer gegangen waren. Ich sah sie da stehen, manche schwarz und blau vom Gas. Es gab kein Entkommen. Tot.

Wenn ich die Augen schließe, sehe ich nur stehende Frauen mit Kindern an der Hand.« Das Sonderkommando mußte die Leichen aus der Gaskammer entfernen und mit einem kleinen Aufzug zu den Öfen des Krematoriums befördern, die sich zu ebener Erde befanden. Anschließend mußten sie die Gaskammer mit Wasserschläuchen abspritzen, um das Blut und die Exkremente an den Wänden und auf dem Boden zu entfernen.

Diese schreckliche Arbeit wurde meist nur von zwei SS-Männern beaufsichtigt. Selbst als die Morde ihren Höhepunkt erreichten, war höchstens eine Handvoll SS-Männer anwesend. Dadurch hielt man die Zahl der Deutschen, die ähnlich wie die Mordkommandos im Osten psychologische Schäden davontragen könnten, möglichst gering. Aber es gab nicht nur keine Berichte über Zusammenbrüche unter den wenigen SS-Angehörigen, die den Morden beiwohnten, manchen schien ihr Tun sogar noch ein sadistisches Vergnügen zu bereiten. Dario Gabbai erinnert sich, daß ein SS-Mann bei seinen gelegentlichen Besuchen im Krematorium sieben oder acht hübsche Mädchen aussuchte, die sich dann vor dem Sonderkommando ausziehen mußten. Dann schoß er sie in die Brust oder Scheide, so daß sie direkt vor ihren Augen starben. »Da hat man keine Gefühle mehr«, sagt Dario. »Wir wußten, daß auch unsere Tage gezählt waren, daß wir in einer solchen Umgebung niemals überleben würden. Mit der Zeit gewöhnt man sich an alles.«

Morris Venezia weiß noch, wie sich eines Abends drei junge Frauen, zwei Schwestern und ihre Freundin, an einen SS-Führer wandten und ihn baten, gemeinsam sterben zu dürfen. Dieser »freute sich«, ihnen diesen Wunsch erfüllen zu können, stellte sie hintereinander auf, zog seine Pistole und erschoß alle drei mit einer einzigen Kugel. »Wir brachten sie sofort weg«, berichtet Morris Venezia, »und warfen sie ins Feuer. Und dann hörten wir einen erstickten Schrei:

Eine der Frauen war nicht von der Kugel getroffen worden, weil sie bewußtlos geworden war ... Und dieser deutsche Offizier war so glücklich darüber, daß er zumindest zwei von ihnen mit einer Kugel erledigt hatte. Diese Tiere ... Kein menschliches Hirn kann so etwas begreifen oder verarbeiten. Es ist unmöglich, das zu glauben. Aber wir haben es gesehen.«

Morris' und Darios Erinnerungen decken sich mit Briefen von anderen Sonderkommando-Häftlingen, die man nach dem Krieg in Behältern fand, die auf dem Gelände des Krematoriums vergraben waren – ein Beweis für die Glaubwürdigkeit der Aussagen von Überlebenden des Holocausts. Teile eines Briefs eines Sonderkommando-Häftlings, die 1952 unweit der Überreste des Krematoriums 3 gefunden wurden, beschreiben den sexuellen Sadismus, den auch Dario und Morris beobachteten: »... oder Scharführer Forst. Dieser stand bei vielen Transporten an der Tür des Entkleidungsraums und befingerte das Geschlechtsorgan jeder jungen Frau, die nackt auf dem Weg zur Gaskammer an ihm vorbeimußte. Es kam auch vor, daß deutsche SS-Männer unabhängig ihres Rangs hübschen Mädchen den Finger in die Scheide steckten.«[9] Dieser Sonderkommando-Häftling berichtet auch von den Vorwürfen anderer Juden gegen sie, weil sie den Deutschen zur Hand gingen.

Der vielleicht eindringlichste Brief eines Sonderkommando-Häftlings ist der eines gewissen Chaim Hermann an seine Frau und Tochter, den man im Februar 1945 unter einem Berg menschlicher Asche in der Nähe eines der Krematorien entdeckte. Er wußte nicht, ob seine Familie noch am Leben war, bittet aber trotzdem seine Frau um Verzeihung: »Wenn ich an die gelegentlichen kleinen Mißverständnisse zwischen uns denke, so sehe ich jetzt, wie wenig wir die Zeit zu schätzen wußten.«[11] Er schreibt über sein Leben in Auschwitz: »... eine völlig andere Welt ist das hier, die reine Hölle, wenn man so will. Dantes Inferno ist geradezu lächerlich, verglichen mit der wirklichen hier, und wir sind ihre Augenzeugen und können sie nicht lebend verlassen ...«[12] Mit feierlichem Pathos versucht er, sie hinsichtlich seiner geistigen Verfassung zu beruhigen: »Ich nehme die Gelegenheit wahr, um Dir zu versichern, daß ich innerlich ruhig und vielleicht auch tapfer von dieser Welt scheide (Letzteres wird von den Umständen abhängen).«[13] Es gibt jedoch keinen Augenzeugen, der überlebt hat und uns erzählen könnte, ob Chaim Hermann sein Versprechen gehalten hat, als er, kurz nachdem er im November 1944 diesen beeindruckenden Brief an seine Frau schrieb, umkam.

Viele Mitglieder des Sonderkommandos, darunter Dario und Morris, wußten, daß man ihre Familien im Krematorium vergast hatte, und waren sich bewußt, daß sie den Nationalsozialisten halfen, Tausende zu töten. Jeder einzelne mußte sich eine Strategie zurechtlegen, um mit dieser Situation fertig zu werden. Dario »verschloß« sich gegen das, was um ihn herum passierte, und wurde »gefühllos« wie ein »Roboter«: »Nach einer Weile weiß man nichts mehr. Nichts kümmert dich mehr. Dein Gewissen verkriecht sich tief in dein Inneres, wo es bis heute ist. Was ist passiert? Warum haben wir so etwas getan?« Aber in seinem Herzen weiß er, warum er weiterhin im Sonderkommando arbeitete, denn wie schlimm es auch war, »man findet immer die Kraft, um bis zum nächsten Tag durchzuhalten«, da der Lebenswille so »stark« ist. Morris Venezia fühlt sich verantwortlich für sein Tun: »Wir wurden auch zu Tieren ... jeder Tag bestand nur aus Leichen verbrennen, jeder Tag, jeder Tag, jeder Tag. Man gewöhnt sich dran.« Wenn sie die Schreie aus den Gaskammern hörten, war es besonders schlimm: »[Dann] meinten wir, wir müßten uns auch umbringen und dürften nicht länger für die Deutschen arbeiten. Aber es ist nicht so einfach, sich umzubringen.«

Sowohl die Zeugenaussagen als auch die Briefe zeigen deutlich, daß die Sonderkommandos an fast jeder Phase des Vernichtungsprozesses beteiligt waren. Ihr Beitrag war jedoch am größten, wenn die Gruppe der Opfer klein war. Dann waren die Gaskammern zu groß, um »effizient« zu töten, weshalb man eine traditionelle Methode anwandte. »Manchmal bestand ein Transport aus fünfzig Leuten«, erzählt Dario. »Wir mußten sie in Empfang nehmen, bei den Ohren packen, und die SS schoß sie dann in den Rücken.« Er erinnert sich, daß es dabei »eine Menge Blut« gab.

Paradoxerweise waren die Unterkünfte der Sonderkommandos, die tagsüber Zeugen dieser schrecklichen Ereignisse wurden, vergleichsweise komfortabel. Morris und Dario schliefen unter dem Dach des Krematoriums; ihre Betten waren sauberer als die in normalen Baracken, und es gab weniger Läuse. Hier saßen sie abends und unterhielten sich über ihr voriges Leben und sangen ab und zu griechische Lieder. Die Verpflegung war besser als im übrigen Lager, und hin und wieder gab es sogar Wodka. Ein solches Leben war möglich, weil die Sonderkommandos, ähnlich wie Gefangene, die in »Kanada« arbeiteten, Zugang zu Wertgegenständen hatten. Während des Tötungsprozesses gab es zahlreiche Gelegenheiten, Waren zu »organisieren«. Ihre Aufgabe war es, die im Entkleidungsraum zurückgelassenen Kleidungsstücke einzusammeln. Dabei fanden sie oft Essensreste oder versteckte Wertgegenstände – Schuhe beispielsweise waren ein beliebtes Versteck für Diamanten oder Gold. Außerdem fiel ihnen die peinliche Aufgabe zu, die Körperöffnungen der Vergasungsopfer zu durchsuchen, um Schmuck aufzustöbern.

Theoretisch mußten sämtliche Wertgegenstände dem Kapo übergeben werden, der sie wiederum der SS ablieferte. Aber ebenso wie die Gefangenen in »Kanada« konnten auch Mitglieder eines Sonderkommandos den einen oder anderen gestohlenen Gegenstand unterschlagen und auf dem blühenden Schwarzmarkt von Auschwitz tauschen, indem sie entweder mit Gefangenen, die aus den verschiedensten Gründen aufs Krematoriumsgelände kamen – wie beispielsweise Feuerwehrleute –, verhandelten oder sich direkt an SS-Angehörige wandten. Dadurch konnten Sonderkommando-Häftlinge ihre dürftigen Rationen mit Genußmitteln wie Salami, Zigaretten oder Alkohol aufbessern. Miklos Nyiszli, ein Gerichtsmediziner und Gefangener in Auschwitz, erinnert sich noch an die Köstlichkeiten: »Der Tisch bog sich unter den feinsten Delikatessen, alles, was die deportierten Menschen in ihre ungewisse Zukunft mitnehmen konnten: verschiedene Sorten von Eingemachtem, Marmelade, mehrere Sorten Salami, Kuchen und Schokolade.«[14] Miklos erzählt: »Der Tisch, der uns erwartete, war mit einer schweren Brokatdecke bedeckt: Auch etwas, was den Deportierten gehört hatte.«

Natürlich konnte gutes Essen nicht die Schrecken im Leben eines Sonderkommando-Häftlings aufwiegen. Und es wäre auch zu einfach zu glauben – selbst wenn Dario Gabbai versichert, daß er sich »verschloß« und wie ein »Roboter« funktionierte –, daß die Gefühle eines Sonderkommando-Häftlings durch die lähmende Routine abgetötet wurden. Ein Ereignis in Morris' und Darios Leben zeigt deutlich, daß dies nicht der Fall war, sondern daß sie sich trotz ihrer unwürdigen Lebensumstände einen Rest Menschlichkeit bewahrt hatten. Im Sommer 1944 entdeckten sie einen ihrer Cousins in einer Gruppe kranker Gefangener, die im Krematorium eintraf. Sie wußten, daß sie ihn nicht retten konnten – das Krematorium war von hohen Zäunen umgeben –, aber Morris wollte etwas tun, um ihm seine letzten Momente zu erleichtern: »Ich rannte zu ihm hin und fragte ihn: ›Hast du Hunger?‹ Natürlich hatten alle Hunger. Jeder sehnte sich nach etwas zu essen. Und so sagte er zu mir: ›Ich habe schrecklichen Hunger‹.« Als er seinen Cousin vor sich stehen sah, der völlig ausgemergelt war, beschloß Morris, das Risiko einzugehen. Als der Kapo in eine andere Richtung schaute, rannte er hoch in sein Zimmer, nahm eine Büchse Fleisch, öffnete sie und eilte wieder nach unten, um sie seinem Cousin zu geben: »Er hatte sie innerhalb einer Minute verschlungen, so großen Hunger hatte er. Und dann brachten sie ihn um.« Einem Verwandten eine letzte Mahlzeit zu besorgen mag sich nicht nach einer Heldentat anhören, aber für einen Sonderkommando-Häftling, dessen seelische Belastung unvorstellbar war – kam es einer gleich.

Ende der ersten Juliwoche 1944 waren fast 440 000 Ungarn in Auschwitz eingetroffen, wovon die Mehrzahl bei ihrer Ankunft ermordet wurde. Eichmanns Behauptung nach dem Krieg, es sei ihm daran gelegen gewesen, daß Brands Mission erfolgreich verlief, wirkt angesichts der erdrückenden Beweislage völlig unglaubwürdig. Denn bereits vor Brands Abreise fuhren Züge mit Deportierten von Budapest nach Auschwitz, und während er mit den Alliierten über den Vorschlag der nationalsozialistischen Machthaber verhandelte, fuhren sie immer noch.

Als Brand am 19. Mai in der Türkei landete, nahm er im Hotel Pera Palace Hotel in Istanbul Kontakt zum türkischen Büro der Jewish Agency auf, den Repräsentanten der zionistischen Führung in Palästina. Hastig erklärte er ihnen Eichmanns Vorschlag und sagte auch, daß es seiner Meinung nach sehr unwahrscheinlich war, daß die Briten den Deutschen Lastwagen liefern würden. Aber Brand glaubte, daß das keine Rolle spielte, solange die Alliierten irgendeinen Gegenvorschlag machten, um die Nationalsozialisten bei der Stange zu halten. Brand bedauerte es sehr, daß kein hochrangiger Vertreter der jüdischen Bewegung verfügbar war und daß man kein Telegramm nach Jerusalem schicken konnte: Ein Bote hätte die Nachricht persönlich überbringen müssen. Dies war für Joel Brand der Beginn einer langwierigen, nervenaufreibenden Mission.

Erst am 26. Mai unterrichtete der Leiter der Jewish Agency in Palästina den britischen Diplomaten Sir Harold

MacMichael von den Vorschlägen der Nationalsozialisten. Der Brite lehnte diese umgehend ab, da er darin einen Versuch sah, einen Keil zwischen die westlichen Alliierten und die Sowjetunion zu treiben. Am 30. Mai trat das für Flüchtlingsfragen zuständige British War Cabinet Committee on the Reception and Accommodation of Refugees zusammen und kam zu dem Schluß, daß Eichmanns Vorschlag reine Erpressung sei und deshalb abgelehnt werden müsse. Die Amerikaner schlossen sich dieser Meinung an und benachrichtigten am 9. Juni Stalin von Hitlers Plan. Der sowjetische Vizeaußenminister antwortete am 19. Juni, daß seine Regierung es als nicht »zulässig«[15] erachte, daß mit den Deutschen über dieses Thema diskutiert wurde.

Inzwischen hatten die Briten Brand und Bandi Grosz in Gewahrsam genommen. Ihr Hauptinteresse galt Grosz. Mitte Juni wurde er in Kairo von britischen Geheimdienstoffizieren verhört, die eine erstaunliche Geschichte zu hören bekamen. Er behauptete, daß Brands Mission nur eine Tarnung für seine eigene sei. Er sei auf Himmlers Befehl nach Istanbul gekommen, um ein Treffen in einem neutralen Staat zwischen hochrangigen britischen und amerikanischen Offizieren und zwei oder drei Personen vom SD, Himmlers Geheimdienst, vorzubereiten. Bei dieser Zusammenkunft sollte ein Sonderfriedensvertrag mit den westlichen Alliierten besprochen werden, damit sie gemeinsam gegen die Sowjetunion vorgehen könnten.

Bei den zwielichtigen Kreisen, in denen Grosz verkehrte – es sickerte durch, daß er mindestens ein »Dreifachagent« war, der jeden Auftraggeber hinterging –, läßt sich schwer sagen, welche Gründe er für sein Angebot an die Briten in Kairo hatte. Der Vorschlag stammte tatsächlich von Himmler[16], der offenbar ein besonderes Interesse daran hatte, diesen Versuchsballon loszulassen. Es gab zwischen ihm und Grosz genügend Mittelsmänner wie beispielsweise Clages, um sein Engagement, sollte es bekannt werden, zu leugnen.

Wenn die westlichen Alliierten andererseits darauf eingingen, konnte Himmler entweder diese Information dazu benutzen, um zwischen Großbritannien, den USA und der Sowjetunion Unfrieden zu stiften, oder das Geschäft weiterverfolgen.

Natürlich zogen Briten und Amerikaner Grosz' Angebot niemals ernsthaft in Erwägung, und aus heutiger Sicht erscheint es unglaublich, daß es je unterbreitet wurde. Aber es zeigt deutlich die Mentalität führender Nationalsozialisten, vor allem Himmler, zu diesem kritischen Zeitpunkt. Er ahnte offenbar, daß Deutschland den Krieg verlieren würde, und versuchte sich abzusichern. Aber auch Ideologie spielte eine Rolle. Einfach ausgedrückt: Himmler, wie praktisch alle Mitglieder der Nationalsozialistischen Partei, hatte nie verstanden, warum Großbritannien und die USA sich mit Stalin verbündet hatten. Der Traum der Nationalsozialisten war eine Allianz mit Großbritannien gegen die Sowjetunion gewesen. Hitlers Vision sah eine Aufteilung der Welt in Interessensphären zwischen Deutschland als bestimmender Kontinentalmacht und Großbritannien als führender Kolonial- und Seemacht vor. Aber 1940 hatte Winston Churchill die Hoffnungen auf eine Partnerschaft zwischen England und Nazi-Deutschland zunichte gemacht. Auch noch nach dem Krieg empfanden viele frühere Nationalsozialisten Empörung über die Vereitelung ihrer außenpolitischen Pläne. Vor einigen Jahren begrüßte mich ein früheres Mitglied der SS, als ich ihn wegen eines Interviews besuchte, mit den Worten: »Wie konnte so etwas nur geschehen?« Da ich dachte, er würde sich auf die Vernichtung der Juden beziehen, antwortete ich, daß ich froh sei, daß er so empfinde. »Das meine ich nicht«, erwiderte er. »Ich meine, wie es dazu kommen konnte, daß Großbritannien und Deutschland sich gegenseitig bekriegten. Das ist eine Tragödie. Ihr habt euer Empire verloren, mein Land wurde verwüstet, und Stalin hat Osteuropa erobert.«

Dies war zweifellos auch Himmlers Ansicht im Frühjahr 1944. Ein Teil von ihm glaubte bestimmt noch, daß die westlichen Alliierten »vernünftig« handeln und sich mit den nationalsozialistischen Machthabern gegen Stalin verbünden würden. Diese Einstellung teilten führende Nationalsozialisten noch bis zum letzten Kriegstag; selbst nach Hitlers Selbstmord wollten sich deutsche Generäle nur den westlichen Alliierten, nicht aber der Sowjetunion ergeben. Nichts weist jedoch darauf hin, daß Hitler im Frühjahr 1944 ebenfalls einen Sonderfriedensvertrag mit den Alliierten schließen wollte, und es gibt auch keinerlei Hinweise darauf, daß er etwas von Bandi Grosz' Mission wußte. Hitler war Realist genug, um zu wissen, daß ein Friedensvertrag, der aus einer schwachen Position heraus geschlossen wurde, nicht haltbar war. Mit Brands Mission bekam das Verhältnis zwischen Hitler und seinem »treuen« Heinrich einen Riß, der sich noch vertiefen sollte, je näher das Ende des Kriegs rückte.

Die Alliierten lehnten zwar Brands Angebot ab, waren aber darauf bedacht, ihre Absage nicht direkt der nationalsozialistischen Führung mitzuteilen, um dadurch einen Spielraum für die Verhandlungen in Ungarn zu haben. Angesichts des Schweigens der Briten und Amerikaner versuchte Brands Frau mit Hilfe von Rudolf Kasztner, einem weiteren Mitglied des »Jüdischen Rettungskomitees«, Eichmann zu überreden, seinen eigenen Plan: »Juden gegen Lastwagen« zu verfolgen und einige ungarische Juden freizulassen, bevor die Alliierten reagierten. Aber im Verlauf der Verhandlungen wurden Hansi Brand und Rudolf Kasztner von den ungarischen Behörden festgenommen, die mißtrauisch geworden waren. Sie wurden in der Haft mißhandelt, bevor die Deutschen eingriffen und auf ihrer Freilassung bestanden. Sie gaben nichts preis und versuchten auch weiterhin, Eichmann von einer Geste des guten Willens gegenüber den Alliierten zu überzeugen.

Schließlich willigten Eichmann und seine Kollegen von der SS ein, daß eine kleine Anzahl von ungarischen Juden einen Zug besteigen durfte, der sie angeblich aus dem Reich bringen würde. Der Gesinnungswandel der SS hatte rein materialistische Gründe. Eichmann verlangte 200 amerikanische Dollar für eine Zugkarte, Becher forderte 2000, und schließlich einigte man sich auf 1000. Ein Ausschuß, dem Kasztner angehörte, wählte diejenigen aus, die ausreisen durften. Éva Speter[17] zufolge, einer ungarischen Jüdin, die Kasztner kannte, sollte der Zug eine »Arche Noah [sein] – alles und alle sollten vertreten sein: Jugendorganisationen, illegale Flüchtlinge, orthodoxe Juden, Wissenschaftler, Zionisten«. Aber es war in vielerlei Hinsicht eine seltsame »Arche Noah«, eine, in der sich persönliche Beziehungen auszahlten. So stammten mehrere hundert Menschen aus Kasztners Heimatstadt Cluj (Klausenburg), darunter seine Freunde und Familie. Éva Speters Vater saß ebenfalls im Ausschuß, der sie, ihren Mann, Sohn, Onkel und Großvater auf die Liste setzte.

Da die meisten die von den Nationalsozialisten geforderte horrende Summe nicht zahlen konnten, wurden einige der Plätze an reiche Ungarn verkauft, die die restlichen subventionierten. Das führte zu unterschiedlicher Behandlung selbst innerhalb einer Familie. So mußten Éva Speter, ihr Mann und Sohn nichts bezahlen, ihr Onkel und ihr Großvater aber schon. Diese Entscheidung erscheint besonders unlogisch, da Évas Mann (der selbst nichts bezahlen mußte) für die anderen aufkam: »Mein Mann war damals sehr reich, und er gab meinem Onkel und meinem Großvater das Geld, und den Rest gab er Kasztner.« László Devecseri[18], ein ungarischer Jude, bekam einen Platz, weil er bei der Organisation des Sammellagers in der Kolumbusstraße in Budapest mitgeholfen hatte, wo die »Auserwählten« auf die Abfahrt warteten: »Natürlich hörte jeder davon [von dem Zug] und wollte auf die Liste gesetzt werden, aber vielen gelang es nicht, da wir von sechshunderttausend Juden sprechen und der Zug nur sechzehnhundert mitnehmen konnte. Für die, die zurückblieben, war Kasztner der Sündenbock.«

Kasztner wurde nach dem Krieg wegen seiner Handlungen scharf kritisiert, nicht nur, weil er seiner eigenen Familie die Zugfahrt ermöglicht hatte, sondern weil er es versäumt hatte, die ungarischen Juden über ihr Schicksal aufzuklären. 1954 verklagte Kasztner in Israel einen gewissen Malkiel Gruenwald wegen übler Nachrede, da dieser ihn als »Verräter« der Juden bezeichnet hatte. Doch der Fall kehrte sich schnell gegen Kasztner, dessen eigenes Verhalten unter die Lupe genommen wurde. Der Richter sprach ihn schließlich schuldig, »seine Seele dem Teufel verkauft zu haben«. Dieses Urteil erscheint angesichts des Drucks, dem Kasztner im Frühjahr und Sommer 1944 ausgesetzt war, äußerst streng. Zudem hatte er zuvor bewiesen, daß er sich der Rettung der Juden verschrieben hatte, als er vielen zur Flucht aus der Slowakei verholfen hatte. Was die Warnung an jüdische Ungarn betrifft, so hätte dies gewiß die Verhandlungen mit Eichmann gefährdet. Aber womöglich war Kasztner gar nicht in der Lage, eine Warnung abzugeben.[19] Dieser Mann war natürlich keineswegs ein Heiliger. Sowohl seine unverfrorene Art als auch die Tatsache, daß er in Brands Abwesenheit mit dessen Frau ein Verhältnis hatte, wirkten sich in der Verhandlung nachteilig aus. Er wurde der Kollaboration mit den Nationalsozialisten bezichtigt und 1957, kurz bevor Israels Oberster Gerichtshof große Teile des ursprünglichen Urteils gegen ihn aufhob, von einem jüdischen Nationalisten erschossen.

Am 30. Juni 1944 verließ der Flüchtlingszug endlich Budapest, nachdem Koffer voller Geld und Wertgegenstände der SS übergeben worden waren; inzwischen verdienten alle drei, Becher, Clages und Eichmann, an diesem lukrativen Transport. Natürlich gab es für die 1684 Fahrgäste immer noch keine Garantie, daß sie nicht doch in Auschwitz enden würden. »Wir hatten ständig Angst«, sagt Éva Speter, »und natürlich hatten wir auch im Zug Angst. Wir wußten nicht, wie unsere Zukunft aussehen würde, aber das weiß man ja nie. Und das ist auch gut so. Vielleicht gibt es in den nächsten fünf Minuten ein Erdbeben.« Aber der Zug fuhr in Richtung Westen, nicht nach Norden, und überquerte die Grenze zu Österreich; schließlich erreichte er Linz. Hier hielt er an, weil die ungarischen Juden jetzt Gelegenheit bekämen, so die Begleiter der SS, medizinisch untersucht und »desinfiziert« zu werden. Diese Ankündigung schürte die Angst unter den Reisenden, da diese darin einen Trick sah, um sie in die Gaskammern zu schicken. »Ich weiß noch, daß ich nackt vor dem Arzt stand«, erzählt Éva Speter, »und ihm stolz in die Augen blickte und dabei dachte, daß er nur sehen sollte, wie stolz eine Jüdin in den Tod ging.« Dann lief sie zu den Duschen und aus dem Hahn kam »herrlich warmes Wasser«. »Das war eine sehr tröstliche Erfahrung, nachdem wir uns schon mit unserem Tod abgefunden hatten.«

Obwohl der Zug nicht auf dem Weg nach Auschwitz war, verließ er auch nicht, wie versprochen, das Reich. Sein Ziel war das Konzentrationslager Bergen-Belsen in Niedersachsen. Bergen-Belsen erlangte im April 1945 traurige Berühmtheit, als die Alliierten das Lager auflösten und Bilder von halbverhungerten Gefangenen um die Welt gingen. Aber das Bergen-Belsen, in das man die ungarischen Juden brachte, hatte damit wenig Ähnlichkeit. Im April 1943 eröffnet, hatte man es für eine ungewöhnliche Aufgabe vorgesehen: Es sollte Gefangene beherbergen, die die Nationalsozialisten möglicherweise zu einem späteren Zeitpunkt austauschten wollten.

Bergen-Belsen gliederte sich in fünf voneinander unabhängige Nebenlager, in denen unterschiedliche Lebensbedingungen herrschten. Im sogenannten Häftlingslager, gedacht für die 500 »gewöhnlichen« Insassen, die ursprünglich das Lager erbaut hatten, herrschten katastrophale Zustände, während das Leben für die »privilegierten« Austauschjuden im »Sternenlager« trotz zahlreicher Entbehrungen erträglich war. Familien wurden nicht auseinandergerissen, und die Gefangenen konnten ihre eigene Kleidung tragen. Shmuel Huppert[20] kam als kleiner Junge mit seiner Mutter als potentielle Austauschjuden nach Bergen-Belsen. Da sie zu den wenigen Juden gehörten, die über Einreisebescheinigungen für Palästina verfügten, kamen sie für einen möglichen Gefangenenaustausch in Frage. »Das Leben war annehmbar«, sagt Shmuel. »Annehmbar insofern, als wir drei Decken bekamen, so daß wir nicht frieren mußten, und außerdem bekamen wir etwas zu essen. Es war nicht viel, aber wir konnten davon überleben. Wir arbeiteten nicht. Ich lernte in Bergen-Belsen Schach spielen und spiele es bis heute. Aber am wichtigsten war, daß wir zusammen waren, daß ich nie von meiner Mutter getrennt wurde.«

Die Vorstellung, daß die Nationalsozialisten erwogen, Juden freizulassen, scheint zunächst in völligem Widerspruch zu ihrer Politik der Vernichtung zu stehen. Aber man sollte nicht vergessen, daß vor der sogenannten Endlösung der Umgang mit der »Judenfrage« darin bestand, die jüdische Bevölkerung auszurauben und zu vertreiben, eine Politik, die Adolf Eichmann vor allem nach der Annexion Österreichs im Jahr 1938 beharrlich verfolgte. Reiche Juden zu schröpfen stand demnach in Einklang mit Hitlers Plänen. Bereits im Dezember 1942 hatte Himmler von Hitler die Erlaubnis erhalten, einzelnen Juden gegen Geld die Ausreise zu genehmigen. Ein Plan der Größenordnung »eine Million Juden gegen 10 000 Lastwagen« war jedoch neu.

Als die 1684 ungarischen Juden des sogenannten Kasztner-Zugs im Juli 1944 in Bergen-Belsen eintrafen, stellten sie fest, daß das Leben dort erträglicher war, als sie befürchtet hatten. Éva Speter erinnert sich, daß das Lager ein gewisses Maß an »kulturellem Leben« bot; beispielsweise organisierten die Gefangenen Lesungen und musikalische Darbietungen. Dennoch lebte man mit der ständigen Angst, daß die Nationalsozialisten ihr Versprechen brechen könnten und die Ungarn niemals freiließen. Diese Angst nahm zu, als mehrere Monate vergingen und sich die Zustände im Lager verschlechterten. Aber die überwiegende Mehrheit kam schließlich frei, dank der Verhandlungen, die Becher mit jüdischen Vertretern in der Schweiz führte. Im Dezember 1944 bestiegen Éva Speter und ihre Familie einen Zug, der sie endlich in ein neutrales Land brachte. »In dem Moment, als ich wußte, daß wir in der Schweiz waren, fiel mir ein großer Stein vom Herzen. Das kann ich Ihnen sagen. Die Schweizer waren ungemein nett zu uns: Sie gaben uns Frotteehandtücher, warmes Wasser und Seife. Es war wie im Himmel.«

Niemand hätte das Schicksal der ungarischen Juden, die am 30. Juni Budapest verließen, vorhersagen können, auch hatte niemand damit gerechnet, daß die Deportationen aus Ungarn innerhalb weniger Tage eingestellt würden. Nur eine Woche nach der Abfahrt des Zugs erhielten die Alliierten zuverlässige und detaillierte Informationen über die Greuel von Auschwitz. Zwar wußte man im Westen seit 1941 von der geplanten Ausrottung der Juden; Churchill persönlich hatte offen über die Politik der Massenvernichtung gesprochen, und die polnische Exilregierung in London hatte die Regierungen der Alliierten im Mai 1941 darüber informiert, daß Auschwitz ein Konzentrationslager für Polen war, wo regelmäßig Hinrichtungen stattfanden. Im Juli 1942[21] druckte die in London erscheinende *Polish Fortnightly Review* eine Liste mit 22 Lagern, darunter auch Auschwitz, wo die Nationalsozialisten ihre Verbrechen verübten. Und am 17. Dezember verlas der britische Außenminister Anthony Eden vor dem Parlament eine Erklärung, in der er die Greuel der Nationalsozialisten verurteilte, einschließlich der Ermordung von Juden. Nachdem er geendet hatte, erhoben sich die Abgeordneten zu einer Schweigeminute. Eine Nachricht des polnischen Widerstands vom März 1943 an die britische Regierung nannte ebenfalls Auschwitz als einen der Orte, wo Juden ermordet wurden. Am 1. Juni desselben Jahres[22] veröffentlichte die *Times* in London einen Artikel über »Nazi-Brutalität gegenüber Juden« in Auschwitz.

Das nächste bedeutende Ereignis, das die Alliierten hätte wachrütteln müssen, war der Bericht einer polnischen Agentin mit dem Decknamen Wanda[23], der im Januar 1944 in London eintraf. Darin hieß es: »Kinder und Frauen wurden in Autos und Lastwagen verfrachtet und in die Gaskammern [in Auschwitz-Birkenau] gebracht. Dort erstickten sie unter fürchterlichen Qualen, die zehn bis fünfzehn Minuten dauerten.«[24] Weiterhin war darin die Rede davon, daß »zehntausend Menschen täglich« in »drei großen Krematorien« ermordet wurden und daß in diesem Lager bereits annähernd 650 000 Juden umgebracht worden waren. Da zahlreiche Dokumente über dieses Thema noch immer unter Verschluß sind, können wir nur darüber spekulieren, warum Wandas Bericht so wenig Wirkung zeigte. Zum Teil mag es daran liegen, daß Auschwitz mit seinen verschiedenen Funktionen als Konzentrations- und Vernichtungslager schwer einzuschätzen war. Möglicherweise betrachteten die Alliierten – die immerhin kurz eine Bombardierung des Lagers in Erwägung zogen – Auschwitz auch als zweitrangig gegenüber ihrem eigentlichen Ziel, dem Sieg über Deutschland.

Mit der Flucht von vier Gefangenen in die Slowakei gelangten immer zuverlässigere Informationen über Auschwitz an die Öffentlichkeit: Im April 1944 flohen Rudolf Vrba und Alfred Wetzler aus dem Lager, im Mai folgten

zwei weitere Insassen, Arnost Rosin und Czesław Mordo-
wicz. Ihre Aussagen wurden zu den sogenannten Ausch-
witz-Protokollen zusammengefasst. Als Kasztner am 28.
April die Slowakei besuchte, erhielt er eine Kopie des Be-
richts, der auf den Erfahrungen der ersten beiden Gefangenen basierte. Er unterließ es, den Inhalt zu veröffentlichen,
vermutlich weil er die Auswirkungen auf seine Verhandlungen mit Eichmann fürchtete. Erst im Juni gelangten die
Auschwitz-Protokolle in den Westen. Am 18. Juni berichtete die BBC über Auschwitz, und am 20. veröffentlichte die
New York Times die ersten drei Artikel über das Lager, in
denen die »Gaskammern in den berüchtigten Konzentrationslagern Birkenau und Oswiecim [Auschwitz]«[25] erwähnt wurden.

Die Informationen über Massenmorde in Auschwitz vom
Juni und Juli 1944 hatten politische Auswirkungen. Im
Zuge der Massendeportationen ungarischer Juden erreichten Admiral von Horthy, den ungarischen Staatschef, zahlreiche Protestschreiben. Auch Papst Pius XII., der später
für sein Versäumnis, die Vernichtung der Juden öffentlich
zu verurteilen, herbe Kritik erntete, appellierte an von Horthy, die Deportationen zu beenden; der Vatikan hatte im
Mai durch Berichte von Geflüchteten von den Schrecken
von Auschwitz erfahren. Präsident Roosevelt und der König von Schweden intervenierten ebenfalls bei von Horthy.
Schließlich schickte Richard Lichtheim, ein Mitglied der Jewish Agency in Genf, am 26. Juni ein Telegramm nach England, das Informationen über die Auschwitz-Protokolle
enthielt, und forderte die Alliierten auf, einzelne Mitglieder
der ungarischen Regierung für die Verbrechen zur Verantwortung zu ziehen. Das Telegramm wurde von den ungarischen Behörden abgefangen, Anfang Juli Premierminister
Dome Sztojay vorgelegt und sein Inhalt dann von Horthy
mitgeteilt.

Der 76jährige ungarische Staatsmann fühlte sich überfordert. 1940 hatte er in der Annahme, daß Deutschland den Krieg gewinnen würde, die Deutschen unterstützt; 1943 hatte er versucht, mit den Alliierten anzubändeln, da der Krieg für die Deutschen verloren schien; im März 1944 hatte er mit Hitler kooperiert und war auch nach der deutschen Besatzung im Amt geblieben; jetzt, angesichts persönlicher Repressionen, hängte der wankelmütige von Horthy erneut sein Fähnchen in den Wind und informierte die Deutschen darüber, daß die Deportation ungarischer Juden ein Ende haben müsse. Dank der Unterstützung durch ungarische Truppen in der Hauptstadt setzte er seine Forderung durch: Am 9. Juli wurden die Deportationen offiziell eingestellt.

Von Horthy forderte die Deutschen zu einem besonders kritischen Zeitpunkt heraus. Im Juni 1944 hatte das Land schwere Rückschläge erlitten. Am 6. Juni waren alliierte Truppen an der Küste der Normandie gelandet, und Anfang Juli stand fest, daß man sie nicht einfach ins Meer würde zurückwerfen können, wie Hitler angedeutet hatte. Am 22. Juni hatte die Sowjetunion die Operation Bagration eingeleitet, eine massive Offensive gegen die deutsche Heeresgruppe Mitte in Weißrußland. Diese Aktion, die im Gegensatz zur alliierten Landung in der Normandie kaum ins öffentliche Bewußtsein drang, hatte eine viel größere Tragweite für von Horthy, der ein Land in Mitteleuropa regierte. Während die Deutschen 30 Divisionen in die Normandie schickten, um die Alliierten aufzuhalten, boten sie 165 Divisionen gegen die Rote Armee auf und wurden trotzdem zurückgedrängt. Es war nur eine Frage der Zeit, bevor die Sowjetarmee vor den Toren Budapests stehen würde. Von Horthy, wie Werner Best vor ihm in Dänemark, wußte, wann die Zeit gekommen war, sich ein Alibi zurechtzulegen.

Eine weitere Konsequenz der Nachrichten über Auschwitz, die den Westen erreichten, war die noch immer kontrovers diskutierte Frage, ob man das Lager bombardieren sollte. Im Juni 1944 erhielt das Flüchtlingskomitee »War Refugee Board« in Washington ein Gesuch von Jacob Rosenheim, dem Präsidenten der Weltorganisation »Agudas Jisroel«, das die Alliierten aufforderte, die Bahngleise nach Auschwitz zu bombardieren. Sechs Tage später übergab John Pehle, der Leiter des War Refugee Board, das Gesuch John McCloy, dem Unterstaatssekretär im Kriegsministerium, wandte aber ein, daß er »erhebliche Zweifel«[26] am Erfolg dieser Idee habe. Der Vorschlag wurde am 26. Juni von McCloy als nicht durchführbar abgelehnt, da Bomber von »entscheidenden«[27] Operationen abgezogen werden müßten.

Am 24. Juni traf ein weiteres Telegramm in Washington ein, diesmal vom Jüdischen Weltkongreß in Genf, weitergeleitet vom Schweizer War Refugee Board. Darin wurden die Alliierten aufgefordert, die Gaskammern direkt zu bombardieren. Am 4. Juli lehnte McCloy diese Aufforderung mit derselben Begründung ab. Interessanterweise beinhaltet ein vertrauliches Papier von Colonel Gerhardt an seinen Vorgesetzten McCloy folgenden Satz: »Ich weiß, daß Sie mich anwiesen, dieses ... im Sand verlaufen zu lassen«[28], was nahelegt, daß das Bombardement ohne gründliche Überlegung abgelehnt wurde.

Auch in London trafen derartige Gesuche ein. Als Churchill am 7. Juli davon erfuhr, schrieb er den berühmten Satz an Außenminister Anthony Eden: »Zieh von der Luftwaffe ab, was Du kannst, und berufe Dich zur Not auf mich.«[29] Nachdem das britische Luftfahrtministerium die verschiedenen Möglichkeiten geprüft hatte, äußerte sich Luftfahrtminister Sir Archibald Sinclair am 15. Juli weitgehend negativ. Er wies Eden darauf hin, daß es dem britischen Bomberkommando unmöglich war, in einer Nacht eine so große Distanz zu überwinden. Da sich die Briten im Gegensatz zu den Amerikanern auf Nachtangriffe spezialisiert hatten, schlug Sir Archibald vor, die Angelegenheit den Amerikanern zu übergeben. Eine Möglichkeit wäre vielleicht, die Krematorien zu bombardieren und gleichzeitig Waffen abzuwerfen, in der Hoffnung, einen Massenausbruch auszulösen. Wie dieser Brief deutlich macht, gab er die Verantwortung an die amerikanische Luftwaffe weiter. Als General Spaatz kurz darauf das Luftfahrtministerium besuchte, wurde er auf den Vorschlag angesprochen. Er schlug vor, mittels Luftaufklärung das Lager zu observieren. Das Gesuch wurde daraufhin an das amerikanische Außenministerium weitergeleitet, wo es offenbar verlorenging.

Die Frage eines Bombardements von Auschwitz tauchte während des Sommers immer wieder einmal auf. John McCloy vom Kriegsministerium lehnte im August ein weiteres Gesuch des Jüdischen Weltkongresses ab. In Großbritannien machte ein Mitarbeiter des Außenministeriums in einem internen Papier geltend, daß es neben praktischen Erwägungen auch »politische«[30] Gründe gegen eine Bombardierung gebe: Mit großer Wahrscheinlichkeit würde der »Strom« der Verschleppten nach dem Krieg in Palästina, einem von Großbritannien verwalteten Gebiet, Zuflucht suchen.

Und so wurde auf beiden Seiten des Atlantik beschlossen, Auschwitz nicht zu bombardieren. Schlimmer noch: Ein Bombardement wurde nicht einmal ernsthaft in Erwägung gezogen. Es drängt sich der Verdacht auf, daß beide Regierungen andere Prioritäten hatten (abgesehen von Winston Churchill vielleicht, aber auch er ließ die Sache schließlich auf sich beruhen). Zugegeben, sowohl Großbritannien als auch die USA waren im Juli 1944 mit dringlichen Angelegenheiten befaßt: Der Vormarsch der alliierten Truppen durch die Normandie mußte organisiert werden; die Rote Armee stand vor den Toren Warschaus, die polnische »Heimatarmee« bat um Unterstützung, und am 20. Juli wurde ein Attentat auf Adolf Hitler in seinem Hauptquartier in Ostpreußen verübt. Die Luftwaffe beider Länder war durch zahlreiche Einsätze bis an ihre Grenzen belastet. Man kann deshalb nachvollziehen, warum London und Washington glaubten, daß Auschwitz am ehesten damit geholfen wäre, wenn alle Anstrengungen auf einen Sieg über Deutschland konzentriert würden. Dennoch bleibt ein bitterer Nachgeschmack: Warum wurde der Vorschlag nicht gründlich geprüft? Warum herrscht ein so abfälliger Ton in manchen Dokumenten vor? All das läßt darauf schließen, daß das Bombardement von Auschwitz nicht als vorrangig angesehen wurde.

Die damaligen Entscheidungsträger wären gewiß überrascht über die Bedeutung, die in akademischen Kreisen diesem Thema heute beigemessen wird. Auch im öffentlichen Bewußtsein scheint das Thema noch präsent zu sein: Eine Historikerin, die öfters vor jüdischem Publikum spricht, stellte fest, daß »viele Menschen davon überzeugt sind, daß durch die Bombardierung der Lager viele der sechs Millionen Juden hätten gerettet werden können«.[31] Inzwischen dreht sich die Diskussion nicht mehr um die Durchführbarkeit einer solchen Aktion, sondern hat vielmehr eine symbolische Dimension angenommen, die sich in dem Verdacht äußert, daß die Alliierten den Tod zahlloser Juden hätten verhindern können, aber nichts unternahmen. Dieses Thema sollte sorgfältig und in Ruhe analysiert werden, um zu verhindern, daß ein neuer Mythos entsteht.

Die Frage, ob ein Bombardement etwas ausgerichtet hätte, ist müßig. Wir bewegen uns hier auf dem Gebiet der kontrafaktischen Geschichtsschreibung, einem Terrain, das mit Hypothesen operiert. Zwar scheinen die Experten darin übereinzustimmen, daß die Bombardierung der Bahngleise nichts bewirkt hätte, da die nationalsozialistischen Machthaber sie rasch wieder instand gesetzt oder die Züge nach Auschwitz umgeleitet hätten, aber bei der Frage nach einem Bombardement der Gaskammern gehen die Meinungen auseinander. Es wurden engagierte Artikel über die immensen Schwierigkeiten verfaßt, die ein Angriff durch Bomber des Typs USAF B 17 oder B 24 oder die leichten und wendigen britischen Mosquitos[32] bedeutet hätte, während in anderen Publikationen die vorgeblichen technischen Schwierigkeiten vehement in Frage gestellt werden und statt dessen der Erfolg eines solchen Angriffs auf die Krematorien betont wird.[33] Im Bereich der kontrafaktischen Geschichtsschreibung gibt es keine endgültigen Antworten.

Wir können aber zumindest etwas Licht ins Dunkel bringen. Vergleicht man den Zeitpunkt der Übergabe der Auschwitz-Protokolle an die Alliierten mit dem von Horthys Entscheidung, die Deportationen zu unterbinden, so hätte eine Bombardierung der Gleise oder Krematorien den Tod der ungarischen Juden nicht verhindern können. Die detaillierten Informationen über das Lager erreichten die Alliierten zu spät: Die Deportationen der ungarischen Juden wurden offiziell am 9. Juli eingestellt, während der britische Luftfahrtminister Eden seine Absage erst am 15. mitteilte.

Auch die Frage, ob ein Bombenangriff die Vernichtungskapazitäten des Lagers beeinträchtigt hätte, läßt sich eindeutig verneinen. Die Auschwitz-Protokolle enthalten genaue Beschreibungen der Lage der vier Hauptkrematorien. Selbst wenn ein Angriff bei Tag sein Ziel getroffen und die Krematorien vollständig zerstört hätte, hätten die Nationalsozialisten die Vergasungen in Auschwitz weiter praktizieren können. Weder das »weiße Häuschen« noch das »rote Häuschen« tauchten in den Protokollen auf, obwohl sie Gaskammern enthielten. Nachdem man die Deportationen aus Ungarn eingestellt hatte, verfügte Auschwitz über zusätzliche Kapazitäten. Statt der 10 000 Menschen, die zuvor täglich umgebracht wurden, waren es jetzt gerade noch 1500[34], eine Zahl, die bis zum November und der Schließung der Krematorien beibehalten wurde. Das legt den Schluß nahe, daß durch ein Bombardement des Lagers niemand, geschweige denn »viele« der »sechs Millionen«, hätte gerettet werden können. Statt dessen wären durch die Zerstörung der Krematorien, die nur wenige Meter von den Unterkünften der Gefangenen entfernt lagen, möglicherweise mehrere hundert Insassen umgekommen.

Diese Schlußfolgerungen basieren natürlich auf intellektuellen Überlegungen. Und da die Debatte um dieses Thema von Emotionen bestimmt ist, werden sie für viele unbefriedigend sein. Vielleicht hätten die Alliierten wirklich mehr tun können. Vielleicht hätte der Abwurf von Waffen einen Aufstand ausgelöst, wenngleich es unwahrscheinlich erscheint, daß sich Gefangene, durch Hunger geschwächt, plötzlich und ohne Vorbereitung gegen SS-Männer in Wachtürmen, mit Maschinengewehren bewaffnet und durch Elektrozäune geschützt, zur Wehr setzen. Wir können nur mutmaßen.

Diese Diskussion wird vor allem deshalb so leidenschaftlich geführt, weil sich eine weiter reichende und weniger konkrete Frage dahinter verbirgt: Hätte mehr getan werden müssen, um die Juden zu retten? Die britische Regierung wußte bereits Anfang 1943, daß die Nationalsozialisten eine Kampagne zur systematischen Ausrottung der Juden gestartet hatten, sie kannte sogar die Namen der Vernichtungslager der »Aktion Reinhard« und die jeweilige Todesziffer. Dennoch reagierte die britische Regierung nicht auf Gesuche von Abgeordneten wie Eleanor Rathbone, die die Einreise in sichere Länder für Juden aus Bulgarien, Ungarn und Rumänien erleichtern wollten. Im Februar 1943 erklärte Anthony Eden auf eine ähnliche Forderung des Abgeordneten William Brown: »Die einzig sinnvolle Weise, wie wir den gepeinigten Juden beistehen können, und lassen Sie mich hinzufügen: den anderen notleidenden Völkern Europas, besteht in einem Sieg der Alliierten.«[35] Wenige Wochen später, während der Diskussionen in Washington im März 1943, betonte Eden, daß das Angebot, »sämtliche Juden aus einem Land ausreisen zu lassen«, reiflich überlegt sein wolle, und fügte hinzu: »Wenn wir das tun, dann werden Juden weltweit fordern, daß wir unser Angebot auch auf Polen und Deutschland ausweiten. Hitler könnte uns beim Wort nehmen, und es gibt einfach nicht genug Schiffe und Transportmittel auf der Welt, um eine Aktion dieser Größenordnung durchzuführen.«[36] (Während der letzten drei Kriegsjahre wurden übrigens durchaus Mittel gefunden, um 400 000 deutsche und italienische Kriegsgefangene über den Atlantik zu befördern.[37]) In einer Rede während der Debatte im Unterhaus am 19. Mai 1943 kritisierte Eleanor Rathbone scharf die Untätigkeit der Alliierten: »Wenn das Blut all jener, die in diesem Krieg unnötigerweise umkamen, durch Whitehall fließen würde, wären die Fluten so hoch, daß jeder in diesen düsteren Gebäuden, die unsere Herrschenden beherbergen, ertrinken würde.«[38] Während wir nicht mit Sicherheit wissen, ob eine Lockerung der Einreisebestimmungen das Los der Juden erleichtert hätte, können wir nicht umhin, Ms. Rathbone zuzustimmen, daß die Alliierten mehr hätten unternehmen können. Die gegenwärtige Diskussion wäre vielleicht fruchtbarer, wenn sich das Augenmerk weniger auf die Bombardierung von Auschwitz und mehr auf die zugegeben komplexere Frage der Einwanderungspolitik der Alliierten während des Kriegs richten würde.

Das Ende der Deportationen von ungarischen Juden hatte Auswirkungen sowohl auf Budapest, wo Eichmann schäumte, als auch auf Auschwitz, wo die zusätzlichen Kapazitäten in den Gaskammern dazu führten, die Pläne, das Zigeunerlager in Birkenau aufzulösen und eine ganze Bevölkerungsgruppe zu liquidieren, umzusetzen. Seit dem Februar 1943 diente dieser spezielle Teil von Birkenau zur

Unterbringung von – in Spitzenzeiten – bis zu 23 000 Zigeunern und Zigeunerinnen. Sie durften als Familien zusammenleben und ihre eigene Kleidung tragen und mußten sich auch nicht den Kopf rasieren lassen. Aber schon bald gehörten die Zustände im Zigeunerlager zu den schlimmsten in Auschwitz. Überfüllung, mangelnde Verpflegung und Wasserknappheit führten zu Krankheiten, vor allem Fleckfieber und einer Hautkrankheit namens Noma. Insgesamt starben 21 000 der 23 000 nach Auschwitz verschleppten Zigeuner, entweder an Krankheit, Unterernährung oder durch Vergasung.

Die Nationalsozialisten betrachteten die Zigeuner als »rassisch minderwertig« und »asozial« und waren bestrebt, sich ihrer zu entledigen. Gemessen an ihrer Bevölkerungszahl hatten die Zigeuner mehr als jede andere Gruppe, abgesehen von den Juden, unter dem Dritten Reich zu leiden. Es gibt keine genaue Statistik über die Zahl der Zigeuner, die von den Nationalsozialisten umgebracht wurden, aber man schätzt, daß bis zu eine halbe Million umkamen. Die Umsetzung der Politik der nationalsozialistischen Machthaber gegenüber den Zigeunern war jedoch inkonsequent: Während in der Sowjetunion Mordkommandos Zigeuner zusammen mit Juden umbrachten, blieben die rumänischen Zigeuner weitgehend verschont (wenngleich Tausende aufgrund schlechter Behandlung und Entbehrungen starben); in Polen wurde die Mehrzahl der Zigeuner in Konzentrationslagern interniert, während ihre Verfolgung in der Slowakei recht willkürlich gehandhabt wurde. Viele Zigeuner aus Deutschland wurden zunächst in polnischen Ghettos untergebracht: Die 5000 nach Łódz´ deportierten gehörten zu den ersten, die im Januar 1942 in den Gaswagen von Chełmno [Kulmhof] umkamen.

In Deutschland bestand für die Nationalsozialisten die »Hauptgefahr« in einer Übertragung der rassischen Merkmale der Zigeuner auf die »arische« Bevölkerung durch sogenannte Mischlinge. Am Beispiel eines achtjährigen Mädchens namens Else Baker[39], die im Sommer 1944 ins Zigeunerlager von Birkenau kam, wird die Perfidie des nationalsozialistischen Ideenguts besonders deutlich. Anfang des Jahres hatte sie noch in Hamburg gewohnt und sich trotz des Kriegs in ihrer intakten Familie geborgen gefühlt. Eines Abends Anfang 1944 klopfte es plötzlich an die Haustür; mehrere fremde Männer traten ein und stellten sich als Mitglieder der Gestapo vor. Sie erklärten, sie seien gekommen, um Else mitzunehmen und zu ihrer »richtigen« Mutter zu bringen. Vor den Augen der verzweifelten Eltern wurde das Mädchen aus dem Haus gezerrt und verschwand in der Dunkelheit. Sie wurde in ein Lagerhaus am Hafen gebracht, der voller, wie sie sich erinnert, ungepflegter Zigeuner war. Else in ihrem Sonntagsstaat stand nur da, starrte sie an und verfiel in einen Schockzustand. Später erfuhr sie, daß man sie im Alter von zehn Monaten adoptiert hatte und daß ihre »richtige« Mutter eine Halbzigeunerin war. Der Mann und die Frau, die sie immer für ihre Eltern gehalten hatte, waren in Wirklichkeit ihre Adoptiveltern.

Else wurde zusammen mit anderen Zigeunern in einen Güterzug gesetzt und nach Auschwitz gebracht. Sie erinnert sich noch an die »Sauna« in Birkenau, wo man sie aufforderte, sich auszuziehen und zu duschen. Dann wurde das Wasser abgestellt, und alle sollten in die Baracken zurück. Sie versuchte, in dem Berg von Kleidern ihre eigenen wiederzufinden, aber vergebens. So stand sie da, nackt und allein, und sah zu, wie die Zigeuner um sie herum das anzogen, was ihnen gerade in die Hände fiel. Schließlich, als nur noch wenige Kleidungsstücke auf dem Betonboden vor ihr lagen, meinte eine Frau zu ihr: »Nimm dir irgendwas.« Sie, die in ihrer warmen Sonntagskleidung nach Auschwitz gekommen war, hatte jetzt nur noch eine Unterhose und ein dünnes Sommerkleid, um sich vor der Kälte zu schützen.

Im Halbdunkel der überfüllten Baracke, umgeben von Zigeunerfamilien, versank die Achtjährige in Apathie. Sie sagte nichts, weinte nicht – denn niemand würde es kümmern –, stand nur unbeweglich inmitten all der Menschen, die offenbar alle nur nach der »Nummer eins« Ausschau hielten. Doch dann hatte sie doch noch Glück: Wanda, eine der Anweiserinnen, hatte Mitleid mit ihr und nahm sie in ihr eigenes kleines Zimmer mit, wo Else auf dem Tisch, mit einer Wolldecke zugedeckt, schlief und wo es »hundertmal besser war als in der Baracke«. Das war vermutlich Elses Rettung. Ihr Alltag in Auschwitz bestand zum größten Teil aus Nichtstun. Jeden Tag ging sie zum Zaun des Zigeunerlagers, hinter dem die Gleise verliefen, und beobachtete die eintreffenden Transporte. Sie sah Kolonnen von Menschen, »die meisten gut gekleidet«, in Richtung des Krematoriums gehen, wie sie später erfuhr. Es handelte sich dabei um die ungarischen Juden, die in den Gaskammern umkommen sollten, aber das wußte sie damals nicht. Wenn kein neuer Transport eingetroffen war, spielte sie mit dem einzigen »Spielzeug«, das sie besaß: ein Brillenglas, das sie auf dem Boden gefunden hatte. Sie sammelte trockenes Gras, hielt das Glas darauf, das die Sonnenstrahlen wie eine Linse bündelte, und wartete, daß sich das Gras entzündete.

Nach einigen Wochen sagte Wanda zu Else: »Du kannst nicht länger bei mir bleiben«, und verschwand. »Ich war wie benommen, jetzt, da ich wieder ganz allein war, daß kaum etwas zu mir vordrang … ich war ganz durcheinander, in meinem Kopf ging alles drunter und drüber.« Else weiß noch, daß man sie wieder in eine größere Baracke brachte, die aber nicht überbelegt war. Viele Zigeuner hatte man inzwischen an einem anderen Ort im Lager untergebracht. In jener Nacht hörte sie »einen Riesenlärm: laute Schreie. So etwas Entsetzliches hatte ich noch nie gehört.« Über die Art der Greuel läßt sich im nachhinein nur spekulieren. Vielleicht handelte es sich um Vorbereitungen zur

Auflösung des Zigeunerlagers. Else war eine von 1400 Zigeunern, denen diese Hölle erspart blieb, weil sie in ein anderes Konzentrationslager verlegt wurden. In Auschwitz gefundene Aufzeichnungen bestätigen, daß Else, registriert als Zigeuner Nummer 10 540, am 1. August 1944 das Lager verließ.

Kein noch so phantasievoller Autor hätte sich Elses Geschichte ausdenken können. Man stelle sich nur vor: Ein achtjähriges Mädchen, das als Deutsche erzogen wurde, wird ihren liebevollen Eltern entrissen, erfährt, daß sie adoptiert wurde und zum Teil Zigeunerin ist, wird nach Auschwitz gebracht, wo sie mutterseelenallein ist, bis eine Anweiserin sie unter ihre Fittiche nimmt. Dann ist das Mädchen plötzlich wieder auf sich gestellt und hört in einer dunklen Baracke, umgeben von lauter Fremden, wie draußen etwas Schreckliches vor sich geht. Am nächsten Tag wird sie in ein anderes Konzentrationslager verlegt. Kein Wunder, daß Else das Gefühl hat, daß durch solche extremen Erlebnisse »dein Geist bis zum Ende deines Lebens verwirrt ist. Es ist so. Ich weiß, wovon ich rede.«

Am 2. August 1944, ein Tag, nachdem Else Auschwitz verlassen hatte, wurde das Zigeunerlager aufgelöst. Es gibt zahlreiche Augenzeugen, die von grausamen Szenen berichten. Władysław Szmyt[40] ist einer von ihnen. Selbst Zigeuner, war er von den Nationalsozialisten versehentlich als polnischer politischer Gefangener eingestuft und in einem Teil von Birkenau untergebracht worden, der an das Zigeunerlager, wo viele seiner Verwandten eingesperrt waren, grenzte. In der Nacht vom 2. August beobachtete er, wie Zigeunerkinder gegen Lastwagen geklatscht wurden, und hörte Maschinengewehrsalven und Pistolenschüsse. Er sah, wie die Zigeuner sich wehrten, bewaffnet mit Löffeln und Messern, aber in diesem ungleichen Kampf hatten sie keine Chance. »Ich habe geschrien«, sagt er. »Mir war klar, daß man sie umbringen würde. Das war das Ende. Das muß das schlimmste Gefühl der Welt sein.« In jener Nacht wurden 2897 Zigeuner in den Gaskammern ermordet. Viele der Leichen wurden anschließend in offenen Gruben in der Nähe verbrannt.

Else wurde nach Ravensbrück, nördlich von Berlin, verlegt. Hier blieb sie mehrere Wochen, mußte noch größere Entbehrungen ertragen und verfiel in einen komaähnlichen Zustand. Die Rettung kam an einem Morgen im September 1944, als ihr Blockkapo, eine Polin, ihren Namen aufrief. Else wurde zum Verwaltungsgebäude gebracht, wo man ihr mitteilte: »Du wirst entlassen.« Sie durfte zum ersten Mal, seit damals bei ihrer Ankunft in Auschwitz, duschen und wurde dann nackt in einen Raum geführt, in dem Berge von Kleidern lagen. Sie stand da, »zu ängstlich und verunsichert, um irgendwas zu tun – nackt, naß, sah ich um mich, wahrscheinlich erwartete ich irgendeine Bestrafung, schließlich hatte man mich auch schon vorher ohne Grund geschlagen«. Erst als sie nicht wieder aus dem Raum auftauchte, kam eine Frau und half ihr beim Anziehen. Dann wartete Else in einem Büro im Verwaltungsblock, bis ihr Adoptivvater hereingeführt wurde. Bei seinem Anblick war Else »wie betäubt«: »Zu abgestumpft, um irgendwas zu fühlen. Wenn man zu mir gesagt hätte: ›Der liebe Gott kommt dich besuchen‹, hätte ich genauso wenig empfunden.« Vor ihrer Entlassung mußte Else ein Dokument unterschreiben – die übliche Praxis für Gefangene, die ein Lager verließen – in dem sie zustimmte, nichts über ihren Aufenthaltsort und ihre Erlebnisse dort verlauten zu lassen. »Ich mußte kein Kreuz machen, denn ich konnte schreiben«, erzählt sie. »Ich glaube, das war die erste Unterschrift meines Lebens.«

Dann nahmen Else und ihr Stiefvater den Zug zurück nach Hamburg. In ihrem Abteil befand sich ein deutscher Offizier, und Else erinnert sich noch, daß ihr Adoptivvater ihm von ihrer Festnahme und Gefangenschaft erzählte, und daß ihr das nur widerfahren sei, weil ihre Großmutter Zigeunerin war.« Und er hob meinen Rock hoch und zeigte ihm meine Beine, die voller Wunden waren, und sagte: ›Dafür kämpft ihr an der Front‹.« Sie weiß nicht mehr, was der Offizier antwortete. Sie weiß jedoch noch, daß ihre Schwester zur Feier des Tages, da Zucker rationiert war, einen Kuchen aus zerdrückten Kartoffeln gebacken hatte, den sie, in Ermangelung von Kerzen, mit gekochten Karotten dekorierte. Und dann kehrte Else nach sechsmonatiger Abwesenheit in die Schule zurück und versuchte, sich wieder wie ein ganz normales achtjähriges deutsches Mädchen zu benehmen – so, als wäre in der Zwischenzeit nichts geschehen.

Niemand weiß genau, warum sie freigelassen wurde. Sämtliche Unterlagen, die darüber Auskunft hätten geben können, wurden von der Gestapo bei Kriegsende zerstört. Vielleicht hatten die Beteuerungen ihres Stiefvaters, daß Else vollkommen in die deutsche Gesellschaft integriert war, die deutschen Behörden vor Ort überzeugt. Er war sogar der Nationalsozialistischen Partei beigetreten, um seine Loyalität zu beweisen, und vielleicht hatte dies den Ausschlag gegeben. Wir wissen nur, daß ein menschliches Wesen erheblichen Schaden durch den Alptraum davontrug, den es sechs Monate lang durchlebte. »Das Maß der menschlichen Verderbtheit ist unendlich«, meint Else Baker, »und wird es immer bleiben. Es tut mir leid, das zu sagen, aber meine Erfahrungen haben mich zu dieser zynischen Einsicht gebracht.«

Else Bakers Geschichte zeigt anschaulich die Aspekte des Lagerlebens, die am schwersten zu ertragen waren: die Willkür menschlichen Verhaltens, die sich vor allem in plötzlicher Grausamkeit äußerte. Aber vor allem zeigt sie, wie wichtig persönliche Beziehungen waren, um die eigenen Überlebenschancen zu erhöhen bzw. den Lebenswillen zu stärken. In Elses Fall ist es schwer zu sagen, ob sie ohne

Wanda überlebt hätte. Auch Alice Lok Cahana, die zur selben Zeit in Auschwitz inhaftiert war, wollte unbedingt mit ihrer Schwester zusammensein und nahm aus Liebe zu ihr große Risiken auf sich. Aber in jenem Sommer erkrankte Edith an Typhus und wurde in den Krankenbau verlegt. Der Aufenthalt dort war bei den Insassen gefürchtet, nicht nur wegen der unzureichenden medizinischen Versorgung, sondern auch, weil zahlreiche Kranke direkt in die Gaskammern geschickt wurden. Alice war jedoch fest entschlossen, um Ediths Überleben zu kämpfen, und besuchte sie regelmäßig. Um Zutritt zum Krankenbau zu bekommen, mußte sie die Anweiserin mit ihrer Brotration bestechen und ihr außerdem helfen, die nachts gestorbenen Gefangenen nach draußen zu bringen. »Ich war fünfzehn Jahre alt«, sagt Alice, »und hatte noch nie einen Toten gesehen. Ich dachte: ›Das sind Leute, die gestern noch am Leben waren und redeten und herumliefen, und jetzt werfe ich sie auf einen Haufen.‹ Es war gräßlich, aber ich mußte es tun, um Edith besuchen zu können, um eine Minute bei ihr sein zu dürfen.«

Als Besucherin des Krankenbaus war Alice sehr begehrt, da die Gefangenen ganz erpicht auf Neuigkeiten von draußen waren. Sie hielten sie an ihren Kleidern fest, wenn sie durch die Gänge zu ihrer Schwester ging, und löcherten sie mit Fragen. In der düsteren, von Krankheitskeimen geschwängerten Atmosphäre des Krankenbaus, umgeben vom Geruch nach Fäkalien und Siechtum, dem Stöhnen der Sterbenden, versuchte Alice, etwas Trost zu spenden: »Ich dachte mir Geschichten aus, zum Beispiel, daß der Krieg bald vorbei sei. ›Haltet durch, denn bald gehen wir alle nach Hause.‹« Aber Alice wußte, daß dies eine Lüge war, weil sie miterlebte, daß eine erschreckend hohe Zahl von Gefangenen aus dem Krankenbau »verschwand«. Einige starben einen natürlichen Tod, aber andere wurden für die Gaskammern ausgewählt. Alice beschloß, Edith so schnell wie möglich von diesem Ort wegzubringen, und sagte zu ihr: »Wenn du es irgendwie schaffst, stell' dich tot, dann bringe ich dich hier raus, und wir gehen zu unserer Baracke zurück.« Am nächsten Tag stellte sich Edith tot, und Alice trug sie und die in der Nacht Gestorbenen nach draußen. Dann stützte sie sie, und die beiden Mädchen kehrten in ihre Unterkunft in Birkenau zurück.

Für Alice war es nicht leicht, ihre Schwester dort inmitten angeblich »gesunder« Frauen zu beschützen. »Jeden Tag gab es Selektionen«, erzählt Alice, »und [die] waren furchtbar streng und beängstigend.« Die Frauen mußten sich dazu oft vor dem geschniegelten Dr. Josef Mengele aufstellen. »Wir hatten Läuse«, sagt Alice, »und das war ein scheußliches Gefühl, einfach scheußlich. Es gibt kaum etwas Erniedrigenderes, als das Gefühl zu haben, daß dein ganzer Körper von Läusen wimmelt. Dein Kopf, deine Kleider – überall, wohin du siehst, krabbelt etwas über deinen Körper. Und man kann es nicht abwaschen. Es gibt kein Wasser.«

Eines Tages gehörten Alice und ihre Schwester zu denen, die ausgewählt wurden, aber man brachte sie nur in eine andere Baracke. Aber was dann passierte, erscheint Alice selbst heute noch wie ein Wunder. Inzwischen war es Oktober 1944 und bereits empfindlich kalt. Die Blockälteste befahl den Jugendlichen vorzutreten, damit sie zusätzliche Kleidung erhielten. Alice schloß sich dieser Gruppe von »Kindern« an, um für Edith Kleider zu erstehen, damit sie den bevorstehenden harten polnischen Winter überstand. »Wir zogen los. Und kamen zu einem hübschen Gebäude mit Blumen vor den Fenstern. Wir gingen hinein, und eine SS-Frau sagte: ›Stellt eure Schuhe ordentlich nebeneinander und legt eure Kleider auf den Boden.‹ Dann wurden wir nackt in ein anderes Zimmer gebracht.« Alice und die anderen saßen dort und warteten darauf, daß man sie zum Duschen führte, bevor sie die versprochenen neuen Sachen bekamen. »Es war ein großer, grau gestrichener Raum. Und sehr düster, fast dunkel, als sie die Tür zugemacht hatten. Wir warteten und froren. Wir warteten eine Ewigkeit.« Dann wurde plötzlich die Tür aufgestoßen, und die SS-Frau schrie: »Beeilt euch. Schnell raus hier! Raus mit euch!« und warf den jungen Mädchen ihre Kleider zu. »Beeilt euch!« brüllte sie. »Rennt, so schnell ihr könnt!« Alice konnte ihre Kleider nicht finden und zog das an, was ihr gerade in die Finger geriet. Dann rannte sie zurück zu den Unterkunfts- baracken. Dort beschwerte sie sich bei den anderen: »Die haben uns warme Sachen versprochen, und ich hab nicht mal meine eigenen Kleider zurückbekommen!« Als die an- deren Gefangenen sie schalten: »Du dummes Ding! Weißt du denn nicht, wo du warst?« begriff sie erst, daß sie in der Gaskammer des Krematoriums 5 gewartet hatte.

Es mag vielen von uns merkwürdig vorkommen, daß Alice selbst nach monatelangem Aufenthalt in Birkenau nicht wußte, was ihr bevorstand. Natürlich wußte sie von der Existenz der Gaskammern; jeder wußte nach ein paar Tagen in Birkenau davon. Aber, um das Lagerleben zu er- tragen, hatte sie dieses Wissen ausgeblendet; und von dem eigentlichen Tötungsvorgang hatte sie gewiß keine Ah- nung. »Ich habe mich so auf Edith konzentriert«, sagt Alice, »daß ich meine ganze Energie darauf verwendet habe, sie am Leben zu erhalten. Deshalb hatte ich in dem Moment auch keine Angst; vielleicht war die Vorstellung so schreck- lich, daß ich sie verdrängen mußte. Wie konnte ein fünf- zehnjähriges Mädchen aus einem behüteten Elternhaus begreifen, daß man sie in eine Gaskammer stecken wollte? Immerhin befanden wir uns im zwanzigsten Jahrhun- dert! Ich ging ins Kino, mein Vater war in seinem Büro in Budapest, und ich habe niemals etwas von solchen Din- gen gehört. In unserem Haus waren selbst Schimpfwörter verboten. Wie hätte ich mir da vorstellen können, daß man auf so abscheuliche Weise Menschen umbringt? Uns wurde beigebracht, daß die Deutschen ein zivilisiertes Volk sind.«

Es ist ein interessantes Phänomen, daß selbst diejenigen, die im Schatten der Schornsteine eines Krematoriums leben, die Existenz solcher Orte aus ihrem Bewußtsein verbannen können. Dies geschieht nicht, weil der Gedanke an die Funktion dieser Mordfabriken zu schrecklich wäre, sondern weil die alltäglichen Demütigungen des Lagerlebens – die verlauste Kleidung, der allmorgendliche Kampf um die Benutzung der Latrinen, um die tägliche Brotration, der allgegenwärtige Dreck und Unrat – sämtliche Gedanken ausblenden, außer den an den unmittelbaren Überlebenskampf. Aber es gibt noch eine andere Erklärung, warum Alice die Bedeutung dieses Raums nicht erkannte. Selbst 60 Jahre später noch erinnert sie sich am deutlichsten an die roten Blumen, vermutlich Geranien, die in Blumenkästen vor den Fenstern wuchsen. Blumen gab es normalerweise nicht in Auschwitz. Sie symbolisierten für Alice die Sicherheit und Geborgenheit, die sie zurückgelassen hatte: »Du siehst Blumen vor einem Fenster, und sie erinnern dich an zu Hause. Sie erinnern dich daran, daß deine Mutter, als die Deutschen nach Ungarn kamen, auf den Markt ging und Veilchen kaufte, statt Angst zu haben oder zu schreien oder hysterisch zu werden. Das beruhigte mich sehr. Wenn meine Mutter Blumen kauft, kann es nicht so schlimm sein, dachte ich. Sie würden uns nichts tun.« Details wie Blumen vor den Fenstern eines Krematoriums zeugen von einem Maß an Zynismus, das in der sogenannten zivilisierten Welt unübertroffen ist.

Daß Alice diesen Tag überlebte, war pures Glück. Der 7. Oktober war ein außergewöhnlicher Tag in der Geschichte von Auschwitz: Es war der Tag, an dem die Sonderkommandos revoltierten. Ein paar ihrer Mitglieder planten bereits im Juni mit Unterstützung der von Yaakov Kaminski geführten Untergrundbewegung einen Aufstand gegen ihre

Bewacher. Aber die SS schöpfte Verdacht. Es war jüdischen Gefangenen so gut wie unmöglich, in Auschwitz ein geheimes Netzwerk zu unterhalten, zum einen wegen der strengen Überwachung durch die Kapos und zum anderen auch wegen ihrer erschreckend hohen Sterblichkeitsrate. Kaminski wurde verraten und daraufhin umgebracht, aber der Kern der Gruppe überlebte und versuchte »Waffen« zu organisieren: Messer, Spitzhacken und ähnliches, wozu sie auch zu anderen Gefangenen in Birkenau Kontakt aufnahmen.

Das Sonderkommando schlug am 7. Oktober los, weil man Tage zuvor »Freiwillige« gesucht hatte, die SS-Oberscharführer Otto Moll, den gefürchteten Leiter der Krematorien, zu seinem neuen Posten als Kommandant des Nebenlagers Gliwice (Gleiwitz) begleiteten. Sie wußten, daß es sich dabei um eine Finte handelte, da die letzte Gruppe eines Sonderkommandos, das ins Lager Majdanek gehen sollte, statt dessen von der SS ermordet wurde und die Leichen nachts im Krematorium 2 verbrannt wurden. Am nächsten Morgen hatten einige Mitglieder des Sonderkommandos die verkohlten Leichen ihrer Kameraden identifiziert und damit jede Hoffnung aufgegeben, daß sie das Lager je wieder lebend verlassen würden.

Die Sonderkommando-Häftlinge waren sich auch bewußt, daß die Lagerleitung immer weniger auf sie angewiesen war. Allein die 65 000 Menschen, die nach der Auflösung des Ghettos Łódź im August und September nach Auschwitz gekommen waren, hatten die Nationalsozialisten davon abgehalten, die Zahl der Sonderkommando-Häftlinge schon früher zu reduzieren. Nachdem sich niemand freiwillig für die Versetzung nach Gliwice gemeldet hatte, erfuhr das Sonderkommando, daß die Kapos in den Krematorien 4 und 5 aufgefordert worden waren, 300 Mitglieder von Sonderkommandos zu benennen, die in »Gummifabriken eingesetzt« werden sollten: für das Sonderkommando eindeutig ein Täuschungsmanöver, da die Fabriken vermutlich ebenso ein Vorwand waren wie alle anderen Destinationen auch.

Angesichts ihrer bevorstehenden Ermordung kam es zum Aufstand. Am Samstag, dem 7. Oktober, um 13.30 Uhr[41] griffen Sonderkommando-Häftlinge des Krematoriums 4, mit Spitzhacken und Steinen bewaffnet, die SS-Wachposten an, die sich ihnen in den Weg stellen wollten, und setzten das Krematorium in Brand. Nach wenigen Minuten des Nahkampfs gelang es einigen Mitgliedern des Sonderkommandos, in die nahe gelegenen Wälder und das Dorf Rajsko zu entkommen. Aber hier saßen sie ebenso in der Falle, da sie sich noch innerhalb des Sperrgebiets von Auschwitz befanden. In der Zwischenzeit meuterte auch das Sonderkommando des Krematoriums 2 und warf einen SS-Führer in einen der brennenden Öfen.

Etwa 250 Mitglieder von Sonderkommandos kamen bei diesem Aufstand ums Leben. Sämtliche Flüchtlinge wurden später wieder aufgegriffen und anschließend zusammen mit weiteren 200 Personen, die verdächtigt wurden, an der Revolte beteiligt gewesen zu sein, erschossen. Drei SS-Männer starben an jenem Tag. Aber es wurden auch Menschenleben gerettet: Das Chaos, das das Sonderkommando im Krematorium 4 ausgelöst hatte, veranlaßte die SS, die Gaskammer des Krematoriums 5 nebenan zu räumen, so daß Alice Lok Cahana und die anderen Mädchen mit dem Leben davonkamen.

Acht Tage nach dem Aufstand der Sonderkommandos in Auschwitz änderte sich die politische Situation in Ungarn erneut: Von Horthys unkooperative Regierung wurde mit Hilfe der von den Nationalsozialisten unterstützten ungarischen »Pfeilkreuzler«, einer faschistischen Bewegung, gestürzt. Eichmann, der die Monate nach dem Ende der Deportationen hauptsächlich in betrunkenem Zustand verbracht hatte, rief sofort Kasztner an, um sich mit ihm zu verabreden. Er begrüßte ihn mit den Worten: »Ich bin wieder da!« Seine neusten Opfer waren die Budapester Juden, die bislang größtenteils von den Deportationen verschont geblieben waren. Angesichts der Erfolge der Roten Armee und der Schwierigkeit, rollendes Material aufzutreiben, kam Auschwitz dafür nicht in Frage. Eichmann beschloß deshalb, sie zu Fuß auf den Weg in das ca. 200 Kilometer entfernte Wien zu schicken.

Im Verlauf des Novembers wurden Zehntausende von Juden aus der Stadt vertrieben und gezwungen, ohne Nahrung, bei Regen und Schnee in Richtung Österreich zu marschieren. Der Anblick dieser erbärmlichen Kolonnen erregte sogar das Mitleid abgehärteter SS-Führer, und Eichmann wurde aufgefordert, die Deportationen einzustellen. Eichmann widersetzte sich dem Befehl und mußte sich daraufhin die Schmähungen von den Vertretern neutraler Länder gefallen lassen. Während noch über 100 000 Juden in Budapest darauf warteten, an diesem erbarmungslosem Marsch teilzunehmen, beschwerte sich der pragmatische Kurt Becher bei Himmler über die Aktion seines Kollegen. Becher und Himmler begriffen, daß angesichts des baldigen Endes des Kriegs und Deutschlands Niederlage Ideologie mit Realismus gepaart werden mußte.

Himmler bestellte Becher und Eichmann zu einem Treffen in seinen, in Triberg im Schwarzwald stationierten Privatzug. Becher zufolge befahl Himmler Eichmann, die Deportationen der Budapester Juden einzustellen.«[42] Himmler, der führende Kopf hinter der »Endlösung« der Nationalsozialisten, hatte sich damit um hundertachtzig Grad gedreht. Aber das sollte nicht die einzige Überraschung sein, mit der der Reichsführer-SS in den letzten Kriegsmonaten noch aufwarten sollte.

6. Befreiung und Vergeltung

Das Ende kam für viele unerwartet. Eines Nachts im Januar 1945, als die zehnjährige Eva Mozes Kor[1] und ihre Zwillingsschwester Miriam in ihren Etagenbetten in Auschwitz-Birkenau lagen und schliefen, wurden sie plötzlich von einer ohrenbetäubenden Explosion geweckt. Der Winterhimmel war rot vor Flammen. Die Lagerleitung hatte die Krematorien in die Luft sprengen lassen. Wenig später mußten sie ihre Baracken verlassen und zusammen mit anderen Zwillingen, die alle Dr. Mengele als Versuchspersonen für seine Experimente gedient hatten, zum Stammlager Auschwitz laufen. Es war eine Szene wie in einem Alptraum: Über ihnen sahen sie in der Ferne Artilleriefeuer aufblitzen, während sie durch die Dunkelheit hasteten, gnadenlos von den SS-Männern angetrieben. Kinder, die zu schwach waren, wurden erschossen und ihre Leichen achtlos neben der Straße liegengelassen. In dem allgemeinen Chaos verloren zwei Zwillinge ihre Geschwister aus den Augen. Sie sollten sie nie wiedersehen.

Im Stammlager Auschwitz kümmerte sich niemand um Eva und Miriam. Das rigide Überwachungssystem aus Kapos und Aufsehern war zusammengebrochen, und die Gefangenen waren sich selbst überlassen. Eva gelang es sogar, durch den Zaun zu klettern, um von der Sola, die am Lager entlangfloß, Wasser zu holen. Als sie das Eis aufschlagen wollte, entdeckte sie am gegenüberliegenden Ufer ein kleines Mädchen, das etwa in ihrem Alter war. Sie trug wunderschöne Kleider, das sorgfältig geflochtene Haar war mit Bändern geschmückt, und sie hatte einen Schulranzen auf dem Rücken. Für die in Lumpen gehüllte Eva, auf deren

Körper es von Läusen wimmelte, war dieser Anblick »fast unwirklich«. Sie starrte das Mädchen nur an. »Zum ersten Mal, seit wir nach Auschwitz gekommen waren«, erzählt sie, »wurde mir bewußt, daß es noch eine Welt außerhalb des Lagers gab, wo Kinder wie Kinder aussahen und in die Schule gingen.«

Eva und Miriam hatten großes Glück, daß sie noch am Leben sind, denn nach dem ursprünglichen Plan der Nationalsozialisten sollten sie zusammen mit Tausenden von Gefangenen, die zurückgelassen wurden, weil sie zu schwach waren, um an dem Massenexodus teilzunehmen, umkommen. Der Befehl für ihre Ermordung war am 20. Januar von SS-Obergruppenführer Heinrich Schmauser[2], dem Höheren SS- und Polizeiführer von Oberschlesien, an die Lagerleitung ergangen. In den darauffolgenden sieben Tagen brachten Sondereinheiten der SS etwa 700 Gefangene aus Birkenau und anderen Nebenlagern um. Aber knapp 8000 Inhaftierte, darunter Eva und Miriam, entkamen dem Tod dank dem schnellen Vormarsch der Roten Armee und der Tatsache, daß die SS-Chargen lieber ihre eigene Haut retten wollten, als den Befehl auszuführen.

Kurz darauf schwiegen die Waffen, und am 27. Januar trafen Soldaten der 1. Ukrainischen Front der Roten Armee in Auschwitz ein. Im Arbeitslager Monowitz, direkt neben den Bunawerken der I. G. Farben, fanden sie 600 Überlebende, in Birkenau knapp 6000 und im Stammlager Auschwitz gut 1000, darunter Eva und Miriam. Als Eva eine der Frauen aus ihrer Baracke rufen hörte: »Wir sind frei! Wir sind frei! Wir sind frei!«, wußte sie, daß ihr Leiden ein Ende hatte. Sie rannte zur Tür, konnte aber im Schnee nichts erkennen. Erst nach einigen Minuten sah sie die Soldaten der Roten Armee, die zur Tarnung weiße Mäntel trugen. »Wir rannten zu ihnen hin, und sie umarmten uns und gaben uns Kekse und Schokolade. Wenn man so einsam ist, bedeutet einem eine Umarmung mehr, als sich irgendjemand vorstellen kann, weil sie die menschliche Wärme ersetzte, nach der wir hungerten. Wir hungerten nicht nur nach Brot, sondern auch nach menschlicher Güte, und die sowjetische Armee stillte dieses Bedürfnis. Auch nach dem Krieg, als wir wieder zu Hause waren, sehnte ich mich immer noch am meisten nach Umarmungen und Küssen. Und deshalb sage ich meinen Schülern immer: ›Wenn du heute nachmittag heimkommst, dann drücke bitte deinen Eltern und gib ihnen einen Extrakuß für all die Kinder, die das Lager überlebt haben und niemanden hatten, der sie umarmte und küßte.‹«

Ivan Martynushkin war Leutnant einer Granatwerfereinheit der Roten Armee, die sich bis nach Auschwitz vorgekämpft hatte. Als er wenige Stunden nach der Befreiung in Birkenau eintraf, herrschte überall Totenstille. Die ehemaligen Gefangenen sahen ihn »mit Dankbarkeit in den Augen« und einem »gezwungenen Lächeln« an. »Wir hatten das Gefühl, etwas Gutes getan zu haben«, sagt er, »eine sehr gute Tat. Wir hatten unsere Pflicht erfüllt.« Aber obwohl er und seine Kameraden mit den Gefangenen »Mitleid empfanden«, waren sie nicht besonders beeindruckt von dem, was sie sahen: »Sie müssen die Psychologie von Leuten verstehen, die im Krieg waren … Ich hatte bereits über ein Jahr Kampferfahrung hinter mir und in dieser Zeit verschiedene Lager gesehen – nicht wie dieses, sondern kleinere Gefangenenlager. Ich hatte gesehen, wie Städte und Dörfer zerstört wurden. Ich hatte gesehen, wie unsere eigenen Leute leiden mußten. Ich hatte gesehen, wie kleine Kinder verstümmelt wurden. Es gab kein einziges Dorf, das nicht diese Greuel, diese Tragödie, dieses Leid erlebt hätte.«

Ivan Martynushkins Worte drücken aus, was viele empfanden, die an der Ostfront gekämpft hatten. Auschwitz war für sie im Grunde nur ein weiterer Schauplatz in einem Krieg, der schon zu viele Menschenleben gekostet hatte.

Die Befreiung von Auschwitz machte in der damaligen

Zeit keine großen Schlagzeilen. Sie wurde in den Zeitungen erwähnt: Die *Prawda* veröffentlichte am 2. Februar einen Bericht ihres Korrespondenten Boris Polevoi[3]; ein paar Tage später erschien der Artikel im *Jewish Chronicle* in Großbritannien. Aber die Befreiung erfuhr nicht dieselbe Aufmerksamkeit wie die Entdeckung des Lagers Majdanek im vorangegangenen Sommer. Majdanek war das einzige andere Lager, in dem Zyklon B zum Einsatz kam (wenn auch in einem weit geringeren Maß als in Auschwitz), und so sah die Presse Auschwitz zunächst als ein »weiteres Majdanek« an. Im Januar 1945 schienen andere Nachrichten wichtiger, nicht zuletzt das bevorstehende Treffen der »drei großen« Kriegsherren (Churchill, Roosevelt und Stalin)[4] in Jalta auf der Krim. Aber vielleicht gab es noch einen anderen Grund, warum die Befreiung von Auschwitz im Westen nicht journalistisch ausgeschlachtet wurde. Die Rote Armee hatte das Lager entdeckt, was für manche sofort die Frage nach den Überlebenschancen der Allianz, die den Krieg gewonnen hatte, aufwarf. In Polevois Artikel in der *Prawda* finden sich bereits Ansätze einer marxistischen Interpretation von Auschwitz als Inbegriff einer kapitalistischen Fabrik, die auf der Entfremdung von Arbeit beruhte. Der Artikel markierte den Beginn einer zwischen Ost und West kontrovers geführten Diskussion über die Vorgänge in den Lagern, die erst mit dem Zusammenbruch der Sowjetunion endete.

Im Januar 1945 empfanden es Eva Mozes Kor und ihre Schwester Miriam zu Recht als Glück, daß die Rote Armee sie befreit hatte. Hätten die Deutschen sie nicht zurückgelassen, sondern gezwungen, zusammen mit den anderen 60 000 sogenannten arbeitsfähigen Gefangenen aus den verschiedenen Lagern Auschwitz' den langen Marsch nach Westen anzutreten, hätten sie vielleicht nicht überlebt. Diese wenigen Wochen waren für viele, die an der Evakuierung teilnahmen, das schlimmste Erlebnis ihrer gesamten

Gefangenschaft, schlimmer als die ständigen Selektionen, schlimmer als der Hunger im Lager, schlimmer als die von Ungeziefer verseuchten, eisigen Baracken, in denen sie hausten. Dieser Exodus sollte zu Recht als »Todesmarsch« in die Annalen eingehen.

Das Konzept eines Todesmarschs war nicht neu. Im Januar 1940 mußten 800 polnische Kriegsgefangene, ausschließlich Juden, die etwa 100 Kilometer von Ludlin nach Biala Podlaska zu Fuß zurücklegen.[5] Nur eine Handvoll überlebte diesen Marsch durch das winterliche Polen; die Mehrzahl erfror oder wurde von SS-Angehörigen, die den Zug begleiteten, erschossen. In den darauffolgenden Jahren, nach der Auflösung der Ghettos, wurden viele Juden von den Nationalsozialisten auf Todesmärsche geschickt; auch die sowjetischen Kriegsgefangenen, die im Westen provisorische Lager errichten mußten, traf dieses Los.

Die Gefangenen wurden aus dem Lager geprügelt, nur mit ihrer dünnen Häftlingskleidung bekleidet, die keinerlei Schutz gegen den Schnee und den eisigen Wind eines polnischen Winters bot, und mußten sich auf der Straße aufstellen. In diesem Augenblick zeigte der SS-Angehörige Franz Wunsch mit einer letzten Geste Helena Citrónová, einer jüdischen Gefangenen, seine Liebe. Als diese und ihre Schwester Rózinka zitternd am Lagertor standen, brachte er ihnen »zwei Paar warme Schuhe: fellbesetzte Stiefel. Alle anderen trugen mit Zeitungspapier ausgelegte Holzschuhe. Er riskierte für uns sein Leben.« Wunsch teilte ihr mit, daß er zur Front geschickt würde, aber daß seine Mutter in Wien sich um sie und ihre Schwester kümmern würde, weil sie als Juden nach dem Krieg »keine andere Bleibe« haben würden. Er drückte ihr ein Stück Papier mit der Adresse seiner Mutter in die Hand. Aber nachdem er gegangen war, erinnerte sich Helena an die Worte ihres Vaters: »Vergiß nicht, wer du bist.« Er hatte ihr eingeschärft, immer daran zu denken, daß sie Jüdin war und es auch immer bleiben würde. Daraufhin warf sie den Zettel mit der Adresse von Wunschs Mutter weg.

Und so begaben sich die beiden Frauen im Schneetreiben auf den Weg nach Westen. Helena beschreibt diese ersten Tage als »unglaublich hart«. Sie mußte mit ansehen, wie andere Gefangene um sie herum »im Schnee hinfielen. Sie hatten keine Kraft mehr und starben. Jeder dachte nur an sich selbst. Es herrschte völliges Chaos. Wer lebte, der lebte. Wer starb, der starb.«

Die 19jährige Ibi Mann[6], die im vorangegangenen Jahr aus der Tschechoslowakei nach Auschwitz gekommen war, wird die Strapazen dieses Marschs nie mehr vergessen: »Sie haben uns mitten in der Nacht zusammengetrieben. Wir hatten keine Ahnung, wie spät es war. Wir wußten gar nichts. Wir waren völlig von der Welt abgeschnitten.« Trotz eines sowjetischen Bombenangriffs ganz in der Nähe bestanden die Nationalsozialisten darauf, die Gefangenen zu zählen und sie anschließend in Fünferreihen loszuschicken: »Jeder, der sich auch nur bückte, der nur einen Moment stehenblieb, wurde erschossen.« Wie so viele andere Häftlinge, die überlebten, mußte Ibi Mann die Reise nicht alleine bewältigen; ihre Schwester begleitete sie und machte ihr Mut. »Ich sagte: ›Das ist das Ende. Ich kann keinen Schritt weitergehen‹, [aber] sie zog mich weiter.« Nachts schliefen sie in Scheunen, einmal sogar in einem Schweinestall oder auch im Freien, unter kahlen Bäumen und Hekken. Ibi und ihre Schwester gehörten zu den letzten, die das Lager verließen, und auf ihrem Weg kamen sie an Gräben voller Leichen vorbei. Sie kämpften sich durch den Schneematsch, der ihre dünnen Schuhe durchweichte, so daß sich Blasen und wunde Stellen bildeten. Keine der beiden Frauen verspürte Hunger, nur schrecklichen Durst, den sie nie stillen konnte. Sie wußten, daß sie sich auf keinen Fall bücken durften, um eine Handvoll Schnee zu essen, weil man sie dann erschießen würde. Vor diesem Hintergrund gesehen, ist es kaum vorstellbar, daß die Nationalsozialisten glaubten, diese ehemaligen Insassen von Auschwitz könnten ihnen noch nützlich sein. Zu diesem Zeitpunkt des Kriegs war die deutsche Rüstungsindustrie jedoch auf Sklavenarbeit angewiesen: Ende 1944 arbeitete immerhin eine halbe Million Zwangsarbeiter in deutschen Fabriken.

Für ihre Transporte ins Reich benutzten die Nationalsozialisten zwei Routen: die eine in nordwestlicher Richtung über Mikolów zum knapp 50 Kilometer entfernten Eisenbahnknotenpunkt Gliwice (Gleiwitz), die andere in westlicher Richtung, zum etwa 60 Kilometer entfernten Bahnhof von Wodzisław. Aber auch für die, die den Marsch überlebten und in den Zug stiegen, der sie in Lager nach Deutschland oder Österreich bringen sollte, war das Martyrium längst nicht zu Ende. Ibi und ihre Schwester wurden in Waggons getrieben, die »einen halben Meter Schnee enthielten«. Die Gefangenen wurden so dicht zusammengepfercht, daß der Platz oft nicht einmal ausreichte, um sich hinzusetzen.

Morris Venezia[7], der als Mitglied eines Sonderkommandos in Auschwitz gearbeitet hatte, war einer der wenigen Gefangenen, die sich in einem der offenen Güterwagen einen Sitzplatz ergattert hatten. Auch er erinnert sich an die extreme Kälte und den Schnee, der sich auf ihn und seine Freunde legte. Viele seiner Kameraden gaben auf und starben, und er mußte dann ihre Leichen aus dem Zug werfen. Auch die folgende Begebenheit dieser mörderischen Reise ist ihm noch in deutlicher Erinnerung:

In Morris' Waggon befand sich ein deutscher Gefangener, der so lange im Schnee gestanden hatte, daß ihm vor Erschöpfung die Beine wegknickten. Er vereinbarte mit Morris, daß er sich für ein paar Zigaretten eine Weile auf Morris' Platz setzen dürfte. Morris erhob sich, nahm die Zigaretten und rauchte sie, während der Deutsche in einer Ecke des Güterwagens zusammensackte. Nach etwa zehn

Minuten, als Morris die Zigaretten zu Ende geraucht hatte, forderte er den Deutschen auf, aufzustehen. Dieser weigerte sich. »Also setzen sich ein paar Freunde von mir und ich auf ihn. Und [nach] etwa dreißig Minuten oder einer Stunde war er erstickt, und wir warfen ihn aus dem Waggon. Kein Problem. Wir waren alle froh, daß wir einen Deutschen getötet hatten.«

Selbst heute noch hat Morris »kein Problem« damit, daß er diesen deutschen Gefangenen umgebracht hat. Ihm war es egal, daß dieser Mann in Auschwitz inhaftiert gewesen war. Für ihn zählte nur die Sprache, die er gesprochen hatte: »Ich war glücklich. Sie [die Deutschen] haben meine Familie umgebracht, dreißig bis vierzig Leute, und ich habe einen Deutschen getötet. Pah! Das war gar nichts. Wenn ich hundert von ihnen töten könnte, wäre ich froh, denn sie haben uns vernichtet.« Ganz gleich, welche Fragen man ihm zu diesem Thema stellt, Morris sieht keinen Unterschied zwischen den Deutschen, die in Auschwitz das Sagen hatten, und dem deutschen Gefangenen, den er in jener eisigen Winternacht in einem offenen Güterwagen in Polen tötete. »Ist ja auch egal«, sagt er, »ich wollte mich hinsetzen, weil ich müde war. Warum sollte er weiterleben, nur weil er mir ein oder zwei Zigaretten gab? Er wollte nicht aufstehen, also haben wir uns auf ihn draufgesetzt, und er ist gestorben – ganz einfach.« Morris Venezias fehlendes Mitgefühl mit dem deutschen Gefangenen verdeutlicht den Mangel an moralischem Empfinden, der im Lager herrschte, wo Häftlinge gezwungen waren, nur an das eigene Überleben zu denken.

Das Ziel der etwa 20 000 Gefangenen aus Auschwitz war das Konzentrationslager Bergen-Belsen in Niedersachsen. Wie bereits in Kapitel 5 diskutiert, gilt Bergen-Belsen heute als Inbegriff des Grauens, vor allem wegen der erschütternden Filmaufnahmen nach der Befreiung durch die Briten am 15. April 1945. Diese Bilder von ausgezehrten Menschen, die wandelnden Skeletten ähnelten, schockierten die Welt. Dennoch handelte es sich bei Bergen-Belsen nicht um ein Vernichtungslager, sondern ein Konzentrationslager.

Während Bergen-Belsen 1943 zunächst als »Aufenthaltslager« für »privilegierte« Juden (vor allem ausländischer Nationalität) gedacht war, die gegen im Ausland internierte Deutsche ausgetauscht werden sollten, änderte sich seine Funktion im Frühjahr 1944, und es wurde zu einem Aufnahmelager für arbeitsunfähige Häftlinge. Diese wurden von den deutschen Kapos besonders brutal behandelt. Drei weitere Faktoren trugen dazu bei, daß Bergen-Belsen zu dem Schauplatz des Schreckens wurde, den die Alliierten im Frühjahr 1945 vorfanden: zum einen die Ernennung Josef Kramers im Dezember 1944 zum Lagerkommandanten, des weiteren die Streichung sämtlicher »Vergünstigungen«, die »Austauschjuden« möglicherweise genossen hatten, und zum dritten die Flut von Neuankömmlingen von den Todesmärschen Anfang 1945. Die folgenden Zahlen zeigen diese Veränderungen besonders eindrucksvoll: Ende 1944 hatte das Lager noch 15 000 Insassen; als die Briten im April 1945 eintrafen, waren es 60 000. Seitens der Deutschen wurden praktisch keine Anstrengungen unternommen, um diesen Zustrom an Gefangenen zu ernähren oder unterzubringen.

Aber Statistiken verraten nichts über persönliche Schicksale. Weit aufschlußreicher sind Geschichten wie die von Alice Lok Cahana und ihrer Schwester Edith, die im April 1945 in Bergen-Belsen interniert waren. Für sie war Auschwitz die Grenze dessen gewesen, was Menschen ertragen konnten, aber was sie hier erwartete, übertraf jedes Vorstellungsvermögen. Alice und Edith kamen in Bergen-Belsen an, als das Lager gerade von einer Typhusepidemie heimgesucht wurde. Aufgrund der extremen Überbelegung gab es praktisch keine Unterkünfte. Es gab auch nichts zu essen und so gut wie kein Wasser. Man hatte die Gefangenen von

Auschwitz hierhergebracht, um sie ihrem Schicksal zu überlassen. Im Verlauf der nächsten Wochen verloren viele den Verstand. »Es gibt keine Worte, die Bergen-Belsen beschreiben können«, sagt Alice. Jede Nacht drehte ein Kapo, der neben ihnen schlief, durch und trampelte auf Alice und ihrer Schwester herum. Die Baracken waren nur halb fertig und fielen auseinander: »Wenn man zur Toilette mußte, mußte man über Leute steigen. Manche fielen zwischen den Balken im Gang hindurch.« Tag und Nacht hörten sie die Rufe: »Wasser, Mutter! Wasser, Mutter!«

Renee Salt[8] war auch eine Gefangene aus Auschwitz, die man nach Bergen-Belsen verlegt hatte. 1945 war sie 16 Jahre alt. Obwohl sie unterwegs auf der Straße schon unzählige Leichen gesehen hatte, die von früheren Transporten stammten, war sie durch nichts auf den Anblick vorbereitet, der sich ihr im Lager bot: »Wir sahen menschliche Skelette herumlaufen, deren Arme und Beine wie Streichhölzer aussahen, die Knochen stachen aus der Haut hervor. Der Gestank war überwältigend. Nach allem, was wir schon mitgemacht hatten, schien das hier noch viel schlimmer zu sein.«

Die Organisation des Lagers war gänzlich zusammengebrochen. Es gab weder Morgen- noch Abendappelle; die Gefangenen waren viel zu schwach, um aufzustehen, und verhungerten scharenweise. Nach drei Wochen wußte Renee, daß sie sterben würde. Sie erinnert sich noch, daß irgend jemand sie auf einen britischen Panzer aufmerksam machte. Dann verlor sie das Bewußtsein. Als sie nach zehn Tagen wieder zu sich kam, befand sie sich in einer britischen Entlausungseinrichtung. Man hatte sie in einer Desinfektionslösung gebadet, und sie fühlte sich sehr schwach, aber sie war frei.

Am 15. April 1945 hörte Alice Lok Cahana, wie plötzlich jemand rief: »Befreit! Wir sind befreit!« Sie sprang sofort auf und fragte ihr Schwester: »Was heißt Befreiung? Ich muß diese Befreiung finden, bevor sie sich wieder verflüchtigt.« Sie wankte aus der Baracke und sah alliierte Soldaten in Jeeps. Aber ihre Freude war von kurzer Dauer, da Edith kranker war denn je und kurz nach der Ankunft der Briten in ein Rotkreuzkrankenhaus gebracht wurde. Alice wollte bei ihr bleiben, aber die britischen Soldaten ließen es nicht zu, da sie nicht krank genug dafür war. Alice protestierte: »Ich sagte: ›Sie verstehen das nicht. Sie können uns nicht trennen. Ich kann Ihnen helfen. Ich kann die Bettpfanne raustragen.‹« Sie versuchte, die Bettpfanne hochzuheben, aber sie konnte sich kaum auf den Beinen halten. Als sie die Tür erreichte, hob ein Soldat sie hoch, setzte sie in seinen Jeep und brachte zu ihrer Baracke zurück.

Alice, die sich immer um ihre Schwester gekümmert hatte, erst in Auschwitz, dann in Bergen-Belsen, gab sich jedoch nicht so schnell geschlagen. Am nächsten Tag ging sie trotz ihrer Schwäche wieder zum Krankenhaus. Als sie dort ankam, wurde Edith gerade in einen Krankenwagen geschoben. Schnell stieg sie ebenfalls ein und sagte: »Hier bin ich. Ich komme mit dir. Wo auch immer sie dich hinbringen.« Aber derselbe Soldat, der sie am Vortag ins Lager zurückgefahren hatte, erkannte sie und fragte: »Bist du etwa schon wieder da? Du kannst hier nicht bleiben. Wir müssen deine Schwester in ein anderes Krankenhaus bringen, ein Militärkrankenhaus.« Alice mußte wieder aussteigen und mit ansehen, wie der Krankenwagen mit ihrer Schwester davonfuhr.

Damit begann Alice' Suche nach ihrer Schwester, die ein halbes Jahrhundert andauern sollte. Sie versuchte, sie über das Rote Kreuz ausfindig zu machen. Aber sämtliche Versuche schlugen fehl. Erst 53 Jahre nach dem Verschwinden ihrer Schwester entdeckte sie in den Aufzeichnungen von Bergen-Belsen, daß eine gewisse Edith Schwartz am 2. Juni 1945 gestorben war. Schwartz war der Mädchenname von Alice' Mutter, den Edith im Lager benutzt hatte, damit man sie nicht als Alice' Schwester erkannte. Sie hatte gefürchtet, daß die Nationalsozialisten sie trennen würden, wenn sie erfuhren, daß sie Schwestern waren.

Nach 53 Jahren des Hoffens, in denen Alice jedesmal, wenn das Telefon klingelte oder ein Brief eintraf, betete, es möge ihre Schwester sein, nach all dem emotionalen Schmerz, entdeckte sie schließlich, daß ihre Schwester nur noch ein paar Tage gelebt hatte, nachdem sie sie zum letzten Mal gesehen hatte. Alice hatte ihre Schwester während der Deportation aus Ungarn und Auschwitz beschützt, auf dem Todesmarsch und während des Hungers und der Krankheiten in Bergen-Belsen, aber letztlich hatten die Nationalsozialisten sie doch noch umgebracht. »Die Befreiung kam zu spät für Dich, meine geliebte Schwester«, schrieb Alice in einem Gedicht, nachdem sie vom Tod ihrer Schwester erfahren hatte. »Wie konnten sie so etwas tun? Wie? Warum?«

Heinrich Himmler, einer der Hauptverantwortlichen für Ediths Tod, hätte in den ersten Tagen nach dem Beschluß der »Endlösung« keine Probleme gehabt, Alice Lok Cahanas Fragen zu beantworten: Die Juden mußten sterben, weil er und sein Führer sie als Bedrohung ansahen. Seine Handlungen in den letzten Monaten des Kriegs standen scheinbar in krassem Widerspruch zu dieser Aussage. Himmlers Plan eines Austauschs von Juden gegen Lastwagen 1944 in Ungarn, bei dem er sich Bandi Grosz' Hilfe bediente, um die Stimmung auszuloten, wurde bereits ausführlich diskutiert. Zwar scheiterte dieses Vorhaben, aber es wird dennoch deutlich, wie Himmlers Verstand inzwischen arbeitete. Was den Reichsführer-SS betraf, so sollte jetzt Ideologie durch Pragmatismus ersetzt werden.

Im Februar 1945 äußerte sich Himmlers flexiblere Haltung in dem Transport von 1200 Juden von Theresienstadt in die Schweiz. Die Freilassung war von der American Union of Orthodox Rabbis über eine Reihe von Mittelsmännern organisiert worden, und diesmal hieß es nicht »Juden gegen Lastwagen«, sondern »Juden gegen harte Devisen«. Rita Reh[9] war eine der Insassinnen von Theresienstadt, die ausgetauscht wurde: »Als wir im Zug waren, kam die SS und befahl uns, uns zu schminken, das Haar zu kämmen und entsprechend anzuziehen, damit wir bei unserer Ankunft passabel aussahen. Sie wollten, daß wir auf die Schweizer einen guten Eindruck machten.«

Adolf Hitler erfuhr erst aus den Schweizer Zeitungen von der Freilassung der Juden aus Theresienstadt. Er war außer sich vor Wut. Es stimmte zwar, daß bereits im Dezember 1942 Himmler Hitlers Einverständnis eingeholt hatte, bestimmte Juden gegen Devisen zu tauschen – berühmte Juden als »Geiseln« zu nehmen, entsprach der offiziellen Politik der Nationalsozialisten –, aber die Freilassung der Juden aus Theresienstadt war ohne Hitlers Wissen oder Einverständnis erfolgt und mußte ihm jetzt, da sich der Krieg in seinem Endstadium befand, wie Defätismus vorkommen. Hitler untersagte jeden weiteren Austausch dieser Art.

Aber Himmler handelte ein weiteres Mal gegen Hitlers Befehl, als er zuließ, daß Bergen-Belsen im April von den Alliierten befreit wurde. Hitler hatte befohlen, alle Konzentrationslager vor dem Eintreffen der Alliierten zu zerstören. Doch Himmler widersetzte sich ausdrücklich diesem Befehl. Man vermutet, daß er Bergen-Belsen intakt ließ, als eine Art »Zugeständnis« an die Alliierten, und selbst nicht über die Zustände im Lager Bescheid wußte. Himmlers Rechnung ging jedoch nicht auf, denn die fürchterlichen Bilder aus dem Lager schockierten die Weltöffentlichkeit. »Die Zustände in diesem Lager sind unbeschreiblich«, sagte ein britischer Soldat, der für die Wochenschau interviewt wurde. »Wenn du so etwas mit eigenen Augen siehst, weißt du, wofür du kämpfst. Die Photos in der Zeitung können das nicht ausdrücken. Die Dinge, die die verbrochen haben – niemand würde glauben, daß es Menschen sind.«

Trotz dieses fehlgeschlagenen Versuchs, die Gunst der Alliierten zu erlangen, gab Himmler noch nicht auf. Am 20. April traf er sich mit Norbert Masur, einem Abgesandter des Jüdischen Weltkongresses, und willigte ein, 1000 jüdische Frauen aus dem Konzentrationslager Ravensbrück freizulassen. Himmlers einzige Bedingung war, daß sie als »Polen«, nicht »Juden« eingeordnet würden, damit Hitler nichts davon erfuhr. Am selben Abend vertraute Himmler Felix Kersten, seinem Masseur, an: »Wenn ich noch mal von vorn anfangen könnte, würde ich vieles anders machen. Aber als treuer Soldat mußte ich gehorchen, denn kein Staat kann ohne Gehorsam und Disziplin überleben.«[10]

Nicht nur Himmler handelte in den letzten Tagen des Kriegs gegen den Befehl des Führers, sondern ganze Einheiten der SS. Tief im Innern des Führerbunkers in Berlin wurde Hitler am 21. April von Artilleriefeuer geweckt. Das Unvorstellbare war eingetreten: Die Rote Armee marschierte in Berlin ein. Hitler befahl SS-Oberstgruppenfüher Felix Steiner, einen Gegenangriff gegen Marschall Schukows 1. Weißrussische Front zu starten, die durch die nördlichen Vororte der Stadt vorrückte. Aber Steiner weigerte sich: »Als der Befehl eintraf«, erzählt Franz Riedweg[11], Steiners Adjutant, »sagte er: ›Ich werde keinen weiteren Angriff auf die Russen mehr starten. Ich würde damit Männer in den Tod schicken. Ich werde meine Truppen nicht wegen eines sinnlosen Befehls opfern.‹« Als er von Steiners Weigerung erfuhr, tobte und brüllte Hitler, wie ihn noch nie jemand im Bunker erlebt hatte. Die SS hatte ihn im Stich gelassen. Jetzt bliebe ihm nur noch, wie er sagte, sich das Leben zu nehmen.

Am 23. April wurde Himmler, der sich an diesem Tag mit Graf Folke Bernadotte, einen Repräsentanten des Roten Kreuzes, traf, von Hitlers Tobsuchtsanfall unterrichtet.

Himmler glaubte, daß er, da Hitler angekündigt hatte, er werde Selbstmord begehen (und vielleicht sogar schon tot war) nun im Namen des Reichs handeln dürfe. Er sagte Bernadotte, daß er seinen Vorschlag den westlichen Alliierten unterbreiten könne; Deutschland erkläre sich der bedingungslosen Kapitulation gegenüber Großbritannien und den Vereinigten Staaten bereit, aber nicht gegenüber der Sowjetunion.

Himmlers Plan der Teilkapitulation wurde von den Alliierten abgelehnt, aber Radio BBC berichtete darüber, wodurch Hitler von Himmlers Absicht erfuhr. Der deutsche Führer war noch nicht tot. Ganz im Gegenteil. Als er die Nachricht erhielt, fühlte er sich verraten. »Natürlich war Hitler extrem verärgert«, sagt Bernd Freiherr Freytag von Loringhoven[12], der sich als Mitglied des Generalstabs der deutschen Armee ebenfalls im Bunker aufhielt. »Militärisch gab es keine Hoffnung mehr. Aber dieser Schritt von dem Mann, dem er am meisten vertraut hatte? Dieser Mann hatte ihn im Stich gelassen und sich an die Alliierten gewandt. Hitler zog die Konsequenz daraus und diktierte sein politisches und sein persönliches Testament. Und zwei Tage später war er tot.«

Hitler beging am 30. April 1945 kurz vor 15.30 Uhr Selbstmord, als sich Soldaten der Roten Armee dem Reichstag näherten. Er hinterließ eine politische Erklärung, die er in der Nacht zuvor formuliert hatte und in der er die Juden für den Krieg verantwortlich machte. Hitler starb, wie er gelebt hatte, von Haß auf das jüdische Volk verzehrt, ohne die geringste Reue. Wie wir an der Umsetzung der »Endlösung« gesehen haben, kümmerte sich Hitler manchmal um jedes kleine Detail und hielt sich dann wieder im Hintergrund. Aber an seinem Verhalten gegenüber Himmler wird deutlich, daß er bis zum Schluß an seinem fanatischen Haß gegen die Juden festhielt.

Himmler ließ sich, im Gegensatz zu dem Mann, dem er

diente, von den Ereignissen beeinflussen: Er verhandelte nicht nur, um Juden gegen Geld zu tauschen, sondern versuchte sogar heimlich ein Friedensabkommen zu schließen. Denn Himmler schien anders als Hitler in den letzten Kriegstagen zu glauben, daß es eine Zukunft gab. Sein Vorgehen rief unter den Angehörigen der SS Bestürzung hervor. Am 5. Mai traf sich Himmler zum letzten Mal mit Führern der SS, unter ihnen Rudolf Höß. Bei diesem Treffen, das in Großadmiral Dönitz' Hauptquartier in Flensburg stattfand, verkündete Himmler, er habe nun eine neue Aufgabe, die er allein bewältigen müsse. Er befehle allen anderen, in der Wehrmacht unterzutauchen. Höß war überrascht. Er hatte eine letzte symbolische Geste erwartet, nicht diese geschmacklose Anordnung, davonzulaufen und sich zu verkriechen. Höß befolgte jedoch Himmlers Befehl und »tauchte« in der Armee »unter«, besorgte sich eine Marineuniform und versuchte sich als einfacher Soldat der Kriegsmarine auszugeben.

Aber Himmlers Zuversicht, daß das »Schicksal« Großes mit ihm vorhabe, existierte wie so viele seiner Ideen nur in seiner Phantasie. Am 23. Mai, gut zwei Wochen nach seinem letzten Treffen mit Höß, beging er Selbstmord, nachdem er hatte einsehen müssen, daß die Alliierten niemals mit einem Mann, der Millionen auf dem Gewissen hatte, Geschäfte machen würden. Daß er je solche Hoffnungen gehegt hatte, sagt viel über diesen Mann aus: seine Fähigkeit zur Selbsttäuschung, sein übersteigertes Selbstbewußtsein, sein übertriebener Optimismus. Aber vor allem zeigt es seinen Opportunismus: Er, der jahrelang Hitlers loyales Werkzeug gewesen war, wandte sich von heute auf morgen von ihm ab, um sich einem neuen Herrn anzubiedern.

Nachdem Hitler und Himmler tot und viele der Täter untergetaucht waren, hätten die Lagerinsassen in den Tagen direkt nach Kriegsende eigentlich aufatmen können. Aber dem war nicht so.

Helena Citrónová und ihre Schwester irrten im Mai und Juni 1945 durch das befreite Deutschland und trafen auf den Straßen auf Scharen von Deutschen, die auf der Flucht in den Westen waren. Sie schliefen in Scheunen oder ausgebombten Häusern und ernährten sich von Essensabfällen. Nach kurzer Zeit trafen sie auf Soldaten der Roten Armee. Helena und ihre Schwester erlebten diese Männer weniger als Befreier, sondern eher als Eroberer. Manche der sowjetischen Soldaten machten die Nachtlager der Flüchtlinge ausfindig. »Sie waren betrunken, total betrunken«, berichtet Helena. »Sie benahmen sich wie wilde Tiere.« Die Soldaten kamen nachts zu ihnen, »auf der Suche nach hübschen Mädchen, die sie dann vergewaltigten«. Helena versteckte sich unter ihrer Schwester, die zehn Jahre älter war und oft für ihre Mutter gehalten wurde, und hoffte, daß dieser Anblick die Soldaten milde stimmen würde. Der Trick funktionierte. Aber sie hörte alles mit an, was die Soldaten den anderen Frauen antaten: »Ich hörte sie schreien, bis sie keine Kraft mehr hatten und verstummten. Es gab Fälle, in denen Frauen zu Tode vergewaltigt wurden. Sie erwürgten sie einfach. Ich drehte den Kopf weg, weil ich es nicht mit ansehen wollte, weil ich ihnen nicht helfen konnte. Ich hatte Angst, daß sie meine Schwester und mich vergewaltigen würden. Es waren Tiere. Egal, wo wir uns versteckten, sie fanden unsere Verstecke und vergewaltigten meine Freundinnen. Sie taten ihnen schreckliche Dinge an. Bis zum letzten Augenblick dachten wir, wir würden nicht überleben. Wir dachten, wenn wir nicht durch die Deutschen umkommen, dann durch die Russen.«

Helena entkam nur mit knapper Not diesem Schicksal. An einem schönen Frühlingsmorgen schwang sie sich aufs Fahrrad und radelte los. Sie »war ganz begeistert vom Fahrradfahren. Als Kind hat es mir soviel Spaß gemacht; ich habe vor allem die Freiheit und die Stille genossen.« Als sie an einem verlassenen Lagerhaus Rast machte, »kam ein

Russe auf einem Motorrad. Er hatte eine junge Frau gesehen, jüdisch oder nicht jüdisch, das spielte keine Rolle. Er warf sein Motorrad hin, und dann begann ein fürchterlicher Kampf. Ich weiß nicht, wie ich es schaffte, von ihm loszukommen, diesem brutalen Schwein. Er hatte lange keinen Sex gehabt, aber es gelang ihm nicht, mich zu vergewaltigen. Ich trat um mich und biß und schrie, und er fragte mich die ganze Zeit, ob ich Deutsche wäre. Ich sagte: ›Nein, ich bin eine Jüdin aus dem Lager‹. Ich zeigte ihm die Nummer auf meinem Arm. Und in diesem Augenblick ließ er von mir ab. Vielleicht war er selbst Jude. Ich weiß es nicht. Er drehte sich um, stand auf und rannte davon.«

Die genaue Zahl von Vergewaltigungen, die von sowjetischen Soldaten während ihres Vormarschs durch Deutschland sowie kurz nach dem Krieg begangen wurden, läßt sich nicht mehr feststellen, aber sie geht bestimmt in die Hunderttausende. Vor kurzem gingen Berichte über die Brutalität russischer Soldaten gegenüber deutschen Frauen in Städten wie Berlin durch die Medien. Aber daß Frauen, die in Lagern wie Auschwitz bereits unsägliches Leid ertragen mußten, anschließend von ihren Befreiern vergewaltigt wurden, war eine Ironie des Schicksals.

Diese Taten erhielten durch die Tatsache, daß es sich bei den Vergewaltigern um ihre eigenen Landsleute handelte, noch einen besonders perfiden Beigeschmack. Stalin hatte behauptet, daß es keine sowjetischen Kriegsgefangenen gab, nur »Vaterlandsverräter«. Daß seine Soldaten diese Einstellung teilten, wurde deutlich, als Einheiten der Roten Armee in dem Konzentrationslager in Südpolen eintrafen, in dem Tatiana Nanieva[13] gefangengehalten wurde. Sie wurde 1942 von den Deutschen aufgegriffen, als diese das Krankenhaus einnahmen, in dem sie als Krankenschwester arbeitete. Während ihrer zweieinhalbjährigen Haft mußte sie mit ansehen, wie andere sowjetische Frauen im Lager von den Deutschen vergewaltigt wurden. Im Januar 1945 dann hörte sie die Soldaten der Roten Armee mit großem Tamtam anrücken; mit hoch erhobenem Kopf sangen sie patriotische Lieder: »Wir waren glücklich, in Hochstimmung. Wir glaubten, daß der Sieg zum Greifen nahe war und wir bald wieder ein normales Leben führen würden. Ich sehnte mich nach meiner Heimat, nach meiner Familie.« Als sie angesichts der Befreiung von Glücksgefühlen durchströmt wurde, kamen zwei Offiziere der Roten Armee auf sie zu. Einer von ihnen war betrunken und rief: »Wie seid ihr denn den Erwartungen gerecht geworden? Ihr Huren!« Für Tatiana brach eine Welt zusammen, während er schwankend vor ihr stand und nach seiner Pistole griff. Sie rannte davon und es gelang ihr, sich zu verstecken, bis die sowjetischen »Befreier« ihren Rausch ausgeschlafen hatten. Aber ob betrunken oder nüchtern geäußert, der Vorwurf blieb derselbe: »Verrat am Vaterland«. Für ihr »Verbrechen«, sich von den Deutschen gefangennehmen zu lassen, wurde sie zu sechs Jahren in einem Gulag und im Anschluß daran zu lebenslänglicher Verbannung in Sibirien verurteilt.

Pavel Stenkin[14], der allen Widrigkeiten zum Trotz Auschwitz überlebt hatte, erging es nicht anders. Er hatte zu den ersten 10 000 sowjetischen Gefangenen gehört, die im Oktober 1941 nach Auschwitz kamen, um das Lager Birkenau zu bauen. Im darauffolgenden Frühjahr, als nur wenige hundert noch übrig waren, gelang ihm die Flucht, und er schloß sich der vorrückenden Roten Armee an. Aber statt freudig begrüßt zu werden und mit den anderen kämpfen zu dürfen, wurde er wochenlang verhört; die Standardfrage seiner Peiniger lautete: »Wann sind Sie in die deutsche Armee eingetreten?« Er wurde ins Exil nach Perm, einem Sperrgebiet im Uralgebirge, geschickt, wo man ihn weiter verhörte: »Ich wurde jede Nacht geweckt: ›Gib das zu, stimm dem zu, wir wissen alles: Du bist ein Spion.‹ Sie quälten mich. Sie waren erbarmungslos.« Nach einigen Monaten, in denen er tagsüber arbeitete und nachts verhört wurde, verurteilte man Stenkin aufgrund einer erfundenen Straftat zu mehreren Jahren Haft. Der Zynismus des sowjetischen Rechtssystems wird daran deutlich, daß die Richter den Fall im Eiltempo verhandelten, weil sie für denselben Abend Theaterkarten hatten. Erst nach Stalins Tod, im Jahr 1953, wurde Stenkin entlassen: einer von über einer Million sowjetischen Soldaten, die zweimal inhaftiert wurden, erst von den Deutschen und dann von ihren eigenen Landsleuten.

Pavel Stenkins und Tatiana Nanievas Erlebnisse sind vor allem deshalb von Bedeutung, weil sie der einseitigen Sichtweise vieler im Westen etwas entgegensetzen. Für Generationen von Briten und Amerikanern bedeutete dieser Krieg einen Kampf der »Guten« gegen die »Bösen«. Zweifellos profitierte die Welt ungemein davon, daß die Nationalsozialisten besiegt wurden. Aber was sich nach dem Krieg abspielte, ist weniger einfach, als uns der Mythos glauben machen will. Nicht nur für die sowjetischen Gefangenen, die von der Roten Armee befreit wurden, gab es noch ein bitteres Nachspiel.

Als sich das Ende des Kriegs abzeichnete, beging auch Stalin Verbrechen, die an die »Endlösung« der Nationalsozialisten erinnern. Ebenso wie Hitler verfolgte er ganze Volksgruppen. Fast 100 000 Kalmyken aus der Steppe südlich von Stalingrad wurden nach Sibirien deportiert, weil sie in den Augen des sowjetischen Diktators den Deutschen nicht genug Widerstand entgegengebracht hatten. Die Krimtartaren, die Tschechen und viele andere ethnische Minderheiten innerhalb der Sowjetunion mußten in den letzten Kriegstagen und nach Kriegsende dasselbe Schicksal erleiden. Niemand kennt die genaue Zahl der Sowjetbürger, die deportiert wurden, aber es sind gewiß mehr als eine Million. Im Gegensatz zu den Juden, die zu einem Großteil von den Nationalsozialisten ermordet wurden, durfte die überwiegende Mehrheit von ihnen nach Stalins

Tod in ihre Heimat zurückkehren. Dennoch erduldeten sie schweres Leid, weil Stalin ganze Volksgruppen für die Vergehen einzelner büßen ließ.

Im Mai 1945 tauschte Osteuropa einen grausamen Diktator gegen den nächsten ein, was viele Überlebende von Auschwitz, die in ihre Heimat zurückkehren wollten, zu spüren bekamen. Zunächst hatte Linda Breder[15] nur gute Erfahrungen mit der sowjetischen Besatzungsmacht gemacht. Schließlich waren sie es, die die Nationalsozialisten besiegt, die Lager befreit und die Massenvernichtung der Juden beendet hatten. Die Soldaten der Roten Armee, die sie am 5. Mai aus einem Lager nördlich von Berlin, wohin sie nach zweieinhalb Jahren in Auschwitz verlegt worden war, befreiten, waren »sehr freundlich« zu ihr und den anderen Häftlingen. Sie halfen ihnen bei der Beschaffung von neuen Kleidern, damit sie endlich die verhaßte gestreifte Häftlingskleidung ablegen konnten, indem sie sie zu einem deutschen Haus in der Nähe führten und sie aufforderten, sich zu bedienen. Die verängstigte Frau, die dort wohnte, schrie: »Keine SS! Keine SS!« als Linda und andere slowakische ehemalige Mitgefangene sie beiseite schoben und sich auf die Suche nach Kleidern machten. Als sie den Schrank öffneten, entdeckten sie mehrere SS-Uniformen: Zweifellos handelte es sich um die Ehefrau eines SS-Manns! Daraufhin »plünderten« sie das ganze Haus, warfen Federbetten und andere Besitztümer aus dem Fenster und nahmen alle Kleidungsstücke, die sie gebrauchen konnten, mit. Linda Breder beteuert, daß sie die Frau nicht anrührten, gibt aber zu, daß ein »kräftiges Mädchen« sie »packte und anschrie«.

Linda hatte nur den einen Wunsch, so schnell wie möglich in die Slowakei zurückzukehren. Andere träumten von einem neuen Leben in Amerika oder Israel, aber sie wollte nur nach Hause. Und so begann ihre lange Reise zusammen mit anderen slowakischen Ex-Häftlingen durch ein vom Krieg verwüstetes Europa, dessen Bahngleise zerstört und Straßen zerbombt waren. In Berlin sahen sie deutsche Kriegsgefangene Straßen planieren und riesige Schlaglöcher auffüllen. Der Anblick von Mitgliedern der »Herrenrasse«, die körperliche Arbeit verrichteten, begeisterte Linda und die anderen Frauen so sehr, daß sie den Soldaten der Roten Armee, der sie beaufsichtigte, fragten, ob sie mit ihnen reden könnten. Er willigte ein, und die Frauen begannen sie zu verhöhnen und herumzukommandieren: »Schnell! Schnell! Beeilt euch! Beeilt euch!« Mehr noch als bei der »Plünderung« des deutschen Hauses wurde Linda Breder nun bewußt, daß sie nie mehr Angst vor den Deutschen haben mußte. Sie würde nie mehr die Panik in ihrem Herzen spüren müssen, wenn Selektionen vorgenommen wurden, und fürchten müssen, daß man sie zum Tode verurteilte.

Hinter Berlin gingen sie zu Fuß, da es kein anderes Transportmittel gab. Eines Tages, als sie eine staubige Landstraße entlanggingen – es war im heißen Sommer des Jahres 1945 – hielten ein paar Soldaten der Roten Armee an und boten ihnen an, sie ein Stück mitzunehmen. Linda und die anderen Frauen »hatten wirklich Angst, da sie oft Mädchen vergewaltigten«, aber sie waren müde vom Laufen und kletterten trotz ihrer Furcht auf den Lastwagen. Nach ein paar Kilometern hielten die Soldaten plötzlich an und raubten sie aus. »Sie stahlen sogar die Dinge, die wir den Deutschen gestohlen hatten«, sagt Linda Breder. »Aber wenigstens kamen wir mit heiler Haut davon.«

Und so setzten sie ihren beschwerlichen Fußmarsch fort. Ab und zu wurden sie ein Stück mitgenommen, aber den größten Teil der Strecke legten sie zu Fuß zurück. Schließlich erreichten sie Prag, wo Linda und ein paar der anderen Frauen Zuflucht fanden. Aber Linda war noch immer von dem Wunsch beseelt, so rasch wie möglich heim in die Slowakei zu kommen. Sobald der Zug wieder zwischen Prag und Bratislawa, der Hauptstadt der Slowakei, verkehrte, reiste Linda zu ihrer Familie nach Stropkov im Osten der Slowakei. Endlich, nach über drei Jahren Abwesenheit, nach ihrer Deportation in Güterwagen, nach den Entbehrungen und den Qualen in Auschwitz und der mühevollen Reise von Norddeutschland nach Hause, endlich hatte sie das Ziel erreicht, von dem sie so lange geträumt hatte: Sie stand vor ihrem Elternhaus! Aber es schien jetzt von Fremden bewohnt zu sein. Sie klopfte an die Tür, die kurz darauf von einem Russen oder Ukrainer geöffnet wurde. »Was willst du?« fragte er unfreundlich. »Ich bin nach Hause gekommen«, antwortete sie. »Geh dorthin zurück, wo du herkommst!« sagte er und schlug ihr die Tür vor der Nase zu.

Linda war wie betäubt. Sie ging die Hauptstraße ihres Heimatorts entlang, als ihr plötzlich bewußt wurde, daß sämtliche Häuser, die früher ihren Freunden und Verwandten gehört hatten, jetzt von Sowjetbürgern bewohnt wurden: »Als ich in die Fenster dieser Häuser sah, hatte ich das Gefühl, beobachtet zu werden.« Nur die nichtjüdische Bevölkerung des Ortes lebte noch dort, und da Linda und ihre Familie früher freundlichen Umgang mit ihnen gepflegt hatten, dachte sie, sie würden sie willkommen heißen. Aber sie täuschte sich. »Ich erkannte eine Frau«, sagt Linda, »aber sie kam nicht heraus, um mir zu sagen: ›Ich freue mich, dich zu sehen.‹ Alle hielten Abstand, als hätte ich eine ansteckende Krankheit oder so. Am nächsten Tag verließ ich diesen Ort und bin nie mehr dorthin zurückgekehrt. Zurückzukommen war mein schlimmstes Erlebnis. Es war wirklich niederschmetternd.«

Linda Breders Schicksal teilten viele Überlebende, nicht nur ehemalige Gefangene von Auschwitz, sondern auch von anderen Lagern. In der Gefangenschaft hatte sie der Gedanke an ihr Zuhause aufrechterhalten, die Hoffnung, nach dem Krieg wieder ihr altes Leben aufnehmen zu können. Aber das war unmöglich. Linda Breder kehrte schließlich der Slowakei den Rücken und wanderte nach Kalifornien aus.

Walter Fried[16] ist ein weiterer slowakischer Jude, der im Sommer 1945 in seine Heimat zurückkehrte. Er war 17 Jahre alt und mit seiner Familie in einem Arbeitslager in der Slowakei inhaftiert gewesen. Im Oktober 1942 wurden die Deportationen von Juden aus der Slowakei eingestellt, zum Teil aufgrund des Drucks innerhalb der slowakischen Regierung und zum anderen, weil man eine Anzahl slowakischer Juden als Zwangsarbeiter im eigenen Land einsetzte, statt sie an die Nationalsozialisten auszuliefern. Walter stammte aus einer relativ wohlhabenden Familie: Sein Vater besaß in Topolcany ein Restaurant und ein kleines Taxiunternehmen, und bis 1939 hatte die Familie mit ihren Nachbarn in Frieden zusammengelebt. Jetzt, nach dem Ende des Kriegs, wollten sie ihr altes Leben wiederaufnehmen.

Sie gehörten einer kleiner Minderheit an: Von 3200 Juden, die vor dem Krieg in der Stadt gewohnt hatten, kehrten nur etwa 10 Prozent zurück. Bei ihrer Rückkehr erwartete sie etwas, womit sie nicht gerechnet hatten: Haß. In ihrer Wohnung wohnte inzwischen ein neuer Mieter, der sich weigerte auszuziehen. Auch ihr Restaurant hatte einen neuen Besitzer, der ihnen mitteilte, daß unter der sowjetischen Besatzung das Unternehmen »verstaatlicht« worden sei, und da er die Miete bezahle, sei er nun der rechtmäßige Betreiber.

Die Familie Fried sah nur noch eine Möglichkeit: Walters Vater hatte gute Freunde, eine christliche Familie, vor ihrer Deportation gebeten, ihr Gold, ihren Schmuck und ihr Geld zu verstecken. Jetzt wollten sie ihr Eigentum zurückhaben. Sie trafen ihre Freunde zum Mittagessen. Zunächst drehte sich das Gespräch nur um Belanglosigkeiten. Schließlich sprach Walters Vater das Thema an, das allen durch den Kopf ging: »Wir haben ein kleines Päckchen bei euch gelassen, und ihr wißt genau, was es enthielt: Gold, Diamanten und Geld.« Aber ihre Freunde hatten etwas anderes in Erinnerung, behaupteten, die Frieds hätten nur ein paar Kleider bei ihnen gelassen, die sie ihnen gern zurückgeben würden. »Wir haben euch Gold und Diamanten gegeben!« rief Walters Vater verzweifelt. Aber es nützte nichts; sie bekamen ihre Wertgegenstände nicht wieder.

Die Frieds schmerzte nicht nur der offensichtliche Betrug, sondern vor allem der Verrat durch ihre Freunde. »Wir verloren unsere letzte Hoffnung«, sagt Walter Fried, »daß die guten Christen, die Juden freundlich gesinnt waren, die von den Juden unterstützt wurden – die in unserem Restaurant etwas zu essen bekamen, auch wenn sie kein Geld hatten –, daß die uns wenigstens helfen würden. Sie wollten nicht, daß wir zurückkommen, damit sie nicht ihre Rechnung begleichen und uns ins Gesicht sagen mußten: ›Wir schulden euch nichts.‹ Unsere besten Freunde wurden unsere schlimmsten Feinde. 1945 war die Situation bedrohlicher als bei unserer Deportation 1942. Soviel Haß gab es.«

Der Haß gegen sie wurde eines Abends im Sommer 1945 zur körperlichen Bedrohung. Walter und sein Vater gingen eine Straße in Topolcany entlang, als sie auf eine Gruppe von etwa 30 jungen Leuten trafen. Einer von ihnen war ein ehemaliger Schulfreund von Walter namens Josho. Joshos Verhalten war jedoch alles andere als freundschaftlich. Die Gruppe kam auf Walter und seinen Vater zugestürmt und begann auf sie einzudreschen: »Juden! Ihr seid Juden!« rief Josho, während er sie schlug. Als Walter verletzt auf dem Boden lag, erinnerte er sich daran, wie er vor dem Krieg mit Josho sein Pausenbrot geteilt hatte. Er sagte zu ihm: »Reicht es nicht, daß du mein Brot gegessen hast? Jetzt kommst du und schlägst mich zusammen! Warum?« Aber Josho erwiderte nur: »Jude! Du bist ein Jude!«

Andere aus der Horde brüllten: »Juden! An euren Händen klebt das Blut von Christen!« Sie schlugen nicht nur mit

Fäusten, sondern auch mit Stöcken auf Walter und seinen Vater ein, bis beide schwer verletzt waren. Der Angriff geschah mitten auf einer der belebtesten Straßen der Stadt, und Walter mußte erleben, daß ihnen niemand zu Hilfe eilte, obwohl einige der Passanten sie kannten. »Ich hatte geglaubt, viele Bekannte zu haben«, erzählt Walter, »aber plötzlich kannte uns niemand mehr.« Dann zerrten die Jugendlichen sie zur nächsten Polizeiwache und ließen sie dort auf der Treppe liegen. »Die Polizei war auch nicht besser«, sagt Walter. »Statt sie davonzujagen oder festzunehmen, ließen sie sie einfach laufen. Dann verprügelten sie uns.« Walter wußte, daß er nicht länger in der Slowakei bleiben konnte, und nahm die erste Gelegenheit war, nach Israel zu emigrieren, wo er noch heute lebt.

Es gab auch Berichte über Pogrome an Juden in Polen, und niemand weiß, wie viele Juden, die aus den Lagern nach Osteuropa zurückkehrten, ähnliche Erfahrungen machten. Es existieren keine Statistiken über die Zahl derer, die um ihren Besitz betrogen wurden. Aber Walter Frieds und Linda Breders Geschichten legen nahe, daß es sich dabei um keine Einzelfälle handelte. In der Atmosphäre der Nachkriegsjahre, als die Bevölkerung versuchte, sich unter den neuen Machthabern einzurichten, hatte Gerechtigkeit gegenüber Juden, die die Verfolgung durch die Nationalsozialisten überlebt hatten, keinen hohen Stellenwert.

Toivi Blatt, der im Oktober 1943 aus Sobibór geflüchtet war, machte ebenfalls die Erfahrung, daß sein Leben nie wieder so sein würde wie früher. Als er nach der Revolte durch Polen reiste, sich vor den Deutschen versteckte und auf die heimische Bevölkerung angewiesen war, verweigerten ihm viele Polen ihre Hilfe, nicht aus Angst vor den Nationalsozialisten, sondern aufgrund ihrer Judenfeindlichkeit. Als schließlich ein Bauer ihm im Keller in einer seiner Scheunen Unterschlupf gewährte, geschah es nicht aus Nächstenliebe, sondern es handelte sich um eine rein geschäftliche Angelegenheit. Als der Krieg länger andauerte als erwartet, drang ein Verwandter des Bauern in Toivis Versteck ein und versuchte, ihn umzubringen. Nur weil er sich totstellte, überlebte er mit knapper Not.

Bei Kriegsende kehrte Toivi Blatt in seinen Heimatort Izbica zurück, mußte aber ebenso wie Linda Breder und Walter Fried feststellen, daß die jüdische Gemeinde nicht mehr existierte. Er versuchte, sich anderswo in Polen eine Existenz aufzubauen, scheiterte jedoch: »Den größten Teil meines Lebens habe ich in Polen verbracht«, sagt er, »[aber] ich habe immer noch das Gefühl, daß ich hier nicht hingehöre. Ich wollte heiraten, aber es gab da ein Problem: Wie würde sie reagieren, wenn sie erfuhr, daß ich Jude war? Die meisten sind nicht begeistert, das kann ich Ihnen sagen.« Nach seinen negativen Erfahrungen beschloß Toivi 1957, sein Heimatland zu verlassen, und emigrierte erst nach Israel und dann in die USA. Er meinte, auch bei der Kommunistischen Partei Polens Antisemitismus gespürt zu haben, die seiner Meinung nach die Juden als »fünfte Kolonne« des Westens ansah.

In Amerika gelang es Toivi Blatt schließlich, sich ein neues Leben aufzubauen, aber er hatte immer das Gefühl, daß ein Teil von ihm in Polen geblieben war. Und so besuchte er Izbica Anfang der 90er Jahre. Er kehrte in einen Ort zurück, in dem früher einmal 4000 Juden gelebt hatten und es jetzt keinen einzigen mehr gab. Ein katholischer Freund hatte ihm angeboten, daß er jederzeit bei ihm wohnen könne, aber als Toivi jetzt bei ihm auftauchte, war keine Rede mehr davon. Der »Freund« wies ihn ohne Begründung ab. Aber Toivi glaubte den Grund zu wissen: »Er wollte nicht, daß die Nachbarn erfuhren, daß er einen Juden bei sich übernachten ließ.«

Auch jene Polen, die ihm im Krieg geholfen hatten, zeigten ihm jetzt die kalte Schulter. Toivi gibt zu, daß es auch großzügige Polen gab, die ihn auf seinem langen Weg von

Sobibór nach Izbica mit Essen versorgten und ihm Unterschlupf gewährten (und jüngste Untersuchungen bestätigen, daß in Warschau Tausende von mutigen Menschen ihr Leben riskierten[17]), aber statt jetzt stolz auf ihre damalige Tat zu sein, empfanden viele nur Scham. Als Toivi mit einem katholischen Priester durch ein Nachbardorf ging, zeigte er diesem das Haus von jemandem, der ihm im Krieg geholfen hatte. Er wollte auf das Haus zugehen, aber der Mann versteckte sich hinter der Gardine und wollte ihn nicht hereinlassen. Toivi wußte, warum: »Viele, die Juden versteckt hatten, wollten nicht, daß die Nachbarn davon erfuhren, weil sie dann sofort sagen würden: ›Der muß eine Menge Geld haben; schließlich hat er Juden versteckt.‹«

Wie weit Antisemitismus noch verbreitet ist, zeigt Toivis Erfahrung, als er sein ehemaliges Elternhaus in Izbica aufsuchte. Er klopfte an die Tür und bat den jetzigen Bewohner, ihn einzulassen, damit er sich in dem Haus, in dem er aufgewachsen war, in dem er sich vor den Deutschen versteckt hatte und in dem seine geliebten Eltern ihre letzten Tage vor der Deportation verbracht hatten, etwas umsehen könnte. Nachdem drei amerikanische Dollars den Besitzer gewechselt hatten, durfte er eintreten. Toivi fiel ein Stuhl im Wohnzimmer auf, und er bemerkte, daß er seinem Vater gehört hatte. »O nein«, erwiderte der Mann, »das ist unmöglich.« Toivi nahm den Stuhl, drehte ihn um und zeigte dem Mann, daß dort sein Familienname stand, woraufhin dieser meinte: ›Herr Blatt, warum die Komödie mit dem Stuhl? Ich weiß, warum Sie hier sind.« Toivi blickte ihn amüsiert an. »Sie sind wegen des versteckten Geldes gekommen«, fuhr der Mann fort. »Wir könnten es teilen: 50 Prozent für Sie und 50 für mich.« Wütend verließ Toivi Blatt das Haus und ging davon, ohne sich noch einmal umzudrehen.

Es gibt ein passendes Nachspiel zu dieser Geschichte. Als er das nächste Mal nach Izbica kam, lag Toivis Elternhaus in Trümmern. Er fragte die Nachbarn, was passiert sei. »Oh, Herr Blatt«, sagten sie, »nachdem Sie gegangen waren, konnten wir keine Nacht mehr schlafen, weil er Tag und Nacht nach dem Schatz suchte, den Sie angeblich vergraben hatten. Er nahm den Fußboden auseinander, die Wände, einfach alles. Und dann stellte er fest, daß es zuviel Geld kosten würde, das Ganze wieder zu reparieren. Deshalb steht dort jetzt eine Ruine.«

Während die Nachkriegserfahrungen von Toivi Blatt, Linda Breder und Walter Fried die dunkle und deprimierende Seite der menschlichen Natur widerspiegeln, zeugen die Beispiele aus einem anderen Teil Europas von Nächstenliebe. Als die dänischen Juden in ihre Heimat zurückkehrten – die Mehrzahl aus dem schwedischen Exil, einige aus dem Ghetto Theresienstadt –, wurden sie herzlich empfangen. »Es war nicht wie an anderen Orten, wo sich Fremde den Besitz von Juden unter den Nagel gerissen und sich dort häuslich eingerichtet hatten«, erzählt Bent Melchior.[18] »Hier war nichts angerührt worden.« Nach der Rückkehr der Familie Melchior kündigte der Besitzer ihres Hauses den jetzigen Mietern, und nach drei Monaten führten sie dasselbe Leben wie vor ihrer Deportation. Ihr Hausbesitzer hatte sogar ihre Möbel für sie aufbewahrt.

Rudy Bier[19] und seine Familie fanden ebenfalls ihre Wohnung bei ihrer Rückkehr »tadellos in Ordnung« vor. Ihre Freunde hatten während ihrer jahrelangen Abwesenheit die Miete bezahlt. »Es war ein wunderbares Gefühl«, sagt er, »erwartet zu werden.« Nur die Freude der Eltern seiner Frau war bei ihrer Rückkehr etwas getrübt. Sie hatten eine frisch geschlachtete Ente in ihrer Wohnung zurückgelassen, die, als sie 18 Monate später zurückkamen, verwest war. Danach aß seine Schwiegermutter ihr Leben lang keine Ente mehr.

Wie wir gesehen haben, erging es den dänischen Juden im allgemeinen besser als den polnischen oder slowakischen.

Die Gründe dafür sind vielfältiger Natur. In den von der Sowjetunion besetzten Gebieten war es Juden aufgrund des neuen politischen Systems praktisch unmöglich, ihren Besitz zurückzubekommen, da der kommunistischen Lehre zufolge Privateigentum verpönt war. Die Nichtjuden, die in die ehemaligen Häuser oder Wohnungen von Juden gezogen waren, konnten zu Recht behaupten, daß sie staatliches Eigentum bewohnten und dafür Miete bezahlten (wie im Fall der Frieds der neue Pächter ihres Restaurants). Außerdem war es nicht im Interesse der Nichtjuden in jenen Ländern, ihr Verhalten während der Besatzung und der Judenverfolgung zu hinterfragen und gegenüber den zurückgekehrten Juden Rechenschaft abzulegen. Das Bestreben der Sowjetunion, den Völkermord nur als Bestrafung für »Gegner des Faschismus« hinzustellen, trug mit dazu bei, daß viele Nichtjuden im Osten die traumatischen Ereignisse aus den Tagen der »Endlösung« aus ihrem Gedächtnis verbannten, da sie zu viele unangenehme Fragen aufwarfen.

Zahlreiche Beispiele zeigen, wie schwer es für die meisten Menschen ist, gegen die vorherrschenden kulturellen Normen aufzubegehren. Das Verhalten von Walter Frieds altem Freund Josho war nicht das Ergebnis einer bewußt getroffenen Entscheidung, sondern resultierte vielmehr aus seinen veränderten Lebensumständen unter dem neuen sowjetischen Regime. Zudem erinnerten ihn die zurückgekehrten Juden an eine Vergangenheit, der er gern vergessen wollte. Man hat immer eine Wahl, aber oft ist es leichter, mit dem Strom zu schwimmen, wofür man selbst Antisemitismus und Judenverfolgung in Kauf nimmt.

Die Dänen andererseits wurden nicht mit derartigen Schwierigkeiten konfrontiert. Weil sie sich im Herbst 1943 den von den Nationalsozialisten geforderten Deportationen widersetzt hatten, konnten sie die zurückkehrenden Juden ohne schlechtes Gewissen willkommen heißen. Ökonomisch, politisch, vielleicht sogar moralisch war es direkt nach dem Krieg leichter, ein Däne zu sein als ein Pole oder ein Slowake. Nicht, daß das Leben für alle Juden in Westeuropa ein Zuckerlecken gewesen wäre. Trotz der Arbeit des Joint Distribution Committee, einem bedeutenden jüdischen Hilfswerk, und der gemäß dem Luxemburger Abkommen geleisteten Wiedergutmachung der Bundesrepublik Deutschland an Israel in den 50er Jahren gingen viele Juden leer aus. Der Kampf um angemessene Entschädigung währt bis zum heutigen Tag.

Während das Schicksal vieler Opfer des Nationalsozialismus ungewiß war, wußten ihre Peiniger nach der Kapitulation Deutschlands genau, was sie erwartete: Strafverfolgung und Haft. Ebenso wie Rudolf Höß seine Vergangenheit zu beschönigen suchte, versuchte auch Oskar Gröning[20], ein viel kleineres Rad im Getriebe, seinen Kopf zu retten. 1944 war sein Antrag auf Versetzung an die Front endlich genehmigt worden, und er wurde einer SS-Einheit zugeteilt, die in den Ardennen kämpfte. Nach seiner Verwundung und dem anschließenden Aufenthalt in einem Feldlazarett kehrte er zu seiner Einheit zurück, bevor sich diese am 10. Juni 1945 den Briten ergab. In der Gefangenschaft bekamen alle Häftlinge einen Fragebogen ausgehändigt. Gröning begriff, daß ihm die »Arbeit im Konzentrationslager Auschwitz negativ ausgelegt würde«, und so versuchte er, »die Aufmerksamkeit davon abzulenken«. Er schrieb, daß er im Wirtschaftsverwaltungshauptamt der SS in Berlin gearbeitet habe. Er empfand nicht etwa Schuldgefühle wegen der Geschehnisse in Auschwitz, sondern war davon überzeugt, daß »der Sieger immer im Recht ist und wir wußten, daß das, was dort [in Auschwitz] passiert war, nicht immer mit den Menschenrechten vereinbar war«. Gröning meint noch immer: »Meine Zeit als Kriegsgefangener war die Konsequenz meiner Mitgliedschaft in der Waffen-SS, die hinterher zu einer kriminellen Organisation gemacht wurde.

So fand ich heraus, daß ich in einer kriminellen Organisation mitgewirkt hatte, ohne daß ich mir bewußt war, ihr jemals beigetreten zu sein.«

Zusammen mit seinen Kameraden von der SS wurde er in einem ehemaligen Konzentrationslager der Nationalsozialisten untergebracht, wo es »nicht sehr angenehm war: die Rache der Sieger eben«. 1946 verlegte man ihn nach England, wo er sich wohler fühlte. Als Zwangsarbeiter führte er »kein schlechtes Leben«. Er bekam eine gute Verpflegung und verdiente sich auch ein Taschengeld. Er trat dem Chor des YMCA bei und tourte vier Monate lang durch die Midlands und Schottland. Er trug deutsche Kirchenlieder und alte englische Volksweisen wie »A Lover and His Lass« vor, und das Publikum war begeistert. Die Zuhörer rissen sich sogar darum, einen Deutschen bei sich aufzunehmen, ihm ein bequemes Bett zur Verfügung zu stellen und morgens ein kräftigendes Frühstück zu servieren.

Als er schließlich 1947 entlassen wurde und nach Deutschland zurückkehrte, verweigerte man ihm seine einstige Stelle in der Bank, weil er der SS angehört hatte. Er fand eine Anstellung in einer Glashütte und begann die Karriereleiter emporzuklettern. Er versuchte, seine Zeit in Auschwitz zu vergessen, und bestand darauf, daß auch seine Familie ihre Erinnerungen begrub. Einmal, kurz nach seiner Rückkehr nach Deutschland, saß er mit seinem Vater und seinen Schwiegereltern am Abendessenstisch, als diese »eine dumme Bemerkung über Auschwitz« machten, die implizierte, daß er zumindest »ein potentieller Mörder« war. »Da bin ich explodiert«, erzählt Gröning, »habe mit der Faust auf den Tisch gehauen und habe gesagt: ›Bitte, nehmt eins zur Kenntnis. Dieses Wort, und diese Beziehung, werden hier in meiner Gegenwart nie wieder erwähnt. Sonst zieh ich aus oder mach sonst irgend etwas!‹ Ich war ziemlich laut geworden, aber mein Wunsch wurde respektiert, und niemand verlor je wieder ein Wort darüber.« Die Familie

Gröning richtete sich im Nachkriegsdeutschland ein und erntete die Früchte des deutschen »Wirtschaftswunders«.

Nach der Gründung des Staates Israel 1948 wurde eine gut organisierte und mit großzügigen finanziellen Mitteln ausgestattete Sondereinheit ins Leben gerufen, deren Aufgabe es war, deutsche Kriegsverbrecher aufzuspüren. Ihr spektakulärster Erfolg war die Festnahme Adolf Eichmanns 1960 in Argentinien, der nach Israel entführt und 1961 in Tel Aviv vor Gericht gestellt wurde. Moshe Tavor[21] gehörte zum Team, das Eichmann stellte. Obwohl er stolz auf diese aufsehenerregende Aktion ist, glaubt er, daß er mit der heimlichen »Rache«, die er in den Tagen und Monaten direkt nach dem Krieg übte, mehr erreichte.

1941 trat Moshe Tavor im Alter von 20 Jahren in die britische Armee ein. Später diente er in der Jüdischen Brigade – eine Einheit aus 5000 jüdischen Soldaten unter Befehl von Brigadier Ernest Benjamin, einem kanadischstämmigen Juden. Ihr Abzeichen war der Davidstern – das Symbol der Nationalflagge Israels. 1940 waren die ersten Juden aus Palästina in die britische Armee eingegliedert worden, und 1942 hatte ein palästinensisch-jüdisches Regiment in Nordafrika gekämpft. Doch die britische Regierung, allen voran Neville Chamberlain, hatte sich jahrelang dagegen gesperrt, eine eigenständige jüdische Einheit aufzubauen. Da sich Winston Churchill dieser Idee gegenüber aufgeschlossener zeigte, wurde 1944 schließlich die Jüdische Brigade gebildet.

Während ihres Einsatzes in Norditalien und auch unmittelbar nach Kriegsende erfuhren Moshe Tavor und seine Kameraden immer mehr über die Verbrechen, die die Deutschen an den Juden verübt hatten. »Wir waren wütend«, sagt er einfach. »Und viele von uns fanden, daß es nicht reichte, im Krieg mitzukämpfen.« Also überlegten Moshe Tavor und seine Kampfgefährten, wie sie an den Deutschen Vergeltung üben könnten. Zunächst nutzten sie ihre Kontakte zum militärischen Nachrichtendienst und zu verschiedenen jüdischen Organisationen und besorgten sich Namenslisten von Deutschen, die verdächtigt wurden, an der Ermordung von Juden beteiligt gewesen zu sein. Dann tarnten sie ihre Fahrzeuge, indem sie den Davidstern durch Abzeichen nichtjüdischer Einheiten ersetzten, und legten Armbinden der britischen Militärpolizei an. Nachdem alle Vorbereitungen getroffen waren, fuhren sie zum Haus des mutmaßlichen Täters und führten ihn zu einem »Verhör« ab. »Sie waren nicht sonderlich mißtrauisch«, erzählt Tavor. »Sie wußten ja nicht, daß wir zur Jüdischen Brigade gehörten, sondern hielten uns für britische Soldaten. Wir holten den Typ also ab, ohne daß er sich wehrte. Und von diesem Moment an war sein Schicksal besiegelt. Er sah sein Haus nicht wieder.«

Moshe Tavor und seine Gefährten fuhren mit ihrem Gefangenen an einen einsamen Ort und »machten ihm den Prozeß«. Dann konfrontierten sie ihn mit den belastenden Informationen, die sie über ihn gesammelt hatten. »Manchmal gaben wir ihm auch die Gelegenheit, ein paar Worte zu sagen.« Und dann »erledigten« sie ihn – sowie jedes ihrer weiteren Opfer auch. Sie waren äußerst bedacht darauf, keinerlei Spuren zu hinterlassen – kein Blut, keine Leiche: »Unsere Methode war, ihn zu erdrosseln.« Tavor gesteht, daß auch er einen Deutschen erdrosselt hat: »Nicht, daß ich es gern getan hätte, aber ich habe es gemacht. Ich mußte mir nie vorher einen antrinken, um in Stimmung zu kommen. Ich war immer in Stimmung. Damit will ich nicht sagen, daß ich gleichgültig gewesen wäre, aber ich war völlig ruhig und gelassen und tat meine Arbeit. Vielleicht könnte man mich sogar mit den Deutschen vergleichen, die ja auch nur ihre Arbeit gemacht haben.« Nachdem sie ihr Opfer getötet hatten, beseitigten sie die Leiche: »Wir fuhren in eine Gegend, die wir uns vorher schon ausgesucht hatten. Wir banden etwas Schweres, ein Maschinenteil oder etwas

Ähnliches, an seine Füße und schleiften ihn dann zum Fluß.«

Moshe Tavor bereut es nicht, Deutsche auf diese Weise umgebracht zu haben: »Ich fühlte mich richtig gut dabei. Ich meine nicht den Moment des Tötens, sondern während dieser ganzen Zeit. Ich kann nicht behaupten, daß es mir heute leidtut. Sie können mir vorwerfen, daß ich Menschen umgebracht habe, aber ich weiß genau, wen ich getötet habe. Ich bin nicht stolz darauf, aber schuldig fühle ich mich auch nicht. Ich habe keine Alpträume oder so. Ich schlafe gut. Ich esse gern. Ich lebe.«

Moshe Tavor weiß natürlich, daß er sich mit seiner Art, »Gerechtigkeit« zu üben, außerhalb von Recht und Gesetz stellte. »Ich hatte bis dahin in meinem Leben schon einige Sachen gemacht, die nicht ganz astrein waren«, gesteht er. Und natürlich muß man davon ausgehen, daß die »Beweise«, die er und seine Kameraden zusammengetragen hatten, bloße Verdächtigungen waren – Anschuldigungen, die kein ordentliches Gericht je geprüft hatte. Es ist daher möglich, wenn nicht gar wahrscheinlich, daß er an der Ermordung Unschuldiger beteiligt war. Aber er und seine Kampfgenossen empfanden eine solche Wut, daß sie dieses Risiko in Kauf nahmen. Er hatte sogar erlebt, wie Angehörige der Jüdischen Brigade Deutsche töteten, über die sie nicht das Geringste wußten: »Manche von ihnen handelten aus einem Impuls heraus. Einer hatte einen Bruder und eine Mutter, die ermordet worden waren. Und als wir in Deutschland oder Österreich waren, konnte es passieren, daß sie irgendwo einen Deutschen auf dem Fahrrad sahen und ihn einfach über den Haufen fuhren.«

Moshe Tavor berichtet, daß er selbst an »ungefähr fünf« solcher »Rachemorde« und seine Kameraden an »rund 20 Hinrichtungen beteiligt« gewesen seien. Da sie ihre Aktionen streng geheimhielten, lassen sich Tavors Aussagen im einzelnen natürlich nicht nachprüfen. Er vermeidet es peinlichst, Namen von Opfern oder Schauplätzen zu nennen. Möglicherweise gingen sie weit weniger systematisch vor, als er es darstellt; vielleicht kam es nur zu vereinzelten Morden an einem »verdächtigen« Deutschen (auch fragt sich, ob sie sich bei ihren Racheakten tatsächlich auf »Nachrichtenmaterial« stützten). Allerdings gibt es Beweise[22], darunter der Augenzeugenbericht des ehemaligen Stabschefs der israelischen Armee Hain Laskov, die keinen Zweifel daran lassen, daß Mitglieder der Jüdischen Brigade tatsächlich »Rache«-Morde verübten; auch weiß man von weiteren jüdischen »Rächern«, die versuchten, das Trinkwasser eines Lagers zu vergiften, in dem SS-Angehörige inhaftiert waren.[23]

Moshe Tavor und die anderen Brigademitglieder hatten für ihre Taten ein klares Motiv: Sie wollten für die Ermordung der Juden, zum Teil ihrer eigenen Angehörigen, Vergeltung üben. Aber ganz so einfach ist es nicht. Es gab noch einen weiteren Grund für ihr brutales, erbarmungsloses Vorgehen: das diffuse Gefühl, daß sich die Juden, die von den Deutschen unterdrückt, verfolgt und schließlich umgebracht worden waren, nicht genügend zu Wehr gesetzt hatten. »Ich konnte nicht begreifen, wie sechs oder acht deutsche Soldaten 150 Leute auf Lkw verfrachten und wegbringen konnten«, sagt Tavor. »Ich glaube, ich hätte mich eher auf einen dieser Deutschen gestürzt und erschießen lassen; dann hätte ich es wenigstens hinter mir gehabt. Aber ich bin eben anders als diese Juden, die damals in Polen auf dem Land lebten. Als Kinder haben wir immer gespielt, wir wären große jüdische Helden und würden Krieg führen. Ich fühle mich dem Volk, daß vor 2000 Jahren hier [in Israel] gekämpft hat, sehr verbunden, und ich empfand keine solche Verbundenheit mit den Juden, die sich wie Schafe zur Schlachtbank führen ließen. Ich konnte das nicht verstehen.«

Moshe Tavor steht mit seiner Haltung nicht allein. Ehe-

malige Lagerhäftlinge, die sich nach dem Krieg in Israel nie-
derließen, berichten, daß sie sich dem unausgesprochenen
Vorwurf gegenübersahen, nicht genügend gegen die Nationalsozialisten aufbegehrt zu haben. Als hätten Frauen
und Kinder in den osteuropäischen Ghettos irgendeine
Möglichkeit gehabt, Widerstand zu leisten. Doch viele
konnten nicht verstehen, daß sich die Juden »wie Schafe zur
Schlachtbank« hatten führen lassen. Falls Männer wie Tavor aus der »Endlösung« eine Lehre zogen – eine, die sich
tief in die Seele des neuen Staates Israel eingraben sollte –,
so war es die: Nie wieder dürfen sich Juden kampflos ihren
Feinden ergeben.

Während Moshe Tavor das Gesetz selbst in die Hand
nahm, um an den Deutschen Vergeltung zu üben, gingen
die Alliierten daran, die NS-Täter auf legalem Wege zur
Verantwortung zu ziehen. Anfangs hatten sie keinen großen Erfolg. Die meisten SS-Angehörigen, die in Auschwitz
gearbeitet hatten, blieben unmittelbar nach Kriegsende un-
erkannt. Führende Männer wie Dr. Mengele und Rudolf
Höß wurden zwar festgenommen, mußten aber nach kurzer Zeit wieder freigelassen werden. Da Mengele keine Blut-
gruppentätowierung unter dem Arm trug, war er nicht als
SS-Mann zu identifizieren. Höß wiederum, der sich als Angehöriger der deutschen Kriegsmarine ausgab, wurde erst
gar nicht auf eine Tätowierung hin untersucht.

Doch im Herbst 1945 kamen die Abteilung zur Aufklä-
rung von Kriegsverbrechen der 21. Army Group und der
britische Geheimdienst Rudolf Höß auf die Spur.[24] Nach
der Befreiung Bergen-Belsens konnten sich die Briten zum
ersten Mal ein genaueres Bild von Höß' Vergangenheit machen. Die systematische Befragung der Überlebenden enthüllte zahlreiche neue Fakten; viele berichteten erschüttert
über ihre Erlebnisse in einem anderen Lager in Oberschlesien – Auschwitz. Nun beschlossen die Briten, den Kommandanten jenes Todeslagers zur Strecke zu bringen. Wie

der Geheimdienst wußte, bekam man die Täter am ehesten zu fassen, wenn man sich auf ihre Familien konzentrierte. Auch wenn sie eine andere Identität angenommen oder sich gar ins Ausland abgesetzt hatten, so hielten sie doch meist Kontakt zu ihren Frauen und Kindern, und diese waren in der Regel leichter aufzuspüren. So verhielt es sich auch mit Hedwig Höß und ihren Söhnen. Nachdem der britische Geheimdienst die Familie in einem sechs Kilometer von Belsen entfernten Dorf ausfindig gemacht hatte, stellte er sie sofort unter Beobachtung. Am 8. März 1946 wurde Frau Höß verhaftet und einige Tage lang verhört. Man fragte sie immer wieder nach dem Aufenthaltsort ihres Mannes, doch ihre Antwort war stets: »Er ist tot.« Schließlich stellten die Nachrichtenoffiziere ihr eine Falle: Da hinter dem Gefängnis eine Bahnlinie verlief, sorgte man dafür, daß in Hörweite ihrer Zelle eine Lok rangierte. Hauptmann William »Victor« Cross, ein Kommandeur der britischen Militärpolizei, berichtet: »Dann sagten wir Frau Höß, daß ihre drei Söhne mit dem Zug nach Sibirien gebracht würden, wenn sie uns nicht den Aufenthaltsort und die Decknamen ihres Mannes verriete. Wenn sie sich weigerte zu kooperieren, hätte sie genau zwei Minuten Zeit, um sich von ihren Söhnen zu verabschieden … Dann gaben wir ihr Papier und Bleistift und ließen sie etwa zehn Minuten allein. Zum Glück funktionierte der Trick; sie schrieb uns alle gewünschten Informationen auf und wurde mit ihren Söhnen freigelassen.«[25]

Frau Höß verriet den Briten, daß sich ihr Mann auf einem Bauernhof in Gottrupel in der Nähe von Flensburg versteckt hielt. Die Nachrichtenoffiziere brachen sofort nach Norddeutschland auf, kontaktierten die britische Militärpolizei vor Ort und trafen am Montag, dem 11. März, um 23 Uhr auf dem Hof ein. Sie überraschten Höß im Schlafanzug auf einer Liege in einem Wirtschaftsgebäude, das auch als Schlachthaus diente. Ein britischer Militärarzt öffnete Höß gewaltsam den Mund, um nach einer Giftkapsel zu suchen – sie alle wußten, daß es Himmler im Vorjahr gelungen war, sich auf diese Weise umzubringen. Ein Feldwebel schlug Höß viermal ins Gesicht, bis dieser seine Identität preisgab; dann zerrte man ihn auf eine der Schlachtbänke: »Die Schläge und Schreie nahmen kein Ende«, berichtete einer der anwesenden britischen Soldaten später. Schließlich brüllte der Militärarzt Hauptmann Cross an: »Pfeifen Sie sie zurück, wenn sie ihn lebend hier rausbringen wollen!« Daraufhin legten sie Höß eine Decke um, schleiften ihn zu einem Wagen und brachten ihn zum Hauptquartier der Militärpolizei in Heide.

Als sie in den frühen Morgenstunden dort eintrafen, schneite es, doch sie zwangen Höß, nackt über den Kasernenhof zu seiner Zelle gehen. Man hielt ihn drei Tage lang wach – die Soldaten hatten Anweisung, ihn mit Axtstielen zu bearbeiten, sobald er einnickte. Höß sagte später aus, man habe ihn auch mit seiner Reitpeitsche geschlagen. Am 14. März unterzeichnete er schließlich ein achtseitiges Geständnis.

Aufgrund der Mißhandlungen, denen Höß unmittelbar nach seiner Festnahme ausgesetzt war, ziehen Holocaust-Leugner die Glaubwürdigkeit seines Geständnisses in Zweifel. Doch selbst wenn Höß' erste Aussage unter Druck zustande gekommen sein sollte, so waren es alle weiteren erwiesenermaßen nicht: Es gibt keinerlei Belege dafür, daß er während seiner übrigen Haftzeit oder späterer Verhöre mißhandelt wurde – sei es in »Tomato« (der Deckname für das Kriegsverbrechergefängnis in der Simeons-Kaserne), in Nürnberg oder im Laufe seines Prozesses in Polen. Weder in seiner Autobiographie, die er während seiner Inhaftierung verfaßte (und in der er sich bei seinen Bewachern sogar ausdrücklich dafür bedankt, seine Lebensgeschichte niederschreiben zu dürfen), noch im Zeugenstand vor einem ordentlichen Gericht widerrief er sein ursprüngliches

Geständnis, obwohl er sich sicher genug fühlte, um von den Mißhandlungen der britischen Soldaten zu berichten.

Im April 1947 kehrte Rudolf Höß nach Auschwitz zurück, in dasselbe Gebäude, in dem er einst gearbeitet hatte. Doch diesmal saß er nicht hinter seinem Schreibtisch in seinem Büro im ersten Stock, sondern in einer Gefängniszelle im Keller. Man hielt es nur für angemessen, den Mann, der den Tod von über einer Million Menschen zu verantworten hatte, am Ort seines Verbrechens hinzurichten. Doch am Tag der geplanten Vollstreckung kam es zu unvorhergesehenen Entwicklungen. Einige tausend Menschen, darunter ehemalige Lagerinsassen, hatten sich am Zaun vor der Hinrichtungsstätte versammelt, um dem Ereignis beizuwohnen. Allmählich heizte sich die Atmosphäre jedoch auf, und die Menge begann gegen den Holzzaun zu drücken. Der ehemalige Häftling Stanisław Hantz[26], der die Vorgänge beobachtete und Gesprächsfetzen aufschnappte, hatte den Eindruck, »daß sie Höß am liebsten gelyncht hätten.« Was würden die Wachposten unternehmen, wenn die Leute vorpreschten? Würden sie schießen? Als sich die Lage weiter zuspitzte, beschloß man, Höß nicht aus seiner Zelle zu holen, sondern die Situation mit Hilfe einer List zu entschärfen: Man zog die Wachposten ab. Dann verließ ein Wagen, von einer Militäreskorte begleitet, das Gelände, so daß man Höß in ihm vermuten mußte. Aber er wurde nicht fortgebracht; Höß blieb über Nacht in seiner Zelle und wurde am nächsten Morgen zur Hinrichtungsstätte geführt, wo ihn nur eine Handvoll Menschen erwarteten. »Als ich ihn die Stufen zum Galgen hinaufgehen sah, dachte ich, daß er als überzeugter Nazi noch ein paar markige Worte sagen würde,« erzählt Stanisław Hantz, einer der wenigen Zeugen der Hinrichtung. »Ich glaubte, er würde sich zu den nationalsozialistischen Idealen bekennen, für die er in Tod ging. Aber nein. Er sagte kein Wort.«

Höß hatte ein schnelles Ende. Hantz, der im Lager gefoltert worden war, hätte ihm einen weniger barmherzigen Tod gewünscht: »Ich finde, man hätte Höß in einen Käfig sperren und in ganz Europa herumfahren sollen, damit ihn jeder hätte sehen können, damit sie ihn alle hätten anspukken können, damit er endlich kapiert hätte, was er andern angetan hat.« Doch die interessante Frage ist: Hätte er je »kapiert«, was er anderen angetan hatte? Seine Autobiographie, die er kurz vor seiner Hinrichtung fertigstellte, läßt nur eine Antwort zu: Keine Demütigung, keine Mißhandlung der Welt hätte ihn dazu gebracht, in sich zu gehen und zu erkennen, daß er etwas Ungeheuerliches getan hatte. In seinen Lebenserinnerungen räumt er zwar ein, daß er »jetzt« erkenne, daß die Vernichtung der Juden ein Fehler gewesen sei, aber nur aus taktischen Gründen, da sich Deutschland damit den Haß der ganzen Welt zugezogen habe.

Es gibt in Höß' Autobiographie eine Stelle, die am ehesten deutlich macht, wie Höß (und einige ehemalige Nationalsozialisten, mit denen ich selbst gesprochen habe) am Ende wirklich dachte. Höß wiederholt in seinem Buch die Frage, die er auch in Nürnberg stellte: Was wäre mit einem Piloten geschehen, der sich geweigert hätte, Bomben über einer Stadt abzuwerfen, in der sich hauptsächlich Frauen und Kinder aufhielten? Er wäre natürlich vor ein Kriegsgericht gestellt worden, antwortet Höß. »Die Leute sagen, das könne man nicht vergleichen«, schreibt er. »Aber meiner Ansicht nach sind die beiden Situationen durchaus vergleichbar.«[27]

Im Grunde rechtfertigt Höß also seine Taten mit dem simplen Vergleich: Die Alliierten töten Frauen und Kinder durch Bomben, die Deutschen töten Frauen und Kinder durch Gas. Zu dieser Argumentation greifen auch heute noch viele ehemalige NS-Täter und Verteidiger des Dritten Reichs. Ein früherer SS-Angehöriger, der ein offizielles Interview mit mir ablehnte, behauptete in einem zwanglosen Gespräch sogar: »Die Kinder, die in unseren Gaskammern gestorben sind, haben weniger gelitten als die Kinder, die bei Ihren Brandbombeneinsätzen über deutschen Städten ums Leben kamen.« Oskar Gröning drückte es noch klarer aus: »Wir sahen, wie die Bomben auf Deutschland niedergingen und wie Frauen und Kinder im Feuersturm umkamen. Und da sagten wir uns: ›Dieser Krieg wird von beiden Seiten auf die gleiche Art geführt.‹ Der Holocaust war Teil unseres Kampfes gegen die Kriegshetzer, er war Teil unseres Ringens um Freiheit.« Gröning hält es für scheinheilig, nur die SS der Kriegsverbrechen anzuklagen, während die Alliierten »ohne Rücksicht darauf, ob es militärisch notwendig war, Frauen und Kinder umbrachten, indem sie Phosphorbomben auf sie warfen« und dafür nie zur Rechenschaft gezogen wurden.

Die Gründe, weshalb die Bombardierung deutscher Städte und die Vernichtung der Juden nicht miteinander zu vergleichen sind, liegen auf der Hand. Man könnte Männern wie Gröning sofort entgegenhalten, daß die deutsche Führung die Bombardierungen durch ihre Kapitulation hätte sofort abstellen können; daß die Ermordung der Juden eine ideologisch begründete Maßnahme war; daß die Bombardements sich nicht gegen eine bestimmte Bevölkerungsgruppe richteten, während die Deutschen nur eine spezielle Kategorie von Menschen umbrachten; daß die Bombenangriffe in erster Linie auf die Zerstörung von Städten und Gebäuden abzielten und nicht auf die Ermordung von Menschen; daß die Judenverfolgung vor der Bombardierung deutscher Städte einsetzte (beispielsweise Eichmanns grausamer Nisko-Plan) und deshalb keine Reaktion auf die Angriffe gewesen sein kann; daß jeder Vergleich zwischen den pragmatisch denkenden Militärstrategen der Alliierten und leidenschaftlichen Judenhassern wie Hitler, Heydrich und Eichmann absurd ist. Und schließlich gibt es noch ein Argument, daß häufig auf Seiten der ehemaligen Kriegsgegner ins Feld geführt wird: »Die Deutschen haben doch damit angefangen. Sie haben britische Städte bombardiert, noch bevor die Briten Berlin angriffen.« Dies ist natürlich das schwächste Argument von allen, denn kein Verhalten läßt sich dadurch rechtfertigen, daß die andere Seite damit begonnen hat.

Obwohl es also genügend Gründe gibt, zwischen diesen beiden Vernichtungsstrategien klar zu trennen und den Vergleich, den Höß und andere Nationalsozialisten anstellten, zurückzuweisen, hinterläßt die ganze Frage ein gewisses Unbehagen: Zum einen weiß man inzwischen, daß im Alliierten Oberkommando durchaus Bedenken gegenüber den Bombardierungsplänen bestanden – vor allem gegen Ende des Krieges von seiten Churchills. Zum anderen ist seit einigen Jahren bekannt, daß die Alliierten im Frühjahr 1945 ihre Bombenziele unter anderem nach dem Kriterium der »Brennbarkeit« auswählten (was zur Zerstörung von mittelalterlichen Städten wie Würzburg führte). Und schließlich ist die Tatsache beunruhigend, daß diese Strategie der Flächenbombardierungen unweigerlich zu einer emotionalen Distanz zum Akt des Tötens führte. »Es war nicht so, als würde man jemandem ein Bajonett in den Bauch stoßen«, erzählt Paul Montgomery[28], Besatzungsmitglied einer amerikanischen B 29, die im Zweiten Weltkrieg über zahlreichen japanischen Städten Brandbomben abwarf. »Natürlich tötet man, aber man tötet aus großer Distanz, und es hat nicht die demoralisierende Wirkung auf einen, die es sicher hätte, wenn man jemandem im Kampf ein Bajonett in den Bauch rammt. Es ist einfach anders. Es ist ein bißchen wie bei diesen Video-Kriegsspielen.«

In gewisser Hinsicht versuchten die Deutschen mit dem Bau ihrer Gaskammern denselben »Distanzierungseffekt« zu erreichen. Ebenso wie es leichter war, Bomben zu werfen, als jemanden mit dem Bajonett zu erstechen, war es einfacher, jemanden zu vergasen, als ihn zu erschießen. Die neuen Technologien des 20. Jahrhunderts ermöglichten es nicht nur, in einem Krieg mehr Menschen zu töten als je zuvor, sondern stellten darüber hinaus sicher, daß die Beteiligten weniger seelische Schäden davontrugen.

Dennoch ist der Gleichsetzung zwischen den Bombardements der Alliierten und der Ermordung von über einer Million Menschen in Auschwitz unzulässig. Die Tatsache, daß Männer wie Höß das Bombardieren und Vergasen von Menschen lediglich als unterschiedliche »Kriegsstrategien« betrachteten, als zwei verschiedene Methoden, den Feind zu vernichten, macht deutlich, daß wohl keine noch so erniedrigende Strafmaßnahme – wie Stanislaw Hantz sie sich wünschte – Höß dazu bewegt hätte, seine Taten zu bereuen. Als Höß die Stufen zum Galgen hinaufging, haben ihn wahrscheinlich nur zwei Gedanken bewegt: »Ich sterbe nicht, weil ich ein Verbrecher bin, sondern weil wir den Krieg verloren haben«, und: »Ich sterbe als völlig verkannter Mensch.« Dies ist letztlich auch der Grund, weshalb ein äußerlich so nichtssagender Mann wie Höß eine solche Schreckensgestalt für uns ist.

Nach Höß' Tod im Jahre 1947 begann der Lagerkomplex, den er aufgebaut hatte, rasch zu verfallen. Einheimische aus der näheren Umgebung rissen in Birkenau Baracken nieder, um mit dem Holz ihre Häuser auszubessern. Es wurden aber auch ganz andere Dinge entwendet. Als die Polin Józefa Zielinska, damals ein Teenager, mit ihrer Familie nach dem Krieg nach Auschwitz zurückkehrte, war ihr Elternhaus verschwunden. Die Deutschen hatten es im Rahmen ihrer großangelegten Umgestaltungsmaßnahmen abgerissen. Und so kam die Familie in einem Stall unter, der zuvor als Hühnerhaus gedient hatte. Um irgendwie zu Geld zu kommen, gingen Józefa und ihre Freunde zu den zerstörten Krematorien in Birkenau und suchten nach Gold. Sie hoben Erde aus, die mit Knochenstückchen durchsetzt war, füllten sie in eine Schüssel und wuschen das Gold mit Wasser aus. »Keinem von uns war wohl dabei«, erzählt Józefa.

»Egal, ob die eigenen Angehörigen im Lager umgekommen waren oder nicht, wir hatten alle ein mulmiges Gefühl. Schließlich waren es menschliche Knochen. Es hat wirklich keinen Spaß gemacht. Aber unsere Armut hat uns dazu gezwungen.« Mit dem Geld, daß sie mit dem Verkauf des Goldes verdienten, konnte sich Józefas Familie eine Kuh kaufen.

Der Pole Jan Piwczyk fand ebenfalls in einem alten Hühnerstall in der Nähe von Birkenau Unterschlupf. Auch er gesteht, daß er in der Umgebung der zerstörten Krematorien nach Wertgegenständen suchte: »Ich erinnere mich, daß ich einen Goldzahn fand, eine jüdische Münze und ein goldenes Armband. Also heute würde ich so etwas natürlich nicht machen. Ich würde nicht zwischen menschlichen Überresten herumwühlen, weil ich weiß, daß das eine Entweihung ist. Aber damals blieb mir gar nichts anderes übrig.« Jan und seine Freunde bestachen auch sowjetische Soldaten, die gelegentlich auf Patrouille vorbeikamen, damit sie sich von den Baracken in Birkenau Holz holen und neue Häuser bauen konnten. »Wissen Sie, nach dem Krieg war das Leben sehr hart«, sagt Jan. »Man mußte wieder bei null anfangen.«

Direkt nach dem Krieg arbeitete der ehemalige politische Gefangene Stanisław Hantz – der Rudolf Höß' Hinrichtung miterlebt hatte – als Wache an der Todesstätte von Birkenau. Er versuchte, die Einheimischen daran zu hindern, die Überreste der Krematorien auszuplündern, indem er über ihre Köpfe Warnschüsse abgab. »Wir nannten sie ›Friedhofshyänen‹, erzählt er. »Es war uns unbegreiflich, wie diese Leute das Massengrab durchwühlen konnten.« Auch wenn er nicht auf seinem Posten in Birkenau war, wußte er sofort, wenn einer von ihnen in der Nähe war: »Man konnte sie an ihrem Geruch erkennen. Sie rochen schon von weitem. Es war der Verwesungsgeruch von Leichen. Es brauchte nur einer von ihnen die Straße entlangzugehen, und man wußte Bescheid.«

Es dauerte noch Jahre, bis der Schauplatz des Massenmords in Auschwitz in eine würdige Gedenkstätte umgewandelt wurde. Tatsächlich wurde erst nach dem Zusammenbruch des Kommunismus am Museum eine Gedenktafel angebracht, die in gebührender Weise an die Leiden der Juden erinnert.

In der Zwischenzeit hatte der ehemalige SS-Rottenführer aus Auschwitz, Oskar Gröning, eine Stelle in einer Glashütte bekommen, wo er sich hocharbeitete. Schließlich wurde er sogar zum ehrenamtlichen Richter am Arbeitsgericht berufen. Ohne sich der Ironie seiner Worte bewußt zu sein, sagt Oskar Gröning heute, daß ihm als Personalleiter seine Erfahrungen bei der SS und in der Hitlerjugend zugute gekommen seien: »Denn seit meinem zwölften Lebensjahr weiß ich, was Disziplin bedeutet.«

Obwohl er in den Vernichtungsprozeß in Auschwitz miteinbezogen war, indem er die den Neuankömmlingen geraubten Devisen sortiert und gezählt hatte, fühlte er sich keines Vergehens »schuldig«: »Wir zogen eine Trennungslinie zwischen denjenigen, die direkt am Tötungsprozeß beteiligt waren, und jenen, die es nicht waren.« Darüber hinaus berief er sich darauf, nur Befehle ausgeführt zu haben, und versuchte sich mit folgender Analogie zu rechtfertigen: »Wenn eine Kompanie zum ersten Mal unter Beschuß gerät, stehen auch nicht alle auf und sagen: ›Also damit sind wir nicht einverstanden. Wir gehen heim.‹«

Einen ähnlichen Standpunkt vertraten auch westdeutsche Staatsanwälte nach dem Krieg, als es zu entscheiden galt, welche SS-Angehörigen aus Auschwitz der Kriegsverbrechen angeklagt werden sollten und welche nicht. Ein Mitglied der SS, das weder eine führende Position innehatte noch direkt am Tötungsprozeß beteiligt war, entging in der Regel einer Anklage. Aus diesem Grund wurde auch Oskar Gröning nicht vor Gericht gestellt, als man nach dem Krieg seine Vergangenheit aufdeckte – was angesichts der Tatsache, daß er weder seinen Namen änderte noch untertauchte, nicht schwierig war. So erklärt es sich, weshalb ein SS-Angehöriger aus Auschwitz, der nicht nur Zeuge der Massenvernichtung gewesen war, sondern auch in seiner Funktion als »Verwalter« gestohlener Gelder zur »Endlösung« beigetragen hatte, von den westdeutschen Behörden nicht für »schuldig« gehalten wurde. Von den etwa 6500 SS-Leuten, die zwischen 1940 und 1945 in Auschwitz gearbeitet und den Krieg höchstwahrscheinlich überlebt hatten, wurden tatsächlich nur rund 750 verurteilt.[29] Das spektakulärste Gerichtsverfahren war der Auschwitz-Prozeß in Frankfurt zwischen Dezember 1963 und August 1965, in dem 17 der 22 Angeklagten verurteilt wurden, davon nur sechs zu lebenslänglicher Haft, was die Höchststrafe war.

Allerdings waren es nicht nur die Deutschen, die es versäumten, eine größere Zahl von ehemaligen SS-Angehörigen vor Gericht zu stellen. Im Grunde war es die gesamte internationale Staatengemeinschaft, die hier versagte (mit der möglichen Ausnahme der Polen, die immerhin 673 der insgesamt 789 SS-Männer aus Auschwitz[30], die strafrechtlich verfolgt wurden, unter Anklage stellten). Dieses kollektive Versagen rührte daher, daß es keine klare Vereinbarung darüber gab, welche Handlungen als »Verbrechen« einzuordnen waren. Darüber hinaus spielten auch die politischen Spannungen, die der kalte Krieg mit sich brachte, eine Rolle. Nicht zuletzt mangelte es jedoch eindeutig am Willen aller Beteiligten. Obwohl in den Nürnberger Prozessen die SS in ihrer Gesamtheit als »verbrecherische« Organisation eingestuft wurde, unternahm niemand den Versuch, allein die Tätigkeit als SS-Angehöriger in Auschwitz zum »Kriegsverbrechen« zu erklären – obwohl dies die öffentliche Meinung sicher begrüßt hätte. Die Verurteilung und Bestrafung eines jeden in Auschwitz eingesetzten SS-Mannes, wie geringfügig auch immer, hätte eine deutliche Signalwirkung für die Zukunft gehabt. Doch nichts dergleichen geschah. Etwa 85 Prozent der SS-Angehörigen, die in Auschwitz gearbeitet und den Krieg überlebt hatten, kamen ungeschoren davon. Als Himmler die Entwicklung der Gaskammern vorantrieb, um der SS die psychischen »Belastungen« kaltblütiger Erschießungen zu ersparen, hatte er unmöglich ahnen können, welchen zusätzlichen Gefallen er den Nationalsozialisten damit tat; die neue Tötungsmethode sollte es einem Großteil der SS-Angehörigen von Auschwitz ermöglichen, nach dem Krieg ihrer Bestrafung zu entgehen, indem sie sich darauf beriefen, am Vernichtungsprozeß nicht direkt beteiligt gewesen zu sein.

Oskar Gröning scheint es nicht im geringsten zu belasten, daß viele der ehemaligen Lagerhäftlinge auch nach ihrer Befreiung schwere seelische und materielle Not litten, während er ein angenehmes Leben führte (und noch führt). »So ist es nun einmal im Leben«, konstatiert er lakonisch. »Jeder hat die Freiheit, aus seiner Situation das Beste zu machen. Ich habe getan, was jeder normale Mensch tun würde, nämlich für mich und meine Familie das Beste herauszuholen. Mir ist das gelungen, anderen eben nicht. Was früher einmal war, tut nichts zur Sache.«

Angesichts dieser sorglosen Haltung ist es um so erstaunlicher, daß Oskar Gröning gegen Ende seines Lebens beschloß, ganz offen über seine Zeit in Auschwitz zu sprechen. Die Umstände, die zu diesem Sinneswandel führten, sind allerdings kurios: Nach dem Krieg begann Gröning Briefmarken zu sammeln und trat dem örtlichen Philatelistenverein bei. Mehr als 40 Jahre später kam er auf einem Vereinstreffen mit einem Mann ins Gespräch, der sich ihm gegenüber beklagte: »Ist es nicht schlimm, daß es heutzutage verboten ist, auch nur irgendwie anzuzweifeln, daß in Auschwitz Millionen von Juden umgebracht wurden?« Er halte es für »undenkbar«, fuhr er fort, daß so viele Leichen verbrannt worden seien. Und mit den Mengen von Gas, von denen immer die Rede sei, hätte man ja praktisch

»alles Leben« in der näheren Umgebung auslöschen können.

Gröning widersprach diesen Äußerungen nicht. Doch er besorgte sich später eine Broschüre der Holocaust-Leugner, die ihm der Bekannte empfohlen hatte, versah sie mit einem ironischen Kommentar und schickte sie ihm zu. Daraufhin bekam er plötzlich merkwürdige Anrufe von Fremden, die ihn davon zu überzeugen versuchten, daß Auschwitz keineswegs das Zentrum von Massenvergasungen gewesen sei. Es stellte sich heraus, daß man seinen kritischen Kommentar in einem rechtsradikalen Blatt abgedruckt hatte. »90 Prozent« der Anrufe und teils anonymen Briefe, die er nun erhielt, stammten von »Leuten, die mir beweisen wollten, daß das, was ich mit eigenen Augen gesehen hatte, was ich in Auschwitz selbst erlebt hatte, ein riesiger Irrtum ist, pure Einbildung, weil es angeblich nicht passiert war.«

Um jenen, die seine Aussagen anzweifelten, etwas entgegenzusetzen, schrieb Gröning seine Geschichte nieder, die allerdings nur für seine Familie bestimmt war. Er erklärte sich auch bereit, für die BBC ein Interview zu geben. Der über achtzigjährige Gröning hat für die Holocaust-Leugner eine simple Botschaft: »Ich habe die Gaskammern gesehen, ich habe die Krematorien gesehen, ich habe die offenen Feuerstellen gesehen – und ich möchte gerne, daß du mir glaubst, daß diese Schrecklichkeiten passiert sind. Ich war dabei.«

Was bleibt am Ende dieser tragischen Geschichte? Was bleibt, ist eine Welt, in der die Mehrheit der Täter nicht bestraft wurde und in der die meisten Opfer niemals volle Wiedergutmachung erlangten. Im Gegenteil, viele hatten nach dem Krieg weiterhin unter Vorurteilen und Diskriminierung zu leiden. Dieses düstere Fazit ist schwer zu akzeptieren, widerspricht es doch einem tiefen menschlichen Bedürfnis nach Gerechtigkeit, dem Wunsch, daß die Unschuldigen entschädigt und die Schuldigen zur Rechenschaft gezogen werden. Doch die Geschichte bietet uns wenig Tröstliches. Wie kann es Wiedergutmachung geben für all jene, die in der Erde von Birkenau ruhen, von Plünderern durchwühlt und entweiht, dem größten Friedhof der Weltgeschichte? Dieser Ort und die nahe gelegene Weichsel, in die Berge von Asche gekippt wurden, ist die letzte Ruhestätte von mehr als einer Million Menschen, die nie mehr zu Wort kommen werden.

Es hat auch nicht den Anschein, als hätten jene, die Auschwitz überlebten, Trost, Halt oder irgendeine Art von Ausgleich im Glauben gefunden. Für jede Else Abt, die als Zeugin Jehovas darauf vertraute, daß Gott im Lager bei ihr war, gibt es weit mehr Linda Breders, die sagen: »In Auschwitz gab es keinen Gott. Es war so schrecklich dort, daß er es vorzog, gar nicht erst zu kommen. Wir beteten nicht, weil wir wußten, daß es nichts nützen würde. Viele von uns, die überlebt haben, sind Atheisten. Sie haben einfach kein Vertrauen zu Gott.« Wie viele ihrer Leidensgenossen hat Linda Breder erkannt, daß sie ihr Leben letztlich nur glücklichen Umständen verdankt. Die Auffassung, daß das eigene Leben von Willkür oder dem Zufall bestimmt wird, ist kaum eine Basis für Gottvertrauen.

Nach aktuellen Schätzungen wurden 1,3 Millionen Menschen nach Auschwitz verschleppt, 1,1 Millionen kamen dort ums Leben. Die überwältigende Mehrheit von ihnen, nämlich eine Million, waren Juden – eine Tatsache, die jenen zu denken geben sollte, die immer noch die kommunistische These vertreten, daß alle Menschen, die in Auschwitz umkamen, »Opfer des Faschismus« waren. Schließlich haben über 90 Prozent der in Auschwitz Ermordeten ihr Leben verloren, weil ihr einziges »Verbrechen« darin bestand, als Jude auf die Welt gekommen zu sein.

Wenn man sie ihren Herkunftsländern zuordnet, so stammte die größte Gruppe der nach Auschwitz deportierten Juden[31] aus Ungarn (438 000), wo man im Frühsommer 1944 eine fieberhafte Massendeportation durchgeführt hatte. Die zweitgrößte Gruppe stammte aus Polen (300 000), gefolgt von Frankreich (69 114), den Niederlanden (60 085), Griechenland (55 000), der Tschechoslowakei und Mähren (46 099), der Slowakei (26 661), Belgien (24 906), Deutschland und Österreich (23 000), Jugoslawien (10 000) und Italien (7422). Natürlich dürfen wir die Nichtjuden nicht vergessen, die im Lager umkamen: die 70 000 polnischen politischen Gefangenen, die über 20 000 Zigeuner, die 10 000 sowjetischen Kriegsgefangenen, die Hunderte von Zeugen Jehovas; die Homosexuellen und auch jene, die aus einer Vielzahl abstruser Gründe oder aus reiner Willkür ins Lager verschleppt wurden.

Bald wird sich der letzte Überlebende und der letzte Täter aus Auschwitz zu jenen gesellen, die im Lager ihr Leben ließen. Es wird niemanden mehr geben, der noch eine persönliche Erinnerung an diesen Ort des Schreckens hat. Und wenn dies geschieht, besteht die Gefahr, daß der Holocaust in ferne Vergangenheit rückt und eines von vielen anderen schrecklichen Ereignissen der Weltgeschichte wird. Im Laufe der Jahrhunderte wurden furchtbare Greueltaten verübt, von dem Massaker des englischen Königs Richard Löwenherz an den Muslimen von Akko über die Kreuzzüge bis hin zu Dschingis Khans Völkermord in Persien. Vielleicht werden zukünftige Generationen Auschwitz ebenso sehen – als eine weitere Greueltat, die vor langer Zeit begangen wurde. Doch das sollten wir nicht zulassen. Um menschliches Verhalten zu beurteilen, sollten wir es in den Kontext seiner Zeit stellen. Und im Kontext der hochentwickelten europäischen Kultur in der Mitte des 20. Jahrhunderts gesehen waren Auschwitz und die »Endlösung« die schändlichsten Verbrechen der gesamten Menschheitsgeschichte. Die Nationalsozialisten haben der Welt vor Augen geführt, wozu gebildete, fortschrittliche Menschen fähig sind, wenn sie ihre Menschlichkeit einbüßen. Sobald dieses Wissen ins Gedächtnis der Menschheit eingegangen ist, darf es nie mehr verlorengehen. Es ist da – düster und beklemmend – und wartet darauf, von jeder neuen Generation wiederentdeckt zu werden. Eine Warnung an uns und alle, die uns nachfolgen.

Danksagung

Da dieses Buch aus einer von mir konzipierten und produzierten Dokumentarfilmreihe hervorgegangen ist, habe ich einer beachtlichen Zahl von Menschen zu danken. Die Fernsehreihe (und damit auch dieses Buch) wäre nie entstanden, hätte sich Mark Thompson, damals Leiter von BBC Television, nicht von Anfang an für mein Vorhaben begeistert und eingesetzt. Wie lange es dauert, bis ein solches Projekt finanziert, entwickelt und realisiert ist, sieht man daran, daß Mark im Zeitraum zwischen Genehmigung und Ausstrahlung der Sendereihe von der BBC zu Channel 4 wechselte und dann wieder zur BBC zurückkehrte, um an die Spitze des Senders zu treten. Viele Mitarbeiter von BBC Television haben die Reihe tatkräftig unterstützt, allen voran Jane Root, damals Programmdirektorin von BBC 2, sowie Glenwyn Benson, Leiterin der Projektabteilung, und Emma Swain, Leiterin der Abteilung Dokumentarfilm. Besonders mein Chef Keith Scholey stand mir mit Rat und Tat zur Seite.

Viele herausragende Akademiker haben zu diesem Projekt beigetragen. Der Historiker Professor Sir Ian Kershaw hat die Produktion als wissenschaftlicher Berater begleitet und durch seine fundierten Kenntnisse enorm vorangebracht – nicht von ungefähr hat er zahlreiche akademische Auszeichnungen erhalten. Ich danke ihm für sein Wissen und seine Freundschaft. Die beiden bedeutenden Holocaust-Experten Professor David Cesarani und Professor Christopher Browning haben mir ebenfalls wertvolle Anstöße gegeben. Professor Robert Jan van Pelt vermittelte uns ein umfassendes Bild von der Anlage des Lagers. Auch die Mitarbeiter des Staatlichen Museums Auschwitz-Birkenau in Polen stellten uns ihre Spezialkenntnisse bereitwillig zur Verfügung. Mein besonderer Dank gilt Igor Bartosik, Edyta Chowaniec, Adam Cyra, Jadwiga Dabrowska, Dorota Grela, Wanda Hutny, Helena Kubica, Miroslaw Obstarczyk, Krystyna Oleksy, Józef Orlicki, Dr. Franciszek Piper, Wojciech Plosa, Dr. Piotr Setkiewicz, Kazimierz Smolén, Dr. Andrzej Strzelecki, Dr. Henryk Swiebocki, Jerzy Wróblewski und Roman Zbrzeski. Bei weiteren Recherchen in Polen unterstützten uns Kazimierz Albin, Halina Elczewska, Abraham und Ester Frischer, Dr. Józef Geresz, Bernadetta Gronek, John Hartman, Józef Koch, Edward Kopówka, Alicja Koscian, Dr. Aleksander Lasik, Anna Machcewicz, Mariusz Jerzy Olbromski, Lucja Pawlicka-Nowak, Hubert Rogozinski, Robert Rydzon, Jacek Szwic, Dr. Marian Turski und Michalina Wysocka.

Auf den Kanalinseln ließ uns Frederick Cohen an seinem einzigartigen historischen Wissen teilhaben, und in Frankreich halfen uns Serge Klarsfeld und Adeline Suard mit großem Engagement. In Israel stellte uns Dr. Gideon Greif von der Holocaust-Gedenkstätte Yas Vashem seine profunden Kenntnisse zur Verfügung. Auch von Nava Mizrachis Arbeit profitierten wir außerordentlich. In der Slowakei waren uns Ivan Kamenec und Dr. Eduard Niznansky behilflich. In Deutschland unterstützten uns Dr. Andrej Angrick, Martin Gueppers, Wolf Gebhardt, Niels Gutschow, Peter Klein, Michaela Lichtenstein, Dr. Bogdan Musial, Dr. Dieter Pohl, Dr. Volker Reiss, Robert Sommer, Dr. Frank Stucke und Peter Witte. In Rußland engagierte sich Dr. Sergey Sluch für unser Projekt. In Ungarn stand uns Dr. Krisztina Fenyo und in der Ukraine Taras Shumeiko hilfreich zur Seite. In Amerika leistete uns Adam Levy unschätzbare Dienste.

Natürlich schulde ich dem Produktionsteam großen Dank. Ganz besonders möchte ich mich bei Detlef Siebert bedanken, der nicht nur die Spielszenen der Reihe brillant umsetzte, sondern auch das gesamte Projekt mit seiner konstruktiven Kritik und seinen klugen Anregungen voranbrachte. Seinem überragenden Geist verdanke ich viel. Die beiden Regisseure Martina Balazova und Dominic Sutherland leisteten ebenfalls erstklassige Arbeit, häufig in Zusammenarbeit mit unseren treuen Kameraleuten Martin Patmore und Brian Biffin. Dominic, der die Nachbearbeitungsphase routiniert wie immer begleitete, begutachtete darüber hinaus das Bildmaterial mit Unterstützung John Kennedys und der Moving Picture Company. Alan Lygo, der beste Cutter aller Zeiten, vollbrachte im Schneideraum wahre Wunder. Unsere Produktionsassistentin Tanya Batchelor leistete exzellente Arbeit; Anna Taborska war eine äußerst gewissenhafte Rechercheurin, und Declan Smith, der das Archiv sichtete, enttäuschte uns nie. Auch Rebecca Maidens und Cara Goold trugen ihren Teil zum Gelingen des Projekts bei. Unsere Produktionsleiterin Emily Brownridge und ihre Kolleginnen Anna Mishcon und Laura Davey haben uns hervorragend unterstützt. Und auf meine Assistentinnen, erst Sarah Hall, später Michelle Gribbon, konnte ich mich immer verlassen.

Besondere Erwähnung verdient die überaus fruchtbare Zusammenarbeit mit unserer amerikanischen Koproduzentin KCET. Karen Hunte, Al Jerome, Mary Mazur, Megan Callaway sowie Coby Atlas von PBS steuerten ihr Know-how zu dieser Produktion bei. Ich danke Sally Potter und Martin Redfern von BBC Books für ihre großartige Unterstützung bei der Buchveröffentlichung. Mein Dank gilt natürlich auch Peter Osnos, Clive Priddle und Kate Darnton von Public Affairs in New York. Und wie immer konnte ich auf Andrew Nurnbergs fachlichen Rat zählen.

Meine Familie – meine Kinder Benedict, Camilla und Oliver und meine Frau Helena – war mir eine große Stütze. Es ist sicher kein Vergnügen, mit jemandem zusammenzuleben, der sich ständig mit Auschwitz und dem Dritten Reich beschäftigt, aber sie alle haben es toleriert – und so manches andere auch.

Mein allerherzlichster Dank gilt den etwa hundert Augenzeugen, die sich im Rahmen dieses Projektes zu einem Interview bereit erklärten. Ihre Erinnerungen sind von unschätzbarem Wert. Ich hoffe, sie verzeihen mir, wenn ich mich hier kollektiv bei allen bedanke – ihre Namen und ihre Einsichten sind auf den Seiten dieses Buchs zu finden.

Anmerkungen

Einführung

1 Diese Annahme beruht zum Teil auf Hörerbefragungen der BBC aus dem Jahr 2004, mit denen das allgemeine Wissen der Öffentlichkeit von Auschwitz untersucht werden sollte und die zeigten, daß die überwiegende Mehrheit derjenigen, die von dem Lager gehört hatten, glaubten, es sei zur Vernichtung der Juden erbaut worden.

2 Ich stehe in der Schuld der Kollegen, mit denen ich bei diesen früheren Projekten zusammenarbeiten durfte, vor allem wegen der von Tilman Remme, Detlef Siebert, Martina Balazova und Sally Ann Kleibal durchgeführten brillanten Forschungen.

3 Vgl. besonders Robert Gallately: *The Gestapo and German Society* (Clarendon Press 1990).

4 Mit Interesse habe ich in Jonathan Glovers Werk *Humanity – a Moral History of the Twentieth Century* (Pimlico 2000) entdeckt, daß dieser berühmte Philosoph bei der Erforschung schriftlicher Quellen zu den gleichen allgemeinen Schlüssen gekommen ist.

5 Für eine genauere Prüfung der Arbeit von Goebbels vgl. Laurence Rees: *Selling Politics* (BBC Books 1992).

6 Rees: *Selling Politics*. Vgl. besonders das Interview mit Wilfred von Oven.

7 Martin Broszat hat diesen Ausdruck geprägt.

8 Rolf-Heinz Höppner an Eichmann. Zitiert nach Raul Hilberg: *Die Vernichtung der europäischen Juden* (Frankfurt, S. Fischer 1990), S. 418.

9 Zitiert nach Götz Aly: *Endlösung: Völkerverschiebung und der Mord an den europäischen Juden* (Frankfurt, S. Fischer, 1995), S. 11.

10 Vgl. S. (OA 211).

11 Die Aussage der ehemaligen Gefangenen Wanda Szaynok und Edward Blotnicki ist zitiert bei Andrzej Strzelecki in *Auschwitz 1940–1945*, (Verlag des Staatlichen Museums Auschwitz-Birkenau, Oświęcim 1999), Bd. 2, S. 201/02.

1. Die Anfänge

1 BBC-Interview.

2 Man sollte sicher vorsichtig sein mit allgemeinen psychologischen Erklärungen für das Verhalten der Nationalsozialisten, aber Alice Miller hat in ihrem Buch *Am Anfang war Erziehung* (Frankfurt, Suhrkamp, 1980) darauf hingewiesen, daß alle führenden Nationalsozialisten streng erzogen wurden, genau wie Höß und Hitler. Allerdings, auch wenn das so ist: Viele Menschen mit einer solchen Kindheit sind dem Nationalsozialismus nicht anheimgefallen.

3 *Concentration Camp Dachau 1933–1945* (Comité International de Dachau, Brussels Lipp GmbH, München 1978), S. 20.

4 Höß, Rudolf: *Kommandant in Auschwitz,* 13. Auflage (München, dtv, 1992), S. 112, 113, 114.

5 Höß: *Kommandant,* S. 111, 112/13.

6 Im Jahr zuvor, 1933, noch als Bauer, hatte Höß auf dem Gut Sallentin in Pommern bereits eine SS-Kavallerie-Einheit als »Reservetruppe« aufgebaut.

7 Höß: *Kommandant,* S. 54

8 BBC-Interview.

9 Natürlich waren unter diesen Politikern auch Juden, aber das war nicht der Grund für ihre Festnahme.

10 Höß: *Kommandant,* S. 69.

11 Höß: *Kommandant,* S. 60.

12 BBC-Interview.

13 Zitiert bei Danuta Czech: »The Auschwitz Prisoner Administration« in Yisrael Gutman und Michael Berenbaum (Hrsg.): *The Anatomy of the Auschwitz Death camp* (Indiana University Press, 1998).

14 Laurence Rees: *The Nazis: A Warning from History* (BBC Books 1997), S. 36.

15 Zitiert bei Franciszek Piper: »Die Vernichtungsmethode« in: *Auschwitz 1940–1945* (Oświęcim, Verlag des Staatlichen Museums Auschwitz-Birkenau, 1999), Bd. III, S. 81.

16 Zitiert bei Glover: *Humanity,* S. 361/62.

17 Höß: *Kommandant,* S. 65.

18 Zitiert bei Götz Aly: *Endlösung: Völkerverschiebung und der Mord an den europäischen Juden* (Frankfurt, S. Fischer, 1995), S. 36/37.

19 Adolf Hitler: *Mein Kampf* (München 1933), S. 772.

20 BBC-Interview.

21 Aly: *Endlösung,* S. 34.

22 BBC-Interview.

23 *Die Tagebücher von Joseph Goebbels* (München, Saur, 1987), Teil I, Band 4, 23. Januar 1940.

24 Zitiert nach Raul Hilberg: *Die Vernichtung der europäischen Juden* (Frankfurt, Fischer Taschenbuch Verlag, 1990), S. 176.

25 Zitiert nach Aly: *Endlösung,* S. 114.

26 BBC-Interview.

27 BBC-Interview.

28 »Denkschrift Himmlers über die Behandlung der Fremdvölkischen im Osten«, in: *Vierteljahreshefte für Zeitgeschichte,* 5 (1957), S. 194–197.

29 Zitiert bei Aly: *Endlösung,* S. 11.

30 German Foreign Office memorandum, 3. Juli 1940.

31 BBC-Interview.

32 BBC-Interview.

33 Höß: *Kommandant,* S. 95.

34 BBC-Interview.

35 Bemerkung Albert Speers nach Aussage seines Bruders Hermann, zitiert in Michael Thad Allen: *The Business of the Genocide – the SS, Slave Labor and the Concentration Camps* (University of North Carolina Press 2002), S. 283.

36 Allen: *Business,* vor allem Kapitel 2: »A Political Economy of Misery«.

37 Höß: *Kommandant,* S. 178.

38 BBC-Interview.

39 Zitiert bei Irene Strzelecka: »Strafen und Folter«, in: *Auschwitz 1940–1945*, Bd. II, S. 474.

40 *KL Auschwitz as Seen by the SS* (Auschwitz-Birkenau State Museum 1998), S. 117.

41 BBC-Interview.

42 Peter Hayes: *Industry and Ideology – I. G. Farben in the Nazi Era* (Cambridge University Press 1987), 347–364.

43 Ambros document, quoted in Hayes: *Industry*, S. 349.

44 Franciszek Piper: »Die Ausbeutung der Arbeit der Häftlinge«, in: *Auschwitz 1940–1945*, Bd. II, S. 127.

45 Höß: *Kommandant*, S. 179, und Höß' Interrogation by Jan Sehn, Krakau. 7.–8. November 1946, Instytut Pami{ci Narodowej, Warschau NTN 103.

46 Minutes of founding meeting of I. G. Farben Auschwitz, 7. April 1941. Zitiert bei Deborah Dwork und Robert Jan van Pelt: *Auschwitz 1270 to the Present* (Norton 1996), S. 211.

47 I. G. Farben »report of meeting with commander of the concentration camp near Auschwitz on 27. 3. 1941 at 3 p.m«, Nuremberg Trial Files Document 15148. And SS report of the same meeting.

48 Minutes of Meeting an 2 May 1941, Nuremberg Trial Files, Vol. 31, S. 84, Document 2718 PS.

49 »Political-economic Guidelines«, Nuremberg Trial Files, Vol. 36, S.135–137.

50 Götz Aly und Susanne Heim: *Vordenker der Vernichtung* (Hamburg, Hoffmann und Campe, 1991), S. 107, 111, 112.

51 Zitiert bei Aly und Heim: *Vordenker der Vernichtung*, S. 237.

52 Zitiert in: *Auschwitz-Prozeß 4 Ks 2/63 Frankfurt am Main* (Frankfurt, Snoeck/Fritz Bauer Institut, 2004), S. 173.

53 Helmut Krausnick: *Hitlers Einsatzgruppen. Die Truppen des Weltanschauungskrieges 1938–1942* (Frankfurt, S. Fischer, 1989), S. 129, 135, 145.

54 Zitiert bei Ernst Klee, Willi Dreßen und Volker Rieß: »*Schöne Zeiten« – Judenmord aus der Sicht der Täter und Gaffer* (Frankfurt, S. Fischer 1988), S. 35.

55 Nach Henryk Świebocki: »Fluchten aus dem KL Auschwitz«, in: *Auschwitz 1940–1945*, Bd. IV, S. 290.

56 Zitiert bei Robert Jay Lifton: *The Nazi Doctors* (Basic Books 1986), S. 63.

57 BBC-Interview.

58 Vgl. zu diesen neuen Zeugnissen betr. Pavel Sudoplatovs Vorgehen Laurence Rees: *War of the Century* (BBC Books 1999), S. 53–55.

59 Ulricht Herbert (Hg.): *National Socialist Extermination Policies* (Berghahn Books 2000), S. 257.

60 Zitiert in Raul Hilberg: *Die Vernichtung der europäischen Juden* (Frankfurt, S. Fischer, 1990), S. 418.

61 BBC-Interview.

62 In den sechziger Jahren wurden polizeiliche Ermittlungen wegen seiner Tätigkeit im Krieg gegen Friedrich aufgenommen, aber es wurde nicht Anklage erhoben. In unserem Interview hat er, obwohl er zugab, an der Erschießung von Juden beteiligt gewesen zu sein, keinen Ort genannt, an dem er Verbrechen begangen hat. Nach so langer Zeit und ohne persönliche Identifizierung durch Augenzeugen ist es höchst unwahrscheinlich, daß ein Strafverfahren Erfolg haben und seine Schuld »über jeden vernünftigen Zweifel hinaus« beweisen würde.

63 BBC-Interview.

64 Zitiert nach Philippe Burrin: *Hitler und die Juden* (Frankfurt, S. Fischer, 1993), S. 133.
65 Zitiert nach Aly: *Endlösung*, S. 270.
66 BBC-Interview.
67 Hilberg: *Die Vernichtung der europäischen Juden*, S. 348.
68 Testimony of Wilhelm Jaschke in Widman trial, Schwurgericht Stuttgart 1967, S. 62–3, Staatsarchiv Ludwigsburg EL 317 III, Bu 53.
69 Testimony of Wilhelm Jaschke, Vilsbiburg, 5. April 1960, Bundesarchiv Ludwigsburg 202 AR-Z 152/159.
70 Höß: *Kommandant*, S. 157/58.

2. Befehle und Initiativen

1 G. M. Gilbert: *Nürnberger Tagebuch. Gespräche der Angeklagten mit dem Gerichtspsychologen* (Frankfurt, Fischer Taschenbuch Verlag, 1987), S. 244.
2 Zitiert nach Christopher Browning: *The Origins of the Final Solution: The Evolution of Nazi Jewish Policy September 1939 – March 1942* (William Heinemann 2004), S. 318.
3 BBC-Interview.
4 BBC-Interview.
5 Zitiert bei Ian Kershaw: »The Persecution of the Jews and German Public Opinion in the Third Reich«, in: *Yearbook of the Leo Baeck Institute,* 1981, Vol. 26, S. 284.
6 Russian State Military Archive 502K/1/218.
7 Peter Witte et al. (Hg.): *Himmlers Dienstkalender 1941/42* (Hamburg 1999), p. 123, Fußnote 2, und Sybille Steinbacher: *Musterstadt Auschwitz* (München 2000). S. 238–39.
8 BBC-Interview.
9 BBC-Interview.
10 Irena Strzelecka und Pjotr Setkiewicz: »The Construction, Expansion and Development of the Camp and Its Branches«, in: *Auschwitz 1940–1945, Central Issues in the History of the Camp,* Vol. 1 (Auschwitz-Birkenau State Museum 2000), S. 78.
11 Höß: *Kommandant*, S. 111.
12 Michael Thad Allen: »The Devil in the Details: the Gas Chambers of Birkenau, October 1941«, *Holocaust and Genocide Studies* 16/2/autumn 2002).
13 *Enzyklopädie des Holocaust*, Bd. 2 (Berlin, Argon, 1990), S. 894.
14 BBC-Interview.
15 BBC-Interview.
16 Christopher Browning: *Path to Genocide* (Cambridge University Press 1992), S. 28–56.
17 From Burmeister's testimony of 24 January 1961, Bundesarchiv Ludwigsburg, 303 AR-Z 69/59, S. 3.
18 Zitiert nach: *Auschwitz-Prozeß 4 Ks 2/63 Frankfurt am Main* (Frankfurt 2004), S. 174.
19 Zitiert nach Götz Aly: *Endlösung* (Frankfurt, S. Fischer, 1995), S. 366.
20 Zit. nach Longerich: *Unwritten*, S. 92.
21 BBC-Interview.
22 8. November 1961, S. 5–6 2 StL 203 AR-2 69/59 Bd. 3.

23 Zitiert nach: Mark Roseman, *Die Wannseekonferenz*, Berlin 2002, S. 171 ff. Ebenfalls: http://www.dhm.de/lemo/html/dokumente/wannseekonferenz/

24 Ernst Klee, Willi Dreßen und Volker Rieß (Hg.), *»Schöne Zeiten«. Judenmord aus der Sicht der Täter und Gaffer*, Frankfurt a. M.1988, S. 231.

25 BBC-Interview.

26 Perry Broad wurde im April 1942 nach Auschwitz versetzt.

27 *KL Auschwitz in den Augen der SS*, Verlag des Staatlichen Museums Auschwitz 1973, S. 145.

28 Ebd., S. 147.

29 Majdanek, als Lager für sowjetischen Kriegsgefangene im Oktober 1941 in der Nähe von Lublin eingerichtet, beherbergte später überwiegend Juden und nichtjüdische Polen und hatte eine kleine Gaskammer zur Vergasung mit Zyklon B. Doch das Lager verfügte weder über die Größe noch die Kapazität, um sich in seiner weiteren Planung an Auschwitz orientieren zu können, und es hatte auch zunächst nicht die Funktion eines Konzentrationslagers.

30 BBC-Interview.

31 BBC-Interview.

32 BBC-Interview.

33 Aussage Wislicenys nach dem Krieg in der Slowakei am 6. und 7. Mai 1946 (Statny oblastny archive v Bratislave, Fond Ludovy sud, 13/48) sowie die Aussage von Koso vom 11. April 1947 (Statny oblastny archive v Bratislave, Fond Ludovy sid, 13/48).

34 BBC-Interview.

35 Robert-Jan van Pelt und Debórah Dwork, *Auschwitz. Von 1270 bis heute*, Zürich/München 1998, S. 334.

36 *KL Auschwitz in den Augen der SS*, Verlag des Staatlichen Museums Auschwitz, 1973, S. 107.

37 Rudolf Höß, *Kommandant in Auschwitz. Autobiographische Aufzeichnungen*, hg. von Martin Broszat, München 1963, S. 127–129.

38 BBC-Interview.

3. Todesfabriken

1 Zit. in Ulrich Herbert, »Die deutsche Militärverwaltung in Paris und die Deportation der französischen Juden«, in: Ulrich Herbert (Hg.), *Nationalsozialistische Vernichtungspolitik 1939–1945. Neue Forschungen und Kontroversen*, Frankfurt a. M. 1998, S. 170–208, Zitat S. 186. Zu einer eingehenden Diskussion und Analyse dieser Frage s. die bahnbrechende Forschung, die sich in diesem Aufsatz niedergeschlagen hat.

2 Herbert, »Die deutsche Militärverwaltung in Paris«, S. 188.

3 Ebd., S. 191.

4 Zahlen in Susan Zuccotti, *The Holocaust, the French and the Jews*, Basic Books 1993, S. 89.

5 Herbert, »Die deutsche Militärverwaltung in Paris«, S. 205 f. Gedächtnisprotokoll des Gesprächs von Balz [richtig: Bälz], Leiter der Abteilung Justiz.

6 Zit. in Serge Klarsfeld, *French Children of the Holocaust*, New York 1996, S. 34.

7 Zit. in Zuccotti, *The Holocaust* (Anm. 6), S. 99.

8 Ebd.

9 Klarsfeld, *French Children of the Holocaust*, S. 35.

10 BBC-Interview.

11 BBC-Interview.

12 Zit. in Klarsfeld, *French Children*, S. 45.

13 Ebd.

14 Ebd.

15 BBC-Interview.

16 BBC-Interview.

17 BBC-Interview.

18 Aleksander Lasik, »Historica-sociological Profile of the SS«, in: Yisrael Gutman und Michael Berenbaum (Hg.), *The Anatomy of the Auschwitz Death
Camp*, Indiana University Press 1994, S. 278.

19 Zahlen ebd.

20 Frederick Cohen, *The Jews in the Channel Islands during the German Occupation 1940–1945*, Jersey Heritage Trust 2000, S. 26.

21 Ebd., S. 34.

22 BBC-Interview.

23 Cohen, *The Jews in the Channel Islands during the German Occupation
1940–1945*, S. 52.

24 Eine vollzählige Aufstellung ebd., S. 29.

25 S. Anm. 22.

26 Cohen, *The Jews in the Channel Islands during the German Occupation
1940–1945*, S. 92.

27 BBC-Interview.

28 BBC-Interview.

29 »Muselmann«, eigentlich ein Ausdruck für Moslem, wurde in Konzentrationslagern zur Bezeichnung von Häftlingen verwendet, die durch Hunger
und Entkräftung jeden Lebensmut verloren hatten. Man vermutet, daß der
Name von der vornübergebeugten Körperhaltung dieser Menschen kam, als
befänden sie sich gleich Muslimen im Gebet.

30 Zu einer Kontroverse im Zusammenhang mit dem Tod von Jaster s. Henryk
Swiebocki, »Escapes fron the Camp«, in: *Auschwitz 1940–1945, Central
Issues in the History of the Camp*, Bd. 4, Staatl. Museum Auschwitz-Birkenau
2000, S. 199, Anm. 532.

31 Zit. in Peter Longerich, *Politik der Vernichtung. Eine Gesamtdarstellung der
nationalsozialistischen Judenverfolgung*, München 1998, S. 508.

32 Zit. in Yitzhak Arad, *Belzec, Sobibor, Treblinka – the Operation Reinhard
Death Camps*, Indiana University Press 1987, S. 87.

33 Ebd., S. 84.

34 BBC-Interview.

35 Yitzhak Arad, *Belzec, Sobibor, Treblinka – the Operation Reinhard Death
Camps*, S. 87.

36 Die folgende Schilderung der Ereignisse stützt sich auf den Bericht Samuel
Igiels in *I Remember Every Day … The Fates of the Jews of Przemysl*, Re-
membrance and Reconciliation Inc., Ann Arbor 2002, S. 237–240.

37 BBC-Interview.

38 Rudolf Höß, *Kommandant in Auschwitz. Autobiographische Aufzeichnungen*, München 1963, S. 75 und 78.

39 Ebd., S. 117.

40 Public Record Office file ref. HW 16/10.

4. Korruption

1 Siehe Yitzhak Arad, *Belzec, Sobibor, Treblinka – the Operation Reinhard Death Camps* (Indiana University Press 1987), S. 165.

2 Aus Sicht der Nationalsozialisten allerdings existierte Polen nicht mehr und damit auch seine Hauptstadt Warschau nicht.

3 BBC-Interview.

4 *Auschwitz 1940–1945, Studien zur Geschichte des Konzentrations- und Vernichtungslagers Auschwitz,* Bd. I (Verlag Staatliches Museum Auschwitz-Birkenau 1999), S. 103.

5 Strzelecka und Setkiewicz, ›The Construction, Expansion and Development of the Camp and Its Branches‹, in: *Auschwitz 1940–1945,* Bd. I, S. 104.

6 Franciszek Piper, ›The Exploitation of Prisoner Labour‹, in: *Auschwitz 1940–45,* Bd. II, S. 136.

7 BBC-Interview.

8 BBC-Interview.

9 Rudolf Höß, *Kommandant in Auschwitz,* S. 96.

10 Zitiert aus Robert Jay Lifton, *Ärzte im Dritten Reich* (Berlin 1998), S. 16. Klein antwortete damit auf die Frage der überlebenden Ärztin Dr. Ella Lingens-Reiner.

11 BBC-Interview.

12 Zitiert aus Irena Strzelecka, ›Experiments‹, in: *Auschwitz 1940–1945,* Bd. II, S. 363.

13 BBC-Interview.

14 BBC-Interview.

15 Miklos Nyiszli, *Im Jenseits der Menschlichkeit: ein Gerichtsmediziner in Auschwitz* (Berlin 1992), S. 53.

16 Aleksander Lasik, ›The Organizational Structure of Auschwitz Camp‹, in: *Auschwitz 1940–1945,* Bd. I, S. 203.

17 BBC-Interview.

18 BBC-Interview.

19 Vgl. die Zeugenaussage Konrad Morgens in Frankfurt am 8. März 1962 und im Auschwitz-Prozeß in Frankfurt, in: Hermann Langbein, *Der Auschwitz-Prozeß: eine Dokumentation* (Neue Kritik, Frankfurt 1995), S. 143–45.

20 Vgl. das Protokoll der Vernehmung von Eleonore Hodys durch Konrad Morgen, Herbst 1944, Institut für Zeitgeschichte ZS 599.

21 Weitere Einzelheiten zu Morgens Untersuchung, Höß' angeblicher Affäre und seine Versetzung siehe Jerzy Rawicz, *The Everyday Life of a Mass Murderer* (Dzien Powszedni Ludobójcy) (Warschau 1973).

22 Diese Information stammt aus der in Kürze erscheinenden Doktorarbeit von Robert Sommer.

23 BBC-Interview.

24 BBC-Interview.

25 Vgl. Hermann Langbein: »Menschen in Auschwitz«, S. 595.

26 BBC-Interview. Aber siehe auch Thomas Toivi Blatt, *Nur die Schatten bleiben: der Aufstand im Vernichtungslager Sobibór* (Berlin 2000).

27 BBC-Interview.

28 Mussolini wurde im Juli 1943 vom italienischen König abgesetzt. Im September befreiten ihn die Deutschen aus der Internierung und setzten ihn an die

Spitze eines Marionettenregimes. Anders als unter Mussolinis Herrschaft, wurden während der deutschen Besatzung italienische Juden in nationalsozialistische Todeslager deportiert. Ungefähr 20 Prozent der italienischen Juden kamen während des Krieges um.

29 BBC-Interview.
30 BBC-Interview.
31 BBC-Interview.
32 Zitiert in: Michael Mogensen, ›The Rescue of the Danish Jews‹, in: Mette Bastholm Jensen und Steven L. B. Jensen (Hg.), *Denmark and the Holocaust* (Dänisches Institut für Holocaustforschung, Kopenhagen 2003), S. 45.
33 Zitiert in: Mogensen, ›Rescue‹, S. 33. Siehe auch Leni Yahil, *The Rescue of Danish Jewry: Test of a Democracy* (The Jewish Publication Society of America 1969).
34 Zitiert in: Mogensen, ›Rescue‹, S. 58.

5. Hemmungsloses Morden

1 Christian Gerlach und Götz Aly, *Das letzte Kapitel*, München 2003.
1 Zit. nach Hilberg, Vernichtung der Europäischen Juden, Band 3, Frankfurt am Main 1990, S. 1210
2 Vgl. SIME-Bericht Nr. 1 über das Verhör Joel Brands Verhör, 16. bis 30. Juni 1944, Akte Nr. SIME/P 7769, FO 371/42811, und Brands Aussage im Eichmann-Prozeß, 56. Sitzung, 29. Juni 1961.
3 Vgl. SIME-Bericht Nr. 3 über Bandi Grosz' Verhör, 6. bis 22. Juni 1944. Akte Nr. SIME/P 7755, TNA 371/42811 S. 42–43.
4 *Auschwitz 1940–1945, Studien zur Geschichte des Konzentrations- und Vernichtungslagers Auschwitz*, Bd. V. (Verlag Staatliches Museum Auschwitz-Birkenau 1999.
5 BBC-Interview.
6 BBC-Interview.
7 BBC-Interview.
8 Zitiert in Andrzej Strzelecki, »Utilization of the Victims' Corpses«dt!, in: *Auschwitz 1940–1945*, Bd. II; Joe J. Heydecker und Johannes Leeb, *Der Nürnberger Prozeß* (KiWi, Köln 1985), Zweiter Band, S. 415.
9 *Amidst a Nightmare of Crime: Manuscripts of Members of Sonderkommando* (Veröffentlichungen des Staatlichen Museums von Auschwitz 1973), S. 119.
11 *Amidst a Nightmare*, S. 182.
12 *Amidst a Nightmare*, S. 185.
13 *Amidst a Nightmare*, S. 181.
14 Miklos Nyiszli, *Im Jenseits der Menschlichkeit: Ein Gerichtsmediziner in Auschwitz* (Berlin 1992).
15 Yehuda Bauer, *Freikauf von Juden?* (Jüdischer Verlag 1996).
16 Bauer, *Freikauf von Juden?*.
17 BBC-Interview.
18 BBC-Interview.
19 Vgl. Yehuda Bauers Anmerkungen in *Enzyklopädie des Holocaust* (Piper, München, Zürich).
20 BBC-Interview (aus *Timewatch: Himmler, Hitler and the End of the Reich*).

21 »Gathering and Disseminating Evidence of the Crime«, in: *Auschwitz 1940–1945*, Bd. IV.

22 »Gathering and Disseminating Evidence«.

23 Vgl. vor allem Richard Breitman, *What the British and Americans Knew* (Allen Lane The Penguin Press 1998), Kap. 7 »Auschwitz Practically Decoded in Official Secrets – What the Nazis Planned«.

24 Zitiert in *What the British and Americans knew*, S. 120.

25 Zitiert in Robert Jan van Pelt, *The Case for Auschwitz* (Indiana University Press 2002), S. 154.

26 Zitiert in Martin Gilberts Aufsatz »The Contemporary Case for the Feasibility of Bombing Auschwitz«, in Michael J. Neufeld und Michael Berenbaum (Hg.), *Allies and the Holocaust in the Bombing of Auschwitz* (St Martin's Press, New York 2000), S. 66.

27 Zitiert in Neufeld und Berenbaum (Hg.), *The Bombing of Auschwitz*, S. 67.

28 Zitiert in Neufeld und Berenbaum (Hg.), *The Bombing of Auschwitz*, S. 68.

29 Zitiert in Neufeld und Berenbaum (Hg.), *The Bombing of Auschwitz*, S. 70.

30 Zitiert in Neufeld und Berenbaum (Hg.), *The Bombing of Auschwitz*, S. 73. Für eine detaillierte Analyse der Dokumente vgl. Gilberts Aufsatz S. 66–75).

31 Deborah E. Lipstadt, »The Failure to Rescue and Contemporary American Jewish Historiography of the Holocaust: Judging from a Distance«, in Neufeld und Berenbaum (Hg.), *The Bombing of Auschwitz*, S. 229.

32 James H. Kitchens III, »The Bombing of Auschwitz Re-examined«, in Neufeld und Berenbaum (Hg.), *The Bombing of Auschwitz*, S. 80–100.

33 Stuart G. Erdheim, »Could the Allies Have Bombed Auschwitz-Birkenau?«, in Neufeld und Berenbaum (Hg.), *The Bombing of Auschwitz*, S. 127–56.

34 Richard Levy, »The Bombing of Auschwitz Revisited: a Critical Analysis«, in Neufeld und Berenbaum (Hg.), *The Bombing of Auschwitz*, S. 114.

35 Zitiert in Martin Gilbert, *Auschwitz and the Allies* (Pimlico 2001, Erstausgabe 1981), S. 121.

36 Zitiert in Gilbert, *Auschwitz and the Allies*, S. 127.

37 Zitiert in Gilbert, *Auschwitz and the Allies*, S. 127.

38 Zitiert in Gilbert, *Auschwitz and the Allies*, S. 139.

39 BBC-Interview.

40 BBC-Interview.

41 *Auschwitz 1940–1945*, Bd. V.

42 Vgl. Kurt Bechers Aussage vom 10. Juli 1947, zitiert in den Eichmann-Verhören, TAE Bd. VIII, S. 2895–96.

6. Befreiung und Vergeltung

1 BBC-Interview.

2 Andrzej Strzelecki, »The Liquidation of the Camp«, in: *Auschwitz 1940 bis 1945, Studien zur Geschichte des Konzentrations- und Vernichtungslagers Auschwitz*, Bd. V (Verlag Staatliches Museum Auschwitz-Birkenau 1999), S. 45.

3 Zitiert in Robert Jan van Pelt, *The Case for Auschwitz* (Indiana University Press 2000), S. 159. Vgl. auch S. 158–165 zu Presseberichten über Auschwitz nach der Befreiung.

4 Van Pelt, *The Case for Auschwitz*, S. 164.

5 *Enzyklopädie des Holocaust: Die Verfolgung und Ermordung der europäischen Juden* (Piper, München, Zürich), Bd. 1, S. 190, und Yehuda Bauer: »The Death Marches, January–May 1945«, in *Modern Judaism* (February 1983), S. 1–21.

6 BBC-Interview.

7 BBC-Interview.

8 BBC-Interview.

9 BBC-Interview (aus *Timewatch: Hitler, Himmler and the End of the Reich,* gesendet am 19. Januar 2000).

10 Zitiert in *Timewatch: Hitler, Himmler.*

11 BBC-Interview (aus *Timewatch: Hitler, Himmler*).

12 BBC-Interview (aus *Timewatch: Hitler, Himmler*).

13 BBC-Interview.

14 BBC-Interview.

15 BBC-Interview.

16 BBC-Interview.

17 Gunnar S. Paulson, *Secret Garden: the Hidden Jews of Warshaw* (Yale University Press 2002). Etwa 28 000 polnische Juden entkamen dem Warschauer Ghetto, 11 000 überlebten den Krieg, nicht zuletzt dank der Hilfe der nichtjüdischen Bevölkerung Polens.

18 BBC-Interview.

19 BBC-Interview.

20 BBC-Interview.

21 BBC-Interview.

22 Tom Segev, *Die siebte Million: Der Holocaust und Israels Politik der Erinnerung.* (Hamburg 1995), S. 147–149.

23 Segev, *Die siebte Million,* S. 140–146.

24 Diese wegbereitende Untersuchung stammt von David List von der BBC.

25 Rupert Butler, *Legions of Death* (Hamlyn Paperback 1983) sowie ein Brief von Hauptmann Cross an Oberst Felix Robson, Kurator des Intelligence Corps Museum, der sich im Archiv des Museum of Military Intelligence in Chicksands befindet.

26 BBC-Interview.

27 Rudolf Höß, *Kommandant in Auschwitz*, S. 166.

28 BBC-Interview, zitiert in: Laurence Rees, *Horror in the East* (BBC Books 2001), S. 119.

29 Lasik, ›The Apprehension and Punishment of the Auschwitz Concentration Camp Staff‹, in: *Auschwitz 1940–1945*, Bd. V, S. 99–119.

30 Lasik, ›The Apprehension and Punishment, S. 116.

31 Diese Zahlen stellte Professor Piper vom Staatlichen Museum Auschwitz-Birkenau zur Verfügung.